U0945541

城市融入导向的农民工住房保障制度设计研究

CHENGSHI RONGRU DAOXIANG DE
NONGMINGONG ZHUFANG BAOZHANG ZHIDU SHEJI YANJIU

郭玉坤 著

中国农业出版社
北 京

◆ 本书系国家社会科学基金项目“基于城市融入视角的农民工住房保障制度设计研究”（项目号：13XJY011）、西南民族大学中央高校基本科研业务费专项资金项目“多地多民族视角的少数民族流动人口城市融入路径研究”（项目号：2017SZYQN84）、2020 年成都哲学社会科学规划项目（项目号：YY0920200335）的研究成果。

◆ 本书出版由以下基金提供资助：

西南民族大学 2019 年校级教育教学研究与改革重大培育项目；

西南民族大学中央高校基本科研业务费专项资金项目（2017SZYQN84）。

目 录
CONTENTS

第一章　导　论

第一节　研究背景

与西方国家农村劳动力转移特征不同，我国农民工从农村向城市①的转移过程分为两个子过程：一是从农民到农民工的转变过程，即从“退出农村”到“进入城市”，实现了职业身份的转变，可称为“非农化”；二是从农民工到市民的转变过程，即从“进入城市”到“融入城市”②，实现了社会身份的转变，可称为“市民化”。

随着城市化进程的加快推进，越来越多的农民工在完成第一个阶段后，已经不满足于仅在城市实现职业身份的转变，还希望能够长期在城市定居，实现从第一阶段到第二阶段的跨越，即融入城市。农民工融入城市不仅有利于改善民生，还是共享发展、协调发展和可持续发展的集中体现，关系着我国现代化的进程和国家的前途命运。

受户籍制度、劳动就业、社会保障以及农民工自身人力资本和社会资本等一系列制约因素的影响，农民工虽然长期在城市工作生活，但却与市民存在明显“分割”。市民所享有的权利和福利并没有完全覆盖到农民工群体。农民工长期被排除在城市主流社会之外，难以融入城市，成为城市社会的边缘群体。由于长期在外打工，农民工对农村的熟悉程度大为减弱，加之农村缺少就业岗位、经济基础较差，很多农民工特别是新生代农民工已很难再回到农村，成为“农村边缘人”。农民工在农村和城市的双重排斥下，最终成为“融不进城市，回不了农村”的双重边缘人。农民工的城市融入问题不仅是农民工自身的生存和发展问题，也是关系我国社会经济健康可持续发展的重要社会问题。

农民从农村进入城市转变为市民，既是人类社会在工业化和城市化进程中的必然现象，也是实现城市发展成果惠及广大农民群体的主要路径。诺贝尔经济学奖得主、美国经济学家劳伦斯·克莱因曾说过，中国经济有两大核心问

① 在本书中，城市为广义的概念，包括国家按行政建制设立的直辖市、市、镇。书中涉及国家相关法律、法规、政策等文件中使用“城镇”一词的，本书依然保留了“城镇”的提法，但其含义与本书中的“城市”是同义的。

② 刘传江，徐建玲，2008. 中国农民工市民化进程研究［M］. 北京：人民出版社.

题：一是农业；二是人口。农民工问题恰好将农业和人口这两大核心问题有机联系在一起，解决了农民工问题，影响我国社会经济的农业和人口两大问题也就可以顺利得以解决。

20 世纪 80 年代开始，随着城市社会经济的快速发展以及人口流动政策的逐步放松，越来越多的农村剩余劳动力离开农村进入城市务工经商，开启了我国当代史上一次规模庞大的人口迁移潮流。

国家统计局公布的《农民工监测调查报告》显示，2008—2019 年，我国农民工总人数、外出农民工人数均呈逐年增长趋势。全国农民工数量在 2019 年达到 29 077 万人（图 1-1），其中外出农民工[①]17 425万人。在我国城镇常住人口中，农民工的比例已超过三成。数量庞大的农民工群体为我国社会经济的快速发展做出了重大贡献，他们是支撑我国工业化、城市化和现代化发展的中坚力量。

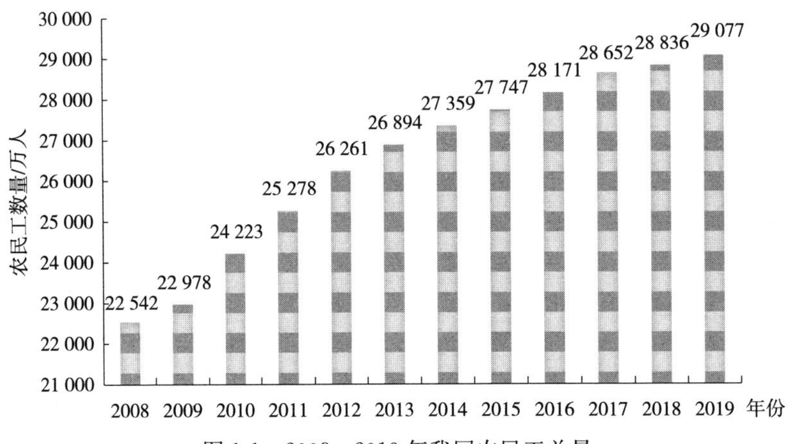

图 1-1　2008—2019 年我国农民工总量

城市住房既是农民工在城市生存发展所必需的基本物质条件，也是农民工市民地位和社会身份的重要标志，在农民工城市融入进程中发挥着关键性的作用。农民工只有在城市实现了“安居”和“乐业”，才能逐步融入城市，实现市民化，才能实现新型城镇化的发展目标。“乐业”主要是指农民工在城市获得高于农村的稳定收入来源；“安居”则需要加快推进城市住房制度改革，确保农民工能够“稳定”居住。

农民工城市融入问题受到党中央、国务院的高度重视。2014 年，《国务院关于进一步做好为农民工服务工作的意见》中指出，农民工城市融入的重点群

① 在国家统计局农民工监测统计中，农民工是指户籍仍在农村，在本地从事非农产业或外出从业 6 个月以上的劳动者；外出农民工是指在户籍所在乡镇地域外从业的农民工。

体是在城镇居住并有相对稳定工作的农民工。争取到 2020 年，在城镇落户的农业转移人口达到 1 亿左右，未落户的农民工也能切实享受城镇基本公共服务，使农民工群体能够逐步融入城镇。按照《国家人口发展规划（2016—2030 年）》，2016—2020 年，我国户籍人口城镇化率年均提高 1 个百分点以上，年均转户1 300万人以上。

党的十九大进一步提出"加快农业转移人口市民化"，这意味着，农业转移人口市民化步伐在未来将进一步加快。由于城乡收入差异和城市二元劳动力市场的影响，农民工多属于中低收入群体，住房支付能力有限，对住房保障的需求非常大。

习近平总书记代表十八届中央委员会在中国共产党第十九次全国代表大会的报告中指出："坚持'房子是用来住的、不是用来炒的'定位，加快建立多主体供给、多渠道保障、租购并举的住房制度，让全体人民住有所居。"可见，住房保障应该是覆盖全民的，自然也包括在城市务工的农民工群体，住房保障的发展目标是让包括农民工群体在内的全体居民住有所居。住房作为农民工群体在城市实现再社会化和身份重构的重要物质基础，它影响到农民工在城市的工作生活质量、子女教育以及城市融入等一系列问题。

从某种意义上说，农民工城市住房问题的研究和解决，不仅是解决农民工"住有所居"问题的需要，也是农民工融入城市、实现市民化的前提与基础。

第二节　研究意义

从城市融入视角研究农民工住房问题，可以将农民工城市住房保障和城市融入两大难题有机结合起来寻求系统性的解决方案，具有重要的理论意义和现实意义。

一、理论意义

加快农业转移人口城市融入进程，已成为影响我国经济社会可持续发展的焦点问题之一。农民工城市住房问题不仅是我国当前城市管理中的重要民生问题，更关系到城乡协调发展和社会经济的健康可持续发展，这两大问题均是我国学术界密切关注的焦点。

近些年来，众多学者分别从经济学、社会学、人口学、心理学、法学和公共管理学等不同视角对这两个问题进行了大量研究和探讨，取得了丰硕的成果。然而，已有的研究成果对农民工城市住房保障和城市融入问题的研究多停留在宏观层面。而且，少数微观层面的研究主要是以某个具体城市为研究对象，且大多是对住房保障问题或城市融入问题的单一研究，缺乏将农民工住房保障问题与城市融入问题相结合进行理论与实证研究的学术成果。

笔者尝试将微观层面与宏观层面相结合，全面了解和把握农民工城市融入状况与城市居住状况的现状、特点及影响因素，对农民工城市融入与城市住房之间的关系进行理论研究和实证分析，这将在一定程度上弥补国内相关研究的不足。一方面，可以与已有的理论研究进行对话，对现有研究结论予以补充和修正；另一方面，可以通过对样本数据的分析，检验城市融入维度理论和影响因素理论，为他人的研究提供参考和借鉴。

同时，本书的研究还有助于深化对农民工住房问题与城市融入关系的认知，为学术界研究农民工住房保障问题和城市融入问题提供一个新的研究视角和分析框架。

二、现实意义

1. 农民工“安居”是构建和谐社会的必然要求

从世界各国城市化和工业化的发展历史来看，人口迁移存在“人口从农村进入城市，由第一产业转向第二产业和第三产业”的客观规律。我国过去几十年的发展实践也证实了该规律的客观性。但是，在城乡分割的户籍制度背景下，不同户籍意味着权益和福利的巨大差异，因此农村户籍难以向城市户籍顺畅转换。

农民工虽然进入城市务工，并长期在城市生活，但由于他们是农村户籍人员，并不能享有与市民一样的权益和福利，大多数只能在城市扩展中形成的城中村、城边村及城郊村落脚。现阶段，农民工是城市社会中规模最大的弱势群体。农民工在城市承担了最脏、最累、最危险，但收入却最低的工作，他们在城市的恶劣居住条件与其为城市发展做出的重大贡献极不相符。

农民工居住空间小、居住环境差已经成为一种普遍性和群体性现象。在一个城市中，单从居住形式和居住环境就可以很容易分辨出哪些是农民工住处，农民工与市民形成了明显的居住隔离现象。

农民工大多栖居于城中村、城乡接合部或工棚板房等，缺乏基本的生活设施和生活空间，其住房只能满足最基本的生存需求，绝大多数谈不上居住质量。随着城市旧城改造、棚户区改造的进行，农民工随之被驱赶出城市中心，住所越来越趋向城市边缘。

同为弱势群体，低收入城市居民可以享受廉租住房、经济适用住房等社会福利，但大多数农民工却被排除在外。如果农民工长期处于城市边缘，无法融入城市，享受不到应有的权益，必然会积累很多社会矛盾，可能带来社会隐患。

“同一座城市，住所却有天壤之别”绝不是和谐社会的应有之义。保障农民工在城市的基本居住权利，既是农民工作为公民的基本人权，也是社会公平正义的内在要求，是建设和谐社会的现实需要，更是各级政府不可推卸的职责。基于城市融入目标，构建面向农民工群体的城市住房保障体系，改善农民工的住房条件，确保农民工能够与城市居民共享社会发展成果，提高农民工群体的获得感，将有利于农民工真正实现市民化，有利于社会的和谐繁荣。

2. 农民工“安居”有利于工业转型升级

我国农民工规模庞大，2017 年全国农民工人数约占全国就业总人数的 37%，农民工是我国工业发展的重要劳动力资源。近年来，随着国际市场竞争环境的变化以及我国劳动力市场供求关系的转变，工业转型升级成为当前最迫切的任务。工业转型升级需要以高素质、高稳定性的员工队伍作为支撑。只有对城市有归属感，对在城市发展形成稳定的预期，成为真正的市民，农民工才能着眼长远去提升自身素质，才会制定在城市的长远发展规划，工业发展才可能拥有高质、稳定的劳动力供给。

对于工业而言，农民工作为工业运行需要的劳动力要素，是工业产品的生产者，但同时也是工业产品的需求者。农民工实现市民化，其收入提高，边际消费倾向提高，进而总消费水平提高，可以为工业转型升级提供市场需求支撑。解决好农民工城市“安居”问题，推进农民工城市融入进程，有助于形成农民工市民化与工业化双赢的良性循环。

3. 农民工“安居”有利于城市化健康发展

城市化是现代化的必由之路，是我国最大的内需潜力和发展动能，对全面建设社会主义现代化国家意义重大。从人口转移角度看，城市化其实就是人口从农村转移到城市、劳动力从务农转为务工经商的过程。

农民工是我国城乡二元户籍制度下的独特产物，农民工户籍虽在农村，却在城市从事二、三产业。2019 年，我国常住人口城镇化率为 60.60%，但严格意义上的户籍人口城镇化率仅有 44.38%，两者之间相差 16.22 个百分点。也就是说，城镇常住人口比城镇户籍人口多 2.27 亿人，而这中间绝大多数是农民工。农民工虽被统计为城市常住人口，但他们在工作、生活、社会保障、价值观念等方面与市民还存在显著差异。

我国城市化质量不容乐观。城市化质量低的主要表现之一就是大量农民工难以在城市实现安居，无法在所在城市享受市民待遇，不能真正地融入城市。“以人为中心”的城市化滞后是一个不争的事实，我国城市化在性质上属于“半城市化”。改善农民工在城市的居住条件，使农民工在城市实现“安居”，使稳定就业的农民工实现在城市定居，确保他们真正融入城市，才能实现真正意义上的城市化，提高城市化质量。

经调查发现，农民工尤其是新生代农民工定居城市意愿强烈。不管是从经济发展规律还是从他们的个人意愿来看，他们未来返回农村定居的可能性非常小。综合考虑不同城市房价水平、农民工经济承受能力和未来发展潜力，中小城市将是农民工市民化的主要目标城市。通过住房保障政策的实施，可以引导农民工进入中小城市落户。一方面，农民工可以实现成本相对较低的市民化转变，有利于解决我国农业转移人口市民化问题；另一方面，可以为中小城市提供充足的劳动力，结合国家城市发展战略调整，有利于提升中小城市的发展质量和发展速度，有效解决我国目前区域发展不平衡问题。

4. 农民工“安居”有助于从根本上解决“三农”问题

在我国，“三农”问题具体包括农业、农村和农民三个问题，“农民真苦，农村真穷，农业真危险”[①]曾是我国“三农”问题的经典描述。“三农”问题的根源在于农村人口过多、农村土地资源利用率低，而农民工市民化是解决“三农”问题的重要途径。

一方面，农民从农村进入城市务工的根本原因是城市收入水平更高，这些年农民经济条件的改善在很大程度上归因于“进城务工”。华中师范大学中国农村研究院发布的《中国农民经济状况报告》显示，2011 年，农村务工家庭户均现金收入为49 668元，而务农家庭户均现金收入仅21 905元，不到务工家庭的一半。通过进城务工，农民收入得到提高，农民不再苦，农村不再穷。

另一方面，实现农民工在城市定居，彻底改变农民工长期在城乡间奔波的不彻底转移方式，才能为农村土地流转创造条件，实现农业规模化和产业化经营，有效解决“农业真危险”问题。但这三个问题的解决都需要以农民工能在城市顺利定居、实现永久性转移为前提，否则不仅“三农”问题得不到有效解决，还会增添一个新问题——“农民工真可怜”。

要促成农民工从农村转移到城市定居，就必须解决他们进入城市的后顾之忧。其中，住房是农民工最关心、也是单靠自身能力最难解决的问题。

如果农民工在城市的基本居住问题得以解决，可以取得多重效应。一是有助于解决“农村稳定”问题，农民工在城市有了稳定住所，可以有效解决因农村承包地、宅基地纠纷引发的“农村稳定”问题；二是有助于解决“农民增收”问题，住房支出是农民工在城市的重要支出之一，住房保障制度的实施，

① 2000 年 2 月 10 日，湖北省监利县棋盘乡党委书记李昌平向时任国务院总理的朱镕基写信，反映“三农”问题的严重性。他在信中说：“农民真苦，农村真穷，农业真危险”。

可以减轻农民工的住房负担，有利于其人力资本的提升和社会资本的积累，进而在城市的就业质量得到提升，有助于其收入的增加，缩小与市民的收入差距；三是有助于解决“农业发展”问题，现阶段农业发展存在的主要问题是规模小、效益低，解决好农民工城市住房问题，农民工实现真正的市民化，有助于加快农村土地流转，实现农业产业化经营。

第三节 国内外研究综述

伴随工业化和城市化进程，农村剩余劳动力大规模向非农产业和城市转移，这是社会经济发展中普遍存在的客观规律。西方学术界很早就对这一问题进行了大量卓有成效的研究，其研究成果对我国农村剩余劳动力转移具有一定的借鉴意义。我国农村劳动力转移与西方国家存在很大差异，与西方一次性转移不同，由于户籍制度限制，我国劳动力转移是分阶段的，城市融入问题和城市住房问题较其他国家更为复杂。

一、农民工城市融入问题研究综述

城市融入程度是很多国家衡量居民生活质量的一项重要指标[①]。我国农民工流动特征正发生重大变化，由临时性流动转向城市定居的农民工数量越来越多，但当前我国农民工在流入地的城市融入问题并未得到有效解决。农民工城市融入成为当前我国社会结构转型和新型城市化的核心问题。

（一）城市融入概念界定

1. 国外研究

城市融入理论起源于美国。美国移民城市融入理论是在工业化、城市化进程中，随着移民潮的兴起而发展起来的。1930 年，帕克提出城市融入是一个社会过程，经过这个融入过程，不同种族或不同社会文化背景的群体最终共同生活在同一个国家或地区[②]。

城市融入的最终目的是创造一个“人人共享”的社会，融合是多种族社会的必然发展结果。城市融入具有以下特点：移民融入迁入地主流社会是多种族国家的一个必然发展结果；移民的融入方向更多是单向的，迁入地主流社会的

① TAYLOR M，2006. Communities in partnership：Developing a strategic voice［J］. Social Policy and Society，5（2）：269.

② 悦中山，2011. 农民工的社会融合研究：现状、影响因素与后果［D］. 成都：西南交通大学.

文化标准是移民融合的评价标准；社会隔离式移民社区对移民的融入具有阻碍作用[①]。

在美国，黑人在地理空间上远离工作地、在社会空间上远离主流社会的隔离状态促使一些社会学家认为，居住隔离是导致黑人面临的许多社会与经济问题的根源[②]。杜恩等通过文献回顾和实践案例研究发现，为了满足弱势群体的需要，不同部门之间的服务整合是非常重要的。德罗宾等通过研究退伍军人的社区融合发现，自助团体（self-help groups）可以为外来移民的城市融合提供有力的支持，成为构建社区社会支持的自然过渡工具。

2. 国内研究

农民工城市融入是一个多层次的、动态的概念。国内学者中，任远和邬民乐较早给出了城市融入的定义，城市融入是不同个体之间或不同群体之间相互融合、相互适应的过程。马西恒等则认为，城市融入是移民在就业、居住、价值观等方面融入城市社会的过程，城市融入程度可以用移民与城市居民的同质化水平进行衡量。本书认为，农民工城市融入是指农民工与当地人之间从冲突到和解、从消极到积极、从被动到主动、从排斥到接纳这样一个逐渐包容、共同发展的过程，伴随这一过程，农民工逐渐实现市民化，实现与城市居民的无差异化。

（二）城市融入维度研究

1. 国外研究

第二次世界大战后，伴随移民规模的持续增长，西方社会掀起了移民社会融入的研究热潮。戈登（Milton M. Gordon）[③]、杨格（J. Junger-Tas）、恩泽格尔（H. Entzinger）等，分别创立了“二维度”模型、“三维度”模型和“四维度”模型。在西方学者中，戈登最早对社会融合维度进行了划分，他将城市融入具体分为七个层面：文化、结构、婚姻、认同性、态度、行为和公共事务[④]。在不同的维度划分中，以恩泽格尔等提出的“四维度”模型最为清晰具体，这四个维度分别是经济融入、政治融入、文化融入和社会接纳。

在城市融入维度中，文化融合的方向性一直存在较大争议。在戈登看来，

① RICHARD A，VICTOR N，2003. Remaking the American mainstream：Assimilation and contemporary immigration［M］. Boston：Harvard University Press.

② 乔治·J鲍尔斯，2018. 劳动经济学［M］. 7版. 北京：中国人民大学出版社.

③ 米尔顿·M戈登，2015. 美国生活中的同化［M］. 南京：译林出版社.

④ GORDON M M，1964. Assimilation in American life：The role of race，religion，and national origins［M］. Oxford：Oxford University Press.

文化融合基本上是一个单向过程，认为移民终将会全盘接受迁入地社会的文化。但这一观点也遭到后来研究者的批评，以贝瑞为首的一些学者针对“单向文化融合”提出了文化融合的双向模型。根据贝瑞在 1974 年提出的文化融合双向模型①，移民进入迁入地后会面临两个基本问题：一是移民需要对原有文化与迁入地文化做出价值判断，决定是否继续保持原有文化；二是移民对迁入地文化的基本态度，是接受还是规避。通过分析移民在这两个问题上不同态度的组合，可以得到融合、同化、分离和边缘化四种不同的文化融合策略（表 1-1）。双向融入模型在后来的移民融合研究中得到广泛应用。

表 1-1 移民文化融合的双向模型

		是否愿意保留自己原有文化	
		是	否
是否愿意接受迁入地文化	是	融合（integration）	同化（assimilation）
	否	分离（separation）	边缘化（marginalization）

欧盟对移民社会融入问题非常重视，各国均通过实施各类公共政策来推进移民的社会融合。2003 年，欧盟委员会为评估和完善移民融入政策，加快融合进程，构建了广泛适用的“移民融合政策指数”（Migrant Integration Policy Index，MIPEX）。

MIPEX 源于 2004 年，并于 2007 年和 2011 年进行了两次更新。2011 年的指标体系包括七大领域：劳动力市场准入、家庭团聚、教育、长期居住、政治参与、入籍、反歧视。每个领域均从资格要求、条件、措施和权利 4 个方面进行考察，每个方面又涵盖若干具体可测的变量，共收集了 200 多个政策指标。MIPEX 具有较强的可行性和可推广性，方法也较为成熟。

格列古罗维奇等基于 MIPEX 和欧洲一体化指标，对欧洲经济区域一体化政策进行了评估，发现移民融入的指标往往与融入政策的发展水平不一致。由于移民的不同经历，过去移民的范围和最近移民的流动等因素，欧盟各国在制定一体化政策时面临着不同的挑战。需要根据移民流动的特殊性、移民人口规模和其他相关因素，重新编制融合政策。

欧盟的社会经济高度发达，其移民融合政策渐趋稳定、成熟。而我国尚处于转型发展时期，流动人口的规模十分庞大且处于动态变化中，国情的差异使我们不可能完全套用欧盟的指标体系。不过，在社会政策领域，欧盟的一些先进理念、做法和经验，仍可为我国农民工城市融入评价和政策制定提供指导和借鉴。

① BERRY J W，1974. Psychological aspects of cultural pluralism [J]. Culture Learning (2)：17-22.

2. 国内研究

2000年以后，伴随农民工大规模进入城市，农民工在务工城市的融入问题开始引起学术界的关注。简新华认为，农民工融入城市是指农民工实现市民化，能够享有与市民同等的权益和福利，农民工与市民的差别基本消除，能够长期稳定地在城市就业、居住。农民工融入城市社会包含了劳动力城市化（初级阶段）、基本公共服务待遇城市化（发展阶段）、人的权利城市化（最终阶段）3个阶段。

当前，我国农民工在城市尚处于低层次融入阶段，即处于基本公共服务待遇城市化起步阶段，属于“半城市化”状态。

从融入维度看，杨菊华认为，农民工城市融入包括经济融合、社会适应、文化习得与心理认同4个维度。经济融合是指农民工在经济方面逐渐接近市民标准，主要包括就业、职业地位、收入、社会保障、教育培训、居住条件等；社会适应是指农民工在行为方式上逐渐向主流社会标准靠近；文化习得是指农民工逐渐掌握和接受城市主流社会的语言、文化、社会规范和价值观等；心理认同是指农民工对城市的归属感和认同感。这4个维度之间的关系是层层递进的，经济融合是基础，心理认同是最高境界。

张文宏等则将农民工的社会融合分为文化、心理、身份和经济4个维度，农民工社会融合程度总体偏低，从具体维度来看，表现出经济融合、文化融合、身份融合和心理融合逐步提升的趋势。王佃利等借鉴西方移民问题分析框架，从经济融入、社会融入、制度融入和文化心理融入等维度，建构了新生代农民工城市融入分析框架。

（三）城市融入的影响因素

城市融入是多维度的，其影响因素也是多重的。研究人员一般将这些因素归纳为移民个体和移民群体两个层次。

1. 国外研究

（1）*个体层次因素*。移民的受教育水平、就业技能、语言能力甚至出生地都会对移民的社会融入产生影响。对20世纪20—50年代从欧洲迁移到美国的移民群体的研究发现，移民文化水平和就业技能越高、在迁入地时间越长、迁入地语言掌握越好，移民及其后代社会融入程度越高，移民与当地居民的通婚率也越高[①]。

社会融合经典理论认为，随着时间的推移，外来移民在语言、文化与行为

① LIEBERSON S, WATERS M C, 1988. Form many strands: ethnic and racial groups in contemporary America [M]. New York: Russell Sage Foundation.

模式等方面会越来越融入主流社会，与主流社会的差异会逐渐减少①。但也有研究发现，家庭经济条件较差的移民的后代，一方面，由于生活环境、价值观发生变化，他们不再像上一辈移民那样愿意从事社会底层工作；另一方面，他们受教育情况很差，缺乏必要的人力资本和社会资本，难以找到理想的工作。比上一辈移民更容易陷入永久贫穷，这就是“二代移民堕落现象”②。西方学术界从代际视角研究移民融入问题取得了很多有价值的成果。

国外大量研究表明，社会网络对移民在迁入地的社会融合具有重要影响③。社会网络可以有效减少移民迁移的心理成本和经济成本，在移民的迁移、就业、适应和社会融合等方面都具有重要价值④。内尔森和史密斯对我国农民工的研究发现，农民工的市民朋友越多，与市民关系越亲密，他们对市民的态度越正面，与市民的关系越融洽。

Hoang对在我国台湾务工的越南工人进行了研究，发现越南工人属于被剥夺权利的下层阶级，其信任半径因外出务工而变得不稳定。移民网络是越南工人社会生活的中心，不仅提供了重要的物质和心理支持，而且还提供了一个发展、维持和竞争关系的平台。

（2）*整体层次因素*。移民城市融入除了受自身条件的限制以外，还受到流入地、流出地社会经济环境、制度、文化等一系列外部因素的影响。华纳等的研究发现，一些移民群体因其一些先天特征，如肤色、语言以及宗教信仰等，容易受到迁入地主流社会的排斥。移民在迁入地的社会地位、经济条件以及居住地点等都会对他们的社会融入产生影响。同时，迁入地的社会文化是否具有包容性，主流社会对移民的接受态度也是影响移民融入的重要因素⑤。

戴维·迈尔斯通过研究发现，增加接触能够减少不同群体之间的偏见，人们常常与那些共享居住区、停车场和娱乐场所的人成为朋友，并把自己与他们视为同一社会的单元。以纽约为例，在废除种族隔离的地区，白人妇女更加支持不同民族的混居，并且表示她们对黑人的看法也有了改善。

---

① 悦中山，2011. 农民工的社会融合研究：现状、影响因素与后果［D］. 西安：西安交通大学.

② PIPES L C，BRANDSTATER N，FUGLESAND C D，et al.，1997. Second generation decline? Children of immigrants，past and present-A reconsideration［J］. International Migration Review，31（4）：893-922.

③ DEKKER R，ENGBERSEN G，2014. How social media transform migrant networks and facilitate migration［J］. Global Networks，14（4）：401-418.

④ AMUEDO-DORANTES C，MUNDRA K，2007. Social networks and their impact on the earning of Mexican immigrants［J］. Demography，44（4）：849-863.

⑤ PASKEVICIUTE A，ANDERSON C，2008. Friendly territory opinion climate，discontent，and immigrant political action in Europe［Z］. American Political Science Association Conference（8）.

奥什等研究了居住问题与居民行为的关系认为，居住稳定性可以增强居民的公共认同感和亲社会行为。诺沃特尼等从区域层面分析了移民网络空间结构在欧盟移民区位决策中的作用，发现邻近地区的移民网络对移民的选址决策具有显著的正向影响。

2. 国内研究

（1）个体层次因素。国内关于农民工城市融入影响因素的研究，绝大多数都得出：农民工个体的文化程度、就业技能、年龄、婚姻状况、经济收入等个人因素与城市融入程度密切相关。

社会网络对移民具有四重效用：第一，移民可以借助社会网络交流信息，信息越不完全，该作用越突出；第二，移民可以通过社会网络对迁入地主流社会施加对自己有利的影响；第三，移民在迁入地的社会网络是其社会信用的重要证明，良好的社会信用有助于移民获取各种资源；第四，社会网络可以强化移民身份和认同感①。

如果农民工在务工城市能够尽快构建起新型社会网络，可以明显加快其城市融入进程②③。魏万青发现，相对于拆分型家庭，完整型家庭（如配偶同住、小孩同住等）对农民工落户决策有显著正面影响。

农民工在家乡的土地和住房情况也会对农民工的城市融入产生影响，如杨云彦等发现，农民工家庭耕地数量对劳动力返乡具有显著正效应。如果农民工的耕地能够采取有偿流转，农村住房能够有偿转让，则其城市定居意愿会增强④。因此，考察农民工市民化，必须要探索农民工市民化进程中如何保护和实现土地财产权。

（2）整体层次因素。针对我国农民工的研究普遍认为，户籍制度是影响农民工社会融合的根本障碍，对农民工社会融合存在巨大影响的社会保障、医疗、就业等制度设计也是以户籍制度为基础的，城乡分立的户籍制度使得农民工无法享受所有的城市社会资源。文贯中也认为，农民工不能真正融入城市，户籍制度和土地制度是主要因素。户籍制度是农民工群体产生和持续存在的根源所在，户籍差异决定了农民工与市民享有差异明显的权利和社会福利。

---

① 林南，2005. 社会资本：关于社会结构与行动的理论［M］. 上海：上海人民出版社.

② 曹子玮，2003. 农民工的再建构社会网与网内资源流向［J］. 社会学研究（3）：99-110.

③ 彭华涛，张俊杰，2015. 社会网络关系对农民工城市融入意愿度的影响机理：城市生活满意度的调节作用［J］. 经济研究参考（69）：59-68.

④ 孙战文，杨学成，2013. 农民工家庭成员市民化的影响因素分析：基于山东省 1 334 个城乡户调查数据的 Logistic 分析［J］. 中国农村观察（1）：59-68，92.

（四）研究方法

现阶段，国内学者对农民工城市融入问题的研究大多是建立在问卷调研或访谈基础上的。常用的研究方法通常有探索性因子分析法、主成分分析法、Probit 模型法、回归分析法等，具体内容在本书第五章进行详细阐述。

（五）评价

从以上分析可以看出，国外学者在研究中对城市融入的界定比较清晰，并对城市融入进行了维度划分，每个维度都有深入的研究。国内对农民工城市融入问题的研究起步较晚，回顾国外相关研究有助于我国农民工城市融入研究的开展。

（1）农民工的城市融入是多维度的，而且不同维度的方向存在差异。经济维度和社会维度的融合是单向的，可以称为“融入”；文化和心理维度可能是双向的，可以称为“融合”。农民工即使融入城市，他们对原有文化的认同也不会完全消失，特别是少数民族群体对他们自身文化的认同保持程度可能更高，这要求在农民工市民化政策制定时对农民工的原有文化给予充分尊重。

（2）从现有研究来看，农民工城市融入的概念仍不清晰，城市融入维度具体怎么划分仍未达成一致。

（3）从研究视角来看，国内学者从“能力视角”和“制度视角”对农民工城市融入问题进行了大量研究，得出了一些具有一定指导价值的研究结论。但现有研究多是假设农民工是被动融入，对其城市融入的主观意愿关注不够。

（4）在研究方法上，理论探讨多，实证研究偏少。在有限的实证研究中，由于缺乏权威公开数据库，研究者只能采用问卷调查方式收集研究所需数据信息。这就不可避免会存在两个问题：一是数据的真实性存疑。无法确保被采访对象能准确理解问卷信息，如实填写问卷信息具有一定的难度。如果数据信息失真，那研究结论将是无本之木。二是样本量和数据量不充分。受限于研究者的研究经费、研究时限等因素，研究者在调研时大多以某个城市的农民工群体作为研究对象，这样得出的研究结论缺乏代表性。

农民工城市融入是一个过程，因此除了需要对某个时点农民工城市融入现状进行研究外，对农民工城市融入进程进行跟踪研究也十分必要，但到目前为止尚未看到相关研究成果。

本书尝试对现有研究不足予以完善：一是通过在校高年级本科生和研究生对其亲朋及周围人群发放问卷，提高问卷的覆盖面和信息准确度；二是从 2013 年开始，选取了 30 多个农民工样本进行跟踪调查，以期发现农民工行为与城市融入进程随时间推移的变化，并分析其原因。

二、农民工住房保障问题研究综述

（一）国外研究述评

国外贫困人口城市住房问题研究已经形成了“过程—互动—行动”的完整体系，早期侧重研究概念界定、分类和分布特征等过程，后期侧重研究影响因素、形成机制等。

1. 解决贫困人口住房问题的相关研究

西方国家在工业化和城市化进程中，大多都出现过住房供给不足与低收入人口居住困难问题。帮助外来贫困人口解决住房问题是一个国家公共政策的重要组成部分，各国具体做法存在一定差异，具体可归纳为以下 4 种模式。

一是政府直接出资兴建廉价住房模式。新加坡是解决外来人口和低收入群体住房问题的成功典型。新加坡政府自 1960 年以来就实施了“居者有其屋”计划，通过成立建屋发展局（HDB），直接大规模建设公共住房，并实行了公共租屋计划①。泰国在其工业化时期，为了解决日益严峻的贫民窟问题，成立了房屋署和住房银行②。

二是政府间接资助，优惠租售模式。以日本为例，第二次世界大战后，日本农村人口大量向城市转移，为解决城市住房困难问题，政府推出了一系列公共住房政策，设立了两个部门专门负责解决中低收入者住房问题，分别是公团住宅和公营住宅③。日本政府不直接介入公共住房建设，建房融资渠道实现了多元化，政府财政负担较轻。

三是政府间接出资，现金补贴模式。德国对于直接从市场上进行租房存在支付困难的低收入居民，对实际缴纳租金和可承受租金之间的差额进行补贴，可承受租金一般按家庭收入的 25%确定。该政策在不干扰市场规律的前提下，提高了低收入者的支付能力；但与此同时，现金补贴刺激了租金的上涨，变相增加了政府的财政负担。

吉特利分析了低收入住房税收抵免（LIHTC）计划，该计划是联邦政府鼓励发展和恢复可负担的租赁住房的主要政策工具之一。这些不可退还的联邦住房税收抵免是通过州住房金融机构管理的竞争性申请程序授予租赁项目的开发商的。据估计，LIHTC 每年平均花费政府财政近 60 亿美元。

---

① SIM L L，YU S M，SUN S H，2003. Public housing and ethnic integration in Singapore [J]. Habitat International，27 (2)：293-307.

② GILES C，2003. The autonomy of Thai housing policy，1945-1996 [J] . Habitat International，27 (2)：227-244.

③ 吕萍，等，2012. 农民工住房：理论、实践与政策 [M] . 北京：中国建筑工业出版社 .

四是综合保障模式。以美国为例，美国在解决低收入群体住房困难问题时存在一个从提供住房到提供补助的转变过程。早期美国采取以供给为导向的住房保障政策，由于低收入家庭集中居住，社区成员长期被隔离在正规就业、主流社会之外，遭到不少学者的批评。

自 1970 年，美国转向实施以需求为导向的住房计划，政府开始为低收入困难居民提供住房补贴，这有助于加快减少贫困人口聚居，也有助于促进种族融合。同时，减少低收入者、少数民族在住房方面受到的歧视，也是美国住房政策的重要内容①。

长期以来，公共住房一直是一个有争议的问题。虽然许多社区都非常需要经济适用住房，但低收入住房开发区的邻居却担心社区的衰败。埃德米斯顿评估了低收入住房开发对其所在社区的损害，重点是对 LIHTC 融资开发项目的评估。实证分析的结果显示，邻近 LIHTC 开发区，一般对邻近物业状况有正面影响。进一步分析发现，当模型不控制犯罪时，邻近 LIHTC 开发区对财产状况的影响为负。

以上这些政策模式为我国选择农民工住房问题解决途径提供了有益的启示。一方面，从以上几种模式看，政府直接出资需要大量财政投入，间接出资则可以减轻政府的财政压力。当前我国各级城市财政能力有限，而农民工数量庞大，因此解决农民工住房问题，从财政角度来看，更适合采取间接出资或补贴方式。另一方面，对解决模式的选择，应因地制宜、因时制宜。美国的实践说明，各种模式没有优劣之分，关键是要根据农民工的收入水平和城市住房市场发展情况灵活选择。

2. 解决外来移民住房问题的相关研究

住房政策可以成为政府和移民之间的沟通媒介，它反映了一个社会所维护的价值观，对包括移民在内的整个社会都会产生至关重要的影响。特纳针对正处于城市化进程中的国家，提出了移民安置的两阶段理论：外来移民一开始租住在市中心贫民区，然后逐步转移到城市边缘地区通过自建房实现再安置。具体来说，外来移民随着收入的提高，基于居住稳定性、舒适性或所有权的考虑，会搬离市中心贫民区，开始在城市边缘修建简易住宅，并逐渐将其改造为更加坚固舒适的房屋，实现居住环境的改善。

黛安娜·迪亚孔等对英国外来人口的住房问题进行了系统研究，认为当前英国外来务工人员相比以前，不仅数量更大，而且内部结构也更为复杂。在外来移民面临的各种社会经济问题中，住房问题最为突出，并且住房问题对社区和城市发展具有很大影响。针对这一问题，她们提出了 4 项政策建议：一是提

① 阿列克斯·施瓦茨，2008. 美国住房政策［M］. 北京：中信出版社.

高住房的可选择性；二是提高住房质量和建筑标准；三是促进社区融合；四是确保政策得以顺利执行。

蒂蒂·桑亚尔通过考察殖民地时期和后殖民地时期这两个不同时期，对孟买的非正规住宅，如贫民窟和公寓式住房，进行了比较研究。结果发现，这些非正规住房为城市贫困移民创造了独特的生活和休息空间，模糊了公共和私人空间，发挥着极强的社会功能，对城市结构产生了重要影响。

西方发达国家工业化、城市化发展背景和过程与我国存在很大差异，同时社会制度、社会文化也有很大不同。但其提出的城市融入理论、研究方法、研究思路和住房问题解决对策，对我国研究农民工住房问题和城市融入问题，仍具有很好的借鉴价值。

（二）国内研究述评

农民工广泛分布于城市各行各业，支撑起了城市社会经济的半边天，为城市建设做出了重要贡献。但他们的社会地位仍然很低，处于社会最底层，成为未能融入城市的“边缘人”。农民工进入城市以后能否顺利实现“融入”，已经成为具有中国特色的城市化能否顺利实现的核心问题[①]。

大量实证研究结果显示，影响农民工城市融入的首要因素是住房而非户籍[②]。住房对农民工城市融入的重要性在学术界已达成共识[③]，但农民工住房是一个非常复杂的问题[④]：一是农民工群体构成复杂，农民工不同群体间住房支付能力和支付意愿存在巨大差异；二是农民工城市住房领域中经济问题与非经济问题交叉，市场问题与保障问题交叉；三是农民工现实支付能力与潜在支付能力不协调；四是农民工城市住房问题承载了许多功能，如社会公平功能、城市化功能、房地产去库存功能等，这些功能之间有些存在冲突；五是在不同城市务工的农民工面临的住房问题存在巨大差异。面对极其复杂的农民工住房问题，学者们针对农民工住房保障问题开展了大量研究。

1. 研究视角

农民工住房问题既是社会问题也是政治问题和经济问题，不同学者从不同学科视角对农民工住房问题开展研究。

---

① 李强，2011. 中国城市化进程中的“半融入”与“不融入”［J］. 河北学刊（9）：106-114. 李春华，王业强，2017. 中国房地产发展报告（2017）［M］. 北京：社会科学文献出版社.

② 刘成斌，周兵，2015. 中国农民工购房选择研究［J］. 中国人口科学（6）：100-108，128.

③ 郑思齐，廖俊平，任荣荣，2012. 农民工住房政策与经济增长［J］. 经济研究（10）：73-86. 蔡键，包云娜，陈安然，2015. 新型城镇化过程中农民工住房保障研究［J］. 江汉学术（4）：43-48.

④ 张鸿铭，2016. 解决农民工住房问题的一些基本设想［J］. 华东师范大学：哲学社会科学版（6）：141-144，168-169.

（1）社会学视角。农民工在城市的住房问题，反映了现阶段我国城乡之间、农民工与市民之间的利益冲突。农民工获得城市住房需要与市民分享城市住房资源，这意味着要对城市住房利益进行重新配置，不可避免会引起各利益群体间的对抗和冲突。

作为最早研究农民工住房问题的学者之一，李斌认为住房本身并不制造社会排斥，它只是社会排斥的一个反映。农民工在户籍制度、住房保障、租房市场、城市建设规划 4 个维度上遭受不同程度的社会排斥，形成了制度性社会排斥，阻碍了农民工的城市融入进程。

相比租房和购房居住的农民工，住在集体宿舍和工棚的农民工的城市融入程度更低。同时，居住隔离对农民工的城市融入也具有显著的负面影响。

（2）经济学视角。农民工融入城市可以推动我国经济在更高水平上实现均衡增长，加快农民工城市融入进程是促进我国发展方式转变的重要途径。增加农民工住房供给对城市低端产业发展具有明显的推动作用。

农民工城市住房问题是住房供求因素共同作用的结果。吕萍等通过构建农民工城市住房需求的“吸引力—吸纳力”分析框架，对我国农民工分布和住房需求的地区差异进行了比较分析，将全国共划分为四型九类地区，分别提出了不同地区的解决路径设计。

（3）公共管理视角。现有农民工住房政策尚未形成较为完整系统的框架体系，导致政策自身不成体系，各相关政策间配套性差，难以从整体上为农民工提供住房支持服务。同时，现有农民工住房政策在制定和执行过程中也暴露出整合性不强、结构性缺失、适应性不足和协作性弱化等问题。

解决农民工住房问题，需要首先对住房保障最低标准、农民工内部差异、不同地区农民工住房支付能力 3 个问题进行探讨，这是制定农民工住房政策的重要前提。

（4）法学视角。国家有保障居民住房权利实现的义务，应将农民工住房保障法律框架纳入法治轨道，综合运用市场和政府两个途径是解决农民工住房保障问题的关键。现阶段，城中村是农民工解决城市居住问题的主要选择之一，但城市改造的大规模开展使得农民工居住选择进一步减少，他们的居住权遭到社会忽视。

聂洪辉认为，农民工群体难以融入城市的根本原因是权利与户籍相结合的制度安排使得农民工无法享受平等的公民权。解决农民工住房问题和城市融入问题的关键在于实现“人、权”合一，权利应附着于人而不是户籍。

2. 研究方法

由于定性研究缺乏数据支撑，局限于理论分析，研究结果的指导性和应用价值存在一定局限。为弥补定性分析方法的不足，越来越多学者尝试运用多种定量研究方法分析农民工住房问题，希望能够发现农民工住房各影响因素之间的相互关系和作用机理，以便更好地理解和解决农民工住房困难问题。

其中，多元 Logistic 回归分析方法在住房选择影响因素分析中应用最为广泛。熊景维、邓江年等运用 Logistic 模型，针对农民工城市住房对其定居决策的影响进行分析发现，农民工的住房条件和住房形式对他们的城市认同、归属感以及留城意愿具有显著影响。

3. 农民工住房特征与住房满意度

（1）*住房面积*。通过分析现有文献可以发现，“农民工住房面积严重偏低”已成为不同学者研究得出的一致性结论。彭华民等调查发现，天津农民工人均住房面积不足 7 米^2，而天津城市住房困难最低标准为 9 米^2。

韩克庆等基于 2014 年全国 22 个省份的调查问卷发现，新生代农民工人均住房面积为 11.9 米^2，老一代农民工仅有 10.1 米^2。而 2014 年我国城镇居民人均住房建筑面积已达到 40.9 米^2，农村居民人均住房建筑面积为 61.5 米^2。可见，农民工在城市的人均住房面积不仅明显低于城市居民，更远低于农村居民，成为当今社会居住条件最差的群体。

令人遗憾的是，笔者在文献梳理的过程中，并没有发现农民工住房状况随时间推移逐步改善。以重庆为例，2009 年，重庆农民工人均住房面积不足 10 米^2；到 2014 年时，仍有 61.7%的农民工人均住房面积不足 10 米^2。这说明，农民工的城市住房困难问题难以随着经济发展和时间推移而自动解决，政府必须予以干预。

（2）*居住条件*。由于农民工收入较低，为节省开支，他们往往以牺牲住房品质为代价。从住房设施和住房质量看，不管是私人出租房、集体宿舍还是工棚，农民工的居住条件大多非常恶劣，主要表现为居住拥挤、住房设施简陋、配套严重不足、安全隐患大。

在北京城中村①，90%以上的农民工住房缺乏独立卫生间和厨房。韩克庆等的调查也发现，有 65.2%的农民工住房没有独立卫生间，近七成住在郊区，治安状况较差。

（3）*住房来源和居住模式*。目前，大多数农民工不具备在务工城市购买商品房的经济能力，只能通过租房解决居住问题。农民工住房来源有多个途径，

① 全国和各大城市具体有多少城中村、占用多大城市空间、栖息了多少人口，目前尚无官方统计。从近几年部分城市公开的数据来看，北京城中村有 346 个，面积达 190 千米^2，全市流动人口 704 万；广州城中村有 138 个，面积为 266.48 千米^2，流动人口 500 多万；深圳城中村有 320 个，面积为 390 千米^2，城中村内原住民 595 万人，流动人口1 200万；武汉城中村有 163 个，面积 213.82 千米^2，流动人口 142 万。

以非正式住房为主，其中用人单位和私人住房是农民工住房的主要供给渠道。

国家统计局抽样调查结果显示[①]，2018 年，在进城农民工中，购买住房的占 19.0%，其中购买商品房的占 17.4%；租房居住的占 61.3%；用人单位或雇主提供住房的占 12.9%。国家统计局公布的数据代表的是全国平均水平，不同城市、不同行业间也存在较大差异。经济越发达的城市，房价越高，农民工的居住条件也越差。尽管农民工希望拥有独立的居住空间，但为了节省开支，一般采用与他人合租的方式。

(4) *住房消费支出*。农民工在城市的收入具有不确定性，同时他们又被排除在城市社会保障体系之外，这对农民工的住房消费具有重要影响。从调查来看，农民工多数以农村为最终归宿，他们在城市的目标是实现务工收入最大化。为此，农民工一般是尽可能减少住房支出，导致其住房消费倾向相对市民明显偏低。收入增加以后，农民工更多倾向于增加储蓄或者将收入用于子女教育等方面，一般不会在城市租房方面增加太多投入。

(5) *居住隔离情况*。农民工与城市居民在居住空间上存在明显隔离。空间隔离对农民工的城市融入有着显著的负面影响，将农民工群体纳入城市空间分配体系已经刻不容缓。农民工城市住房没有统一的安置或安排，居住地点较为分散，其住所几乎分布在城市的各个角落。

农民工在选择住处时，影响其决策的主要是价格与交通等因素。近些年，由于城市房价上涨过快，进而导致租金上涨，加上随着旧城改造的大规模开展，市区可供农民工选择的住房越来越少。越来越多的农民工被推到城乡接合部或城中村，蚁族式群居现象也越来越突出。农民工聚居区与城市主流社会泾渭分明，严重影响社会和谐，农民工聚居区被称为“城市的伤疤”。

居住隔离进一步拉大了农民工与市民之间的社会距离，不利于农民工的城市融入，虽然在短期内解决了农民工的居住和社会适应问题，但并不利于农民工在城市的长远发展和社会稳定。

(6) *住房满意度*。尽管实际居住条件较差，但各地城市多数农民工对居住状况的满意度较高。

究其原因，一是农民工以农民工群体而不是以市民作为参照对象，而且他们对当前住房市场的分配规则是认可的。虽然住房条件很差，但他们明白自己在城市的社会地位和竞争能力，对较差的住房条件只能选择接受。二是农民工对住房条件的期望较低，在居住舒适性上要求不高。如果农民工能得到其他使其满意的资源，如在城市获得比在农村更高的收入，以此完成谋生、储蓄，并

① 国家统计局，2019. 2018 年农民工监测调查报告[EB/OL]. (2019-04-29)[2019-01-22]. http://www.stats.gov.cn/tjsj/zxfb/201904/t20190429_1662268.html.

为子女创造一个更好的未来等，他们愿意接受较高程度的住房空间剥夺。

同时，住房属于长期资产，而农民工并不期望在城市长久居留。因此，住房对其价值较小，尽量减少住房支出是一种理性选择。

4. 农民工住房改善的约束因素

（1）*户籍制度是制约农民工改善住房的根本原因。*户籍制度产生于计划经济时期，它曾在有限的社会资源配置中发挥了重要作用，推动了城市经济的超常规发展。

然而随着社会经济的发展，城乡分割的户籍制度与市场经济的要求越来越不适应，且户籍制度的功能被人为泛化，衍生出来的社会保障、就业、教育等一系列社会制度，根据户籍对居民实行严格区分，不仅阻碍了劳动力的自由流动，而且还造成了城乡居民之间的不平等。现行户籍制度对农民工具有很强的排斥性，加上城市房价相对过高，导致大量农民工难以在城市定居。

（2）*农民工经济基础薄弱，住房支付能力不足。*由于劳动力市场二元分割，农民工只能进入非正规劳动力市场，工资权益难以得到有效保障，导致农民工群体收入普遍偏低。与城市职工相比，农民工不仅初始工资低，而且工资增长速度慢，在城市劳动力市场上长期处于劣势。

杨俊玲等认为，收入偏低是农民工住房问题的主要影响因素。一方面，农民工在城市获得的收入除了维持基本生活外，还需要反哺农村家庭，他们能用于城市住房消费的预算非常有限；另一方面，近些年，城市房价尤其是大城市房价上涨速度过快，使得房价和房租远超农民工支付能力，导致农民工只能选择房价较低的城乡接合部或城中村住房。

（3）*农民工住房保障制度缺失。*我国城市住房保障制度起步晚，资金投入不足，导致住房保障范围很窄、保障水平不高。农民工城市居住条件差的根源在于，农民工在城市的居住权益没有得到根本性的保障。现阶段，我国农民工住房保障政策并没有形成一个系统完整的体系，针对农民工住房问题的各项规定分散于各个文件中，彼此间不成体系，各项政策间配套性差，无法从根本上解决农民工住房问题。

（4）*城市住房市场失灵。*西方国家在解决中低收入居民住房困难问题时，注重将市场和政府有机结合起来，充分发挥两者的优势。当前，我国在农民工城市住房领域，则出现了市场失灵与政府失灵并存的“双失灵”局面。

在城市住房市场上，商品住房供给大量增加，但保障性住房供给增长缓慢。同时，大中城市房价上涨过快，如果通过购买商品房解决居住问题，绝大多数农民工不具备相应的支付能力。同时，按照当前的住房金融制度设计，农民工由于缺乏稳定收入，很难申请到购房贷款。

在住房租赁市场上，农民工受限于其社会身份、经济收入、职业特点等，租房选择受到很大影响。调查资料显示，农民工在住房租赁市场也面临严重的社会排斥问题，有20%的人在租房过程中遭遇过歧视。同时，地方政府主导的大规模旧城改造和棚户区改造，使得适宜农民工租住的住房大量减少，逐步把农民工推到远郊区，增加了农民工的居住和通勤成本。

5. 农民工住房保障策略研究

解决农民工住房问题，既需要农民工自身的努力，提高自身经济承受能力；也需要政府、企业和社会各界伸出援手，两者缺一不可。

(1) 完善城市住房制度。城市住房市场是解决农民工住房问题的基础，农民工住房问题的解决必须充分考虑城市住房市场的整体状况。现阶段，私人住房是农民工主要租房来源。各城市政府应规范住房租赁市场，有效保护租赁双方的合法权益，促进住房租赁市场健康有序发展。同时，制定集体宿舍、工棚及其他非正规住房的质量标准，保护农民工的正当居住权益。

当前农民工的住房越来越往城市郊区扩散，这些地区的基础设施配套一般较为落后，给农民工带来很大不便。政府应加大农民工聚居区的配套基础设施建设，如学校、医院、超市等，改善农民工的居住条件。

随着农民工自身竞争力的提升以及劳动就业政策的不断完善，将有越来越多的农民工进入一级劳动力市场，其收入水平将更高、更稳定，住房市场将成为农民工改善居住条件的重要渠道。因此，政府应不断完善城市住房市场，特别是二手房市场，有效控制住房成本，确保“住房过滤”机制有效发挥作用(郭新宇等，2015)。

(2) 完善农民工城市住房保障体系。我国农民工总体规模大，职业、年龄、收入等构成复杂。构建农民工城市住房保障体系，除了要兼顾公平和效率外，还必须秉持差异化原则，从地区特点和主要农民工类型出发，有重点、分步骤地进行设计和实施（吕萍等，2012；藏波等，2014)。解决农民工城市住房问题的正确思路，应该是帮助农民工改善住房环境，为他们提供基本配套齐全的正式住房。

当前，我国亟须解决的是保障农民工以实物配租或租房补贴等方式获得住房使用权，而不是保障他们拥有住房产权。陈鸿彬等、张泓铭（2016）认为，农民工群体具有较高的流动性，他们购买城市住房的能力和意愿相对较低。因此，租房补贴比购房补贴更实际也更有效，农民工更容易接受。同时，应该建立健全农民工住房保障退出机制，当农民工的经济收入上升到一定标准时，鼓励他们通过市场解决住房问题。

农民工住房保障的责任主体应该是政府而不是企业（董昕，2013)。住房保障应该定位为中央事权，中低收入住房困难群体的住房保障应该由中央政府承担主要财政支出，地方政府负责具体实施。

(3) 规范住房租赁市场。国际住房保障经验表明，如果不借助市场力量，政府难以在短期内解决移民住房问题，发达的住房租赁市场是解决移民住房问题的有效途径。农民工融入城市需要拥有与城市居民互动交流的机会，而租住私人住房是增加农民工社会交往的重要途径。这可以增强农民工与市民的联系和互动，构建其在城市的人际网络和拓展社会资本，构筑起农民工市民化的社会基点（熊景维，2013）。

加快住房租赁市场发展，一方面，应加强住房租赁管理制度和相关法规建设，维护农民工的合法租住权益；另一方面，应完善住房租赁机构或个人的市场准入机制，为住房租赁市场的发展营造公平开放的竞争环境，通过鼓励市场主体间的有效竞争提高整体服务水平。政府应出台租赁型住房基本配套标准，确保农民工基本居住需求得到满足（胡金星等，2016）。

(4) 加快推进农民工城市社区建设。城市的制度性排斥会在农民工与本地居民间形成居住隔离和心理认同割裂的双重“二元社区”。城市社区是农民工城市生活的起点和落脚点，也是提供城市基本公共服务的基础平台。一个社区如果能充分发挥其连接农民工与市民的桥梁作用，形成不同类型居民共生共荣的社区环境，必然会提升农民工的城市融入水平（杨菊华，2015）。

短期内城中村在城市中是不会消失的，各城市政府应根据当地农民工的实际居住情况，有规划地推进城中村改造工作。对于市区一些农民工比较集中、房龄较长的旧住房，应尽可能进行非拆除性改造，提高其住房服务质量。同时，通过完善周边环境，提高农民工生活质量（孙林，2014；陈春等，2016）。这种非拆除性改造住房，一是相对于新建住房成本更低，能够为农民工提供相对廉价的住房；二是这些住房一般都嵌套在市民小区附近，便于实现混合居住。

保障性住房的选址应该合理化，要避免“空间失配”。同时，应避免“居住隔离”，以混居理念指导农民工保障性住房建设。不同群体混居可以为他们提供相互了解、相互交流的机会，这有助于农民工尽快融入城市。在未来一段时期，“大混居、小聚居”是我国城市比较现实可行的混居思路（景晓芬，2015）。

(5) 配套措施改革。居住地管理模式是发达国家普遍采取的管理方式。实践证明，这种模式在住房政策的运营管理中比较有效。我们需要取消以户籍为主的管理措施，换成以居住地为中心的人口管理模式（韩俊强，2013）。

农地、山地、林地和水面的使用权流转，是提高农民住房支付能力、解决农民工城市住房困难的一项措施，应在全国加强试点工作，尽快推广（张鸿铭，2016）。如果农民工享有的社会保障不能有效降低农民工进入城市后面临的各类风险，农民工就不可能自愿放弃农村土地，这样就难以实现彻底的迁移。农村承包地流转应该与农民工社会保障制度改革协同进行，只有将两者协同改革，才能有效降低农民工转籍和定居城市的风险，最终实现市民化。

不同等级城市农民工住房负担能力存在较大差别，一二线城市的农民工住房支付压力较大，三四线城市的农民工基本具备住房支付能力（熊景维，2013）。如果单纯从住房负担能力考虑，农民工市民化应该以中小城市为主。在产业布局和资源安排上给予倾斜，从而引导农村剩余劳动力的就业转移，这是实现农民工就地就近市民化的重要途径（刘成斌等，2015）。

（三）评价

通过分析现有文献资料可以发现，我国农民工住房问题研究具有两大特点：一是在研究内容上，多以农民工城市住房及住房保障现状为主；二是在研究层面上，以个别城市为主。对研究现状的分析，大多采用“现状—问题—成因—对策”的研究模式。对个别城市的研究，一般是以问卷调查为基础，结合个案访谈对问卷所得数据进行描述性分析和定量分析。

回顾探讨农民工城市融入与住房保障问题的现有文献，主要存在以下不足或研究难点。

一是在探讨农民工城市定居意愿时，多采用简单的“城乡二元”思维。农民工除了在务工地落户与回流农村之外，可能还存在其他的路径选择。现有文献关于这方面的研究较少，对农民工城市化路径没有进行细分。

二是在研究方法上，对农民工城市融入、住房选择的影响因素进行分析时，多采用二元 Logistic 模型，将因变量过于简单的区分为“是”或“否”，影响了研究结论的准确性和合理性，应该尝试使用多元 Logistic 模型或其他方法对农民工住房问题进行分析。

三是研究样本代表性不够。由于科研经费、研究时限等多重因素制约，对农民工住房问题的研究往往是以某个城市为例。这样做的好处是调查方便，采集数据容易。但由于以单个城市为样本，调查所得信息在代表性上有所欠缺。由于问卷设计的差异、调研时间的差别，不同研究成果难以进行直接对比。在本书研究中，笔者所在课题组成员分赴全国 30 个省份 50 多个城市进行调研，在一定程度上弥补了现有研究中存在的不足。同时，在研究中挑选一些典型个案进行跟踪研究，得到了一些有价值的结论。

四是在第一手材料获取方式上，多采用问卷调查和个案访谈的方式，且以问卷调查为主，缺少深入的田野调查。据以往研究经验，为克服问卷调查可能存在的偏差，需要附个案访谈和观察研究对调研结论予以补充。笔者在研究中借鉴人类学研究方法中的田野调查法，化身农民工在企业车间与农民工同吃同住同劳动，通过记录农民工生产、生活的方方面面，争取获得更加真实翔实的第一手材料。

五是现阶段关于农民工住房问题的研究主要是按照“现状—问题—成因—对策”的框架进行，在对策建议部分多是提出一些原则性的建议，如改革户籍制度、建立住房保障体系等。研究多停留在宏观层面，缺乏操作性强的、具有借鉴参考意义的具体保障模式或保障方案设计。

六是农民工市民化的城市化道路选择研究。从笔者课题组的调研结果看，绝大多数农民工希望在大中城市定居。而从农民工的经济承受能力来看，多数农民工并不具备在大中城市定居的能力，中小城市反而更具可行性；但中小城市目前在与大中城市的竞争中处于劣势，其承载能力有限。我们可能需要摒弃以往完全以经济效益为标准的城市化发展道路，通过兼顾效率与公平，选择大力发展县域经济。

七是如何将农民工农村土地退出与其在城市的社会保障问题协调解决。现阶段，如果农民工在务工城市购房，绝大多数不具备支付能力。但如果将农民工在农村以土地为主的存量资产①盘活，实现货币化，则可以大幅度提高农民工在城市的住房支付能力。

盘活这些存量资产是一个复杂的问题。费孝通曾指出，在新的社会保险体系建立之前，农民不肯轻易放弃土地。如果要引导农民工以其农村承包地或宅基地换取定居城市的资本，这需要先完善城市社会保障体系，降低农民工退出农村土地的风险。

《国家人口发展规划（2016—2030年）》已经明确提出，探索建立进城落户农民土地承包权、宅基地使用权、集体收益分配权维护和自愿有偿退出机制。下一步的任务就是研究具体实施机制的构建。

八是现阶段农民工住房问题承载了一系列复杂的甚至是相互冲突的功能，如公平功能、城市化功能、去库存功能以及市民化功能等。在制定面向农民工的住房保障模式时，如何统筹兼顾这一系列功能是个巨大挑战。

九是农民工住房与城市融入进程关系研究。我国有少数学者开始研究农民工住房与城市融入关系，但多是研究农民工住房对市民化意愿的影响，很少有学者研究农民工住房对城市融入进程的影响。本书尝试在构建农民工城市融入进程评价体系的基础上，研究农民工住房形式、住房条件和住房意愿对城市融入进程的影响，从而为城市融入导向的农民工住房保障制度设计提供借鉴。

---

① 据蔡键等人测算，农村集体土地资产有89万亿元。蔡键，包云娜，陈安然，2015. 新型城镇化过程中农民工住房保障研究［J］. 江汉学刊（2）：43-48.

第四节 研究方法

一、文献研究法

对现有文献的解读是研究创新的基础。通过对相关理论以及与本书研究主题相关的文献资料进行回顾与评价，可以为本研究提供概念和理论基础，并形成理论对话的平台。文献研究法一直贯穿本书研究始终，具体文献包括书籍、期刊、会议资料、新闻报道、政府相关部门的公开资料和内部资料等。

二、问卷调查法

本研究对于农民工的城市流动、就业、融入、居住等主要信息的掌握，主要采用抽样调查法，而不是简单地依据现有的人口统计资料。原因是：目前国内还没有专门以农民工为调查对象的权威数据库，而且通过问卷调查可以更准确地获知农民工的个人特征、就业状况、居住状况、城市融入状况等与本研究紧密相关的信息。

三、深度访谈法

为更全面深入地了解农民工城市工作生活情况、居住状况、城市融入现状及市民化意愿等，在问卷调查的基础上，笔者采用深度访谈法，对理论分析和实证分析得出的结论进行有益的补充，使研究结论更准确、更全面。选用深度访谈法作为问卷调查的补充是因为：农民工的叙述不仅可以反映某些问卷调查难以获取的事实，而且可以获得农民工对现实的理解和解释。这种解释与通过问卷调查得到的“非全面”事实结合起来，才是对农民工城市工作与生活更全面的反映。

访谈对象除了农民工，还包括外流人口较多地区的农民、农民工流出地与流入地相关管理部门和服务部门的领导与工作人员。

在访谈中，还配合使用了观察法。观察法是配合其他几种方法的辅助方法，但其对本研究的重要性绝不逊色于其他方法。因为在敲门入户或访谈时，可以根据访谈对象的住房环境、访谈时的表情变化等揣摩访谈对象内心的细微变化，“体味”和“理解”他们的行为逻辑，这可以为本研究提供有价值的信息。

四、田野调查法

为了对农民工城市工作生活情况进行更为细致和直观的了解，笔者选择成都富士康科技有限公司和湖南省湘西土家族苗族自治州作为典型调研点进行田野调查。课题组成员以普通工人身份进入富士康生产车间与农民工同吃同住封闭式工作生活两个月，完成了 9 万字的调查笔记，并对 30 余位农民工进行了长达 4 年的跟踪调查。课题负责人利用在湖南省湘西土家族苗族自治州挂职的有利条件，一年内走访了数百个外出务工家庭和 30 多家用人单位，这些都为课题研究提供了宝贵的第一手材料。

五、定量分析法

笔者在定量分析方面主要采用统计分析法和定性资料分析法相结合的方法。对于问卷收集的资料，使用 SPSS 22.0 软件建立了专门的数据库，并结合研究目的进行一般描述性分析、相关分析、方差分析、因子分析和回归分析等，为本书研究提供实证分析支撑。

第五节　主要创新点

一、研究视角的创新

国内学术界研究农民工住房问题和城市融入问题的成果很多，国外也有很多学者关注我国农民工住房问题和城市融入问题①②③。

通过分析现有研究成果可以发现，大多数成果是将农民工城市融入问题和农民工住房问题割裂开来进行独立分析，忽视了农民工住房与城市融入之间的密切关联。

本书从城市融入视角研究农民工城市住房问题解决方案，从而将农民工住

① SCHUETZ M RAMONBERJAN O C. 2009. China's Migrant Workforce and the reform of its housing registration system (2009) [EB/OL]. (2009-06-11) [2017-08-23]. https://store.hbr.org/product/china-s-migrant-workforce-and-the-reform-of-its-housing-registration-system/hku839? sku = HKU839-PDF-ENG&cm _ sp=doi- _ -case- _ -HKU839-PDF-ENG&referral=00103.

② Ngok K. 2012. serving migrant workers: a challenging public service issue in China [J]. Australian Journal of Public Administration, 71 (2): 178.

③ DE BRAUW A, GILES J T, 2018. Migrant labor markets and the welfare of rural households in the developing world: Evidence from China [J]. The Word Bank Economic Review, 32 (1): 1-18.

房问题的解决与加快农民工城市融入有机结合起来。在此研究视角下构建的住房保障模式，不仅能够更有效地解决农民工的城市居住问题，还可以有力推进农民工城市融入进程，可以更有效地发挥政府有限的住房保障资金的经济效益和社会效益。

二、研究方法的创新

由于农民工住房问题涉及城市社会经济的各个方面，因此国内学者从多个角度对农民工住房问题进行了研究，如经济学、社会学、公共管理学、法学以及心理学等。但是，学者们的研究大多只是从一个理论角度进行，得出的结论难免存在片面性。本书在研究方法上进行了多方面尝试。

1. 所用数据更全面

在数据使用上，现有成果对单个城市等区域性数据分析较多，使用具有代表性、全面性数据的研究成果相对较少，造成研究成果多是区域性的。由于数据的局限，以往研究成果得出的结论难以进行直接比较，无法从总体上把握农民工群体的特点，难以对农民工的共同特征进行准确判断。

本书在研究中主要通过问卷调查收集所需数据，被调查农民工的流出地和流入地涵盖了全国 31 个省份，样本覆盖范围广、样本量较大。这使得本书的研究结论更具代表性，更能反映我国农民工城市融入和城市居住的总体状况，提出的住房保障方案也具有更广泛的适用性。

一方面，本书调查所建数据库提供了丰富的农民工城市融入信息和农民工住房信息。尽管我国官方机构会定期对人口普查数据进行公布，且公信力和覆盖面都更高，但该数据库所含的有关农民工城市融入和住房情况的信息很少，特别是缺少收入、社会保障、住房状况等关键性指标。本书的数据库涵盖多个与农民工有关的问题，包括年龄、收入、务工时间、进城原因、住房状况以及城市融入等多个指标，可以较全面、系统地分析农民工城市融入状况，分析农民工住房与城市融入的相关关系。

另一方面，本书的数据库包括农民工的流入地、流出地、受教育水平、年龄、人力资本和社会资本情况等信息，利用这些数据不仅可以实现农民工与城市居民的群体间比较，而且还可以进行不同地区、不同性别、不同年龄段农民工群体的内部比较研究。

2. 研究对象更细分

从年龄角度看，我国针对农民工的研究大多将农民工简单地划分为老一代农民工和新生代农民工，但是农民工群体的代际差异绝不是简单地划分为两个年龄段就可以解决的。老一代农民工中，70 后和 70 前两个群体在各方面都存在明显差异，而 80 后和 90 后农民工之间的差异则更显著。

在本书研究中，笔者将农民工群体依据年龄划分为 70 前、70 后、80 后和 90 后 4 个群体，分别对他们的城市工作生活情况、住房状况、城市融入程度进行分析，并针对不同年代农民工设计了“分类分层”的住房保障模式。

3. 多种方法结合使用

在理论研究的基础上，国内学者在研究农民工住房和城市融入问题时越来越多地采用实证研究方法，在调查问卷基础上通过构建模型来研究农民工住房和城市融入影响因素，并进行评价。本研究在采用这些传统方法的同时，借鉴社会学研究方法，主要采用了参与观察、深度访谈和个案分析的研究方法，对如何通过解决农民工住房问题加快农民工城市融入进程进行研究。

具体来看，一是选择典型个案对农民工在城市的工作、生活等各个方面进行追踪调查，有效弥补了问卷调查只能获取某个时点信息的弊端；二是采用田野调查法深入农民工群体中，通过参与观察方式对农民工在城市的工作、生活进行全方位研究；三是本书的研究逻辑是先构建不包括住房情况在内的农民工城市融入进程评价体系，然后再分析农民工城市住房状况（包括住房形式、住房条件和住房意愿）对城市融入进程的影响，从而可以更准确地把握农民工住房与城市融入的内在关系。

三、研究内容的创新

农民工住房保障问题是当前国内外学术界研究的热点，各学者从不同角度尝试使用不同方法进行了大量研究，得出了很多有价值的研究结论。但是，当前研究的主要框架是：农民工城市住房现状—住房保障的必要性—住房保障方式选择—配套政策，而研究结论大多停留在宏观层面，缺乏可操作性。

本书对农民工住房保障模式和运行机制进行了系统研究。

一是对农民工住房保障制度的设计以城市融入为导向，提出的解决方案既可以更好地解决农民工城市居住问题，又可以更有效地推进农民工城市融入进程。

二是根据农民工的城市定居意愿和城市定居能力的不同，将农民工划分成四大类型，构建了“分类分层”的保障性住房供应体系。

三是提出了系统的农民工城市住房保障制度设计方案，具体包括保障对象识别、保障水平确定和保障方式选择，并构建了农民工住房保障制度实施模型。

该方案实现了“收入越低补贴越高，同等收入补贴相同”的“反向递减”补贴效果，更好地确保了农民工住房保障制度的垂直公平和水平公平，可有效提高住房补贴资金的使用效率。

第二章　基本概念与理论基础

第一节　基本概念界定

一、农民工

农村剩余劳动力由农业向非农业转移、由农村向城市转移，是世界各国在社会经济发展过程中人口迁移的共同规律。区别于其他国家或地区，由于我国实施的是城乡隔离的户籍管理制度，农民工是具有中国特色的一个特殊群体。

对农民工这一群体应该如何称呼？一直是我国学术界热议的问题，“农民工”一词由中国社会科学院研究员张雨林首次提出。在此之前，农民工被称为“盲流①”，有些地方也称为“打工仔和打工妹”。很多学者认为，“农民工”这一称谓存在歧视成分，有些学者甚至曾联名提请国务院变更“农民工”称谓。

我国官方首次使用“农民工”这个词，始于 1999 年颁布的《招投标法》。2006 年颁布的《国务院关于解决“农民工”问题的若干意见》，确定采用“农民工”称谓。自此开始，国务院及各部委在相关文件中，均直接使用“农民工”一词。直到 2012 年，十八大提出“逐步实现农业转移人口市民化”，才用“农业转移人口”这一概念取代了原先的“农民工”称谓。近几年，官方文件、新闻媒体等正式场合中，“农民工”称谓已经改成“进城务工人员”。

从“盲流”到“打工仔或打工妹”，再到“农民工”，最后改为“农业转移人口”“进城务工人员”，前后经历了近 70 年时间。这一称谓的改变具有重要意义，表明我国中央政府对农民工的发展定位是转变为市民。

“农业转移人口”“进城务工人员”尽管从词性上讲比较中性，但字数太多，既不简练也不顺口。因此，“农民工”依然是当前社会各界对该群体最广泛的称谓。

迄今为止，我国仍然没有一部法律或规范性文件对“农民工”一词给出准确定义和权威解释。尽管官方没有对农民工做出明确界定，但学术界对农民工的定义却很多。一般认为，农民工指的是户籍地在农村，却在城市或非农领域

① 2003 年 6 月，国务院颁布《城市生活无着落的流浪乞讨人员救助管理办法》，废止了沿用了多年的收容遣返制度，宣告了带有限制、排斥、歧视的“盲流”一词退出历史舞台。

就业的劳动者。广义的农民工主要包括两大群体：一个群体是指在本地乡镇企业就业的农村劳动力，也就是在农村内部从事二、三产业的人员，属于“离土不离乡”；另一个群体是指外出进入城市从事二、三产业的农村劳动力，属于“离土又离乡”。狭义的农民工主要是指第二个群体。

国家统计局在农民工监测报告中将农民工界定为：户籍仍在农村，在本地从事非农产业或外出从业6个月及以上的劳动者。在统计分类中将农民工群体进一步划分为本地农民工、外出农民工和进城农民工。本地农民工是指在户籍所在乡镇地域以内从业的农民工；外出农民工是指在户籍所在乡镇地域外从业的农民工；进城农民工是指居住在城镇地域内的农民工①。

本书研究的核心目的是通过解决进城务工农民工的城市住房困难问题，加快其城市融入进程。因此，研究对象主要是户籍地在乡村且长期在城市从事二、三产业的农村劳动力，与国家统计局农民工监测报告中的“外出农民工”内涵基本一致。即，在本书研究中，农民工是指户籍地仍在乡村，进入城区从事非农产业劳动6个月及以上，常住地在城区，以非农收入为主要收入的劳动者。在户籍所在地乡镇务工和短期外出务工（少于6个月）农民工群体不是本书研究的重点，因为这部分群体一般不会面临严重的住房问题。

二、住房保障

住房是一种特殊的商品。一方面，住房是人类最基本的生存和生活必需品，只有实现“安居”才能确保“乐业”，“人人享有住房”是公民的基本人权；另一方面，住房具有价值量大、使用周期长的特点，在市场经济条件下，许多居民尤其是中低收入居民，难以完全依靠自身经济能力解决住房问题，住房领域存在市场失灵现象。因此，社会上就存在一个住房供需矛盾问题，这就需要政府在二次分配中对住房市场实行干预，为存在住房支付困难的群体提供住房保障，以保证社会公平正义。

因此，住房保障的定义可以概括为：政府通过提供实物住房、住房补贴、公积金、金融财政优惠等一系列特殊政策措施，为单靠自身能力无法通过市场解决基本居住问题的住房困难群体提供适当住房，使他们的居住需要得到满足，最终实现“人人享有住房”的目标。住房保障和失业保障、养老保障、医疗保障等都是社会保障体系的重要构成部分。

农民工城市住房保障则是政府通过各种政策措施向在城市陷入住房困难的

---

① 国家统计局，2019. 2018年农民工监测调查报告[EB/OL]. (2019-04-29)[2020-03-15]. http://www.stats.gov.cn/tjsj/zxfb/201904/t20190429_1662268.html.

中低收入农民工群体提供住房援助，帮助其在城市解决基本居住问题。

三、城市融入

在国内外学术研究中，城市融入和社会融入两个概念基本是可以相互替代使用的，因为社会融入主要是研究外来移民的城市融入问题。

刘建娥（2011）认为城市融入是指通过缩小不同群体之间的差距，降低弱势群体与主流社会之间的不平等程度。社会融入意味着被排斥群体或个人在就业、就医、入学、政治参与等城市生活的各个方面拥有更多的平等参与机会。在评价人类生活质量的指标体系中，社会融入属于主要指标之一，高水平的社会融入是人类社会发展的重要目标。

本书通过综合并发展已有的定义，兼顾城市融入的主体、条件、过程与目标等基本要素，对农民工城市融入做出如下定义：农民工城市融入是指以农民工整体融入城市公共服务体系为核心，实现农民工个人融入企业，子女融入学校，家庭融入社区，逐步成为城市社会中无差别的一分子，平等享有市民权益。

在我国，农民工城市融入具有以下特点：一是农民工在融入过程中一般是被动的，特别是在农民工进入城市的初级阶段，他们相对于当地居民而言一般是弱势群体。虽然大多数农民工是自愿选择融入城市社会的，但他们的融入过程多是被动的，各种结构性、制度性制约使得农民工很难对流入地的主流社会产生显著影响。二是农民工在流入地的经济、文化、行为等是以流入地而不是以流出地为参照标准的，农民工融入城市的目的是希望通过融入城市主流社会而成为其中的一分子。

不过，需要强调的是，农民工对流入地的社会文化无疑也会产生一定的影响或作用。随着农民工逐步融入务工城市，他们拥有了更多的话语权，可以对流入地产生更大的影响。农民工的城市融入过程以单向融入为主，但并不局限于此。

四、农民工市民化

农民工城市融入与农民工市民化是什么关系？二者是否等同？要回答这些问题，首先需要清楚“市民”的定义。在我国，市民是指居住在城市的公民。但市民并不是一个简单的地域概念，它同时也是一个权利概念，特指拥有“市民权”的人。现阶段，尽管农民工常年在城市居住和工作，很多农民工甚至已举家进入城市。但是由于他们户籍地是乡村，他们并不能与当地城市居民享有同等权益，成为我国城市化和工业化进程中的一个特殊群体。

顾名思义，农民工市民化是指外来农民工转变为本地市民的过程。目前，学术界对农民工市民化的概念以及市民化与社会融入之间究竟是什么关系并未达成共识。就农民工市民化而言，往往有广义和狭义之分。狭义的市民化是指农民工在务工城市获得市民身份和各项市民权利的过程；广义的市民化是指伴随工业化和城市化发展，农民工在社会身份、价值观念、社会权利和生活方式等方面向市民转化的过程。

国务院发展研究中心课题组对农民工市民化给出的具有一定权威意义的界定是：以农民工整体性融入城市的公共服务体系为核心，实现农民工个人能够融入企业、子女能够融入学校、家庭能够融入社区，确保农民工在城市“有活干，有学上，有房住，有保障”①。这属于广义的市民化概念。

在本书研究中，笔者采用农民工市民化的广义概念，即农民工市民化指农民工在城市实现社会身份、价值观念、社会权利以及生活方式等方面向市民的转变。

可见，农民工市民化与城市融入之间既有联系又有区别。两者之间的联系：一是市民化是城市融入的重要步骤。市民化的实现，不仅使农民工实现了由农民到市民的身份转变，而且实现了与市民平等的社会权利共享，拥有无差别待遇。没有市民化，就谈不上实现身份认同和城市融入。二是当前我国学术界和政府部门常常将市民化等同于城市融入，并用市民化概念替代城市融入概念，扩大了市民化的范畴。

两者之间的区别：一是市民化特别是狭义的市民化主要是指农民工获得平等的劳动就业机会、社会保障权益、公民身份的过程，而城市融入不仅包括机会和身份平等，还包括行为方式、价值观念、心理认同等方面趋同于市民，获得市民权利和市民身份仅是完成了农民工城市融入的第一步；二是城市融入覆盖的群体比市民化更广泛，市民化主要是针对“乡—城”流动人口而言的，而城市融入除了“乡—城”流动人口以外，还包括“城—城”流动人口。

第二节　理论基础

安居才能乐业，城市住房在农民工城市融入和市民化进程中处于极为重要的地位，既是农民工在城市生存发展的基本物质条件和基础保障，也是实现城市融入的重要影响因素和标志。

① 侯云春，韩俊，蒋省三，等，2011. 农民工市民化进程的总体态势与战略取向［J］. 改革（5）：5-29.

一、二元结构理论与农民工城市融入

（一）二元结构理论

研究农村劳动力向城市转移问题是由发展经济学家率先发起的，农村人口城市化和农业剩余劳动力非农业化是发展经济学的两个传统命题。

根据发展经济学理论，城市化与工业化是同步进行的。城市化在人口流向方面的主要表现是人口由农村向城市转移，从事农业的劳动力比重逐步下降，农业人口大规模转变为城市人口。

威廉·阿瑟·刘易斯（William Arthur Lewis）提出的“二元经济结构”理论被公认为在农村剩余劳动力转移研究中是最系统、最具指导价值的理论[①]，迄今仍是国内外学者研究农村剩余劳动力转移问题的主要理论依据之一，也是国内学者研究农民工城市融入的经典理论之一。按照刘易斯的二元经济结构理论，发展中国家普遍存在二元经济结构。即发展中国家的国民经济通常由两种不同性质的部门构成：一个是以传统生产为主、技术进步缓慢、劳动生产率和劳动者收入很低的农业部门；另一个是以现代化生产为主、技术进步较快、劳动生产率和劳动者收入较高的工业部门。

在农村农业部门，资本稀缺、土地数量有限、人口增长较快，且技术进步缓慢，产生了大量剩余劳动力，这些劳动力需要向其他领域转移；在城市工业部门，由于生产效率较高，又具有较高的市场需求增长率，因此产生了大量劳动力需求。在劳动力供求两方面的共同作用下，农村剩余劳动力持续向城市转移。

刘易斯认为，农业人口在发展中国家占有较大比重，劳动力边际生产率低甚至为负数的状况在一定时期内不会消失。在这一前提下，一定时期内，农村剩余劳动力的供给可以说是无限的，劳动力剩余转移现象会一直持续到剩余劳动力全部被吸收为止[②]。该模型也被称为“农村剩余劳动力无限供给模型”。

西方国家在工业化早期，农村剩余劳动力转移的市民化与工业化、城市化是同步进行的，理论界把这种转移过程称为“一步转移理论”。我国的城市化实践则明显不同，由于我国一直以来实行的是城乡二元结构的户籍管理制度，造成劳动力转移受到诸多限制，我国城市化特别是人口城市化水平远远落后于工业化进程。

① 葛正鹏，王宁，琚向红，2009. 农民工就业问题研究：基于浙江省新生代农民工视角［M］. 北京：中国水利水电出版社.

② 熊景维，2013. 我国进城农民工城市住房问题研究：以进城农民工的市民化为主要考量［D]. 武汉：武汉大学.

改革开放以前，为了首先保证城市居民的就业与社会福利，我国政府实行了严格的人口流动限制政策，对农民进城务工经商严加管制，市民和农民被户籍制度分割成两个相对独立的社会经济体。

改革开放以后，限制农民进城的政策逐步放宽，农村剩余劳动力向城市转移的规模越来越大。但以户籍制度为基础的城乡二元体制仍是影响农民工融入城市和定居城市的严重障碍，农民工在城市依然难以在就业、住房、教育、医疗和社会保障等领域与城市居民享受同等待遇。

进城农民工虽然离开农村进入城市，基本脱离了与土地的直接经济联系，大多数农民工完成了从农民到工人的职业身份转变。但是他们的户籍仍在农村，其社会身份并没有与职业身份同步实现转变，城市对农民工群体呈现为“经济接纳，社会排斥”。

我国农村剩余劳动力向城市转移的过程被分割为3个阶段：退出农村、进入城市和融入城市①。农民工虽在城市工作和生活，但他们无法享受与城市居民同等的待遇，这使得他们长期处于农村与城市之间的中间地带，成为农村社会与城市社会的双重边缘人，成为世界城市化进程中的一种奇特现象。

（二）农民工住房问题是二元经济结构的必然产物

我国农村人口城市化进程事实上被分割为“由农民到农民工”和“由农民工到市民”两个子过程，“由农民到农民工”这个过程在我国进展很顺利。在第一个过程中，首要的是解决就业问题，住房并不是最核心的问题。当前，我国农村剩余劳动力转移面临的核心问题是加快推进“由农民工到市民”这一过程，即加快市民化进程。在第二个过程中，使农民工在城市实现安居、尽快融入城市成为核心任务。

农民工城市住房问题是任何一个国家在工业化和城市化进程中都必然会面临的一个重大社会问题。一方面，农民工人力资本和社会资本相对于城市居民而言，处于劣势地位，就业竞争和住房支付能力偏低，并且农民工在城市的财富积累也远低于城市居民；另一方面，处于工业化进程早期阶段的国家，住房建设滞后于住房需求，住房供给特别是适合低收入移民居住的住房供给短缺。在这两方面的共同作用下，伴随工业化出现的一个社会问题就是住房短缺，低收入群体的住房短缺问题尤为严重。住房既是农民工定居城市的基本物质保障，也是农民工实现市民化的重要前提。我国正处于工业化中期，单靠市场机制难以解决农民工在城市的基本居住问题，政府必须考虑满足农民工的城市居住需求。

---

① 刘传江，程建林，2009. 双重“户籍墙”对农民工市民化的影响［J］. 经济学家（10）：66-72.

由于无法在城市安居，缺乏在城市长期生活的信心，农民工大多仅是将城市视为赚取更多经济收入的临时务工地，缺乏在城市的长期定居计划和长期投资行为（包括物质资本、人力资本和社会资本投资）。这会造成一系列的不良后果，一是农民工在城市的边际消费倾向偏低，不利于城市消费总量的提高和消费结构的升级，进而影响产业结构的转型升级；二是农民工人力资本和社会资本投入偏低，影响其综合素质的提升，难以为城市经济社会发展提供高质量的劳动力资源，影响城市化的可持续发展；三是农民工长期工作、生活在城市最底层，无法共享社会发展成果，有可能引发严重的社会问题。因此，为了使我国城市化健康可持续发展，必须正视和解决好农民工的城市住房问题。

二、市民化理论与农民工城市融入

农民工市民化是农民工不断摆脱原有的乡村文化特征和价值观念，城市文化特征不断增加，不断向市民特征靠近直至最终完成市民化的一个过程。

（一）以城市融入为核心的市民化理论

从本质上看，农民工市民化就是农民工逐渐融入所在城市的一个渐进过程。农民工城市融入是指农民工逐步适应、接受与内化城市主流社会的生产生活方式、价值观念等，使自己具备与城市主流社会群体实现良性互动的能力（熊景维，2013）。农民工要实现城市融入、完成市民化进程，在完成职业转化之后，还需要进一步进行全方位的角色调整和转换，适应城市的社会生态。一般来说，农民工市民化主要包含经济、社会和文化三大层面。

（1）经济层面的市民化是指农民工在城市找到相对稳定的工作，获得在城市生存与发展的物质基础，这是农民工市民化的基础和前提。在一个国家或地区实现工业化的过程中，城市经济快速发展，劳动力短缺是一种常态现象，农民工在城市找到一份可以获得基本生存条件工作的难度较小。但受自身人力资本和社会资本限制，加上其他一系列不利社会制度因素的影响，农民工要提升经济层面的融入程度面临很大困难。

现阶段，农民工一般在二级劳动力市场就业，难以在一级劳动力市场获得竞争优势，经济层面的劣势使得农民工大多处于城市社会底层。经济融入的低水平和低质量会影响农民工与城市居民的交往，进而影响其在社会层面和文化层面的融入程度。

（2）社会层面的市民化是指农民工在生产生活方式、社会交往等方面进行种种调节，拓展其社会网络关系，实现社会资本的积累。社会层面的市民化是农民工实现城市融入的关键环节，直接关系农民工城市融入的最终结果。

社会层面的市民化需要农民工内部和外部两种合力的共同作用才能顺利实现。一方面，农民工个体需要积极主动作为，不断提升自己的人力资本、社会资本，从而提升在城市的竞争能力，具备作为城市居民的基本素质条件；另一方面，社会制度和政策也应该消除各种歧视和壁垒，为农民工在城市的生存和发展提供与市民均等的机会，创造有利于社会流动的通道，使农民工能够平等共享城市公共服务和发展机遇，为农民工融入城市提供良好的外部环境支持。

（3）文化层面的市民化是指农民工在价值观念、社会心理、思维方式等方面向城市主流社会看齐。文化融入反映农民工城市融入的深度，既是农民工城市融入的最高层次，也是农民工市民化的核心标志。只有文化融入得以实现，农民工才算真正完成了城市融入的全过程。

经济融入、社会融入和文化融入依次构成了农民工城市融入与市民化进程的三个阶段，这三个阶段是依次递进、逐步深入的。

（二）住房对农民工市民化的影响

1. 住房是农民工在城市生存与发展的物质与精神保障

住房是重要的生活必需品，拥有宜居且能满足其发展需求的城市住房是农民工实现市民化的重要前提。一方面，住房可以为农民工休养生息提供一个稳定的场所，是农民工顺利完成劳动力生产和再生产的重要物质条件；另一方面，住房也是农民工休闲娱乐、社会交往与情感寄托的重要空间。

按照马斯洛需求层次理论，农民工在城市除了获取经济收入外，其还有社会交往、赢得尊重、自我实现等需求需要得到满足。如果农民工在城市未能拥有适居的住房，很多较高层次的需求是难以得到满足的。这样，他们很可能会处于一种焦虑、缺乏安全感的生活状态，从而难以为社会提供正常的人力资源支持。

2. 拥有适当住房是农民工在经济层面实现市民化的重要标志

安居是乐业的前提，农民工在城市生活和工作，首先需要解决的就是住房问题。只有在城市获得了稳定的住房，农民工才能真正从“漂”的状态“沉淀”下来。居住条件和居住稳定性影响着农民工对自己在城市发展前景的预期，进而影响农民工的心理和行为。

当前，是否拥有城市住房往往成为判断一个社会成员是否具有市民资质的重要依据，并且住房与城市社会公共资源的分配具有密切联系。农民工要想获取更多公共资源和制度保障的支持，从而更好地融入城市社会，很多时候必须以拥有城市住房为前提。

3. 难以负担城市住房是农民工市民化的重要瓶颈障碍

城市住房具有高价值、高门槛的特征，住房的可负担性是衡量一个城市门槛的重要指标。农民工受自身文化技术条件、社会制度等方面的限制，收入一般较低且稳定性较差，导致其住房负担能力很低，大多只能使用环境差、面积小的低质量住房，居住条件恶劣。仅凭个人能力，农民工在城市很难获得适宜居住的住房。

如果居住条件恶劣，一方面，农民工难以顺利完成劳动力再生产，人力资本和社会资本难以有效提升；另一方面，会影响农民工对城市工作生活的满意度，其市民化预期会受到严重的负面影响，容易产生过客心理，在经济地位、社会交往、心理状态等方面都会处于边缘化。

因此，要实现农民工市民化，促进城市化健康可持续发展，必须满足农民工在城市的基本居住需求。农民工在城市的住房保障问题影响到我国新型城市化和社会经济转型的总体进程。

三、居住隔离理论与农民工城市融入

（一）居住隔离理论

居住隔离（residential segregation）是指城市中两个或两个以上的群体在居住空间上相互隔离的状况[①]。居住隔离是不同群体在种族、信仰、职业、文化、习俗以及经济状况等方面的差异导致的“物以类聚、人以群分”现象在居住空间和居住结构方面的反映。城市中不同阶层居民由于社会经济状况的差异居住在不同的居住区内，他们在居住空间上彼此隔离，不同居住区之间有时会出现彼此歧视甚至敌对的现象。

居住隔离是二元城市结构和社会阶层结构在居住形式上的具体体现。经济状况分化和社会分层导致城市中穷人和富人在空间分布上的差异越来越明显，使得不同收入阶层住房或社区在地理边界上隔断、在社会交往方面出现断裂[②]。

根据居住隔离构成要素的具体特征，梅西和登顿从 5 个维度来分析居住隔离状况，即：均匀性、接触性、集中性、中心化程度和集群性。其中，均匀性是指一个城市中各个区域居住单元中，群体分布比例在密度上的平衡程度；接触性是指不同群体分享共同居住空间的程度；集中性是指某个群体的集聚程度；中心化程度是一个群体围绕市中心居住的趋势；集群性是指少数族群在居住空间上相互毗邻的程度。

---

① MASSEY D S，DENION N A，1988. The dimensions of residential segregation［J］. Social Forces，67（2）：281-315.

② 黄怡，2004. 城市居住隔离及其研究进程［J］. 城市规划会刊（5）：65-72，96.

一般来说，如果城市中不同群体在居住空间的均匀性和接触性越低，而集中性、中心化程度和集群性越高，那么居住隔离就越明显。居住隔离形成的原因非常复杂，是许多不同的社会经济过程相互作用的结果。这些不同的过程分别对居住的均匀性、接触性、集中性、中心化程度和集群性产生影响，进而形成不同的居住隔离状态。

一个群体的家庭收入、人力资本以及所属群体的内部资源，对其居住区选择具有重要的影响。高收入、较高受教育程度或拥有更高社会资本的群体更倾向于选择居住在隔离特征不明显的社区。一般而言，公平的住房政策、社会容忍度的提升、被歧视群体经济状况的改善等都会削弱群体间的居住隔离程度。但有时群体本身也会成为隔离的原因，这主要是由群体内部的价值观念、文化传统等结构性因素导致的。

在西方多种族国家，居住隔离的主要表现是不同种族之间的隔离。居住隔离的主要影响因素是政府政策、社会公众态度、社会阶层结构特征、移民结构和不同群体间的经济状况等。在美国，尽管黑人在选举、教育、就业等诸多领域的权利获得了立法保障，但该群体与白人社区之间始终存在明显的居住隔离现象，这说明住房和社区因素对不同群体的生活空间具有根深蒂固的影响。

在居住隔离产生的影响方面，吉登斯等认为，高端社区和低端社区居民拥有的机会和活动条件存在巨大差异①。具体来说，低端社区在安全、环境、公共设施和服务等方面都远不如高端社区。居住在低端社区的居民通常拥有较低的社会资本，占有的资源和信息也十分有限。由于低端社区的居民流动频繁，社区人口稳定性较差，社区关系网络也很薄弱。这进一步减少了社区居民间相互分享交流的机会，使得低端社区在社会资源分配和获得社会支持方面成为“城市洼地”。另外，低端社区较高的失业率和暴力犯罪率也降低了社区居民的居住质量。

（二）居住隔离对农民工城市融入的影响

随着我国市场经济制度的确立以及住房市场化制度改革的不断深入，城市不同群体之间的收入差距不断扩大，社会分层开始出现，不同社会阶层之间的居住隔离现象开始显现，民族、职业、收入状况、社会地位等对居住隔离的影响越来越明显。

在我国，商品住宅是目前居民解决居住问题和改善居住条件的主要选择，居民的经济收入成为影响居住隔离的核心因素。不同收入阶层分别被自动分流

---

① 安东尼·吉登斯，菲利普·萨顿，2015. 社会学［M］. 7版. 北京：北京大学出版社.

到不同档次的住宅区，形成了具有鲜明群体集聚特征并相互隔离的空间居住形态。

农民工一方面受技术水平、文化程度、社会资本等方面的限制，经济收入较低，住房支付能力不足；另一方面由于在城市定居的预期不足，其在城市的主要目的是存留更多经济收入，因此住房支付意愿较低。在这两方面的共同作用下，农民工在城市大多会选择城中村中由本地农民自建的住宅或城郊农民自建的简陋住房，也有部分农民工租住在城市的老旧住宅区。

脏乱差、居住拥挤、房租较低是农民工居住区的典型特征，与城市居民呈现出明显的居住隔离现象。在一些城市中出现了以农民工聚居而闻名的城市边缘社区，如北京市丰台区的“浙江村”、朝阳区的“河南村”、海淀区的“安徽村”等等（张鹂，2015）。农民工城市聚居区与普通城市居民居住的商品房小区或单位小区在治安、区位、环境、设施和服务方面存在巨大的差距，不同聚居区之间的差异反映了农民工与城市居民在居住空间与社会交往上的隔离。

居住隔离使得农民工群体与城市主流社会群体在居住空间上形成了“二元结构”，这对农民工群体产生多重不良影响。

第一，因城市大规模旧城改造运动的开展，大量供农民工居住的城中村消失，农民工被迫向城市郊区转移，这必然会直接增加农民工的通勤成本。

第二，居住隔离使得农民工封闭在自己的群体内部，难以与城市居民进行正常的社会交往，形成身份隔阂，有可能引发城市内部贫富阶层的对立和冲突。

第三，居住隔离阻碍了社区优势资源和技术的外溢，减少了农民工获取更多社会资本和经济资源的机会，使得农民工在就业机会和就业质量方面面临越来越大的劣势。

第四，居住隔离使得农民工被束缚在文化观念相对落后的低效能环境中，不利于该群体价值观念、就业、生活方式等的更新和转变，容易使其陷入“贫困—聚居—贫困”的恶性循环。

通过对美国各种族居住隔离历史经验的研究分析发现，不同群体和阶层之间的居住隔离现象并不会随着时间、经济社会状况和人们观念的变化而趋于消失，或者说如果没有政府积极住房政策的介入，居住隔离问题很难得到有效解决①。

居住隔离问题的存在，要求政府和社会必须采取有效措施，消除农民工与城市主流社会之间的居住隔离状况，为农民工在城市稳定工作和生活，直至完

① 熊景维，2013. 我国进城农民工城市住房问题研究：以进城农民工的市民化为主要考量［D］. 武汉：武汉大学 .

全融入城市、实现市民化提供居住保障。

四、公共产品理论与农民工城市融入

（一）公共产品理论

根据公共经济学经典理论，社会产品根据其性质可分为公共产品和私人产品。其中，私人产品是指在消费上具有完全竞争性的产品，即该物品可以由个别消费者占有和享用，具有竞争性、排他性和可分割性等特征。私人产品的成本与收益完全由受益者本人来承担，其供求主要通过市场机制调控。

纯公共产品是指消费者消费这种物品不会导致他人对该物品消费的减少，即一个人消费该物品不会对他人的消费产生负面影响[①]。公共产品具有与私人产品明显不同的三大特征：效用的不可分割性、消费的非竞争性和受益的非排他性。纯公共产品的以上特征，导致纯公共产品难以完全由市场机制调节，一般由政府提供。在现实经济社会中，完全符合以上特征的纯公共产品是非常少的，大多数产品都是介于私人产品与公共产品之间的“准公共产品”。

虽然政府有义务提供公共产品，但这并不意味着政府要直接从事公共产品的生产。在实际操作中，为了提高公共产品的供给质量和供给效率，将公共产品的供给与生产分开是各个国家通常采取的策略。政府通过合同外包、特许经营、建设—运营—转让（BOT）、公私合营（PPP）等方式，以公私合作的方式将部分公共产品的生产和供给交由私人部门或第三方部门。这样既解决了市场失灵问题，增加了公共产品供给，又充分发挥了市场的效率优势，可以更好地解决公共产品供给问题。

（二）农民工住房在性质上属于准公共产品

住房这一产品能够提供的效益可以分为内部效益和外部效益。住房的内部效益指的是住房为其使用者直接带来的效益，如遮风避雨、饮食起居、休息娱乐、工作学习等；同时，住房也是一个人或家庭经济地位和社会地位的象征，能够满足使用者的自尊和成就需要。住房的外部效益是指住房带给不包括使用者在内的其他个体和社会的效益，一般是正的外部效益，也就是说个体住房需求得到满足可以给社会带来巨大的效益。农民工住房的正外部效益主要体现在以下 3 个方面：

一是社会稳定效益。如果农民工在城市的基本居住需求得不到满足，社会稳定就很难实现；相反，如果包括农民工在内的城市弱势群体实现了“人人住

① 斯蒂格利茨，2013. 公共部门经济学［M］. 3 版. 北京：中国人民大学出版社.

有所居”，那么就可以减少大量的社会安全隐患，所有社会成员都能从农民工“安居”带来的和谐、稳定、安全的良好社会环境中获益。

二是公共卫生效益。较高品质的住房可以为使用者提供健康庇护，这有利于改善整个城市的公共卫生条件和生活环境质量，从而有效减少疾病，有利于提升社会整体的健康水平。

三是社会资本效益。如果农民工在城市的居住需求得到满足，特别是如果农民工能够实现与市民的混合居住，他们与市民之间的社会关系将更加和谐。这有利于他们扩展社会网络，提升社会资本，也有助于形成共建共享的良好社会氛围。

因此，从住房产生的显著正外部效益来看，住房具有公共产品的属性，属于公共产品的范畴。考虑到住房同时具有较大的私人收益性，住房应该被界定为准公共产品。农民工作为城市低收入群体和弱势群体，其住房的准公共产品属性就更加显著。但在具体的住房政策实践中，经常忽略住房的准公共产品这一属性，而更多地将住房视为私人产品，主张居民的住房需求应通过市场交易方式得到满足，这是造成现阶段农民工城市住房困境的重要原因之一。

由于农民工住房具有准公共产品属性，在大多数农民工单靠自身经济能力无法获得适当城市住房的情况下，政府理应为农民工提供基本住房保障，满足其基本居住需求。

五、社会排斥理论与农民工城市融入

（一）社会排斥理论

农民工能够顺利融入城市，完成市民化进程，不仅取决于其受教育程度、技能水平、经济条件、社会关系等个体因素，还受到政策框架和制度设计等方面的影响。从其他国家的实践来看，一个国家的政策制度设计对外来移民的城市融入具有决定性影响，直接影响到不同社会阶层或群体之间的融合程度。近年来，国际上对移民问题的研究已经拓展到“社会排斥（social exclusion）”层面。

在社会排斥研究领域，社会排斥的概念最早是由法国社会学家勒内·勒努瓦于 1974 年明确提出的[①]。而该领域最知名的学者是英国社会学家吉登斯。他指出，社会底层阶级与社会排斥是紧密联系在一起的，社会底层阶级一般都属于社会排斥的对象。按照吉登斯的理论，社会排斥是指一系列阻碍个体或群

① 黄佳豪，2008. 西方社会排斥理论研究述略［J］. 理论与现代化（6）：97-103.

体在获得对大多数人开放的机会时面临的限制性因素，主要是机制或制度性排斥，导致个体或群体缺乏全面参与社会活动的机会或渠道。

社会排斥又可以细分为经济排斥、社会排斥和政治排斥。其中，经济排斥又分为生产排斥和消费排斥，生产排斥是指弱势群体在劳动力市场上遭遇的排斥；消费排斥是指弱势群体在消费领域遭遇的排斥，其中居住排斥是负面影响最大的消费排斥。社会排斥是指弱势群体在社区交往方面遭遇的排斥，被排斥者在参与社区活动、使用公共服务设施等方面的机会较少，缺乏与主流社会交往的机会与途径。政治排斥是指弱势群体缺少参与政治组织或政治活动所必需的机会和途径，他们的政治参与机会被剥夺，政治权益容易受到侵害。

社会排斥理论将贫困的原因归结于制度因素和个体因素两个层面。其中，制度因素又被称为结构性排斥，个体因素又被称为非结构性排斥或功能性排斥。从结构性排斥看，一个国家的政策和制度安排会对劳动者产生影响，社会环境和社会权利结构（如就业权、受教育权、社会保障权等权利）是导致贫困的决定性因素。结构性排斥属于“强排斥”，应该通过政策调整减少引起社会排斥的因素，创造有利于城市融入的制度环境。

非结构性排斥更加强调个体的责任，认为个人的行为选择是社会排斥的重要影响因素。可见，削弱社会排斥需要政府层面和个体层面两方面的共同努力。也就是说，通过外部“赋权”与内部“增能”相结合的方式，可以有效减少外来移民遭受社会排斥，推进社会融合进程①。

（二）社会排斥与农民工住房问题互为因果

在我国住房领域，农民工面临严重的社会排斥问题，其具体表现是居住条件恶劣和居住隔离。随着我国城市化进程的加快、社会经济的快速发展和城市房地产市场的大规模扩张，城市居民的居住条件得到极大改善。国家统计局发布的数据显示，2018 年，全国城镇居民人均住房建筑面积达到 39.0 米^2，比 1978 年增加 32.3 米^{2}②。

城市居民不但居住面积大幅提高，居住质量也有了质的变化。但是，对于同在城市工作生活的农民工，其居住条件的改善则严重滞后于城市居民、滞后于社会经济的快速发展，未能及时共享经济社会发展成果。当前，大多数农民工依然居住在拥挤简陋、环境卫生状况很差的住房里，农民工聚居区往往与城市居民居住区存在明显隔离。

① 刘建娥，2011. 中国乡城移民的城市社会融入［M］. 北京：社会科学文献出版社.

② 国家统计局，2019. 去年城镇居民人均住房建筑面积 39 米^2［EB/OL］.（2019-07-31）［2020-03-31］. http：//cd. house. 163. com/19/0731/14/ELE0UGTN02241EF1. html.

农民工在城市遭遇的各种类型的社会排斥是农民工住房问题产生的根本原因，农民工住房条件恶劣是各类社会排斥共同作用的结果。经济排斥是农民工住房问题的核心原因，由于在就业上受到排挤，农民工收入较低且不稳定，经济条件难以得到有效改善，缺乏住房支付能力。政治排斥使得农民工在城市缺乏话语权，其就业、住房等基本权益难以得到有效保障。社会排斥使得农民工缺乏与城市主流社会的交往空间和交流机会，影响农民工社会资本的积累和拓展，限制了其经济地位和社会地位的提升。

由于社会排斥的存在，农民工群体社会交往、居住等存在明显的"内卷化"特征，这进一步强化了农民工与城市居民的隔离状况。

社会排斥是住房问题产生的原因，而住房问题则是社会排斥的集中体现。按照吉登斯的理论，"无家可归"是最极端的一种社会排斥形式。如果一个人缺乏稳定的居所，是难以进行正常的生产和生活的。目前，农民工城市住房困难问题是各项社会制度综合作用下形成的排斥性结果，已成为农民工融入城市、实现市民化的主要障碍之一。

按照外部"赋权"和内部"增能"理论，一方面，地方政府应该改善政策环境，消除阻碍农民工城市融入的制度障碍，通过户籍制度、就业制度、住房制度、教育制度、社会保障制度等领域的改革，构建加快农民工城市融入的政策体系，实现对农民工群体的"赋权"。另一方面，通过社区活动、教育培训以及农民工个人的努力，提升农民工的人力资本和社会资本水平，提高其就业竞争力和综合素质，实现农民工群体的"增能"。社区有责任也有能力在农民工群体"增能"方面发挥重要作用。这就需要解决当前以居住隔离为表征的明显的"空间分异"现象，通过住房政策的实施引导农民工与市民混合居住。

六、住房功能理论与农民工城市融入

（一）住房功能理论

衣、食、住、行是人类最基本的物质需求，这四类需求的满足状况对个人的生存发展具有至关重要的影响。在这四类需求中，住房由于价值量大，是相对最难得到满足的。但同时，住房又是个体和家庭生活最基本的生存保障，是将家庭凝聚在一起的功能性纽带，是家庭生活的基石。

在市场经济社会，住房不仅是人类生存发展的基本物质保障，也是人们最为重要的资产，更是一个社会符号，具有深刻和丰富的社会文化含义[①]。住房

① BELCHER J C，VAZQUEZ-CALCERRADA P B，1972. A cross-cultural approach to the social functions of housing [J]. Journal of Marriage and Family，34 (4)：750-761.

对人的社会存在具有多重社会经济功能。

（1）住房可以为个人提供必需的居住条件和生存保障。住房是供人们休养生息的重要场所，可以为家庭生活提供基本的物理空间和私密空间。同时，住房也是劳动力生产和再生产的基本物质条件，是个体抵御自然灾害和各类风险的理想庇护所。

（2）住房是个人重要的财富构成形式和经济保障。对大多数家庭而言，住房本身就是家庭资产的重要构成部分，是财富积累的结果和象征，可以为家庭成员的日常生活提供可靠的经济保障。住房由于其高附加值和大宗不动产性质，成为家庭资产的核心支柱。

广发银行联合西南财经大学发布的《2018 中国城市家庭财富健康报告》显示，我国家庭住房资产在家庭总资产中占比 77.7%，远高于美国（34.6%）①。自有住房不仅是家庭经济实力的象征，同时可以为家庭成员带来很好的经济安全和心理安全保证。在务工城市拥有住房，可以强化农民工的地域认同感和归属感。

（3）住房对个体具有重要的社会意义。拥有住房不仅是人们经济地位的象征，也是社会地位、社会身份和社会成功的重要标志，在社会上可以产生更良好的自我评价。“物以类聚，人以群分”，人们往往会通过对居住环境的选择来强化这种群体内身份认同的归类效应，住房逐渐成为人们社会地位和所处社会阶层的标签。对于社会上的不同文化子群体，住房功能的表现存在明显差异。在西方社会，不同群体的居住隔离形成的社会阶层隔离，是住房作为社会地位和社会分层标志物的直观体现。富人区、中产阶级区、平民区和贫民区的显著分离，是阶层分化与社会地位差别的象征。

（4）住房对个体具有重要的心理支持作用。住房是将家庭与外部世界进行隔离的实物分界线，可以将外面纷繁复杂的社会规则、社会场景和各种利益关系的侵扰阻挡在门外，构筑起以家庭成员为中心的“避风港”。家庭是其成员心灵的港湾，而住房是重要的物质载体。在国人的传统观念中，有房才有家的感觉。基于住房形成的独特的、封闭的物理空间可以让人卸下外界给予的重负，获得放松感、隐私感和安全感，可以激发家庭成员的亲情归属感、自我价值感和幸福感。

拥有稳定的住房可以给予家庭成员重要的信任感、情感支持和稳定预期，有助于降低家庭成员在与外部世界交流时产生的紧张、不安和焦虑，具有疏导家庭成员心理情绪、充当社会冲突缓冲器的作用。

---

① 新京报，2019. 报告：中国家庭住房资产在家庭总资产中占比近八成[EB/OL].（2019-01-17）[2020-02-07]. https://baijiahao.baidu.com/s?id=1622899885381474196&wfr=spider&for=pc.

（5）住房可提升人们的社会资本。一方面，从经济层面来看，拥有住房资产可以帮助农民工获得更多社会方面的广泛支持，如婚姻、就业、子女教育、消费信贷等；另一方面，住房可以促进住户与当地社会的融合。有研究发现，住房拥有者相对于无房者而言，能更有效地参与社会事务和当地公共活动，邻里交往和互动频率更高。

一般而言，住房拥有者相对于租房者更容易融入社区。在社会认同和心理归属方面，住房拥有者的邻里融洽程度也更高，具有更强的地方归属感①。在某个城市拥有稳定住房能够激励人们更重视社会和谐与稳定，推动他们更加积极地参与社区生活，帮助他们建立更广泛和紧密的社会网络，从而提升和拓展其拥有的社会资本。

（二）住房的各项功能有助于农民工更好地融入城市

住房功能理论揭示了住房对社会个体多方面需求和价值满足的重要意义。住房不仅可以为社会个体提供满足其生活需要、保证劳动力再生产的基本物质条件，更是其形成和构筑社会身份、文化价值、心理支持与社会资本的重要基础。

对于农民工而言，如果他们以融入城市和市民化作为自己的最终归宿，那么城市住房各项功能的实现对他们的身份转变将是极为重要的先决条件。一方面，农民工只有在城市拥有一个相对稳定和适宜的住所，才能够确保“安居”。另一方面，稳定的住所是农民工借以融入当地社区和城市主流社会的物质载体，有助于形成和强化自己对城市社会的认同。以稳定的住所为基础，农民工可以逐步建立和加强与邻里、社区及城市居民的互动联系与社会交往，构筑其在城市的新型社会网络关系，夯实其融入城市的社会基础。

因此，只有帮助农民工逐步获得适宜在城市长期稳定生活发展的住房，才能为农民工顺利融入城市、实现市民化创造前提条件。帮助农民工获得适宜的城市住房，是促进农民工融入城市、推动城市化持续健康发展的重要内容。即便是对于那些不以“市民化”为最终归宿的农民工群体而言，帮助其获得适宜的城市住房也是非常重要的。这不仅有助于其在城市拥有更多“获得感”，也有助于其人力资本和社会资本的提升，最终有助于城市产业结构升级和城市化质量的提升，这也是社会发展成果共建共享的应有之义。

由于住房对农民工而言具有多重功能，农民工住房保障制度的设计不应只考虑为其提供一个简单的居住空间，应该将住房保障制度作为一种塑造社会基

① BLUM T C，KINGSTON P W，1984. homeownership and social attachment［J］. Sociological Perspectives，27（2）：159-180.

本单元——核心家庭之结构和功能的社会机制来对待，重视住房在满足农民工身份表征、心理支持、社会交往等方面的重要作用。住房保障制度的设计和运行目标应该是在不断改善农民工居住条件的基础上，为农民工在城市常态化生活工作、逐步融入城市社会提供有力支持。

当前，农民工群体举家迁移的趋势越来越明显。因此，住房保障应注意加强对农民工家庭在城市生活发展的支持力度，为农民工家庭生活需求的满足提供必要的政策支持和制度保障。这是加快农民工城市融入，为城市提供稳定劳动力和消费群体，并推动经济社会高质量发展的重要举措。

第三章　农民工住房保障政策演变与典型模式

第一节　农民工住房保障政策演变

以关注“三农”问题为发端，中央政府对农民工问题的关注和政策介入逐步深化[①]。

由于城乡分割的户籍制度的限制，加上受农民工高流动性就业特点的影响，农民工城市住房问题远比城市居民更加复杂。迄今为止，我国仍未能出台一套可以系统解决农民工城市住房问题的政策方案。

一、农民工住房保障政策发展脉络

依据对农民工城市住房问题的定位演变，可以将农民工住房保障政策划分为两个阶段：第一阶段是在解决城市住房问题时，将农民工作为城市住房困难群体中的“特殊群体”。优先解决市民住房困难保障问题，农民工城市住房问题的重心是“维护农民工城市居住权益”。第二阶段是将农民工住房保障纳入城市基本公共服务体系，农民工与市民地位基本相同。农民工住房政策的核心目标是实现农民工市民化。

（一）维护农民工城市居住权益（2000—2011年）

1993年，中共十四届三中全会提出，允许农民进入小城镇务工经商，促进农村剩余劳动力转移。随着城市化、工业化的快速发展和人口流动管制政策的放松，进城务工农民工数量进入爆发式增长期。1982年全国流动人口数量为657万，到2000年流动人口数量超过1亿[②]。庞大的规模、较快的增长速度，使农民工成为我国城市管理和社会经济发展不可回避的一个重要群体。

2000年6月，中共中央、国务院《关于促进小城镇健康发展的若干意见》提出，凡是县级市区、县人民政府驻地镇及县以下小城镇有合法固定住所、稳

---

① 曾国安，杨宁，2014. 农民工住房政策的演进与思考［J］. 中国房地产（20）：12-21.

② 刘守英，曹亚鹏，2018. 中国农民的城市权利［J］. 比较（1）：23-46.

定职业或生活来源的农民，均可根据本人意愿转为城镇户口，并在子女入学、就业等方面享受与城镇居民同等待遇，不得实行歧视性政策。这标志着我国开始通过对户籍管理制度进行改革，鼓励农民在县城和乡镇落户，农民工进城落户的限制被打破。自此开始，越来越多的城市放开落户限制。

2004 年 2 月，《建设部城市建设司 2004 年工作要点》将“研究解决进城务工人员住房等问题”列入该年度工作要点之一。尽管只是属于年度九大任务之一——“保证房地产市场健康发展”中的一小点，但这是建设部首次将解决农民工住房问题纳入议事日程，表明农民工城市住房问题开始引起中央层面的关注。

2005 年 4 月，《关于住房公积金管理若干具体问题的指导意见》明确规定，城镇单位聘用的进城务工人员可以申请缴存住房公积金，这是我国中央层面首次明确将农民工纳入住房公积金覆盖范围。

2006 年 3 月，《国务院关于解决农民工问题的若干意见》发布。这是我国解决农民工问题的首个专门性指导文件，也是中央政府首次明确提出要“多渠道改善农民工居住条件”，指出可以通过建设农民工集体宿舍、员工宿舍解决农民工住房问题。要求各地应将解决长期在城市就业和生活的农民工的住房问题纳入城市住宅建设发展规划，条件允许的地方可以实施农民工住房公积金制度等。自该文件下发以来，中央有关部门先后多次制定相关政策，鼓励企业、地方政府、社会力量等采用多种形式改善农民工城市住房条件。需要注意的是，按照该文件的要求，农民工住房问题的解决更多还是依靠用人单位，且住房公积金不具有强制性。

2007 年 8 月，《国务院关于解决城市低收入家庭住房困难的若干意见》将解决城市低收入家庭的住房困难问题作为政府公共服务的一项重要职责，提出建立以廉租住房为重点、多种渠道相结合的住房保障政策体系。目标是：到“十一五”末，城镇低收入家庭住房条件得到“明显”改善，住房困难农民工的住房条件得到“逐步”改善。

2007 年 12 月，《关于改善农民工居住条件的指导意见》是我国首次从国家层面出台专门解决农民工住房问题的政府文件，在推动解决农民工城市住房问题上向前迈了一大步。该文件提出了改善农民工居住条件的三原则①：一是因地制宜，满足基本居住需要；二是循序渐进，逐步解决；三是政府扶持，用工单位负责。明确将用工单位作为改善农民工居住条件的责任主体，政府的职责仅限于为用工单位履行责任提供政策支持、指导和监督。在政策的引导下，以集体宿舍制解决农民工城市住房问题的模式得到了普及和推广，集体宿舍逐

① 曾国安，杨宁，2014. 农民工住房政策的演进与思考［J］. 中国房地产（20）：12-21.

渐成为农民工在城市的主要居住形式。例如，2009 年外出农民工群体中，由雇主或单位提供宿舍的占 33.9%，在工地或工棚居住的占 10.3%，在生产经营场所居住的占 7.6%①。即广义上由用工单位提供住处的比例达到 51.8%。

2008 年 3 月，温家宝同志在政府工作报告中提出，要积极改善农民工城市住房条件，这是我国首次在中央政府工作报告中提及农民工居住条件问题。可见，中央层面对农民工城市住房问题重视程度越来越高。

2008 年 10 月，《中共中央关于推进农村改革发展若干重大问题的决定》提出加强农民工权益保护，逐步实现农民工在城市租购住房时与城镇居民享受同等待遇。这是中央文件中首次明确涉及农民工在城市购房问题。

2010 年 1 月，中央 1 号文件再次强调了农民工外出就业、农民工社会保障、居住条件等问题，并将解决新生代农民工问题纳入政策视野，提出要通过多渠道、多形式改善农民工居住条件，鼓励有条件的城市应该将有稳定职业并在城市居住一定年限的农民工纳入城镇住房保障体系。

2010 年 6 月，《关于加快发展公共租赁住房的指导意见》指出，公共租赁住房供应对象主要是城市中等偏下收入住房困难家庭，有条件的地区，可以将新就业职工和有稳定职业并在城市居住一定年限的外来务工人员纳入供应范围。这是中央层面第一次明确将农民工纳入公共租赁住房的保障范围，虽然将农民工纳入保障对象不属于强制性要求，但提出了用公共租赁住房解决农民工住房问题的发展方向。从关注农民工就业和权益到强调改善农民工居住条件，中央政府对农民工住房问题的干预逐步增强。但农民工数量庞大，其收入在城市大多属于中低水平，且绝大多数存在住房困难问题。如果为该群体提供全面的住房保障，无疑给地方政府增加了巨大的财政压力。

2011 年 9 月，《国务院办公厅关于保障性安居工程建设和管理的指导意见》提出要大规模推进保障性安居工程建设，加快解决中低收入家庭住房困难，促进实现住有所居目标。目标是：到“十二五”时期末，全国保障性住房覆盖面达到 20%以上，力争使城镇中间偏下和低收入家庭住房困难问题得到基本解决，外来务工人员居住条件得到明显改善。

2011 年以前，我国在制定城镇住房保障相关政策时，重点是解决城镇居民的住房困难问题，解决农民工住房困难问题处于从属地位。在这样的政策背景下，农民工城市住房问题很难得到明显改善。

从 2012 年开始，解决农民工住房问题被提到更高的定位，已将其纳入城市基本公共服务体系。

---

① 国家统计局农村司，2010. 2009 年农民工监测调查报告［EB/OL］.（2010-03-19）［2018-03-14］. http：//www.stats.gov.cn/ztjc/ztfx/fxbg/201003/t20100319_16135.html.

这一阶段主要政策文件见表 3-1。

表 3-1　2000—2011 年农民工住房保障政策演变过程

年　份	法规制度	主要内容
2000	《中共中央国务院关于促进小城镇健康发展的若干意见》	改革户籍管理制度，允许满足条件的农民工自愿转为城镇户口，与城镇居民享受同等待遇
2004	《建设部城市建设司 2004 年工作要点》	中央层面首次将解决农民工住房问题纳入议事日程
2005	《关于住房公积金管理若干具体问题的指导意见》	中央层面首次明确将农民工纳入住房公积金覆盖范围
2006	《国务院关于解决农民工问题的若干意见》	我国首个专门解决农民工问题的指导文件；中央政府首次提出“多渠道改善农民工居住条件”
2007	《关于改善农民工居住条件的指导意见》	国家层面出台的首个专门针对解决农民工住房问题的政府文件；将用工单位作为解决农民工城市住房问题的责任主体
2008	《中共中央关于推进农村改革发展若干重大问题的决定》	逐步实现农民工在城市租购住房时与城镇居民享有同等待遇；中央文件首次涉及农民工城市购房问题
2010	中共 1 号文件	通过多种渠道采用多种形式改善农民工城市居住条件；有条件的城市可将符合条件的农民工纳入住房保障体系
	《关于加快发展公共租赁住房的指导意见》	首次将农民工纳入公共租赁住房保障范围

（二）逐步实现农民工市民化（2012 年至今）

十八大提出，加快户籍制度改革，有序推进农民工市民化，城镇基本公共服务实现对常住人口全覆盖。十八大以后，针对城镇化发展中出现的大量农民工难以融入城市社会、工业化快于人口城镇化等问题，农民工市民化问题开始进入政策视野。

2012 年，《国家基本公共服务体系“十二五”规划》指出，基本公共服务是保障全体公民生存和发展的基本需求，由政府主导提供。在这个规划中，农民工被纳入政府基本公共服务的服务范畴，且与市民“机会均等”，不再处于第二考虑的从属地位。规划明确提出，“十二五”期间，政府应为城镇稳定就业的外来务工人员提供公共租赁住房。虽然廉租住房、租赁补贴、经济适用住房和限价商品房的保障对象仍限于城镇中低收入住房困难家庭，但该规划将农民工基本住房保障列为基本公共服务供给和基本公共服务均等化的内容之一，相比之前已经有了质的改变。

2013 年 4 月，《住房城乡建设部关于做好 2013 年城镇保障性安居工程工作的通知》要求，地级以上城市要明确外来务工人员申请住房保障的条件、程序和轮候规则。这是中央层面首次明确要求地方政府将解决农民工住房保障工作做实，并将农民工住房问题纳入政府考核，有助于加快农民工住房政策落地。

2013 年 11 月，十八届三中全会通过《中共中央关于全面深化改革若干重大问题的决定》，提出新型城镇化应以人为核心，推进农业转移人口市民化，逐步把符合条件的农业转移人口转为城镇居民。稳步推进城镇基本公共服务常住人口全覆盖，把进城落户农民完全纳入城镇住房和社会保障体系，同时提出将财政转移支付与农业转移人口市民化进行挂钩。这意味着进城未落户的农民工也可以享受包括基本住房保障在内的基本公共服务。财政转移支付与农业转移人口市民化挂钩，既可以减轻农民工进城落户对地方政府的财政压力，激励地方政府对农民工落户城市持积极态度；又可以减轻农民工落户城市的经济负担，提高农民工市民化的意愿和能力，加快农业转移人口市民化进程。

2014 年 3 月，《国家新型城镇化规划（2014—2020 年）》明确提出要有序推进农业转移人口市民化，不仅要放开小城镇落户限制，也要放宽大中城市落户条件。规划还具体提出了针对农民工的住房问题的“分类保障”措施；将“进城落户农民工”完全纳入城镇住房保障体系。对于“进城未落户农民工”，一是采取廉租住房、公共租赁住房、租赁补贴等多种方式改善农民工居住条件，这是首次明确规定将廉租住房和租赁补贴作为农民工住房保障的方式；二是采取多种方式增加农民工住房供应，包括在商品房中配建保障性住房及建设单元型或宿舍型公共租赁住房、农民工集体宿舍等。同时，提出审慎探索由集体经济组织利用农村集体建设用地建设公共租赁住房。规划中对各级政府在农业转移人口市民化工作中担负的职责进行了明确划分，中央政府负责制定相关制度和政策，省级政府负责制定本行政区的总体安排和配套政策，市县级政府负责制定具体方案和实施细则。

2014 年 3 月，国务院公布的《城镇住房保障条例（征求意见稿）》对城镇住房保障概念的界定是：通过配租、配售保障性住房或者发放租赁补贴等方式，为住房困难且收入、财产等符合规定条件的城镇家庭和在城镇稳定就业的外来务工人员提供支持和帮助，满足其基本住房需求。可见，稳定就业农民工属于城镇住房保障体系的覆盖范围。城镇住房保障是县级以上人民政府的重要责任，应当将城镇住房保障资金纳入财政预算；省级以上人民政府应当安排城镇住房保障补助资金。承租人如果连续租住保障性住房超过 5 年，并且符合保障性住房配售的规定条件，经出租人同意，可以购买承租的保障性住房。这里对承租人是否是城镇户籍没有规定。因此，具备条件的落户和未落户农民工都具备购买保障性住房的资格，首次对农民工购买保障性住房予以明确。

2014 年 6 月，《住房和城乡建设部关于并轨后公共租赁住房有关运行管理工作的意见》进一步明确了公共租赁住房的保障对象包括稳定就业的外来务工人员，但是该文件还规定要优先满足符合规定条件的城镇低收入住房困难家庭。可见，我国城镇住房保障制度设计仍将城镇低收入住房困难家庭处于首要考虑位置。

2014 年 7 月，《国务院关于进一步推进户籍制度改革的意见》中提出全面实施居住证制度，逐步实现居住证持有人与当地户籍人口享有同等的住房保障权利，中央和地方按照事权划分相应承担和分担支出责任。出台居住证制度的目的是通过居住证制度解决那些暂时不具备落户条件的农民工的市民待遇问题。同时，提出不能以退出“三权①”作为农民进城落户的前提条件，这是中央首次明确规定农村转移人口进城落户不得与“三权”问题挂钩，表明农民工即使未放弃宅基地，也有权享受基本住房保障。按照该项规定，农民工转为城镇户籍后，既可享受在农村原有的利益，又可以享受城镇的基本公共服务，这有利于提高农民工市民化的积极性。

笔者认为，现阶段，对于进城落户农民工是否有偿退出“三权”应分类考虑：进城落户农民工如果没有享受城镇住房保障政策，可以自由选择是否有偿退出；如果通过租住公共租赁住房、集体宿舍或享有租房补贴等非拥有产权的方式解决住房问题，也可以自由选择是否有偿退出；如果通过购买保障性住房或以接受购房补贴方式解决了城市住房问题，则至少应该有偿退出宅基地。

2014 年 9 月，《国务院关于进一步做好为农民工服务工作的意见》指出，目前大量长期在城市就业的农民工还未落户。到 2020 年，努力实现大约 1 亿农业转移人口落户城市，未落户的也能享受包括住房保障在内的城市基本公共服务。明确提出要逐步改善农民工居住条件，积极支持符合条件的农民工租购商品住房。该意见还明确提出要着力促进农民工社会融合，这是中央层面首次对促进农民工融合问题出台相关规定。

2015 年 10 月，《中共中央关于制定国民经济和社会发展第十三个五年规划的建议》提出，推进以人为核心的新型城镇化，促进有能力在城镇稳定就业与生活的农业转移人口举家进城落户，并与城镇居民享有同等权利。

2016 年 2 月，为加快农业转移人口市民化进程，提高城镇化质量。《国务院关于深入推进新型城镇化建设的若干意见》提出，一是深化户籍制度改革，促进有能力在城镇稳定就业和生活的农业转移人口举家进城落户，规定地方政府承担主体责任；二是全面实行居住证制度，推进居住证覆盖全部未落户城镇常住人口。同时，提出以满足新市民的住房需求为主要出发点，建立购房与租房并举、市场配置与政府保障相结合的住房制度，健全以市场为主满足多层次需求、以政府为主提供基本保障的住房供应体系。根据有关规定，居住证持有

① “三权”指土地承包经营权、宅基地使用权、集体收益分配权。

人与城镇居民所享受到的基本公共服务的范围和标准仍然有差别，并非完全平等。

2016 年 9 月，《国务院办公厅关于印发推动 1 亿非户籍人口在城市落户方案的通知》中，将在城镇就业居住 5 年以上和举家迁徙的农业转移人口以及新生代农民工作为进城落户的重点对象，促进有能力在城镇稳定就业和生活的农业转移人口举家进城落户，确保进城落户农民与当地城镇居民同等享有政府提供基本住房保障的权利。可见，在中央政策层面，进城落户农民工与当地城镇居民同城同权已得到明确。对于进城未落户农民工则通过推进居住证制度全覆盖，缩小居住证持有人与户籍人口享有的基本公共服务的差距。这意味着进城落户农民工与未落户农民工在住房保障方面是存在差别的，而且只是提及了落户农民工的租房补贴问题，并未提及其是否能享受购房补贴。

2017 年 1 月，《国家人口发展规划（2016—2030 年）》提出要进一步拓宽城市落户通道，除极少数超大城市外，全面放宽农业转移人口落户条件。探索建立进城落户农民土地承包权、宅基地使用权和集体收益分配权维护和自愿有偿退出机制，确保城市新老居民同城同待遇。随着国家对“三农”问题重视程度的提高，农村户籍的附加价值越来越大。通过保留转户农民工的土地承包权和流转土地经营权利益，可以有效提高其进城落户的积极性[①]。提出要深化财政制度改革，建立农业转移人口市民化成本分担机制。

2017 年 1 月，《“十三五”推进基本公共服务均等化规划》强调基本公共服务均等化的核心是促进机会均等。通过清单方式明确了住房保障的服务对象、指导标准、支出责任、牵头负责部门等。公共租赁住房保障对象将城镇稳定就业的农民工包括在内。明确了中央财政给予资金补助，但补助金额和比例并没有明确，只是提出适度增加中央政府在基本公共服务领域的职责、加大省级政府转移支付对省内各地基本公共服务财力差距的调节力度。可见，住房保障的主要责任主体还是市县级地方政府，这与国外普遍实行的中央政府承担主要财政责任的规定有着明显差异。

2017 年 10 月，十九大报告进一步明确了要加快农业转移人口市民化，对住房属性予以定位，即房子是用来住的、不是用来炒的。提出要加快建立多主体供给、多渠道保障、租购并举的住房制度，让全体人民住有所居。这意味着未来一段时间，农民工市民化步伐将加快，其城市住房问题将得到更多重视，农民工城市住房条件有望得到明显改善。

这一阶段的主要政策文件见表 3-2。

---

① 据《国家新型城镇化报告 2016》可知，目前农民进城落户进程没有达到预期，其主要原因是农民不愿意放弃附加于农村土地上的各种权利。

表 3-2　2012 年至今农民工住房保障政策演变过程

年　份	法规制度	主要内容
2012	《国家基本公共服务体系“十二五”规划》	将农民工纳入政府基本公共服务的服务范畴，且与市民“机会均等”；政府应为城镇稳定就业的外来务工人员提供公共租赁住房，但廉租住房、租赁补贴、经济适用住房等仍限城镇户籍人员
2013	《住房和城乡建设部关于做好2013年城镇保障性安居工程工作的通知》	农民工住房问题首次纳入对地方政府考核
2014	《国家新型城镇化规划（2014—2020年）》	提出有序推进农业转移人口市民化，放开小城镇落户限制，放宽大中城市落户条件；首次明确规定将廉租住房和租赁补贴作为未落户农民工住房保障的方式；明确划分了各级政府在农民工住房保障中的职责，中央政府负责制定相关制度和政策，省级政府负责总体安排和配套政策，市县政府负责具体落实
	《城镇住房保障条例（征求意见稿）》	将稳定就业农民工纳入城镇住房保障范围；首次明确满足一定条件的农民工可以购买保障性住房
	《国务院关于进一步推进户籍制度改革的意见》	提出全面实施居住证制度，逐步实现居住证持有人与当地户籍人口享有同等住房保障权利；规定农村转移人口落户不得与土地承包经营权、宅基地使用权、集体收益分配权问题挂钩
	《国务院关于进一步做好为农民工服务工作的意见》	首次提出促进农民工社会融合问题
2016	《国务院关于深入推进新型城镇化建设的若干意见》	促进有能力在城镇稳定就业和生活的农业转移人口举家进城落户；规定地方政府承担主体责任；建立购租并举的城镇住房制度，支持符合条件的农民工通过住房租赁市场租房居住
	《国务院办公厅关于印发推动1亿非户籍人口在城市落户方案的通知》	将农业转移人口纳入住房公积金覆盖范围，放宽住房公积金提取条件，建立全国住房公积金转移接续平台，支持缴存人异地使用
2017	《国务院人口发展规划（2016—2030年）》	进一步拓宽农民工城市落户通道，除极少数超大城市外，全面放宽农业转移人口落户条件
	《“十三五”推进基本公共服务均等化规划》	市县级人民政府负责住房保障具体实施，省级人民政府给予资金支持，中央财政给予资金补助
	十九大报告	加快农业转移人口市民化，加快建立多主体供给、多渠道保障、租购并举的住房制度，让全体人民住有所居

二、农民工住房保障政策演进特点

（一）中央政府对解决农民工城市住房问题越来越重视

从 2004 年住房和城乡建设部将农民工住房问题列入促进房地产市场健康

发展的措施之一，到 2006 年和 2007 年针对农民工问题连续出台专门文件，再到后来的城镇化规划和户籍制度改革文件，直到出台人口发展规划和基本公共服务规划，农民工城市住房问题已成为我国城市住房政策和基本公共服务政策的重要组成部分。

（二）农民工城市住房保障是满足农民工的基本居住需求

从农民工住房保障政策的目标演变来看，政府出台的各项文件明确提出住房保障是保障农民工的基本居住条件。保障方式主要是实物配租或租房补贴形式的公共租赁住房，同时鼓励用人单位或产业园区建设集体宿舍。

（三）解决农民工住房保障问题的责任划分更加明确合理

最初是要求由用人单位负责改善农民工居住条件，到后来提出基本公共服务（政府承担主要责任）覆盖城市常住人口，再到按居住证为农民工提供与市民同等的基本公共服务。解决农民工城市住房问题的责任划分更加合理，农民工城市住房问题得到更多保障。

第二节　典型农民工住房保障模式

按照中央有关政策规定，城市住房保障由市、县级人民政府承担主要责任，对城市住房保障工作实行地方人民政府目标责任制和考核评价制度。在符合中央原则性和总体性要求的前提下，各地政府在解决农民工住房问题时，结合当地城市住房状况、经济社会发展水平、农民工住房需求等实际情况，进行了一些具体政策和实践的探索。

从全国范围来看，尽管仍未能找到全面解决农民工城市住房困难问题的有效措施，但部分城市在该问题的实践中已取到一定成效，形成了宝贵经验。纵观国内现有的解决农民工住房问题的经验，主要有“长沙模式”“重庆模式”“上海模式”“湖州模式”以及“淮安模式”等（表 3-3）。

表 3-3　各地解决农民工住房问题经验总结

模　式	地　区	措　施	特　色	不　足
长沙模式	长沙市	在城乡接合部地区建设廉租住房	公寓内环境优美，设施齐全	入住需要一定条件，远离市区，非家庭式住房
重庆模式	重庆市	大量建设公共租赁住房	公共租赁住房与商品房混建，没有户籍限制；封闭运行，实现资金良性循环	大量贫困人口集中居住，存在社会治安隐患，对周边商品房价格产生负面影响

（续）

模式	地区	措施	特色	不足
上海模式	嘉定区	在工业园区内将企业为员工建房的土地集中起来，建设集体宿舍	生活设施配备齐全，价格低廉	仅适合园区工作的农民工居住，居住者缺乏私人空间，不利于城市融入
湖州模式	湖州市	将农民工纳入住房公积金体系	降低公积金门槛，离职可提取公积金，公积金可用于农村建房，并配备贷款优惠政策	受限于农民工的流动性，可操作性较低
淮安模式	淮安市	共有产权住房的代表；地方政府出资帮助农民工购买经济适用住房，并与购房家庭共同享有经济适用住房产权	可以帮助农民工解决住房问题甚至是购房问题，政府负担较轻，可有效平抑高房价	政府与购房者出资份额难以准确界定，监管成本高，覆盖面有限

一、长沙模式：城乡接合部修建农民工公寓

2014 年出台的《国务院关于进一步做好为农民工服务工作的意见》规定，农民工集中的开发区、产业园区可以按照集约用地的原则，集中建设宿舍型或单元型、小户型公共租赁住房。而“长沙模式”就是利用农村集体土地建设农民工公寓的先行者，其典型代表是“江南公寓”①。

江南公寓是长沙市政府专门为在长沙市务工的农民工建设的廉租住房公寓，位于长沙市岳麓区咸嘉湖西路，2005 年 1 月竣工。该项目是长沙市当年力推的民心工程，由当时的长沙市房产局负责，代建单位为国有性质的长沙市旧城改建开发有限公司。建设总投资约7 500万元，占地 346 亩②以上，建筑面积 5 万米^2，能够容纳3 000名农民工。小区共有房屋 13 栋，每栋 6 层。7 500万元建房资金中，长沙市财政出资1 500万元，长沙市房产局出资4 000万元，另外2 000万元是银行贷款。这是湖南省第一个农民工廉租住房项目，当年在全国也是屈指可数的。

江南公寓的房间设计以集体宿舍为主，配备少量小面积成套住房。该小区内配置超市、食堂、图书室、影视厅、娱乐室、澡堂、车库等，房间内配备床、桌椅、储物柜等日常用品。租金按床位收取，单层床月租金为 70 元，双层床为 50 元。江南公寓最初制定的申请条件比较苛刻：一是农民工应该在长沙市稳定

① 董昕，2013. 中国农民工的住房政策及评价（1978—2012 年）[J]. 经济体制改革（2）：70-74.

② 亩为非法定计量单位，1 亩＝1/15 公顷。——编者注

就业；二是签订的劳动合同需要在劳动部门备案；三是月收入要求在 800 元以下。在当时，仅是劳动合同这一条件就将大多数农民工排除在外，这导致能够完全满足申请条件的农民工数量很少。加上申请程序非常烦琐，导致江南公寓出租情况并不理想。竣工 7 个月后仍然空空荡荡，没有一名农民工入住①。

为改善公寓出租遇冷的局面，在广泛征求意见的基础上，长沙市房管局于 2005 年 10 月出台了新的公寓管理办法，规定凡外地来长沙务工人员，签订劳动合同且月收入在1 200元以下、在本市市区无自有房屋的，均可申请入住。租赁形式也更加多样，可按床位、单间或独立套间租赁。其中，单层床位每人每月 70 元，双层床位每人每月 50 元；单间（12～20 米^2）按照面积每月租金 120～170 元；独立套间（30～80 米^2）按照面积每月租金 210～420 元。但申请条件放宽后，申请者依然不多。到 2013 年，江南公寓 13 栋住房中，仅有第 12 栋为农民工租住使用。其中，3 栋被出售，廉租住房变成了商品房②。

农民工公寓遭受农民工冷遇，其主要原因：一是廉租住房区位布局选择失误，江南公寓距离多数农民工工作地太远，导致通勤成本过高。通勤费用加上房租，对农民工来说并不实惠，降低了其吸引力。二是江南公寓户型单一，难以满足农民工的个性化需求。三是入住门槛高，如大多数农民工无法提供符合条件的劳动合同，且申请程序较为烦琐。

二、重庆模式：公共租赁住房

重庆公共租赁住房建设从 2010 年正式启动。作为户籍制度改革试点城市，重庆市将公共租赁住房建设和户籍制度改革有机结合起来，开创了“重庆模式”。重庆模式既解决了外来务工人员的住房问题，又推动了经济的快速发展，实现了农民工与地方政府的双赢。

2011 年 3 月，重庆市举行了全国首次公共租赁住房摇号配租，包括农民工在内的15 000多人正式入住首批公共租赁住房。这标志着重庆市开创的公共租赁住房与商品房“双轨制”改革成为现实，这是在住房领域推进城乡统筹的一次重大创新。

根据《重庆市公共租赁住房管理暂行办法》的规定，公共租赁住房由政府给予政策支持，严格限定了住房套型和面积，租金采用优惠价格，住房产权归政府或者政府委托机构，供包括农民工在内的在重庆就业的无住房人员或者住

① 明星，黄兴华．建成半年多无人入住 农民工公寓遭遇民心危机［EB/OL］．(2005-12-03)［2016-12-25］．http：//news. sina. com. cn/o/2005-12-31/10177866522s. shtml.

② 朱远祥，2013. 长沙河西 13 栋农民工廉租房仅 1 栋住了农民工[EB/OL].(2013-11-29)[2016-12-08]. http：//hunan. voc. com. cn/article/201311/201311290858492221. html.

房困难家庭租赁使用①。

重庆市对城市住房问题的设计思路是：城市中的中间偏下收入群体（占总人口的30%～40%）由政府提供公共租赁住房或安置房给予保障，这包含了原来的廉租住房和经济适用住房保障对象，同时将原来属于住房保障的“夹心层”群体也纳入了保障范围，实现了保障性住房覆盖所有中间偏下收入群体；中高收入群体（占60%～70%）的住房问题通过商品住房解决。同时，为了控制房价，重庆市政府对高端商品房和投机性炒房进行遏制②。重庆市公共租赁住房制度打破了城市住房保障的城乡户籍壁垒，取消了城乡和内外差别，真正实现了“同城同权”。

按照《重庆市公共租赁住房管理实施细则》的规定，农民工如果没有住房或者家庭人均住房面积低于13米^2，只需年满18周岁、在主城区有稳定工作、具备租金支付能力、符合收入条件规定，即可申请公共租赁住房。

据调查，重庆市公共租赁住房小区的租房户，大约有52%是外来务工人员③。2017年4月17日，重庆商报报道重庆市公共租赁住房累计保障住房困难家庭34.4万户，90余万人通过公共租赁住房圆了安居梦，主城区公共租赁住房小区增至15个。按照重庆市的规划，最终将有70万户中低收入者享有这项公共保障服务。

（一）重庆模式的特色

一是公共租赁住房与商品房混建，有利于促进社会融入。公共租赁住房选址均在内环和外环之间的优质区位，与商品房按1∶3比例配建；小区交通便利，一般都设有轨道交通站点；周边配套设施齐全④；居住环境良好，这有利于加快农民工城市融入进程。笔者课题组在重庆调研时发现，如果不是事先有所了解，仅从小区外观和内外部环境很难区分公共租赁住房和普通商品房。

二是对申请人未设置户籍限制。公共租赁住房在准入条件上打破了城乡差别和内外差别，取消了户籍与地域门槛，农民工真正平等地被纳入住房保障范围。

三是公共租赁住房建设所需的土地和资金有保障。对于地方政府来讲，保障性住房建设的最大难题在于土地和资金，而重庆市公共租赁住房制度很好地

---

① 王建新，崔佳，2010. 公租房建设的“重庆模式”解析［J］. 决策导刊（10）：6-9.

② ［佚名］，2010. 解析公租房建设的“重庆模式”［EB/OL］.（2010-09-13）［2016-12-25］. http：//politics. people. com. cn/GB/1026/12702848. html.

③ ［佚名］，2013. 重庆公租房调查［EB/OL］.（2013-08-09）［2016-12-26］. http：//www. ccnovel. com/18256_2. html.

④ 以位于茶园的城南佳园项目为例，茶园作为主城较低的区域，刚需楼盘众多。城南佳园作为民生项目，生活配套方面比周边大部分商业楼盘还好。

解决了这两个难题。首先，重庆市在 2002 年就成立了土地整治储备中心，到 2010 年，政府已储有 2 万公顷储备地，公共租赁住房建设的土地难题容易解决。资金方面，以第一期3 000万米^{2}建设面积来看，大约需要投入1 500亿元。重庆市首先通过减免土地出让金和其他费用，使实际投资只需 700 多亿元，其中政府以货币形式投入的只有 200 亿元，另外 500 多亿元则通过社会融资渠道筹集，大大降低了政府财政压力。

四是公共租赁住房封闭运行，确保资金平衡，实现良性循环。按照重庆市公共租赁住房政策设计，由市政府和各区县政府作为建设主体，各政府投资性公司持有公共租赁住房产权，房屋主管部门和住房保障机构负责日常运行、维护和监管。公共租赁住房建设用地全部属划拨性质，土地成本转化成政府投入公共租赁住房的国有资产①。这确保了公共租赁住房永远姓“公”，动态地让住房困难群体享用。重庆公共租赁住房租金由政府控制，一般是市场租金的 60%左右。租金实行动态调整，每 2 年公布一次。租金收入加上少量配套的商业开发，基本可以平衡利息和维护费用。

五是形成良好社会生态。重庆模式的优势在于将保障房建设、农民工就业、农民工市民化 3 个问题统筹进行设计。按照重庆市的规划，从 2010 年开始，3 年内新建4 000万米^{2}公共租赁住房，最多可以容纳 200 万人。通过引导农民工通过有偿退出宅基地进城落户，又可以将宅基地复耕为农地，从而为公共租赁住房建设提供土地，保证了耕地数量②。公共租赁住房不仅能解决广大农民工的居住问题，还能进一步改善投资环境，吸引更多企业投资，这又解决了农民工的就业问题。同时，由于解决了大量农民工的住房困难问题，减轻了他们的住房负担，他们可以将更多可支配收入用于其他消费，从而可以有力地刺激消费、扩大内需。

六是公共租赁住房价低量大，有效参与房地产市场调控。2010 年左右，重庆市每年销售商品房约3 000万米^2，而每年公共租赁住房的开工量约为 1 000万米^2。重庆市公共租赁住房的目标是覆盖 30%～40%的居民，而我国经济适用住房和廉租住房占全国住房的比例仅为 5%③。可见，重庆市公共租赁住房比例远超我国各城市保障性住房平均比例，可有效减少商品房需求。

（二）重庆模式存在的问题

重庆公共租赁住房项目采取分散式布局、集中式建设，单个公共租赁住房

① ［佚名］，2011. 公租房建设的“重庆模式”［J］. 领导决策信息（7）：20-21.

② 贺雪峰，2011. 重庆户改，慎言模式［J］. 决策（Z1）：58-60.

③ 荣先恒，2011. 重庆公租房改革经验借鉴［J］. 广西经济（6）：22-23.

项目体量庞大，单盘基本都在 100 万米^{2}以上。以 2010 年 9 月开工的茶园地区城南佳园项目为例，该项目共有住宅 85 栋，总建筑面积为 198 万米^2，约 3.2 万套。如果以每套住 3 人计算，意味着近 10 万城市贫困人群集中居住在一起。虽然政府通过公共租赁住房解决了这些人的住房问题，但他们仍属于城市低收入阶层，公共租赁住房小区容易成为事实上的贫民窟。

一是大量贫困人口集中居住，容易产生社会割裂；二是可能带来一系列社会治安问题，国外贫民窟普遍存在的治安问题应引以为戒；三是公共租赁住房容易对周围商品房价格产生负面影响，政府可以通过将公共租赁住房规划到商品房小区附近，但却不能禁止原有较高收入市民迁出。

三、上海模式：工业园区建造集体宿舍

2004 年起，上海市为解决辖区内农民工住房困难问题，在用工企业相对集中的地区，将工业园区各企业为员工建宿舍的土地统一集中起来开发公寓式集体宿舍，被称作“上海模式”。上海市嘉定区马陆镇的“永盛民工公寓”是上海模式的典型代表。

（一）基本情况

永盛民工公寓是上海市嘉定区马陆镇“民工公寓”的第一期，于 2004 年 3 月竣工，是上海市第一个农民工公寓。永盛民工公寓占地面积 4.9 公顷，总建筑面积 6.1 万米^2，共有 10 栋住房1 320个房间，以 6 人一套的集体宿舍为主，同时还建有少量的家庭型住房。公寓配套建有超市、食堂、医务室、健身场所等服务设施。公寓建成后，由附近园区内的公司、工厂先整体租下，然后低价租给企业员工，一个床位每月租金大约为 70 元。在管理上，政府、物业、包租企业和外来务工者共同组建“管理委员会”。政府负责政策调控，物业公司负责后勤，警务站负责小区安全，包租企业负协管责任①。

永盛民工公寓采用政府运作、民间投资的模式建设。嘉定一家私营性质的文海投资公司出资 1.2 亿元建设公寓所有硬件设施，公司可以通过收取公寓租金来回收成本和获得一定利润；物业管理公司则收取物业费作为营运资金。根据最初的预算，开发商的投资在 10 年内即可收回，回报也比其他房产项目稳定，开发商参与积极性比较高。永盛民工公寓投入运行后的前两年，马陆镇政府每年对公寓的补贴约为 200 万元，到 2009 年政府补贴增加到 380 万元。政

① 《三农中国》编辑部，2005. 廉价公寓，农民工的渴望［J］. 农业·农村·农民（B版）（三农中国）（1）：34-36.

府出资改善了投资环境，解决了企业的后顾之忧，成为马陆镇对外招商引资的一大优势。投资企业增加的同时，政府税收也随之增加。

（二）上海模式的优点

在工业区兴建农民工公寓，是地方政府、用人企业、农民工三方受益的制度设计。对于地方政府而言，公寓建设通过社会资本完成，一方面减轻了地方政府的财政压力，另一方面改善了投资环境，同时还完成了住房保障任务。对于用人企业而言，可以低成本为员工提供住处，在控制用工成本的同时稳定了员工队伍。对于农民工而言，农民工公寓，一是租金低，房租基本都是企业支付，员工只需支付水电费即可；二是邻近工作单位，通勤成本低；三是建筑质量较有保证，配套设施齐全，治安相对较好，居住环境相比工棚、城乡接合部、城中村有了很大改善；四是与工友同住，相处比较融洽；五是农民工集中居住，便于管理和提供服务，也有利于农民工群体的交友、婚恋等。

（三）上海模式的缺点

一是居住拥挤，缺少私人空间。公寓一般为多人同住，缺少私人空间，且工作、作息时间不一致等容易激化矛盾，难以满足新生代农民工对住宿环境更高、更具体的要求。可以预见，随着农民工对居住条件要求的提高，集体公寓的定位应该是临时性过渡居住方式，主要是提供给刚进入本地的外来务工人员或者是年龄偏大的农民工。

二是不利于城市融入。大量农民工在工业园区集中居住，周围多是老乡或工友，都是同一阶层。虽然农民工受歧视减少，但容易形成内卷化，对农民工的城市融入和市民化是非常不利的。

四、湖州模式：农民工住房公积金制度

湖州模式是将进城务工农民工纳入住房公积金保障范围，结合农民工特点优化调整住房公积金政策，实行适合农民工群体的特殊住房公积金政策。

（一）基本情况

长期以来，由于经济能力有限，大多数在湖州工作的农民工没有稳定的、适合居家的住处。为改变这一现状，帮助农民工实现住房梦，作为全国户籍制度改革试点城市，湖州市打破原有公积金政策规定，针对农民工实施“低门槛、广覆盖”的优惠政策，加快其市民化进程。

从 2003 年起，湖州率先系统地为农民工建立住房公积金制度。缴纳了住

房公积金的农民工除了可以享受住房公积金基本政策外，还可享受低缴存门槛、租房可提、优先放贷、贷款贴息等倾斜性优惠政策，受到了农民工的欢迎。

截至 2019 年 12 月，全市累计为 1 万多家非公企业 40 万名以上职工（其中包括 13 万名以上农民工）新建立了住房公积金制度，占缴存职工总数的近 50%。全市机关事业单位基本实现了全覆盖，重点骨干民营企业覆盖率达到 100%，养老保险参保人数 50 人以上的民营企业覆盖率已达到 95%以上，有 1.26 万户农民工家庭通过享受公积金优惠政策解决了住房问题①。

（1）*低进入门槛*。由于农民工大多在非公有制企业务工，而湖州市非公有制企业建立和实施公积金制度的时间不长，还处于起步阶段，且企业间存在很大差异。为了提高企业的参与积极性，尽量减少对企业的短期不利影响，湖州市允许企业低门槛进入。规定最低缴存额度以全省职工上一年度平均工资的 60%为基数，按 8%的比例缴存。

（2）*贷款政策调整*。农民工住房公积金缴存额度较低，如果按照城市现行公积金贷款政策规定，他们只能获得很有限的住房贷款，难以帮助他们有效解决住房问题。为了增加农民工公积金贷款额度，湖州市将公积金贷款最长年限由 20 年提高到 30 年，双职工农民工家庭的贷款额度由 15 万提高到 20 万。

（3）*做好年度验审工作*。湖州市一方面通过加强宣传、出台激励政策，提高非公有制企业建立公积金制度的积极性；另一方面在已建立住房公积金制度的企业开展扩面工作，实现公积金制度全员覆盖，并对非公有制企业公积金制度实施情况进行重点验审。

（4）*建立受托银行归集考核办法*。以银行为依托，发挥银行与企业联系密切的优势，加快推进非公有制企业住房公积金归集工作。

为提高公积金对农民工的吸引力，湖州市降低了农民工新建公积金账户的门槛条件。按照 2007 年出台的《关于进一步推进农民工建立住房公积金制度的实施意见》的规定，在起步阶段，湖州市允许各企业先按单位、个人每月 66 元的低标准缴存住房公积金，后期逐渐过渡到按员工实际工资比例缴存；农民工可以用公积金支付房租，购房可全额提取公积金余额；农民工与单位解除劳动合同后，如果不再在本市就业，可全额提取公积金账户余额；农民工在本市购房可申请公积金贷款，最高贷款比例为 70%，最长期限为 30 年。

---

① 湖州发布，2019. 在湖州，住房公积金有这些改变［EB/OL］.（2019-12-28）［2020-03-16］. https：//xw. qq. com/cmsid/20191228A0LCKY00？ivk _ sa=1023197a.

为了扩大农民工住房公积金使用范围，2011年，湖州市又出台了《关于加快推进农民工实施住房公积金制度支持新农村建设的实施意见》，规定农民工在农村建造住房时也可以申请公积金贷款。

湖州市农民工住房公积金政策受到了农民工的欢迎，参与积极性很高。到2015年，资金使用率一直保持在90%左右，连续17年未出现逾期①。

（二）经验总结

（1）农民工住房问题的解决应该制度先行。湖州模式之所以取得成功，除了湖州市作为户籍制度改革试点的先天政策优势以及上级领导的重视外，很重要的一点就是将公积金制度予以制度化。为在非公有制企业推行住房公积金制度，湖州市在2003年和2004年陆续发布了《湖州市非公有制企业建立住房公积金制度试点工作实施意见》《关于促进房地产业持续健康发展的通知》《湖州市住房公积金管理办法》等一系列文件，确保了农民工公积金问题有章可循。

（2）农民工住房保障制度应灵活设计。与市民相比，农民工收入偏低，且流动性较大，租房需求甚至是返乡建房需求大。因此，农民工公积金制度的设计应充分考虑农民工的特点。

（3）加强宣传。为提高用人单位和农民工住房公积金法规意识，湖州市采取了新闻媒体、简报及到企业上门宣传、开展宣传活动月等多种形式，加强住房公积金宣传工作。我国各地当前有关农民工的优惠支持政策很多，但农民工的知晓度却很低，其中一个重要原因就是宣传不到位。

五、淮安模式：共有产权住房

共有产权住房是近年来我国在实施住房供给侧改革、完善住房供应体系方面，最为重要的住房政策创新。

淮安模式是指地方政府出资帮助低收入家庭购买经济适用住房，并与购房家庭共同享有经济适用住房产权的住房保障模式。该模式的核心内容为：住房保障对象购买住房时，政府与被保障对象共同出资，按照出资比例共同拥有房屋产权。

经济适用住房建设用地由过去的划拨改为出让形式，出让与划拨之间的土地价差加上政府给予经济适用住房的优惠作为政府出资额，形成政府产权部分。按照淮安市的规定，共有产权房购房者拥有其所属产权部分的全部权利，

① 陈杰，胡明杰，2017. 共有产权房：住房供给侧改革何以发力［J］. 探索与争鸣（11）：110-115.

既可以抵押，也可以正常转让。共有产权房的保障对象是既买不起普通商品房，又达不到廉租住房条件的住房“夹心层”群体。自 2007 年江苏省淮安市进行共有产权住房试点开始，目前已经推广到江苏省其他地区。

（一）制度设计

根据《淮安市全国共有产权住房试点工作实施方案》的规定，共有产权住房旨在“着力解决新就业人员、进城务工人员和城市中间偏下收入家庭住房困难问题，力争通过一年左右试点，实现不同收入群体全覆盖的‘住有所居’目标。”可见，淮安市共有产权住房明确将进城务工农民工包含在内。

1. 保障模式

共有产权住房的房源渠道主要有政府集中建设、分散配建以及市场收购等，通过向符合条件的保障对象定向出售部分产权的方式，形成共有产权住房。实物型公共产权住房的价格一般低于同期同地段楼盘普通商品住房销售价格的 5%～10%。对于购房者出资比例的要求是一般不能低于 60%（特殊困难群体可以降到 50%），具体比例由购房者根据家庭支付能力自由选择。目标就是让住房困难家庭只需支付部分购房款就能先改善居住条件，再逐步取得全部产权。

除实物配售外，淮安市通过试点进一步拓展了保障模式①。

模式一：政府通过货币补贴的方式帮助保障对象购买普通商品房。个人出资必须超过 60%，个人可以选择更高的出资份额，按照出资比例形成共有产权住房。

模式二：引入社会资本。由政府、房地产企业或其他社会机构与符合申购条件的购房者一起出资，共同购买定向供应住房目录内的普通商品房，形成共有产权住房。主要有两种共有模式，一是个人、政府和企业三方共有；二是个人和企业两方共有，政府承担监管责任。

模式三：政府对公共租赁住房采取先租后售方式，原则上住满两年后，可以以家庭为单位购买其承租的公共租赁住房，形成共有产权住房，申请购买的全价为市场评估价。

在淮安，共有产权住房经历 3 个阶段：实物阶段、实物加货币阶段、货币阶段。第一阶段是实物阶段，也就是传统意义上的共有产权住房，首先由政府投资新建房屋，然后由符合条件的人去购买。在购买时，政府与购房者的产权比例分为 3∶7、4∶6、5∶5，完全是实物化形式。第二阶段是由政府委托开发商建房，实施的是实物加货币。第三阶段是货币形式，政府向符合条件的保

---

① 王小平，2014. 先行先试，照亮百姓“安居梦”［N］. 淮安日报，2014-09-22（B1）.

障对象发放补贴，由其自行在住房市场选择房源。由于实施的是完全货币化，也称政府货币化助购。

对于30%～50%的政府产权部分所需资金，淮安市主要采取了3项措施：一是对于因拆迁安置产生的共有产权住房购房者，将政府资金投入部分提前列入拆迁预算，从源头解决资金问题；二是对于普通申购群体，由当地国有开发企业将开发商品住房的盈余“反哺”给政府作为启动资金；三是把原先对经济适用住房的“暗补”改为对共有产权住房的“明补”，将原来以划拨形式用于保障房建设的土地改为出让形式，然后将出让土地所得收入作为政府产权所需资金。在这样的制度设计下，政府并不需要直接投入太多货币资金，财政压力较小①。

2. 保障对象

淮安市共有产权住房保障对象不仅包括收入偏低的城市住房困难家庭，还包括新就业人员和农民工群体。其中，对于农民工申购资格的规定是：在市区务工且连续缴纳城市职工基本社会保险2年以上，人均收入低于上一年度城市人均可支配收入，在淮安市市区和农民工户口所在县的县城没有住房的已婚农民工群体。符合条件的农民工可以家庭为单位申请实物配售一套共有产权住房，也可以通过申请货币补贴购买一套定向供应目录内的普通商品房，形成共有产权住房②。

3. 规划建设

淮安市规定政府筹集和助购的共有产权住房户型，应以70米^{2}左右的套型为主，保障面积标准按不超过保障家庭人均建筑面积24米^{2}控制。由政府集中建设的共有产权住房，作为经济适用住房项目办理立项、规划、建设等手续，以出让方式供地，纳入省市年度经济适用住房建设目标任务，享受经济适用住房优惠扶持政策。

在土地使用权挂牌上市时，采取限房价、竞地价的方式公开出让，其土地出让金全部由财政拨付住房保障部门，土地出让净收益作为政府产权的资金来源。

政府在集中建设、与商品房分散配建、住房市场收购等方式筹集房源的基础上，积极探索货币补贴方式，帮助申请人通过市场选择合适房源。

4. 运行管理

按照淮安市的规定，农民工可以直接到市住房保障部门申请购买共有产权住房，经住房保障部门审核符合条件后，在媒体上集中公示。

---

① 李攻，2010. 江苏淮安：寻路“共有产权”［N］. 第一财经日报，2010-06-08.

② 王小平，2014. 先行先试，照亮百姓“安居梦”［N］. 淮安日报，2014-09-22（B1）.

购房者在购得共有产权住房后，可以选择分期购买政府或企业拥有的产权部分，最终拥有住房的完全产权；农民工如果不购买剩余产权，也可以一直居住使用。

如果购房者选择回购政府或企业产权，自购房之日起五年内可以原价购买，5 年至 8 年购买需要加同期贷款利息，8 年后购买则需要按市场评估价购买；如果购房者选择不购回剩余产权，产权共有时间超过 5 年的，政府或企业可以按照购房合同的规定，对政府或企业拥有的产权部分向购房者按照市场评估租金的 90％收取租金。

在共有产权期间，购房者出售共有产权住房时，应将其他共有权人（政府或企业）的产权一同出售。其他共有权人拥有优先购买权，出售所得收入由所有共有权人按产权份额比例分成。

5. 经费来源

从淮安市出台的规范性文件中可以看到，共有产权房的资金来源主要是政府的土地出让收益和中央财政拨款。

（二）共有产权住房的积极效应

一是可以帮助农民工解决住房问题。通过共有产权的方式，农民工仅需支付一部分房款即可解决住房问题，降低了农民工的住房负担。如果农民工未来经济条件改善，还可以通过回购政府或企业产权，增加住房产权份额，直至拥有全部产权。同时，在未来较长一段时期内，我国城市房价可能仍会呈现上涨态势。与租房相比，共有产权住房不仅可以有效解决农民工住房困难问题，而且还可以使农民工分享到房价上涨带来的增值收益。

二是有利于减轻政府财政负担。共有产权住房购置费用是由地方政府、购房者、房地产企业三方共同承担的，地方政府的主要投入方式是土地出让金减免和税费减免等，购房者回购住房产权或 5 年后收取政府产权租金时还可以回收部分投资，实现资金循环。地方政府仅需通过有限的投入，就可以解决中低收入家庭的住房问题，而且一旦房产销售出去，政府和购房者均可以获得相应的收益，这也是各级地方政府对公共产权住房积极支持的原因之一。从 2012 年起，很多城市开始停建经济适用住房，为解决“夹心层”住房问题，很多地方开始推行公共租赁住房。虽然公共租赁住房解决了一些居民的住房问题，但由于政府投入公共租赁住房建设的成本过高，租金难以弥补建设成本，给地方政府造成沉重负担，影响其建设积极性。在这一背景下，共有产权住房应运而生。

三是可以规范经济适用住房和限价商品房制度。共有产权住房的价格与市场价格同步，不像经济适用住房或限价住房那样远低于市场价格，从而大大压缩了通过购买共有产权住房投机获利的空间。房改以来，各地建设的经济适用住房很大程度上都获得了各种各样的税费减免，但是最后的收益却大部分归于房产所有人，这对政府和其他纳税人都是不公平的。

四是能在一定程度上平抑高房价。对于住房供求结构性矛盾较为突出、房价收入比过高的城市，政府增加实物配租型共有产权住房的供应，可以改善地区楼市结构，对冲高房价。

由于共有产权住房具有的优势，其受到各地的广泛关注。北京、四川、广州等城市相继推出发展共有产权住房的规划。如 2017 年 9 月，北京市住房和城乡建设委员会正式发布了《北京市共有产权住房管理暂行办法》，将共有产权住房定位为完善住房供应体系的重要组成部分。2019 年 9 月，四川省住房和城乡建设厅印发《四川省城镇住房发展规划（2018—2022 年）》，提出有重点地发展共有产权住房，鼓励成都市发展共有产权住房，支持城镇中低收入住房困难家庭和符合条件的非户籍常住人口购买共有产权住房；2020 年 1 月，广州市住房与城乡建设局发布《广州市共有产权住房管理办法》，规定本科学历及以上申购共有产权住房不受户籍限制。

（三）共有产权住房存在的问题

一是定价和产权份额划分存在困难。一方面，政府一般是根据共有产权住房周边市场价格来确定共有产权住房的基准价格，但是这两者之间有一定的差额；同时，作为政府计划定价，基准价格的变化一般都会滞后于市场价格，在房价上涨的背景下，容易形成牟利空间。另一方面，购房者的出资是以货币形式，容易评估确定；但政府的出资形式主要是以土地、税收优惠等，客观、精确地评估政府投入资金量存在一定困难。

二是政府监管成本高，风险隐患大。政府对共有产权住房拥有的产权部分在性质上属于公共产权，在共有产权住房的规划、建设、销售或采购、回购以及后期管理等方面存在很高的监管成本，且监管效果难以保证。共有产权住房的潜在风险较大，涉及法律、金融和管理等多个方面。另外，共有产权住房购买人支付能力普遍较低，一旦其经济状况恶化，很可能形成金融风险。

三是共有产权住房制度并不完善。由于共有产权住房政策出台的时间并不长，相关制度规定还不完善，仍存在一些问题需要进一步解决。①权利和义务规定不够清晰，如政府回购的具体操作主体、付款方式、如何科学合理定价仍没有明确的规定；②政府退出缺乏明确可操作的细则规定，如未来如果房价下跌，政府是否还是按原价回购；③购房人如何退出缺乏周密的设计；④共有产权住房能否有条件转为商品住房，如果可以转为普通商品住房，如何避免寻租现象等。

四是覆盖面有限。共有产权住房只能保障农民工群体中的中高收入阶层，对于广大住房困难的中低收入农民工来说，他们缺乏支付能力，更可行的住房保障方式应该是公共租赁住房。

第四章　农民工城市就业、居住与城市融入状况调查分析

为了解我国农民工在务工城市的工作生活现状、存在的问题及影响因素，2014 年 1 月至 2015 年 4 月，笔者所在课题组在全国范围开展了一次关于农民工城市融入与住房情况的专项调查，后期又陆续进行了一些补充调查。

第一节　农民工调查基本情况分析

一、调查范围、内容和方式

调查范围：全国各级城市，含直辖市、副省级城市、地级市、县级市、县。

调查对象：户籍在农村的人口中年龄为 15～59 周岁的进城务工人员，包括被用人单位雇佣的、在固定岗位就业的农民工以及在城市自主创业、自谋职业的灵活就业农民工。

调查内容：问卷调查和访谈的内容主要包括农民工就业情况、居住情况和城市融入情况三大部分。

调查方式：农民工在就业与居住方面具有分散性和流动性的特点，严格的概率抽样法在操作上难度很大，因此采用多阶段非概率抽样方式。非概率抽样方式具有一定的主观性，可能存在抽样误差，这会影响研究结论的推广价值。为了降低抽样误差，笔者综合使用了便利抽样（convenience sampling）、立意抽样、滚雪球抽样、定额抽样相结合的抽样方式。对在固定岗位就业的农民工直接进入其务工单位进行“一对一”面谈调查，对灵活就业的农民工采取拦截调查或入户调查方式。

为更深入地了解本课题研究所关注的问题，通过质性访谈方式对问卷调查中一些不能覆盖的信息进行了必要的补充调查。在抽样调查的同时，由调查员借助事先设计好的结构化访谈提纲，对部分农民工进行访谈。同时，由于调查的样本量较大，在选取样本城市和调查对象时，尽可能考虑了其代表性和典型性。因此，本调查所得数据适合用于系统研究农民工城市融入与住房保障问题。

二、调查执行与质量控制

集中调查时间为 2014 年 1 月至 2015 年 4 月；抽样调查由本课题组成员和西南民族大学管理学院、湖南大学管理学院、山东财经大学工商管理学院的博士研究生、硕士研究生和本科生具体执行，本课题组主要负责过程监控。共发放调查问卷3 500份，收回有效问卷2 978份，有效回收率为 85%。

为提高问卷调查质量，首先进行了预调查，针对发现的问题对问卷进行了修改和完善。在调查实施阶段，本课题组对调查员进行了专门培训；在填写问卷时，严格采取“一对一”方式，及时对漏填信息进行补充；为确保回收的调查问卷内容的准确性和完整性，设立了专门的核查员对调查问卷进行抽查和复查。在数据录入阶段，采用“独立录入两遍，比对校对”的方式进行录入，并采取了预值控制和平衡检测法来控制数据录入错误的发生。

三、农民工样本基本情况

（一）样本分布情况

按籍贯划分，被调查的2 978名农民工涵盖了全国 30 个省份（表 4-1），占比超过 10%的有 3 个地区，其中四川籍 787 人，占 26.4%；重庆籍 354 人，占 11.9%；广西籍 423 人，占 14.2%。按务工地分，占比超过 10%的地区有 4 个，其中四川 790 人，占 26.5%；广东 429 人，占 14.4%；重庆 344 人，占 11.6%；广西 322 人，占 10.8%。按东中西部划分，来自东部地区的有 944 人，占 31.7%；来自中部地区的有 646 人，占 21.7%；来自西部地区的有 1 388人，占 46.6%。在东部工作的有1 413人，占 47.4%；在中部工作的有 245 人，占 8.2%；在西部工作的有1 320人，占 44.3%。在调查的2 978名农民工中，有1 208名是跨省流动，占 40.6%；接近 6 成农民工是在本省就业。

表 4-1　农民工籍贯分布

地　区	人　数	比例/%	地　区	人　数	比例/%
辽　宁	10	0.3	江　苏	79	2.7
北　京	1	0.0	上　海	4	0.1
天　津	8	0.3	浙　江	25	0.8
河　北	56	1.9	福　建	11	0.4
山　东	216	7.3	广　东	107	3.6

（续）

地　区	人　数	比例/%	地　区	人　数	比例/%
广　西	423	14.2	湖　南	206	6.9
海　南	5	0.2	陕　西	11	0.4
山　西	20	0.7	甘　肃	11	0.4
内蒙古	3	0.1	青　海	2	0.1
吉　林	3	0.1	新　疆	2	0.1
黑龙江	12	0.4	四　川	787	26.4
安　徽	133	4.5	重　庆	354	11.9
江　西	32	1.1	云　南	138	4.4
河　南	141	4.7	贵　州	78	2.6
湖　北	98	3.3	西　藏	2	0.1

（二）农民工基本情况

1. 性别特征

在2 978名参与本次调查的农民工中，从性别构成看，男性1 666人，占55.9%；女性1 312人，占44.1%，性别分布基本均衡。

2. 年龄分布

我国学术界在农民工问题研究中，一般按照出生年份将农民工群体划分为“一代农民工”和“二代农民工”。其中，“一代农民工”是指1979年及以前出生的农民工，又称老一代农民工；“二代农民工”是指1980年及之后出生的农民工，又称“新生代农民工”[①]。笔者认为将农民工简单地划分为两个年龄段显得过于粗放，会忽略很多统计上的内部差别。毕竟80后农民工与90后农民工相比，其成长背景、家庭条件、价值观念、城市化意愿等存在很大差异，同时70后与60后农民工之间也不是同质的。因此，本书在分析中，将农民工按年龄划分为4个群体：90后农民工（24岁及以下）、80后农民工（25～34岁）、70后农民工（35～45岁）和70前农民工（46岁及以上）。新生代农民工包括90后和80后，老一代农民工包括70后和70前。

从年龄分布上看，24岁及以下（90后[②]）农民工767人，占25.8%；

① 董昕，2013. 中国农民工的住房政策及评价（1978—2012）[J]. 经济体制改革（2）：70-74.

② 本书的主要调查时间为2014年和2015年，因此将24岁以下的农民工称为“90后”，将25～34岁的农民工称为“80后”，将35～45岁的农民工称为“70后”，将46岁以上的农民工称为“70前”。在2016年以后进行的补充调查，则是按90后、80后等标准在问卷中标注的被访者年龄，这确保了本书的调查统计结果仍然可按“年代”进行呈现。

25～34 岁（80 后）1 165 人，占 39.1%；35～45 岁（70 后）731 人，占 24.5%；46 岁及以上（70 前）315 人，占 10.6%，即新生代农民工（1980 年以后出生）占比为 64.9%[①]（图 4-1）。随着时间的推移，越来越多的新生代农村人口充实到农民工队伍中，新生代农民工正成为农民工群体的主体。

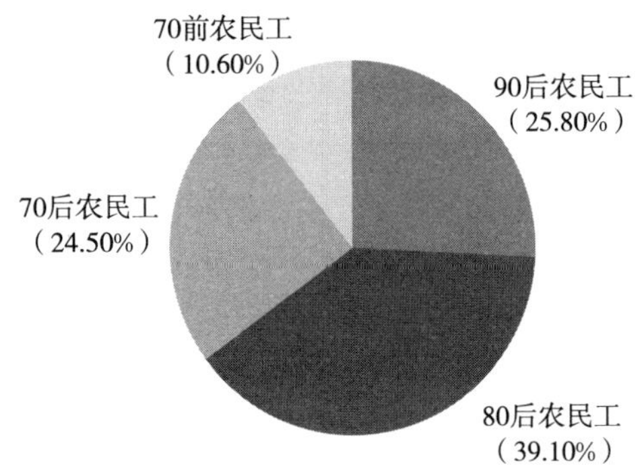

图 4-1　农民工年龄分布情况

新生代农民工是目前学术界和政府管理部门十分关注的人群。中央层面首次正式提出“新生代农民工问题”是在 2010 年中央 1 号文件中，自此有关新生代农民工问题的研究得到进一步发展。社会普遍认为，与老一代农民工相比，新生代农民工具有“四高”“一低”“一薄”的特点[②]。“四高”是受教育水平高、职业期望高、消费水平高、保障程度高；“一低”是工作耐受力低；“一薄”是乡土观念淡薄。新生代农民工是我国农业转移人口市民化的主体，这也是笔者在调查中更偏重新生代农民工的原因。

3. 婚姻状况

从婚姻状况看，被调查农民工以未婚和已婚者居多。其中，未婚1 110人，占 37.3%；已婚1 721人，占 57.8%；离异 118 人，占 4%；丧偶 29 人，占 1%。

从各年龄段农民工的婚姻状况看（图 4-2），未婚农民工主要为 90 后和 80 后，分别占对应年龄段的 88.1%和 35.8%；离异群体比例最大的是 70 后，占该年龄段的 8.5%，接近 10%；70 前农民工由于年龄较大，更多开始面临丧偶问题。70 后的离异问题和 70 前的丧偶问题可能引发一些心理问题和社会问题，需要引起重视。我国现阶段对农民工婚姻问题关注较多的是新生代农民工的婚恋问题和

① 本书的研究背景是农民工市民化，研究目标是通过住房保障模式的构建加快农民工城市融入进程，农民工市民化的主体是新生代农民工，因此笔者在选择调查对象时更偏重于新生代农民工。这使得本书与国家统计局每年进行的农民工监测报告所体现的农民工整体状况有所差异。据国家统计局 2019 年 4 月 29 日发布的《2018 年农民工监测调查报告》，1980 年及以后出生的新生代农民工占全国农民工总量的 51.5%；本书调查样本中新生代农民工比例要更大一些，为 64.9%。

② 迟帅，金银，2012. 新生代农民工群体特征研究［J］. 当代青年研究（5）：76-80.

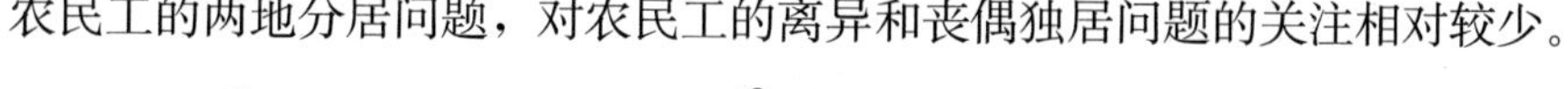

农民工的两地分居问题，对农民工的离异和丧偶独居问题的关注相对较少。

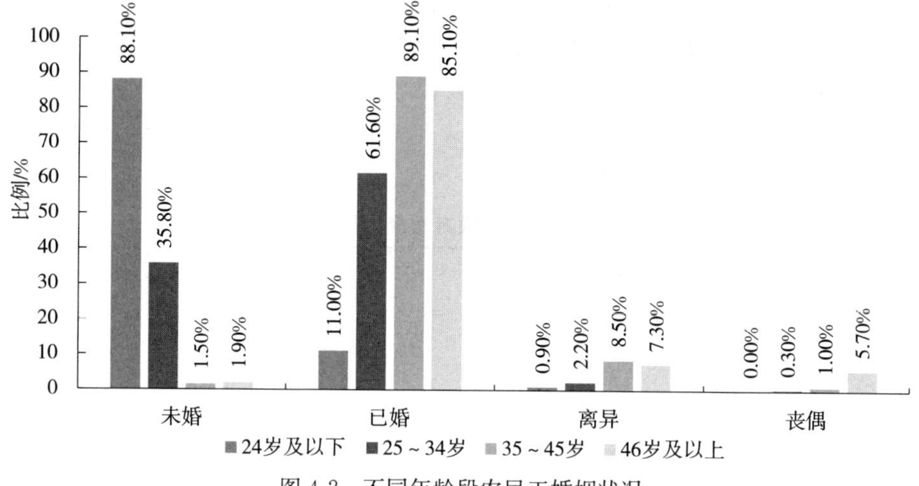

图 4-2 不同年龄段农民工婚姻状况

4. 受教育水平

在西方移民研究中，教育是社会融入的重要指标。人力资本是农民工在城市生存和发展的重要支撑，与农民工流动行为、就业状态、城市融入状况等密切相关。人力资本理论认为，正规教育、职业技能培训或工作经验等均可以提升一个人的人力资本。教育是衡量人力资本存量的核心指标，是提升农民工人力资本禀赋的基本途径和有力保障，是农民工个人能力快速提高和获取更高社会地位的重要途径。随着高等教育的普及，受过高等教育的农民工比例正在上升，但农民工群体的平均受教育水平依旧较低。本次调查主要从受教育程度、技能培训等方面揭示农民工的人力资本存量。

从文化程度看，识字很少的农民工有 43 人，占 1.4%；小学文化程度的有 363 人，占 12.2%；初中文化程度的有 917 人，占 30.8%；高中/中专文化程度的有 871 人，占 29.2%；大专文化程度的有 347 人，占 11.7%；本科及以上文化程度的有 437 人，占 14.7%（图 4-3）。

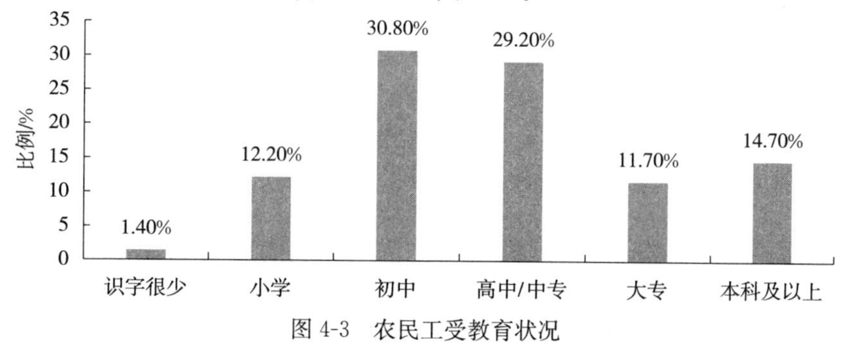

图 4-3 农民工受教育状况

从农民工受教育水平代际差异来看，不同年龄农民工受教育情况差异明显（表 4-2、图 4-4）。首先，80 后农民工受教育水平最高，90 后次之，70 后再次之，70 前受教育水平最低。其次，新生代农民工与老一代农民工受教育水平差异尤为明显，70 后和 70 前农民工受教育水平以小学、初中水平为主。特别是 70 前农民工中有 40.6%仅是小学及以下文化水平，老一代农民工接受高等教育的比例远低于新生代农民工。

表 4-2　农民工受教育程度的代际差异

年　龄	平均值①	人　数	标准差
24 岁及以下	4.130 4	767	1.215 09
25～34 岁	4.212 9	1 165	1.230 07
35～45 岁	3.276 3	731	1.027 15
46 岁及以上	2.825 4	315	0.986 21
总 计	3.815 0	2 978	1.263 03

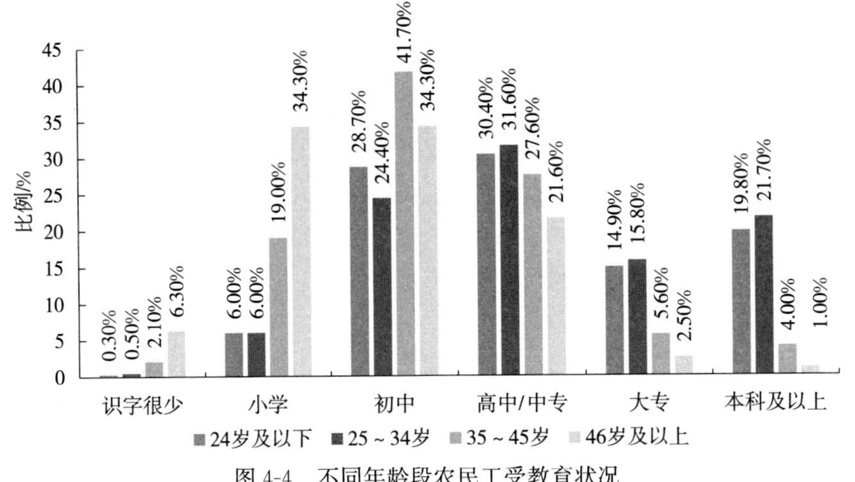

图 4-4　不同年龄段农民工受教育状况

受教育水平过低会给农民工自身带来一系列难以克服的困难，由此导致的阶层分化或阶层固化问题可能难以避免。新生代农民工接受高中及以上教育的比例明显增加，7 成左右新生代农民工具有高中以上文化水平，这使得他们能够更好地适应城市生活、提升技术水平。另外，90 后受教育水平低于 80 后的

① 在对农民工受教育程度进行量化分析时，笔者将“很少识字”设为“1”，“小学”设为“2”，“初中”设为“3”，“高中/中专”设为“4”，“大专”设为“5”，“本科及以上”设为“6”。因此，如果平均值为 4.130 4，表示该农民工群体平均受教育程度为略高于“高中/中专”水平；如果平均值为 2.825 4，表示该农民工群体平均受教育程度为接近“初中”水平。

原因可能是由于年龄较小，很多90后还在学校接受教育，导致进城参加工作的90后平均受教育水平偏低。

从农民工流出地来看，来自西部的农民工与东、中部的农民工受教育水平差异明显（表4-3、图4-5）。中部流出的农民工受教育水平最高，东部次之，西部流出的农民工受教育水平最低。来自西部的农民工小学文化水平所占的比例是东部和中部的两倍，且初中文化水平的比例也最高，而本科及以上文化水平明显低于东部和中部。这说明农民工的受教育水平与地区经济发展水平是具有一定的关联性，受教育水平的提高是以经济发展水平为基础的。

表4-3　不同流出地农民工受教育程度

地　区	平均值	人　数	标准差
东　部	3.977 8	944	1.247 92
中　部	4.103 7	646	1.310 69
西　部	3.569 9	1 388	1.203 88
总　计	3.815 0	2 978	1.263 03

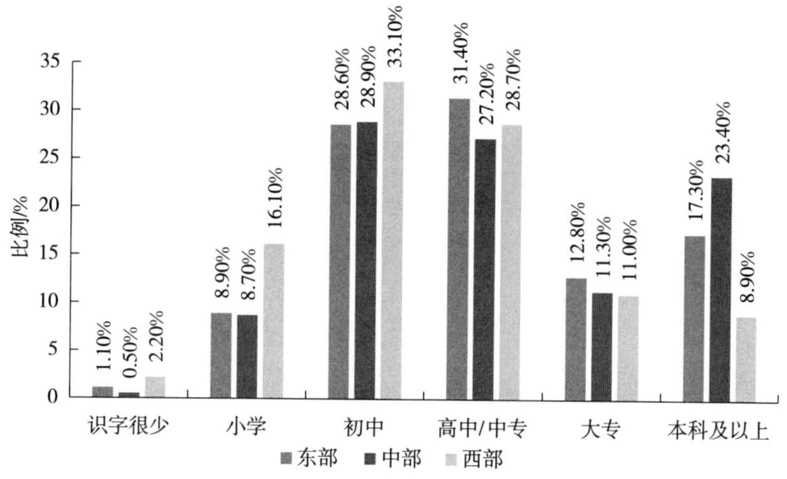

图4-5　不同流出地农民工受教育水平状况

一直以来，我国教育领域就存在着较为突出的性别差异，在农村地区更严重。由于受传统观念、受教育机会、教育资源分配不均等现实因素的影响，女性受教育程度一般低于男性。从图4-6可见，在小学及以下文化水平中，农村女性比例高于男性；而在初中及以上文化水平中，男性均高于女性。

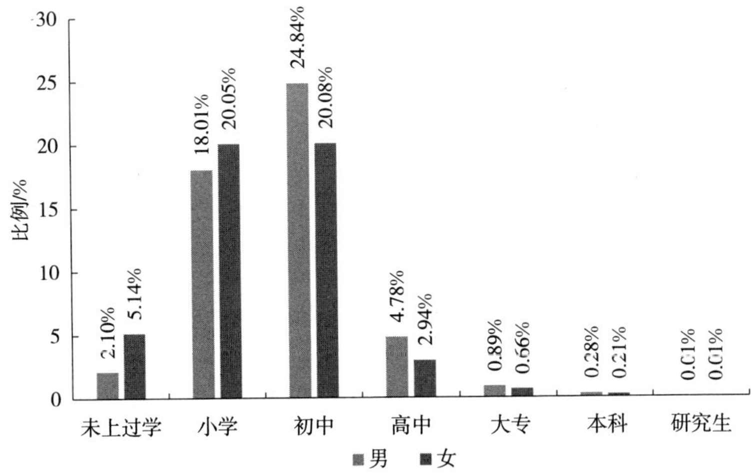

图 4-6　我国农村人口不同性别受教育程度①

本书调查结果与全国人口普查结果存在一定的差异。从所有调查者的总体受教育水平来看，女性农民工受教育水平略高于男性农民工；受过高中/中专教育的女性农民工比男性农民工高 0.6 个百分点；受过大专教育的女性农民工比男性农民工高 3.5 个百分点；受过本科及以上教育的女性农民工比男性农民工高 1.7 个百分点（图 4-7）。

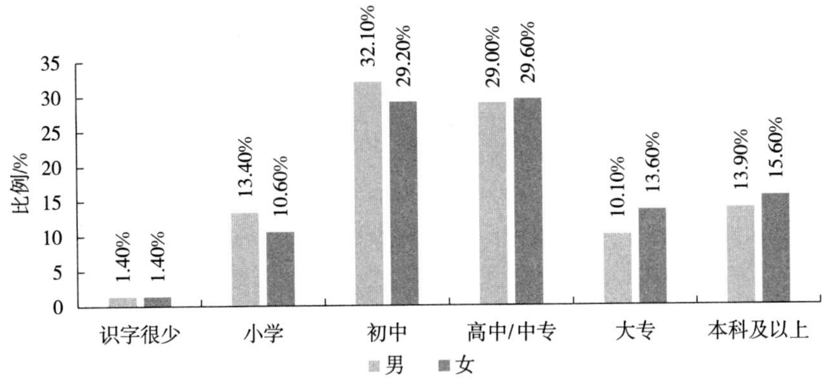

图 4-7　不同性别农民工受教育情况

受教育程度性别差异的缩小在一定程度上得益于我国社会经济的高速发展、义务教育的广泛推行以及高等教育的进步。但本次调查发现的农民工总体受教育水平性别差异的变化，可能并不能说明我国农村“男高女低”的教育状

① 根据第六次人口普查数据中的“全国分年龄、性别、受教育程度的 6 岁及以上人口（乡村）”整理得到。

况得到彻底扭转。因为这很可能是由外出务工行为选择的性别差异导致的。即初中及以下受教育水平的农村户籍人员中，男性外出务工比例相对更高；而低学历女性因在劳动力市场缺乏竞争力，其外出务工比例相对较低。如果这一假设成立，那么提高农村女性的受教育程度，从而提升其城市就业竞争能力就显得尤为重要。

从受教育水平与农民工职业培训、技能水平、劳动合同、社会保障、经济收入、劳动强度、流动频率、自我身份认定、定居计划等指标的相关关系来看（表 4-4），受教育水平对农民工城市工作生活的影响是全方位的。受教育水平已经成为农民工城市生活最核心、最重要的影响因素。因此，改善农民工城市生活状况、加快推进农民工市民化进程的根本解决途径，最终还是要落到发展教育培训、提高农民工受教育水平上。

表 4-4　农民工受教育水平与各指标方差分析

指　标		项　目	平方和	自由度	均　方	*F*	显著性
有无职业资格证＊受教育程度	组间	（组合）	60.229	5	12.046	59.469	0.000
		线性相关度	57.577	1	57.577	284.256	0.000
		偏离线性度	2.651	4	0.663	3.272	0.011
	组内		601.993	2 972	0.203		
	总计		662.222	2 977			
劳动合同＊受教育程度	组间	（组合）	124.556	5	24.911	72.687	0.000
		线性相关度	114.890	1	114.890	335.227	0.000
		偏离线性度	9.667	4	2.417	7.051	0.000
	组内		1 018.568	2 972	0.343		
	总计		1 143.125	2 977			
保险＊受教育程度	组间	（组合）	116.617	5	23.323	60.606	0.000
		线性相关度	109.425	1	109.425	284.339	0.000
		偏离线性度	7.192	4	1.798	4.672	0.001
	组内		1 143.744	2 972	0.385		
	总计		1 260.361	2 977			
月收入＊受教育程度	组间	（组合）	138.038	5	27.608	26.984	0.000
		线性相关度	137.175	1	137.175	134.077	0.000
		偏离线性度	0.863	4	0.216	0.211	0.933
	组内		3 040.662	2 972	1.023		
	总计		3 178.700	2 977			

（续）

指　标		项　目	平方和	自由度	均　方	F	显著性
每周劳动时间 * 受教育程度	组间	（组合）	31.197	5	6.239	7.227	0.000
		线性相关度	24.786	1	24.786	28.711	0.000
		偏离线性度	6.411	4	1.603	1.857	0.115
	组内		2 565.755	2 972	0.863		
	总计		2 596.953	2 977			
近三年工作单位数量 * 受教育程度	组间	（组合）	35.221	5	7.044	5.181	0.000
		线性相关度	10.279	1	10.279	7.560	0.006
		偏离线性度	24.942	4	6.235	4.586	0.001
	组内		4 040.919	2 972	1.360		
	总计		4 076.140	2 977			
身份自我认定 * 受教育程度	组间	（组合）	75.269	5	15.054	16.065	0.000
		线性相关度	68.667	1	68.667	73.280	0.000
		偏离线性度	6.602	4	1.650	1.761	0.134
	组内		2 784.930	2 972	0.937		
	总计		2 860.199	2 977			
长期定居计划 * 受教育程度	组间	（组合）	438.337	5	87.667	41.959	0.000
		线性相关度	415.968	1	415.968	199.091	0.000
		偏离线性度	22.369	4	5.592	2.677	0.030
	组内		6 209.506	2 972	2.089		
	总计		6 647.843	2 977			

第二节　农民工城市就业与生活状况

按照劳动力市场分割理论，可以将劳动力市场分为一级劳动力市场和二级劳动力市场。在一级劳动力市场，劳动者就业稳定，工作条件优越，收入和福利水平高，晋升机会多；二级劳动力市场则正好相反，就业稳定性差，工作条件恶劣，收入水平低，缺乏晋升机会，大多只能平行流动。由于农民工在城市就业或择业受到各种有形或无形因素的制约，其就业大多集中在相对低端的二级劳动力市场，收入明显低于社会总体水平，成为城市社会的底层群体。即使从事相同的工作，与城市居民相比，农民工得到的工资和其他待遇相对也会较低。

一、农民工收入普遍较低

收入是农民工城市融入最核心的指标之一，也是国际移民研究中最为关注的问题。对于以务工经商为目的而进城的农民工而言，追求较好的就业机会和较高的收入水平是农民工进城的主要动力。收入直接制约着农民工的城市生存能力和发展能力，故而极大地制约着农民工的城市融入和市民化进程。从收入对居住的影响来看，收入越高，农民工越可能租住甚至购买交通较为便利、设施条件较好的住房。一般情况下，居住区位越好，与本地市民混住的可能性越大，居住隔离就可能相应削弱，人群之间进行互动交往的可能性也越大。

1. 总体情况

农民工个人的社会经济地位一直以来都是影响农民工城市融入的重要因素。社会经济地位越高，他们的城市融入状况越好。有学者认为，社会经济地位可以用 3 个指标进行测量：教育水平、月收入水平和职业阶层[①]。在这 3 个指标中，月收入水平无疑是核心指标。

在被调查的2 978名农民工中（图 4-8），月收入（基本工资＋奖金＋加班费等）在1 000元以下的占 2.3%，1 000～2 000元的占 18.1%，2 000～3 000元的占 36.3%，3 000～5 000元的占 30.1%，5 000～10 000元的占 11.3%，月收入达到 1 万元及以上的仅占 1.9%。即有 56.7%的农民工月收入低于3 000元，而这3 000元务工收入一般是家庭的主要收入来源。即使按夫妻二人均外出打工的家庭计算，月收入6 000元，人均（加两个子女）也只有1 500

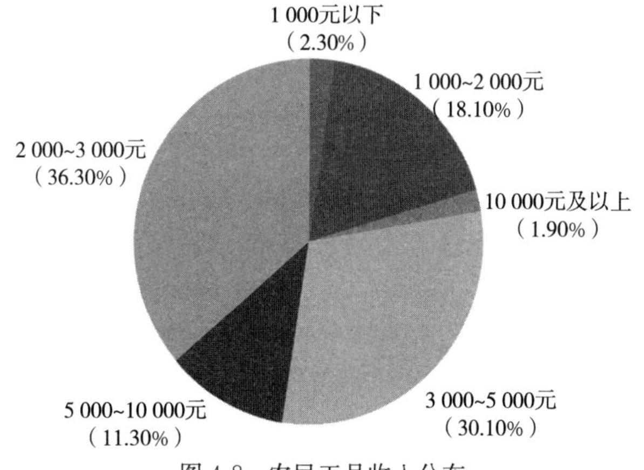

图 4-8　农民工月收入分布

① 杜海峰等，2015. 农民工生存与发展状况调查报告［M］. 北京：社会科学文献出版社.

元，这在城市中无疑属于低收入人群和弱势群体。吴贾等人的调查进一步印证了笔者的调查结果，2011 年城市居民比农村移民的月工资高 47%。

农民工务工收入之所以较低，一是农民工受限于自身的人力资本和社会资本水平，他们大多只能在一些劳动密集型产业部门就业，受行业因素影响，工资水平偏低；二是户籍制度、劳动力市场分割等制度因素导致农民工普遍面临就业歧视，而拥有城市户籍则可给劳动者带来正向的工资溢价。

国务院发展研究中心课题组的研究结果显示，农民工和城市职工的收入差距，60%是人力资本差异造成的，40%是体制差异造成的①。国家统计局公布的数据显示，2002 年，农民工平均工资为城市职工平均工资的 45.0%；2011 年，该比例下降为 30.0%②。这说明农民工工资收入与城市职工工资收入差距在 2002—2011 年呈扩大趋势。

可见，一方面，大量农民工由农村进入城市，追求更高收入的工作；而另一方面，随着我国社会经济的发展，进入城市或经济发达地区的农民工与本地市民之间的收入差距不仅没有缩小，反而在不断扩大。

农民工平均工资总体上仍处于低水平，但内部收入分化现象已比较明显。20.4%的农民工月收入低于2 000元，但同时 13.2%的农民工月收入达到5 000元及以上。这说明随着时间推移和社会经济的不断发展，农民工群体已不再是高度同质化，其内部的差异性和异质性不断增强，社会分层在农民工群体内部开始显现。收入差距拉大会减少人们向上迁移的机会，导致社会迁移性下降，进而导致社会结构固化③。

经济基础不同，住房选择和住房承受能力必然不同，其住房保障模式设计也应有所差别，“分类分层”保障才是适宜的选择。

农民工工资长期严重偏低对农民工个人、用人单位和社会均是不利的。首先，对农民工而言，收入过低，改善生活、提升素质、提高技术水平等都无法实现；其次，对用人单位而言，员工收入低，其没有能力和精力去提升个人技能，且低收入带来的是辞职的机会成本也低，员工流动性必然增加，这必然会影响企业的长期发展；最后，对城市政府而言，农民工收入低，相应的消费水平也就低，造成内需不足，影响经济的可持续发展。

因此，应建立和完善农民工工资增长的长效机制。一是建立工龄工资制度，使农民工工资增长与在企业的工作年限挂钩；二是建立绩效工资制度，使农民工收入增长与企业效益提升同步；三是大力推行工资集体协商制度，确保

---

① 国务院发展研究中心课题组，2011. 农民工市民化：制度创新与顶层政策设计［M］. 北京：中国发展出版社.

② 杨菊华，2013. 中国流动人口经济融入［M］. 北京：社会科学文献出版社.

③ 理查德·威尔金森，凯特·皮克特，2010. 不平等的痛苦［M］. 北京：新华出版社.

农民工工资正常增长。

2. 流动距离与收入水平

劳动力流动是有成本的，一般情况下，流动距离越长，流动成本也就越高，特别是对跨省流动的农民工而言，流动成本不仅包括经济成本还包括背井离乡的心理成本。在劳动者可以自由选择的条件下，流动成本的增加应该以收入的提高作为补偿。

从图 4-9 可以看出，在月收入达到3 000元及以上的 3 个高收入段，跨省流动农民工的比例均明显高于省内流动农民工，而省内流动的农民工在低收入段比例明显偏高。这说明农民工的跨省流动确实是得到了经济补偿，同时也说明农民工的跨省流动是以经济收入为导向的。

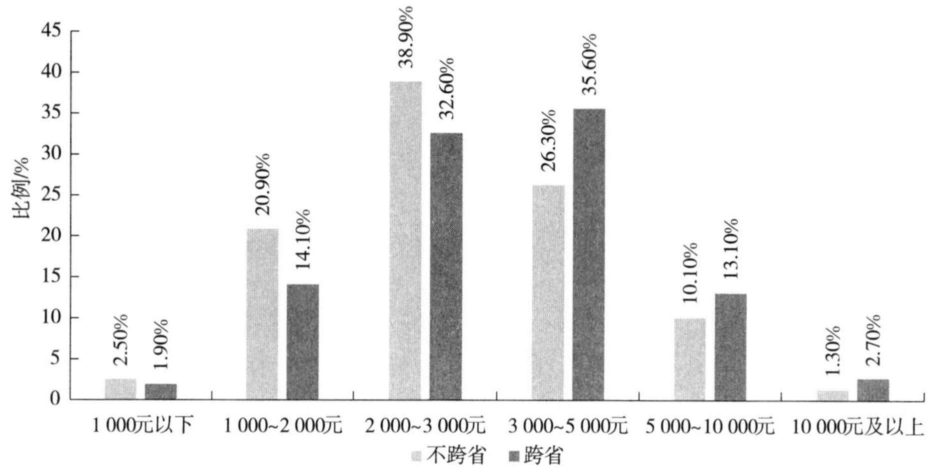

图 4-9　跨省务工对农民工月收入的影响

3. 工作年限与收入

农民工外出工作年限与其月收入在 $P=0.01$ 水平上呈显著正相关关系，明显呈现工作年限越长月收入越高的规律。笔者认为，该规律背后的主要原因并不是“工龄工资”的影响，而是随着外出工作年限的增加，农民工的人力资本和社会资本得到不同程度的提升，工资收入自然随之提高。

4. 月收入的代际差异

在 4 个年龄段的农民工群体中，从平均收入看，80 后农民工月收入最高，70 后次之，90 后农民工是收入最低的群体（图 4-10）。原因可能是 90 后农民工在劳动力市场上的资历不如年长的农民工，还没有达到个人禀赋与就业收益的最佳匹配状态。从低、中、高不同收入段来看，低收入段主要集中在 90 后和 70 前农民工，90 后农民工收入低主要是因为初入职场，70 前农民工收入低的主要原因可能是人力资本缺乏；高收入段主要集中在 80 后和 70 后，70 后明显高于其他群体。由此可知，70 后和 80 后是农民工群体中经济实力最强的群体，而 90 后则具有很大潜力。

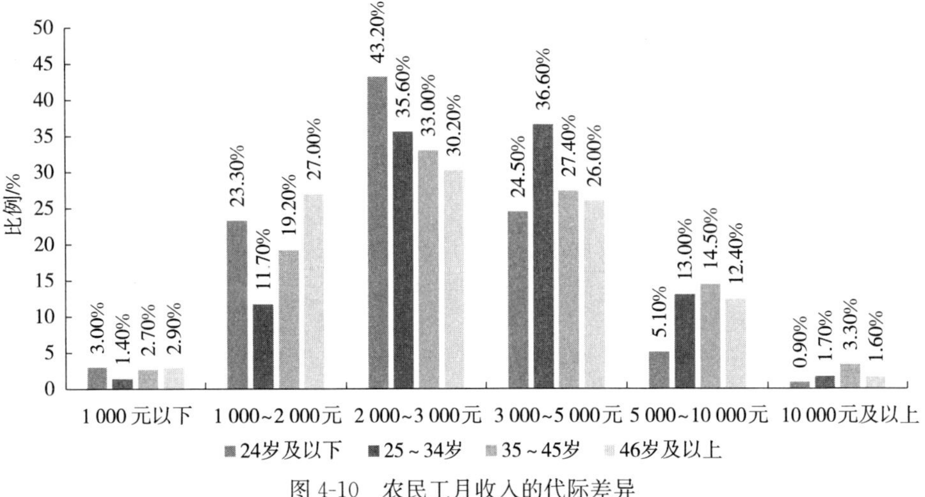

图 4-10　农民工月收入的代际差异

5. 受教育程度与收入差异

从图 4-11 可以看出，农民工受教育程度与经济收入的关系非常明显：受教育程度越高，月收入越高，特别是在高收入段，这一规律尤为明显。调查结果进一步说明，要提高农民工收入，推进农民工市民化，根本途径还是要依靠教育。但需要引起重视的是，本科及以上学历的农民工中，仍有 9.4%的农民工月收入低于2 000元，这可能会形成“读书无用论”的观念。

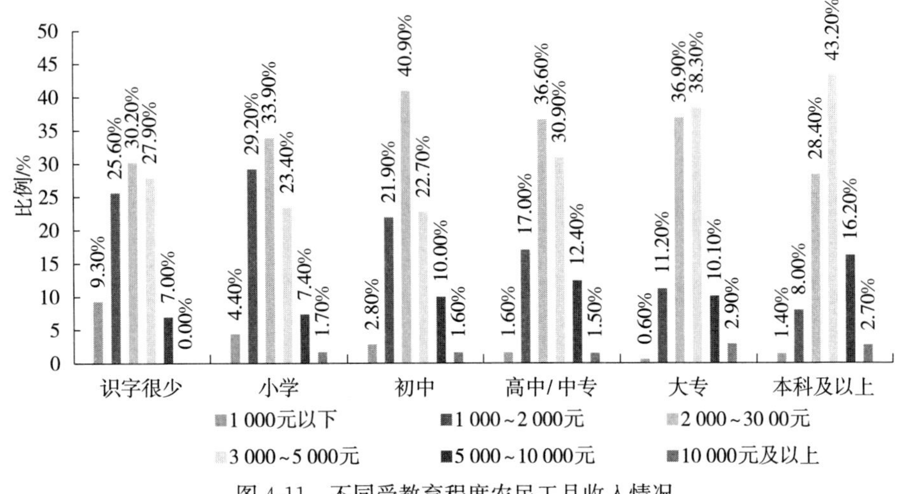

图 4-11　不同受教育程度农民工月收入情况

二、农民工劳动强度大

劳动强度可以通过平均工作时间来反映①。农民工的工作类型很多都具有计件性质，较高的收入是以较长的工作时间为代价的。一般来说，农民工想要获得较高的收入，最主要的方式就是延长劳动时间。

在农民工群体中，超长时间工作已经是一种常态。这减少了他们提升自我以及与本地市民交往的机会，进而阻碍他们融入城市。收入低、工作强度大的就业特征，使得农民工没有经济能力、精力和时间进行人力资本和社会资本投资。他们绝大多数没有明晰的职业规划，在城市长期处于生存边缘，难以实现向上流动，容易出现阶层固化。

1. 总体情况

根据《劳动法》第三十六条规定，国家实行劳动者每日工作时间不超过 8 小时、每周工作时间不超过 44 小时的工时制度；第三十八条规定，用人单位应当保证劳动者每周至少休息一日；第四十一条规定，用人单位由于生产经营需要，经与工会和劳动者协商后可以延长工作时间，一般每日不得超过一小时。

如果一周工作时间超过 49 小时，意味着超过了法律规定的每周工作时间的最高限，属于超负荷工作。

调查结果显示（图 4-12），每周工作时间在 35 小时以下的农民工有 414 人，仅占 13.9%；35～50 小时的有 1 126人，占 37.8%；50～80 小时的有1 257人，占 42.2%；甚至有 181 人的工作时间在 80 小时及以上，占 6.1%。可见，有超过一半的农民工每周工作时间在 44 小时以上，有近一半农民工处于超负荷工作状态。

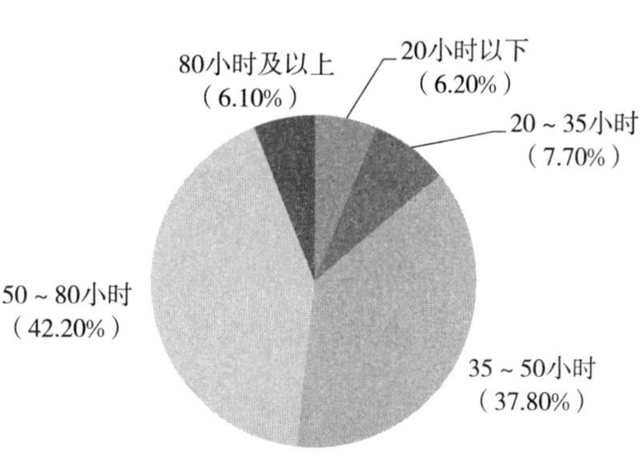

图 4-12　农民工每周工作时间

吴贾等的调查显示，农民工平均每周工作 49.2 小时，而城市居民为 45.0 小时。国家统计局发布的《2016 年农民工监测调查报告》显示，农民工每天工作时间超过 8 小时的占 64.4%，每周超过 44 小时的占 78.4%。可见，不同

① 杨菊华，2013. 中国流动人口经济融入［M］. 北京：社会科学文献出版社.

调查得出了基本一致的结论，即农民工工作时间普遍过长、劳动强度过大。农民工大多从事体力劳动，身体消耗大。如果长期超负荷工作，必然会对他们的身心健康和生活质量产生很多不良影响，如肥胖、失眠、烟酒过度等问题。农民工虽然长期在城市工作生活，但由于每天超负荷工作，并没有足够的时间和精力与市民进行交往。谢东虹对北京市新生代农民工的研究发现，工作时间对其城市化意愿存在显著的负面影响。农民工城市融入不仅与农民工的经济收入有关，劳动时间的影响也是非常明显的。

2. 工作时间的代际差异

从不同年龄段农民工来看，年龄越小劳动时间越短的规律非常明显（图4-13）。以 90 后为例，在每周工作时间低于 35 小时的群体中，90 后比例是最高的，占 15.8%；而达到 50 小时的群体中，90 后比例却最低，占 44.8%。

新生代农民工与老一代农民工在就业选择上已经有了很大转变，赚取经济收入在新生代农民工职业选择中所占的权重降低，他们愿意将更多时间用于闲暇。

新生代农民工就业价值观的转变将迫使我国经济必须进行转型升级。一方面，通过提高技术水平和劳动生产率，弥补劳动力成本上升产生的不利影响；另一方面，通过改善工作环境和福利待遇，增强对农民工的就业吸引力。

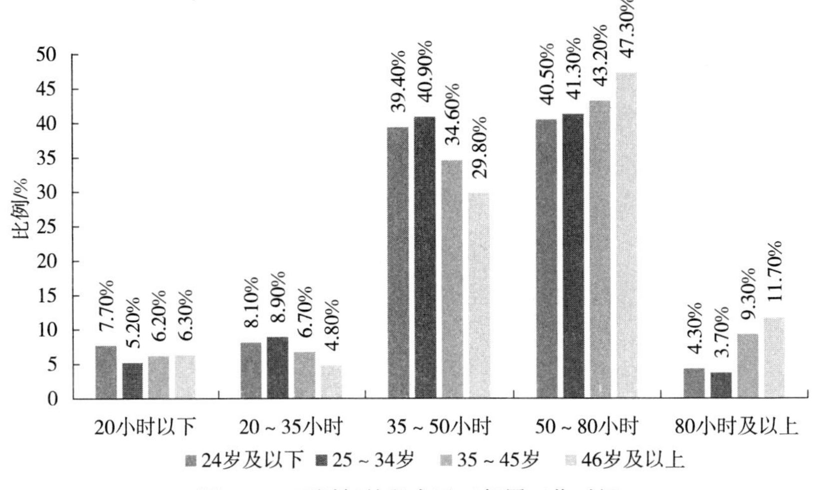

图 4-13　不同年龄段农民工每周工作时间

3. 劳动合同对工作时间的影响

从图 4-14 可以发现，签订劳动合同的农民工超负荷工作（每周超过 50 小时）的比例比未签订劳动合同的农民工低 9.7 个百分点，未签订劳动合同的农民工超负荷工作的比例高达 53.7%。这说明劳动合同对农民工的劳动权益和身体健康发挥了很好的保护作用，通过提高劳动合同签订比例，可以有效降低农民工的劳动强度。

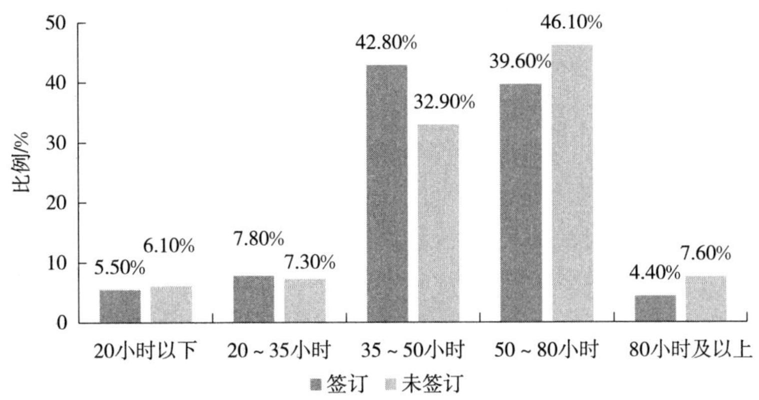

图 4-14　农民工劳动合同签订情况与每周工作时间的关系

4. 职业资格证对工作时间的影响

职业资格证是农民工职业技术水平的证明。从图 4-15 可以看出，拥有职业资格证书的农民工，其超负荷工作的比例明显降低；而从收入角度看，拥有职业资格证的农民工收入水平更高。即拥有职业资格证的农民工工作时间更短但收入却更高，可见技能水平对农民工城市务工具有重要价值。

加强对农民工的教育培训，提升其技术水平，有利于改善农民工的工作条件；同时可以提升农民工的收入水平，进而提高其城市工作生活质量。

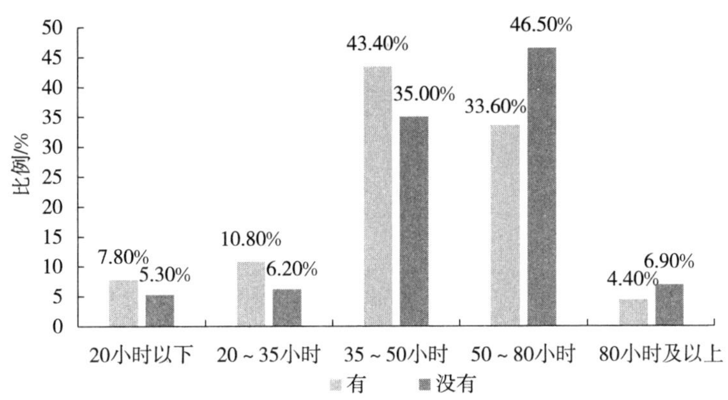

图 4-15　农民工有无职业资格证对每周工作时间的影响

5. 工作时间的区域差异

从调查结果看，农民工群体中超负荷工作的比例以中部地区最高，而东部最低（图 4-16）。在每周工作时间低于 35 小时的群体中，西部地区比例是最高的，原因可能是西部地区经济发展相对落后，农民工就业不充分；也可能是由于西部就业的农民工多是省内流动，其就业的经济导向相对较弱。

工作时间短带来的直接后果是收入较低。调查中还发现，很多西部地区的农民工因加班少收入低而选择离职。劳动强度与一个地区的经济发展水平有关。东部地区经济发达，工人劳动生产率高，用人单位有条件降低员工的劳动强度；而中西部地区的经济发展方式相对粗放，仍主要依靠增加劳动投入数量获取竞争优势。随着农民工工作价值观的转变，这种发展模式是不可持续的。对于西部地区而言，加快发展实体经济、增加就业机会的压力比东部和中部地区更为迫切。

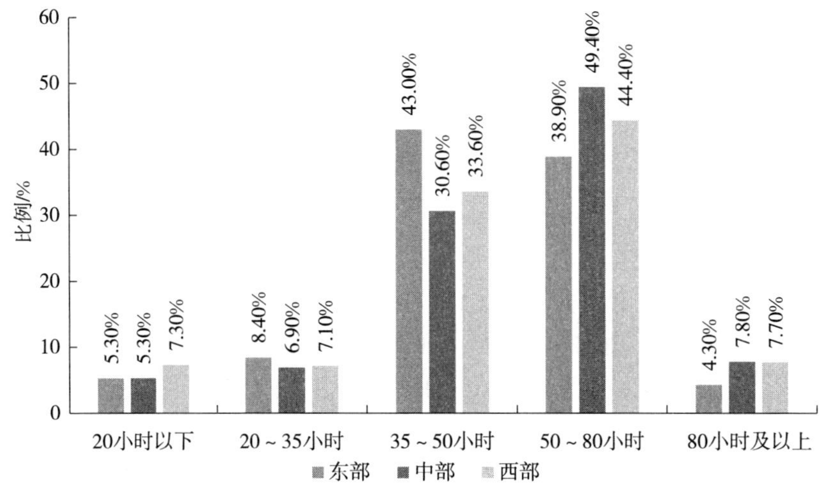

图 4-16　农民工务工区域与每周工作时间的关系

三、农民工求职途径以非正规渠道为主

1. 总体情况

农民工在城市就业的求职渠道比较单一，主要是依赖传统关系网络。在被调查的2 978名农民工中，找工作的方式（调查问卷中本题为多选题）依次为："老乡或朋友介绍"占40.1％；"自己找"占33.3％；"亲友帮忙"或"单位发布招聘公告"占23.6％；通过"中介机构"找到工作的占6％；通过"老家政府组织"找到工作的仅占2.5％。

可见，目前农民工寻找就业机会仍主要依靠个人的社会关系，如老乡、亲友、朋友等，处于自发的就业状态，中介机构、政府等正式组织在为农民工提供就业信息方面的作用非常有限。缺少中介机构、政府等正规部门的就业帮助，农民工进城务工缺乏组织性，盲目性较强。为减少农民工流动的盲目性，可以在全国建立农民工供需信息平台，为农民工择业流动提供信息支持。

2. 求职途径的代际差异

农民工求职途径选择存在明显的代际差异（图 4-17）。在求职过程中，年龄越大的农民工越依赖亲友网络资源。同时，老一代农民工自己做生意的比例高于新生代农民工。其中，90 后农民工做生意的比例最低，而 70 后比例最高。

新生代农民工在求职时更倾向于借助单位发布的招聘信息和中介机构、劳务市场、劳务机构等市场化方式。可见，新生代农民工与老一代农民工相比，其求职方式更加市场化、市民化。

该现象背后的原因，一是因为新生代农民工在城市时间较短，其社会支持网络与老一代农民工相比较弱；二是因为年轻一代的农民工学习能力更强，更容易接受新型的求职方式。

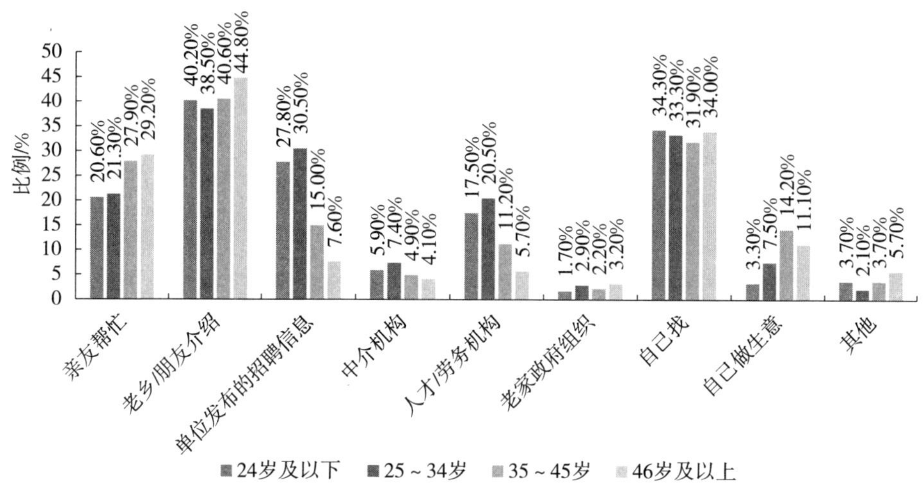

图 4-17　不同年龄段农民工求职途径选择

3. 受教育程度与求职途径选择

从图 4-18、图 4-19 可以看出，农民工文化水平对其求职方式选择具有显著影响。受教育程度越高，依靠亲友、老乡等传统方式求职的比例越低。小学文化程度的农民工有 32.5％是通过亲友找到工作的，而本科及以上学历通过亲友找到工作的比例仅为 8.9％；本科及以上学历农民工通过老乡/朋友找工作的比例不足小学文化程度农民工的一半。

学历越高，对用人单位发布的就业信息利用越充分。识字很少的农民工只有 7.0％通过招聘信息找到工作，而本科及以上学历的则占到 57.7％，成为高学历农民工的首要选择。

在农民工群体中，自己创业做生意的受教育程度主要集中在初中和高中文化程度，受过高等教育的农民工自己做生意的比例并不高。因此，现在提倡的鼓励农民工返乡创业，可能受过高等教育的农民工群体并不感兴趣；而仅受过

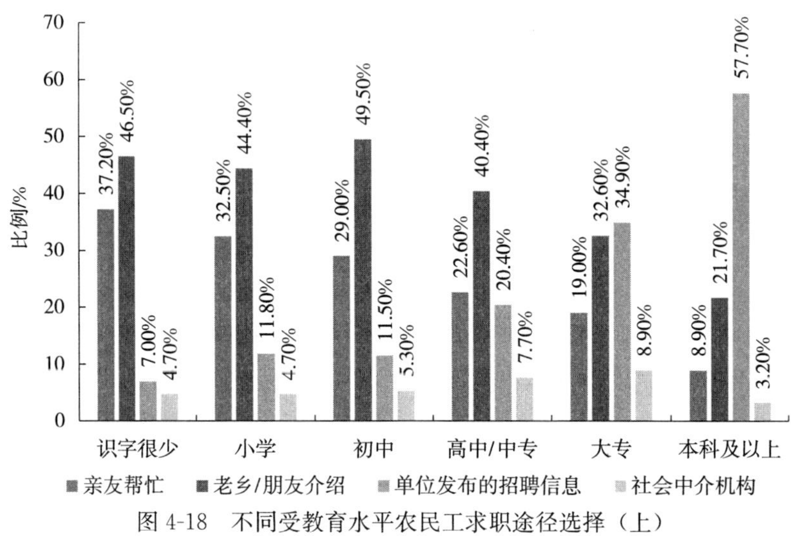

图 4-18　不同受教育水平农民工求职途径选择（上）

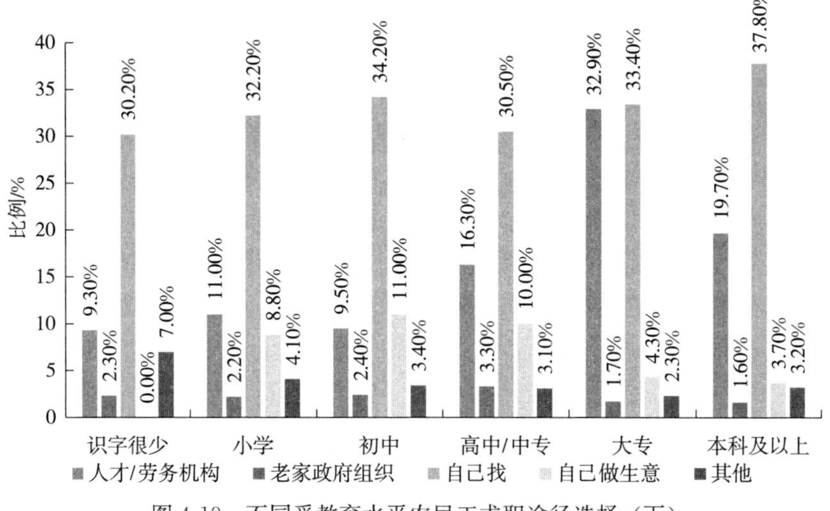

图 4-19　不同受教育水平农民工求职途径选择（下）

中等教育的农民工创业必然会遇到文化水平瓶颈，该群体创业更多是做一些小生意，对推动农村产业转型升级意义不大。如何引导高素质农民工返乡创业成为亟待解决的问题。

四、农民工城市就业面临三座大山

1. 总体情况

调查显示，专业技能、文化水平和社会关系是影响农民工城市就业的三座大山。与其他困难因素相比，这三项的集中度非常高。在2 978名农民工中，分别有 50.7%、43.6%和 41.4%的人选择；而排位第四的年龄因素，仅占 15.8%。

选择“农村户口”的仅有 9.2%，但这并不意味着户籍制度已经不再是农民工就业的主要障碍。原因应该与农民工的职业选择有关，因职业隔离现象的存在，农民工一般会选择不排斥农村户口的工作。

帮助农民工解决影响就业的三座大山，可以从以下几方面入手：培训可以有效解决农民工的专业技能问题；混合居住可以在一定程度上解决社会关系问题，同时也要充分发挥社区、工会等组织的功能；文化水平的解决需要一个长期的过程。

正如前文提到的，教育是解决农民工城市工作生活一系列问题的根本。农民工的城市就业、城市融入，最根本的还是教育问题，基础教育要打牢，职业教育要完善，高等教育要优化。从教育角度来看，城市融入是一个长期的过程，不可能一蹴而就。

2. 就业面临困难因素的代际差异

从图 4-20 可以看出，不同年龄段农民工在就业时面临的困难因素差异非常明显。年龄越大，文化因素造成的障碍越大。原因是年龄越大的农民工，其文化水平越低。要从根本上解决农民工的文化水平问题，难度很大，尤其是对于年长的农民工而言。

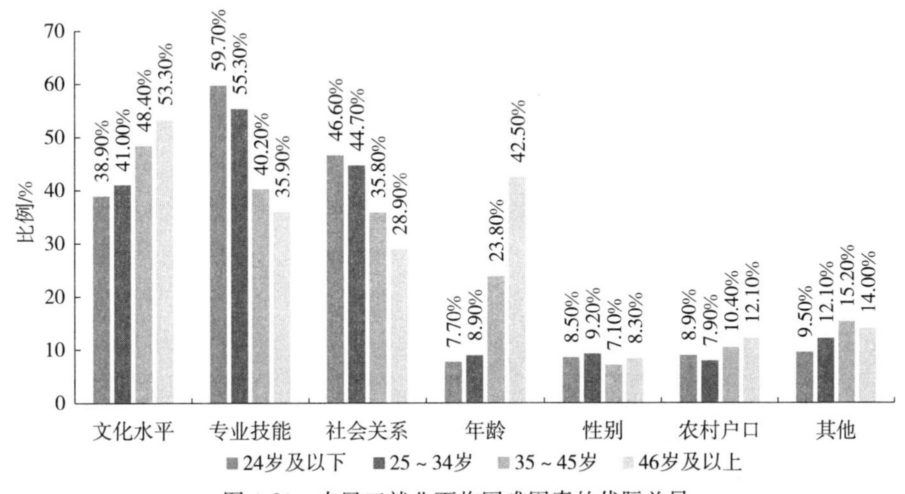

图 4-20　农民工就业面临困难因素的代际差异

对于年长的农民工群体，应通过技术培训，尽量提高他们的工作技能，同时通过产业结构调整增加适合该群体的就业机会；对于年轻的农民工群体，可以通过大力发展在职教育提升其文化水平。另外，应着重加强农民工子女教育，提高农民工后代的受教育水平，提升未来劳动力供给的文化水平。

专业技能因素对不同年龄段农民工的就业影响与我们通常的认知有些出入。年龄越大的农民工在就业时受到专业技能因素的负面影响越小，且规律性非常明显。

之所以存在这一现象，一是与农民工的工作经验有关。90 后农民工初入职场，缺乏专业技能的学习和掌握，因此会有高达 59.7%的农民工在就业时感受到专业技能带来的制约。随着年龄增长，不断通过实践中学习、培训等方式获得工作技能，专业技能带来的约束也会逐渐降低。二是与农民工所选择的工作性质有关。如果选择技术要求低的传统型农民工行业，如建筑业，感受到的技能制约自然较小；但如果选择技术性比较强的制造业以及一些专业技术岗位，专业技能不足的缺陷就会显现出来。

欠缺专业技能对于年轻农民工来说，既是困难也是压力和动力。通过学习不断提升专业技能，农民工的就业质量也就会不断得到改善；而年长农民工因年龄和学习能力制约，很可能会一直从事底层工作。

由于社会关系的拓展需要时间的积累。因此，同等条件下，年龄越大的农民工社会网络越丰富，其在就业中面临的社会关系制约就越少。

之所以产生年龄越大的农民工感受到的户籍制度障碍越大，原因可能是随着年龄的增加、个人财富的积累和社会关系的拓展，部分农民工开始选择个人创业等行为，这时务工城市基于户籍制度制定的很多政策的限制就开始显现出来。

3. 受教育程度与就业面临困难因素

不同受教育程度的农民工在就业时面临的困难因素存在显著差异。从图 4-21 中可以发现，初中及以下学历农民工中，选择“文化水平”为就业困难因素的比例均超过 50%，从高中/中专学历开始降至 50%以下。因此，可以得

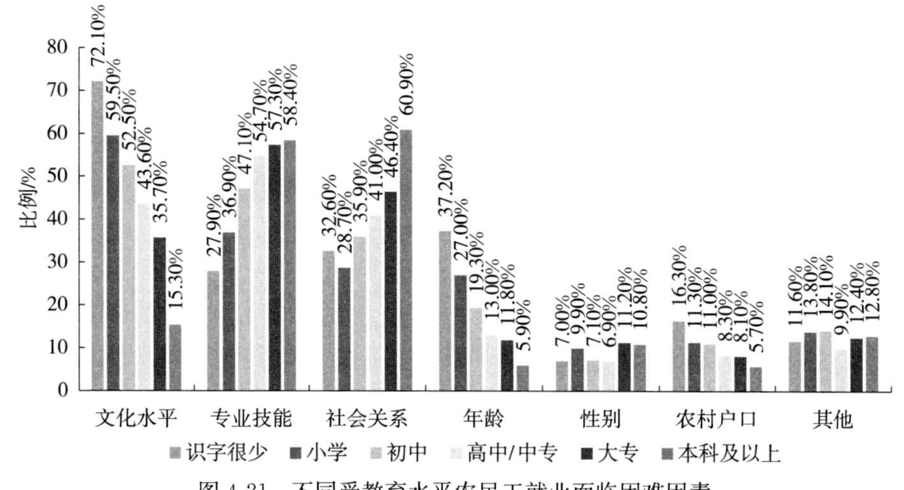

图 4-21　不同受教育水平农民工就业面临困难因素

出：现阶段，高中学历基本可以满足农民工传统务工领域的学历要求。

学历越高，在就业时受到的“专业技能”的制约越大。原因是多方面的：一是可能与不同学历农民工选择的工作种类或岗位有关；二是与我国的职业教育发展不足、高等教育的教学内容与市场需求脱钩问题比较严重有关。

学历越高，就业时对“社会关系”越敏感。超过六成本科及以上学历的农民工将社会关系作为重要的就业困难之一，原因可能是学历越高，在就业时与城市居民的竞争越激烈，感受到的社会关系制约自然就会越强烈。

学历越高，在就业时受到的年龄制约越小，原因是学历越高，其职业选择范围越大，对学历要求越高的岗位对年龄上限的要求一般也会越宽松。

对于农民工而言，在城市就业最初遇到的障碍主要是文化水平和专业技能。这关系到他们在城市能不能找到比较稳定的工作，这时他们在城市的主要期望是满足生存需求；当找到工作，生存需求得到满足后，再往更高阶段也就是发展阶段迈进时，社会关系便成为重要影响因素。

五、农民工跨省流动内部分异明显

按照农民工流动所跨越的行政区域可以将农民工流动分为省内流动和跨省流动两种形式。总体而言，人口流动所跨越的行政区域越大，面临的城市融入障碍会越多。我国现行的城市公共服务、社会福利和管理体制往往是针对辖区内户籍居民的，有些优惠政策仅限户籍居民（或市民）可以享受，故跨省务工无疑会影响农民工的城市融入过程与结果。

1. 年龄与跨省流动

从图 4-22 可以看出，在年龄与跨省流动之间，明显存在“年龄越大，跨省流动比例越低”的规律。需要注意的是，这个规律虽然存在，但是不同年龄段的比例相差并不是很大，也不存在一个突变式的过程。说明随着农民工年龄的增长，返乡务工是一个缓慢变化的过程，现阶段决定农民工流动距离的主导

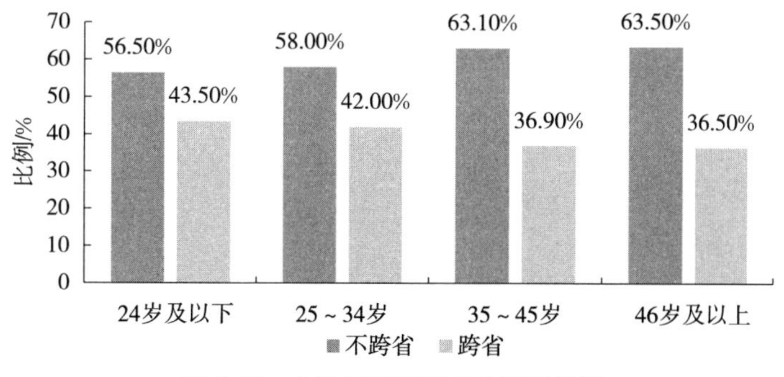

图 4-22　农民工跨省流动的代际差异

因素还是经济因素。

在笔者对四川省农民工的个案追踪调查中发现，有很多农民工原先在外省如广东、浙江等地务工，后因家庭或个人原因返回四川省内就业，再后来又因省内就业机会和收入相对较少，重新返回外省就业，存在反复现象。对于中西部的用工企业来讲，乡情是吸引农民工就业的一个有利因素，但是核心吸引力还是经济收入。

2. 受教育程度与跨省流动

一般来说，受教育程度越高，其适应性和学习能力越强，流动距离应该相对更远。那事实是否如此呢？从图 4-23 可见，除大专和本科及以上学历外，其他学历相差不大。其中，本科及以上学历农民工跨省流动比例明显高于其他群体，而大专学历的农民工跨省流动比例则明显低于其他群体。

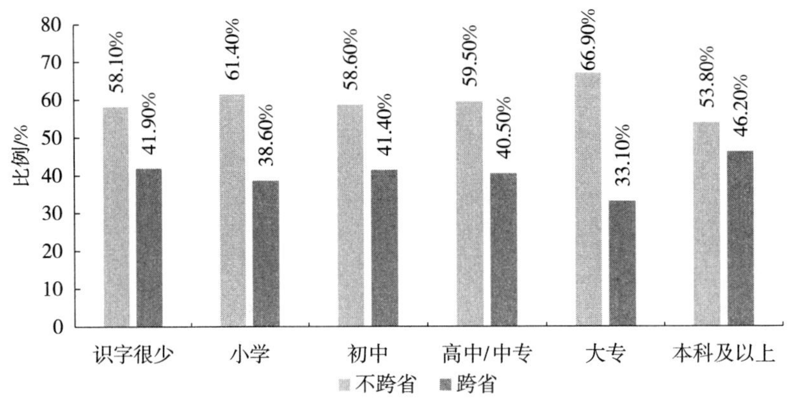

图 4-23 受教育程度与农民工跨省流动关系

同为接受过高等教育，差异为何如此之大呢？笔者分析其原因可能与高校的招生范围和就业范围有关，承担本科及以上学历教育的高校一般是面向全国招生，生源来自全国各地，这些学生在求学时已经习惯了异地生活，毕业后更容易接受在异地工作。同时，本科毕业生相比专科来讲，在就业市场竞争力更强，在求学城市以外相对更容易找到工作，导致本科及以上学历的学生在就业时受地域限制较小，因此跨省流动比例更高。专科院校则恰恰相反，这些院校更多是面向省内招生，其毕业生也更倾向于在省内就业，由此导致大专学历农民工跨省流动比例最低。至于高中及以下学历的农民工，他们在就业市场上缺少选择权，基本上是人随就业机会走，因此高中以下文化水平的农民工受教育程度对流动距离的影响比较小。

3. 婚姻状况与跨省流动

在调查之前，初步判断：婚姻状况对农民工跨省流动的影响应该是多方面的。如果是基于家庭能获取更高收入考虑，那么已婚农民工选择跨省流动的比例应该会更高；如果是考虑照顾家庭因素，那么已婚农民工选择省内务工的可能性会增加。未婚农民工由于较年轻，没有太多家庭羁绊，可能会更能接受跨省远距离务工。

从调查结果来看（图 4-24），在未婚、已婚、离异与丧偶 4 个群体中，未婚农民工跨省流动比例高于已婚农民工。说明农民工在婚后会选择更加稳定的就业和生活状态，存在返回本省就近务工的现象；而未婚农民工由于在选择就业区域时约束因素更少，其更可能选择跨省流动。

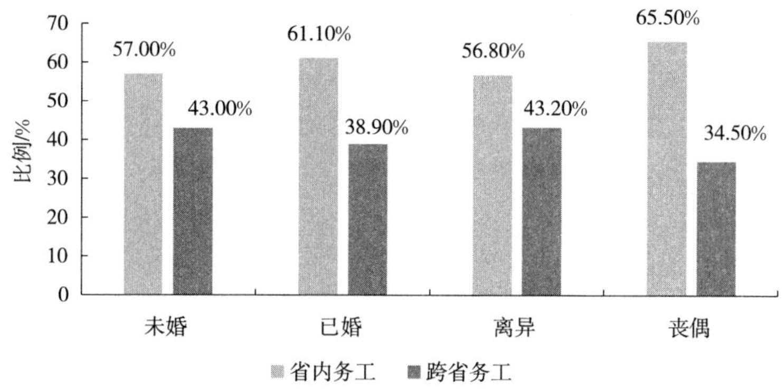

图 4-24 农民工婚姻状况与跨省流动关系

离异农民工跨省流动比例最高，甚至略高于未婚农民工，原因是离异导致了跨省长距离流动，还是长期跨省务工导致婚姻解体？离异与跨省流动的时间先后顺序是如何的？通过大量访谈，笔者发现跨省务工导致婚姻破裂的因素占主导，可见城乡远距离流动已经对农民工群体的婚姻状况产生了重要负面影响。

六、农民工区域流动频繁

就业稳定性是衡量农民工就业状况的重要指标。农民工受户籍制度限制，他们虽然在城市务工，但对务工城市的归属感和依赖性远低于城市居民，使得农民工的区域流动性较强。

1. 农民工在同一城市居留时间短

在被调查的2 978名农民工中（图 4-25），在本市工作时间不到 1 年的占 10.0%，1～2 年的占 22.9%，3～4 年的占 29.3%，5～8 年的占 15.7%，达到 8 年及以上的占 22.1%，即有高达 62.2%的农民工在当前务工城市的

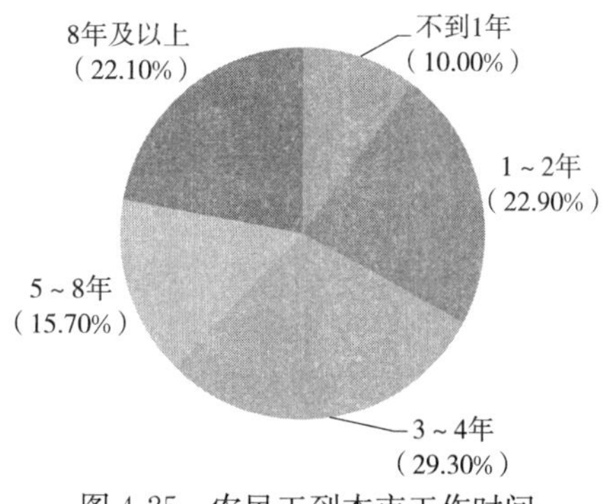

图 4-25 农民工到本市工作时间

时间少于 4 年。

如果农民工在不同城市间频繁流动，虽然有利于提升其适应新环境的能力，但不利于其人力资本特别是社会资本的积累，结果是其可以很快地初步适应城市，但却难以真正融入城市。

2. 农民工大多有多个城市的工作经历

在工作过的城市数量方面（图 4-26），有1 692人在 1～2 个城市工作过，占 56.8%，这其中有很大一部分是年轻农民工，他们大多是刚进入城市工作；在 3～5 个城市工作过的有1 006 人，占 33.8%，超过 1/3；在 6 个以上城市工作过的占 9.4%。

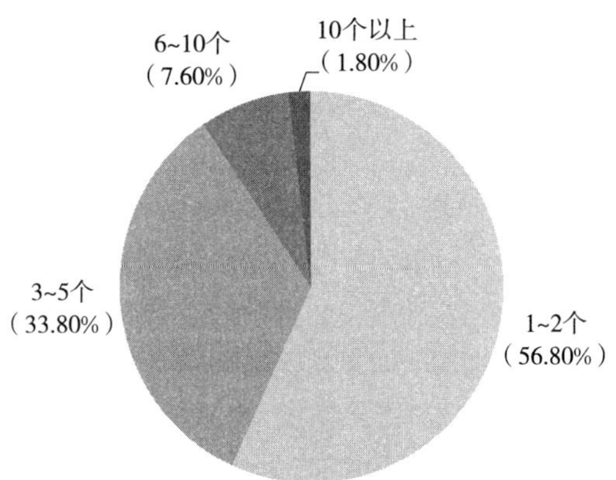

图 4-26　农民工务工城市数量

可见，多数农民工有过在多个城市工作的经历，接近 10%的农民工务工城市超过 6 个。

3. 务工城市数量的代际差异

从代际差异来看（图 4-27），90 后与 80 后之间差异相对较大。原因是 90 后相对年轻，有些刚从学校毕业进入城市工作的 90 后农民工可能还来不及更换城市，使得 90 后农民工务工城市数量明显少于 80 后。

通过比较 80 后与 70 后可以发现，两者在务工城市数量上的差异很小。说明在经历过初入城市工作之后的试探性流动之后，农民工在 35 岁以后对务工

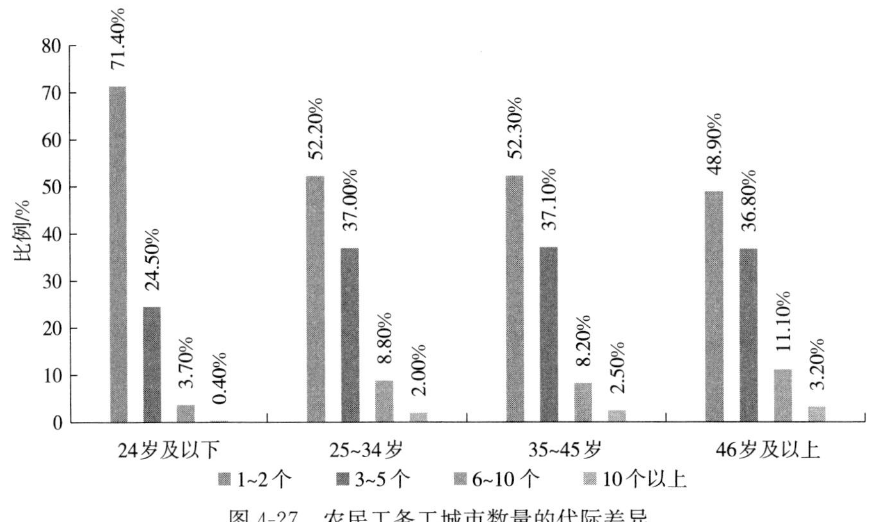

图 4-27　农民工务工城市数量的代际差异

城市的选择会趋于理性，在地区间的流动性明显减弱。

4. 受教育程度对务工城市数量的影响

从农民工受教育程度与流动频率的关系来看（图 4-28），明显呈现“受教育程度越高，地区间流动频率越低”的规律。在务工城市为 1～2 个的农民工中，属于小学文化程度的比例是 47.7%，不到一半；而属于本科及以上文化程度的农民工则高达 75.3%，超过了 3/4。

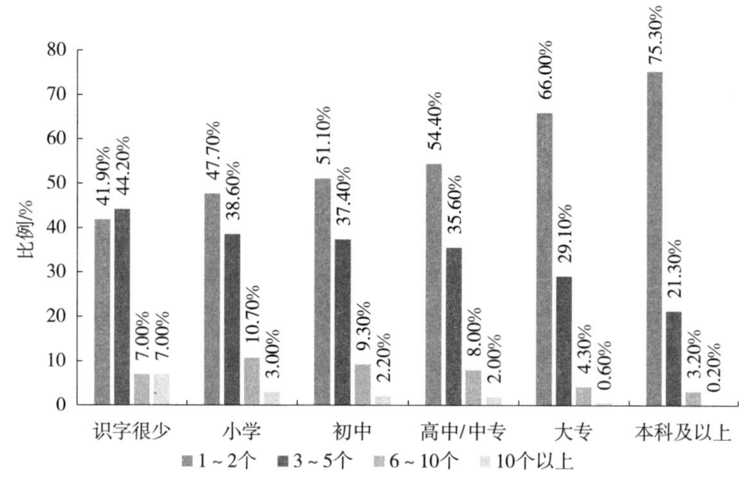

图 4-28 不同受教育程度农民工务工城市数量

从识字很少到本科及以上学历的农民工，工作城市数量在 3～5 个的农民工比例明显呈下降趋势。究其原因，一方面，高学历农民工多数是 80 后和 90 后，同等条件下，年龄越小，区域流动的时间就越不充分。另一方面，学历越高的群体，其就业的专业性和稳定性越高，区域间流动的机会成本也就越高，对其流动形成限制。出于经济、理性等的考虑，高学历群体在选择区域流动时会非常谨慎。

低学历农民工由于大多只能从事一些技术含量低、可替代性强的低端工作，就业稳定性差，区域流动的机会成本也很低，直接导致其流动频率高。

农民工群体就业专业性不强、流动性过大的特点，使得我国实体产业难以形成一支高素质和高稳定性的产业队伍。农民工流动过于频繁已经成为我国实现从“制造业大国”到“制造业强国”转变的重大障碍。

七、农民工工作变动频率高

1. 总体情况

现阶段，农民工在选择就业城市和就业岗位时，首先注重的是经济收入，其流动更多是收入导向的。哪个城市或哪个用人单位能提供更高收入，他们就会选择去哪里工作。务工城市和就业稳定性并不是农民工最看重的因素，这导致农民工在务工行为上表现出明显的“短工化”特征。“短工化”指的是农民工群体就业持续性较差、流动频率较高的现象[①]。农民工的这一就业特征在本次调查中得到了证实。

在被调查的2 978名农民工中，在当前单位工作不足半年的有 347 人，占 11.7%；0.5～1 年的有 778 人，占 26.1%；1～3 年的有1 133人，占 38.0%。可见，在同一个单位连续工作低于 3 年的占到了 75.8%（图 4-29）。

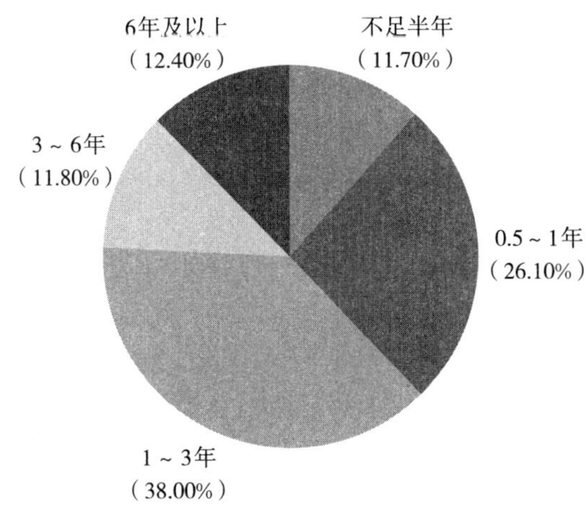

图 4-29　农民工在当前单位工作时间

有研究发现，就业不稳定容易引发社会排斥，就业稳定性越低，发生社会排斥的可能性越高[②]，而社会排斥对农民工的城市融入是非常不利的。

在调查中发现，由于农民工所从事的工作技术含量低、工作技能同质性强、工资水平低，加上近几年劳动力短缺成为常态，这都使得他们在其他用人单位或城市找到类似的工作并不难，导致农民工很容易做出变动决策。

在成都富士康车间，由于员工“跳槽”频繁，线长、组长等管理人员每次在上班点名之前，永远不知道员工是否能到齐。富士康被迫建立了“支援”制度，保证随时有人顶替突发性缺岗。富士康规定，如果员工无故旷工一周即按辞职处理，但是不扣工资。这一人性化规定虽增强了对新员工的吸引力，但也引发了更频繁的离职现象。

调查数据显示（图 4-30），近 3 年没有更换过工作岗位的有1 057人，占

---

① 张福建，2016. 农民工“短工化”视角下的“民工荒”问题及其解决之道［J］. 理论导刊（1）：74-76.

② 任远，2012. 城市流动人口的居留模式与社会融合［M］. 上海：上海三联书店.

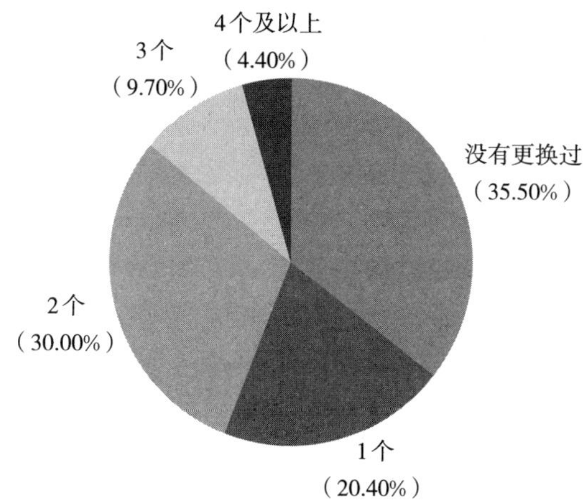

图 4-30　农民工近 3 年工作单位数量

35.5%；更换过 1 个单位的有 607 人，占 20.4%；更换过 2 个的有 892 人，占 30.0%；更换过 3 个的有 290 人，占 9.7%；更换过 4 个及以上的有 132 人，占 4.4%。这意味着，在 3 年时间内，有 64.5%的农民工更换过工作单位。

过于频繁的"跳槽"行为，并不能有效提升农民工的人力资本积累，导致与就业短工化伴随的一个特点就是流动水平化。调查发现，当前我国农民工在用工单位获得内部提升的空间非常有限。同时，农民工在不同用工单位间的流动也是水平化的，多数农民工更换新工作后并未实现职位的提升。

农民工群体就业呈现短工化，一方面，不利于企业建立稳定、高素质的员工队伍，制约企业长远发展；另一方面，不利于农民工提高自身技能，影响其职业发展。要改变农民工的短工化行为，市民化是根本途径。而眼下最迫切的则是要做好农民工的职业介绍工作，搭建农民工与企业间的就业信息平台，缩短农民工的待业时间，从而减少短工化对农民工、企业以及社会的负面影响。

2. 受教育程度对农民工工作稳定性影响显著

从表 4-5 中的相关系数看，农民工受教育程度与其近 3 年工作单位数量之间的相关性达到显著水平（$P=0.006<0.01$）。这说明，受教育程度越高，近 3 年工作单位数量越少，就业越稳定。

表 4-5　受教育程度与工作变动相关性

指　标	项　目	受教育程度	近 3 年工作单位数量
受教育程度	皮尔逊相关性	1	−0.050**
	显著性（双尾）		0.006
	人数	2 978	2 978

（续）

指　标	项　目	受教育程度	近3年工作单位数量
近3年工作单位数量	皮尔逊相关性	−0.050**	1
	显著性（双尾）	0.006	
	人数	2 978	2 978

注：**为 $P=0.01$ 水平差异显著。

3. 工作稳定性代际差异明显

从图4-31可以看出，年龄与工作单位更换频率的关系非常明显。年龄越大，更换工作单位的频率越低，工作状况越稳定。具体表现是：80后工作单位变动频率高于90后，80后正处于对工作单位的频繁选择过程中；70后工作单位变动频率则明显低于80后，说明70后的工作状态相对比较稳定；70前则较70后更为稳定。

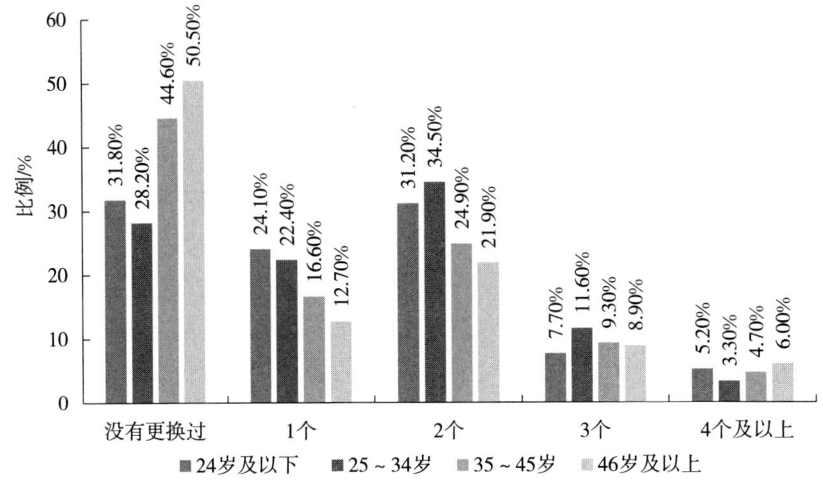

图4-31　农民工近3年更换工作单位数量的代际差异

如果将农民工群体划分为新生代与老一代农民工两个群体，这两个群体之间的工作变动对比则更为明显，老一代农民工的工作单位变动频率明显低于新生代农民工。新生代农民工特别是90后农民工，由于刚进入城市，对工作的选择具有一定的盲目性。相关部门应该加强对新生代农民工的就业指导，为其择业、就业提供全方位帮助。

如果3年更换4个及以上工作单位，更换工作的频繁无疑是过高的，这对员工的长远发展肯定是不利的。在这方面表现比较突出的是90后和70前农民工，但这两个群体频繁变动工作的原因是不同的。90后高频更换工作更多是由于其对工作的判断还未定型，尚处于探索尝试过程，大多属于主动行为；70

前农民工则是因为年龄太大，在劳动力市场失去竞争优势，其频繁更换工作，更多是被动行为。

对于 90 后农民工而言，应加强就业培训和就业指导服务，提高其就业稳定性；对于 70 前农民工而言，提升技能的难度很大，这部分群体因缺乏竞争力被迫逐渐退出城市劳动力市场的可能性是最大的。

4. 工作更换的区域差异

尽管近些年我国中西部经济快速发展，但区域经济发展不平衡的状况依然存在，区域经济差异对农民工工作更换是否具有影响？

从图 4-32 可以发现，不同地区农民工更换工作的频率，明显是西部地区最稳定，而东部地区工作变动最频繁。结合访谈得到的信息，其主要原因可能是经济发展水平。

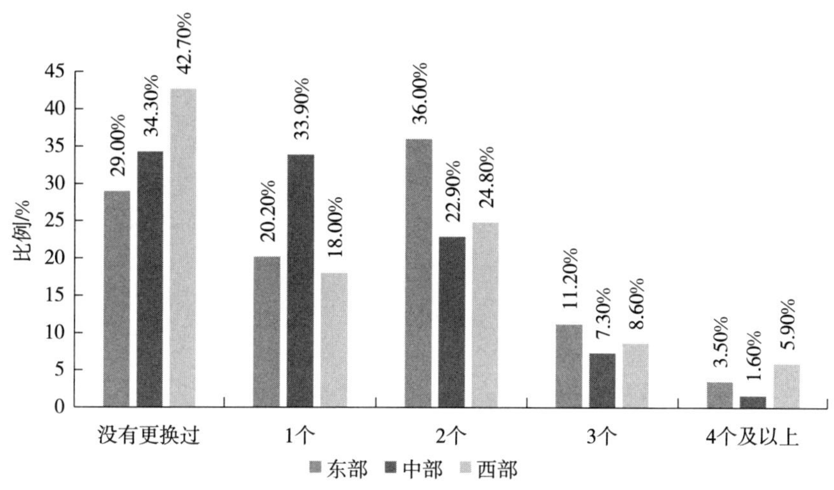

图 4-32　不同地区务工的农民工近 3 年更换工作单位数量

东部地区用人单位明显多于西部地区，就业机会更多，劳动力市场更加活跃。农民工辞职后在东部能更快、更容易地找到新工作，因此其更换工作的频率快一些。而西部地区经济相对落后，用人单位较少，劳动力市场不发达，农民工对于辞职更换工作相对谨慎。

对于农民工来讲，更换工作是出于理性考虑，通过更换工作单位，农民工的福利水平可以得到改善。从这个角度考虑，西部地区的重要任务之一还是大力发展地区经济，为农民工提供更多就业岗位和就业选择机会。

八、农民工通勤时间较短

从图 4-33 可以看出，在被调查的2 978名农民工中，有 644 人从住所到工作地的时间在10分钟以内，这属于步行可达距离，占21.6%；有1 385人在10～30分钟，占46.5%；有768人在30～60分钟，占25.8%；仅有181人单程通勤时间在1小时及以上，占6.1%。

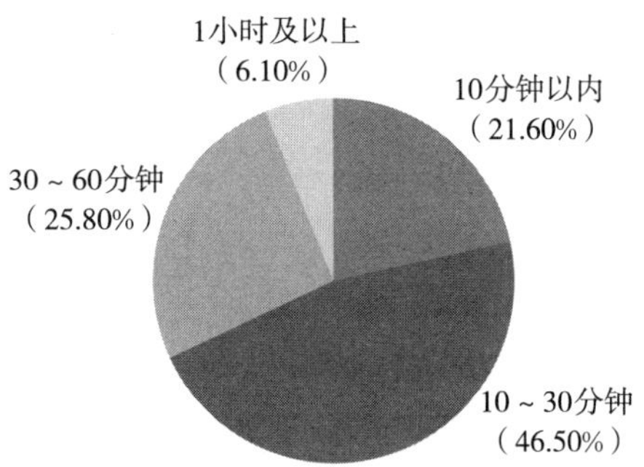

图4-33　农民工从住所到工作地所需时间

国内学者在昆明进行的调查显示，超九成居民认为，理想的单程通勤时长在30分钟内[①]。按照这个标准可以发现，大多数农民工的通勤时间是比较理想的，但这是以放弃居住稳定性和舒适性为代价的。

由于农民工的居住方式主要是租赁私人住房、单位提供住房等，单位提供住房一般都位于工作地点附近；而租赁私人住房灵活性也比较高，农民工可以根据自己的工作变动情况及时、灵活地调整住所，从而实现就近就业或就近居住。

例如，吴维平等的研究发现，京、沪两地的流动人口在选择住房时，65%的人将上班方便作为主要因素。因此，农民工的通勤时间较拥有产权住房的城市居民应该短一些[②]。

节省通勤成本是租房居住的一大优势，在设计农民工住房保障模式时应该予以考虑。如果采用实物型住房保障，保障性住房布局应该尽量与农民工就业相匹配，确保大部分农民工可以实现就近工作，切实降低农民工的通勤成本，提高保障性住房对农民工的吸引力。

九、农民工业余时间休闲方式单一

休闲是指人们在非工作时间内以多种方式获得身心调节或放松，以实现身体健康、体能恢复和身心愉悦为目的的各类业余活动。在我国，长期以来受二元社会结构的影响，城乡两个系统分别形成了差异明显的休闲方式。农民工进入城市以后，生产生活方式、社会条件和文化环境都发生了巨大变化，进而影响到农民工的生活方式和休闲方式。

① 何明卫，赵胜川，何民，2015. 基于出行者认知的理想通勤时间研究［J］. 交通运输系统工程与信息（4）：161-165，180.

② 北京师范大学发布的《2014中国劳动力市场发展报告》显示，在被调查的30个城市中，北京平均通勤（从家中往返工作单位）时间最长（97.0分钟），其次是广州（92.2分钟）、上海（89.8分钟）、深圳（89.2分钟）、天津（79.9分钟）、南京（68.7分钟）、沈阳（67.2分钟）。

1. 农民工的主要休闲方式是上网、看电视、睡觉

农民工缺乏正规组织管理服务，加上经济条件较差、工作时间长、劳动强度大，导致他们的业余生活匮乏、休闲渠道单一。随着互联网技术的发展，“睡觉、打牌、看电视”的传统休闲模式有所改变，“上网”成为农民工选择最多的休闲方式。

调查结果显示（图 4-34），对于在工作之余如何打发时间，农民工选择最多的方式（闲暇活动为多选题）是上网、看电视和睡觉休息，分别占到了 49.6%、46.8%和 42.9%[①]；选择读书看报的占 18.1%。

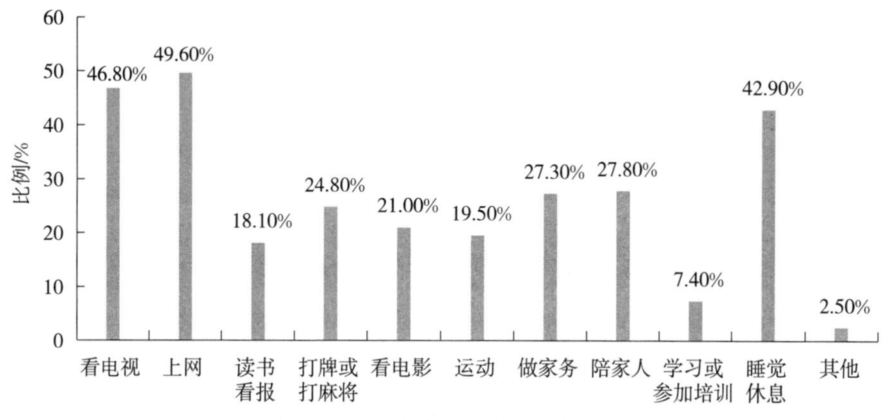

图 4-34　农民工闲暇时间利用方式

通过分析农民工休闲方式的选择可以发现，由于收入较低、劳动强度大，农民工在工作之余多以放松休息为主，且选择的多是成本较低的封闭式休闲方式。这类休闲方式限制了他们的社会交往，阻碍其构建新的高质量社会网络关系，不利于其长远发展。

农民工工作之余选择获取知识和提高技能的比例很低，在2 978名被调查者中，只有 221 人选择了学习或参加培训，占比仅 7.4%。如何引导农民工积极参加学习培训是需要予以关注的问题。

随着信息化的快速发展，网络已成为农民工重要的休闲方式。调查中发现，有 49.6%的农民工选择在闲暇时间上网，这是所有休闲方式中比例最高的。如何通过网络为农民工提供专业技能培训、就业指导、心理辅导、社区管理等服务应该引起重视。

总体而言，农民工在城市的休闲方式主要还是以自我娱乐或群体内部娱乐

① 国家统计局发布的《2016 年农民工监测调查报告》显示，进城农民工业余时间主要是看电视、上网和休息，分别占 45.8%、33.7%和 29.1%。选择参加文娱体育活动、读书看报的比重分别为 6.3%和 3.7%，与笔者的调查结果相近。

为主，虽然有一部分农民工的休闲方式发生了一定程度的改变，具有一些城市文化特征，但大部分农民工的休闲方式仍与城市居民存在明显差异。

2. 休闲方式的代际差异

从图 4-35、图 4-36 可以看出，在休闲方式选择上，农民工的代际差异非常明显。首先从对农民工人力资本提升影响最大的“学习或参加培训”来看，年龄越大，选择比例越低，且新生代农民工与老一代农民工差异明显。90 后占 9.6%，而 70 前只占 3.2%。新生代农民工受教育水平相对较高，工作后该群体参加培训或学习的机会与时间相对更多，必然会加剧农民工群体的代际分化。

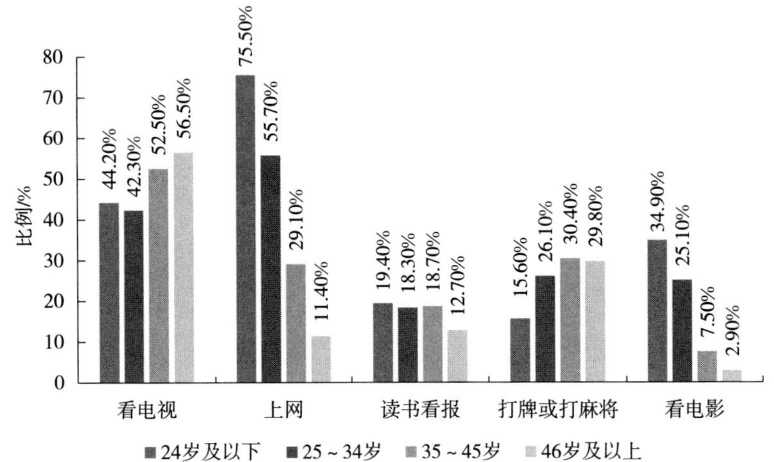

图 4-35　不同年龄段农民工闲暇时间利用方式（上）

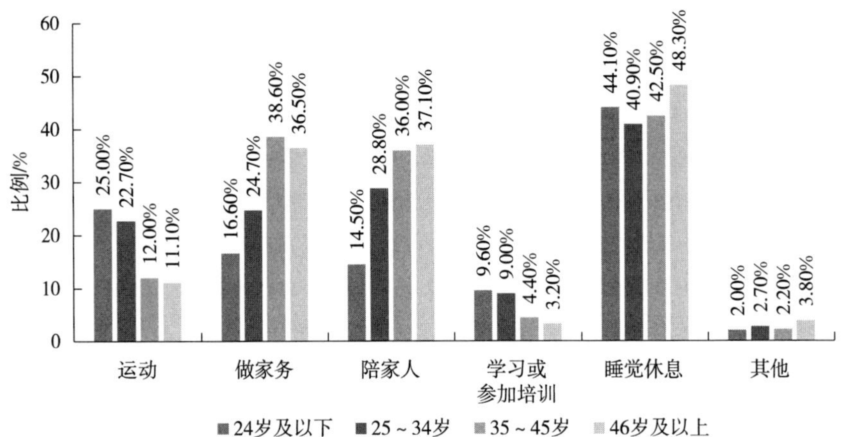

图 4-36　不同年龄段农民工闲暇时间利用方式（下）

在“看电视”的选择上，新生代农民工已不足 50%，而老一代农民工则超过了 50%。可见，老一代农民工更喜欢传统的休闲方式。代际差异最为明显的是对互联网的使用，新生代明显超过老一代农民工，90 后高达 75.5%，70 后则不足三成。这说明新生代农民工更容易接受城市现代化的生活方式。

对新生代农民工来说，网络不仅提供了休闲娱乐功能，其已成为农民工获取各类信息、参与社会交往的重要渠道。因此，如何利用互联网加强与新生代农民工的信息交流和教育引导，如何对不同年龄段农民工进行分类指导，应引起管理层的高度重视。基于互联网的就业、培训信息平台的建设和应用在新生代农民工中有广阔市场。

对“运动”的选择，新生代与老一代农民工的差异也很明显。新生代农民工是老一代的两倍，但新生代的选择也仅超过 20%，因此农民工的身体健康尤其老一代农民工的健康问题应给予更多关注。休闲方式的代际差异说明，新生代农民工的业余生活既有年轻人的时代特征，也开始具备城市人的生活特征。

3. 不同受教育程度对休闲方式的选择

农民工受教育程度不同，可能导致其工作性质、兴趣爱好存在差异，直接表现就是闲暇时间的利用可能不同。从图 4-37、图 4-38 可以看出，随着受教育程度的提高，农民工对电视的依赖程度在降低，本科及以上学历农民工经常看电视的比例只有 35.7%；对网络的依赖程度在上升，小学文化水平的农民工经常上网的比例不到 20%，而受过高等教育的农民工则高达 70%左右。

对人力资本提升帮助最大的“读书看报”和“学习或参加培训”，明显呈现随学历增加选择比例上升的特征。接受过高等教育的农民工在提升人力资本

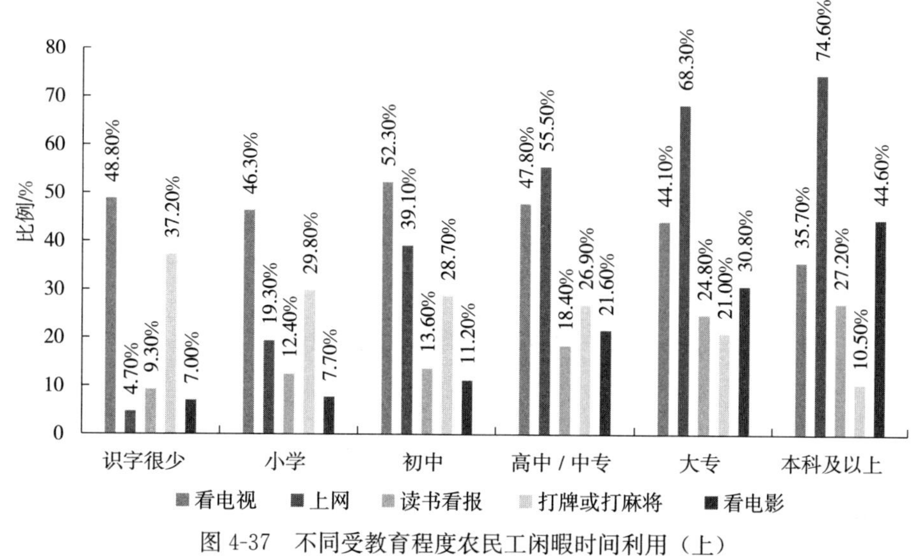

图 4-37　不同受教育程度农民工闲暇时间利用（上）

上相对其他群体付出了明显更多的时间和精力。

“看电影”具有典型的城市居民休闲、文化活动特征。初中及以下学历农民工选择看电影的比例很小，高中文化水平开始有了明显提升。高等教育水平农民工内部也有明显差异，本科及以上明显高于大专文化水平的农民工。在休闲方式的选择上，本科及以上文化水平的农民工市民化程度比较高。

在“打牌”选择上，不同学历的农民工差异也非常明显。学历越高，选择打牌的比例越低。对于高学历农民工群体来讲，打牌的机会成本较高，本科及以上学历的农民工宁愿选择“睡觉休息”，也不愿意通过打牌来消磨时间。

从图 4-38 可以看出，本科及以上学历农民工选择“睡觉休息”的比例明显偏高。原因可能是该群体在城市具有“凤凰男”性质，与其他农民工群体相比，他们是非常优秀的；但与市民相比，他们的劣势也非常明显。该群体在城市选择的参照对象一般都是市民，这导致他们工作压力比较大，因此在业余时间更多会选择休养调整，以便有更充沛的精力应对工作挑战。

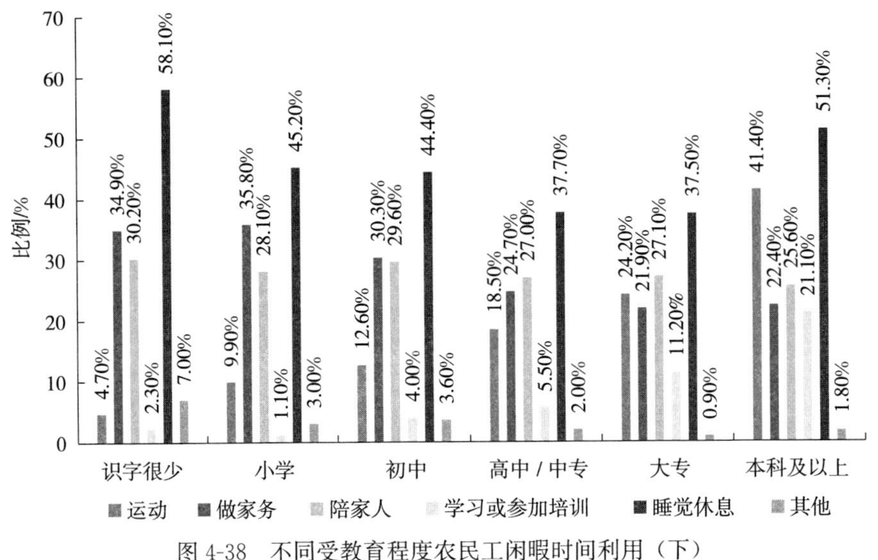

图 4-38 不同受教育程度农民工闲暇时间利用（下）

十、农民工生活开支大、储蓄水平低

1. 总体情况

从图 4-39 可见，在被调查的2 978名农民工中，有 24.4%的农民工属于“月光族”；有 38.1%的农民工储蓄占收入的比重在三分之一以下；储蓄占收入一半的有 844 人，占 28.3%；储蓄率在一半以上的仅有 274 人，占 9.2%。

也就是说，有六成以上农民工储蓄率在三分之一以下，而 2015 年我国居民的平均储蓄率是 46%。可见，我国农民工的储蓄率远低于全国平均水平。

具体分析可能是以下几方面因素综合作用的结果：一是因为农民工工资收入低，基本生活支出比重大，导致储蓄率偏低；二是农民工在城市的社会保障水平低，农民工整个家庭的支出都要依靠农民工的工资收入，负担过重导致储蓄水平较低；三是 80 后、90 后等新生代农民工在农民工群体中的占比越来越高①，他们的消费观念与老一代农民工有很大不同，边际消费倾向较高，进而导致平均储蓄率下降。

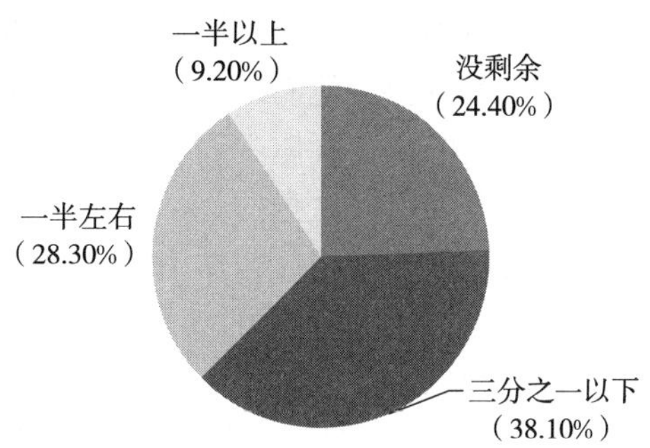

图 4-39　农民工储蓄占收入比情况

2. 储蓄的代际差异

从年龄与储蓄的关系可以看出（图 4-40），不同年龄段农民工的储蓄比例存在明显差异，呈现出年龄越大储蓄率越高的规律。90 后储蓄率超过一半的仅占 30.9%，而 70 前农民工则高达 49.5%。

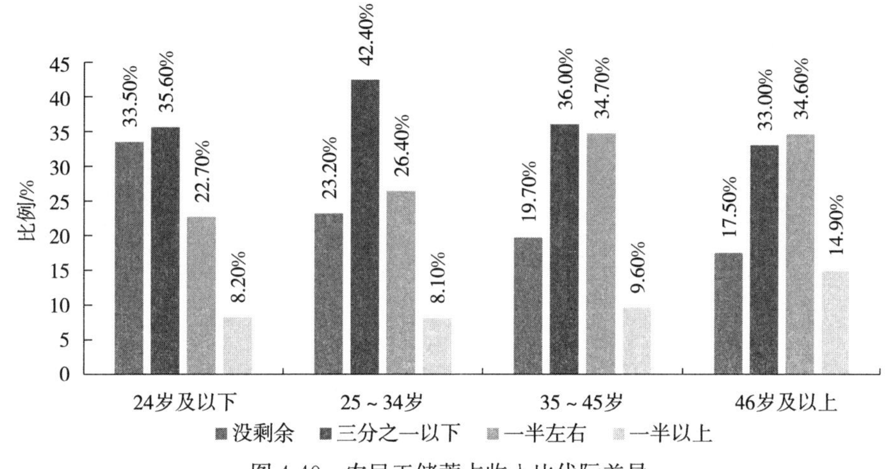

图 4-40　农民工储蓄占收入比代际差异

新生代农民工偏高的消费倾向有助于其提升个人的人力资本和社会资本，对其在城市的长远发展是有益的，有助于其更快地融入城市。

① 《2017 年农民工监测调查报告》显示，2017 年新生代农民工逐渐成为农民工主体，占全国农民工总量的 50.5%，占比首次过半。

在富士康的调研发现，很多员工在月初收到工资后，会用来请线长、组长等比自己职位高的管理人员聚餐、唱歌。这样做的好处是改善了与上级的关系，增加了改善工作条件（被派到轻松的岗位）、提高收入（获得更多加班机会）或晋升的机会。他们以牺牲短期储蓄换取长远的发展，这种现象在承担了一定管理职能的员工群体中表现特别明显。

此外，需要引起注意的是，在农民工群体特别是新生代农民工群体中，超前消费、奢侈消费甚至炫耀性消费开始出现。在调研中发现，很多农民工月收入不到3 000元，但其使用的却是价格昂贵的手机。“月光族”农民工在各调研城市均普遍存在。

3. 不同受教育程度农民工的储蓄差异

在以上分析中已经发现，受教育程度对农民工在城市工作、生活的各个方面均产生重要的影响。就其对农民工储蓄率的影响来看（图 4-41），受过高等教育的农民工，其收入更高，但该群体在储蓄占收入比在三分之一以下的比例也是最高的，说明受过高等教育的农民工在城市的消费倾向和消费水平明显高于其他群体，其生活方式的市民化程度最高，这部分群体应该是农民工市民化的主力。他们不但有强烈的市民化意愿，也已经付诸行动，他们有能力和潜力实现市民化。

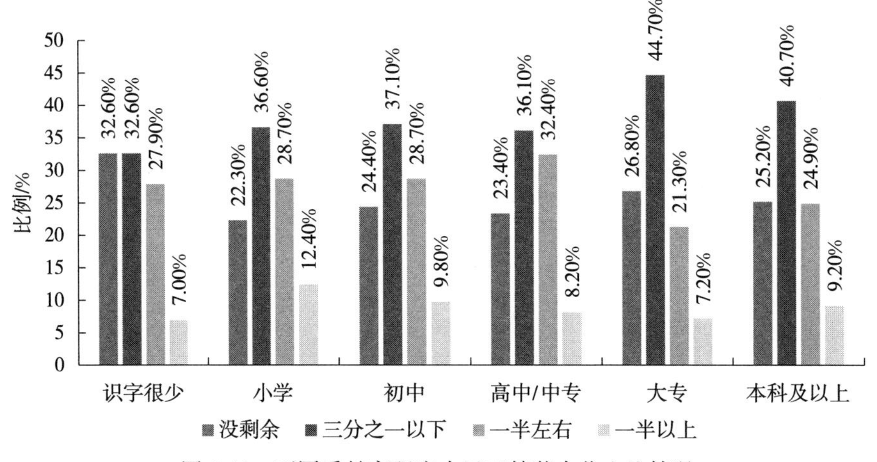

图 4-41　不同受教育程度农民工储蓄占收入比情况

现阶段，虽然农民工边际储蓄倾向很高，导致他们在务工城市的总体消费水平较低，但是农民工的消费潜力是很大的。主要体现在两个方面：第一，释放计划性储蓄。农民工计划性储蓄的目的主要是子女教育、城市化预期、父母养老和个人养老等，随着农民工子女义务教育的落实、农村基本养老制度的完善、城市住房保障对农民工的放开，这部分潜在购买力可以转化为现实购买力。第二，释放预防性储蓄。这部分储蓄刚性较强，有赖于农民工各项社会保障制度的建立和健全。因此，促使农民工在城市实现永久性转移，推进基本公共服务均等化，将可以极大地拉动城市总体消费需求的增长。

十一、农民工消费支出以基本生存需求为主

农民工虽然长期在城市务工，但其工作、生活大多与市民呈隔离状态，能够享受的公共服务相对有限。他们大多没有形成在城市定居的稳定预期，使得农民工群体的消费特征并没有随着生活地点的改变发生实质性变化，农民工在城市的消费还是以生存型消费为主。

1. 总体情况

农民工的经济收入水平决定了他们的消费方式。由于农民工属于外来移民，衣食住行等支出绝大多数需要自己负担，因此在农民工的消费支出中，生活必需费用支出占比较高。由于收入较低，城市消费水平又较高，农民工大部分消费为生存型消费。调查结果显示（图 4-42），农民工在城市的消费支出主要是以食品（59.0%）、住房（57.6%）和服饰（38.5%）等基本生活需求为主。

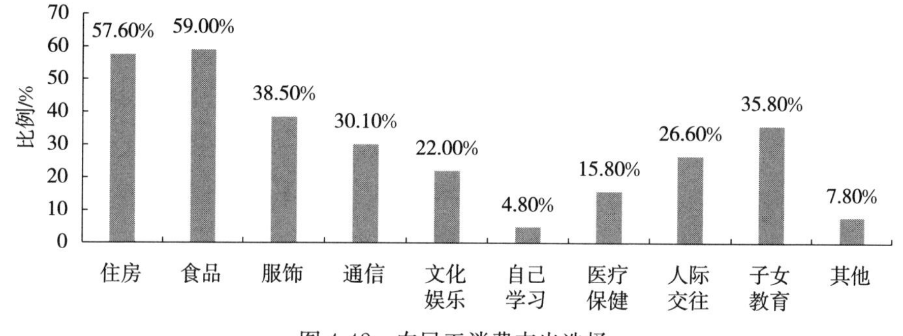

图 4-42　农民工消费支出选择

由于越来越多的农民工将子女带到务工城市接受教育，子女学习费用和各种借读费用支出增加，有 35.8%的农民工主要消费支出包括子女教育。这一方面说明农民工子女在城市面临受教育难问题，教育费用压力较大；另一方面也说明农民工重视子女教育，愿意为子女接受更高水平的教育支付高额费用。

20 世纪 80 年代和 90 年代，农民工多是独自一人进城务工；进入 21 世纪以来，举家进城的农民工比例越来越大，子女上学问题成为这类农民工最为关注的问题之一。

与生存型消费相比，农民工在文化娱乐、学习、医疗保健和人际交往等方面的消费支出则较少，仅有 1.6%的农民工主要消费支出包括学习，有 8.9%

的农民工主要消费支出包括人际交往。在学习和人际交往上的投入比例过低，导致农民工自身素质、技能提升、社会资本扩展受到抑制，不利于改善其在城市面临的不利局面。

农民工的消费方式与进城之前相比有了一定的变化，但受经济条件、定居预期等因素的制约，这一变化并不十分明显。

农民工务工所得收入在满足其城市基本生活必需后，剩余部分一般是寄回老家，其中很大比例的储蓄是用于在老家新建住房或在老家附近小城市购房。由于农民工在城市的节约型消费特点，农民工对务工地的整体消费水平拉动能力不高。他们在务工地以生存型消费为主，不利于务工地城市消费结构的升级。

农民工通过在老家小城市购房，促进了地方房地产经济的发展；但是他们购房后却还是在大中城市务工，这就形成了小城市房地产市场销售火爆但空置率却居高不下的反常现象。可见，农民工难以在务工城市定居，一方面影响了务工城市的产业升级和消费结构升级，另一方面造成了劳动力输出地小城市房地产市场畸形发展。

法国社会学家皮埃尔·布尔迪厄的社会分层理论认为，应当按照消费偏好划分阶级①。即一个人属于哪个阶级不是由其拥有的财富数量决定的，而是取决于他的消费构成，其消费结构与哪个阶级相同就属于哪个阶级。这一理论有助于理解农民工在城市社会中所处的阶层。农民工在城市务工的主要目的是赚钱养家，而不是追求生活享受，大多非常节俭，衣食住行都处于很低的水平，尤其是住房消费更是明显低于城市居民水平，反映出农民工在城市处于社会底层。

2. 受教育程度对消费支出的影响

从图 4-43、图 4-44 可以看出，不同受教育程度的农民工对住房支出的选择比例差异不大。总体规律是学历更高的农民工住房支出比例越大，加之其收入水平更高，因此学历越高的农民工，居住条件应该越好。

受教育程度对服饰消费的影响非常明显，高学历农民工在服饰上的消费明显高于低学历农民工。小学及以下文化水平的农民工选择“服饰”的比例不足三成，但本科及以上接近五成。说明学历越高的农民工越注重自己的个人外在形象，其行为方式和消费方式更加市民化。

学历越高，文化娱乐和通信支出越高。说明随着受教育程度的提升，农民工的生活方式会更加市民化。在学习上的支出，同样呈现学历越高支出越高的特点。这使得农民工群体容易出现“马太效应”，可能加剧农民工的社

① 皮埃尔·布尔迪厄，2018. 国家精英［M］. 北京：商务印书馆.

会分层问题。

人际交往支出与学历也呈显著正相关关系，受过高等教育的农民工的社会网络扩展更迅速，他们融入城市的速度会更快。相应地，低文化水平的农民工面临更大的被边缘化的风险。

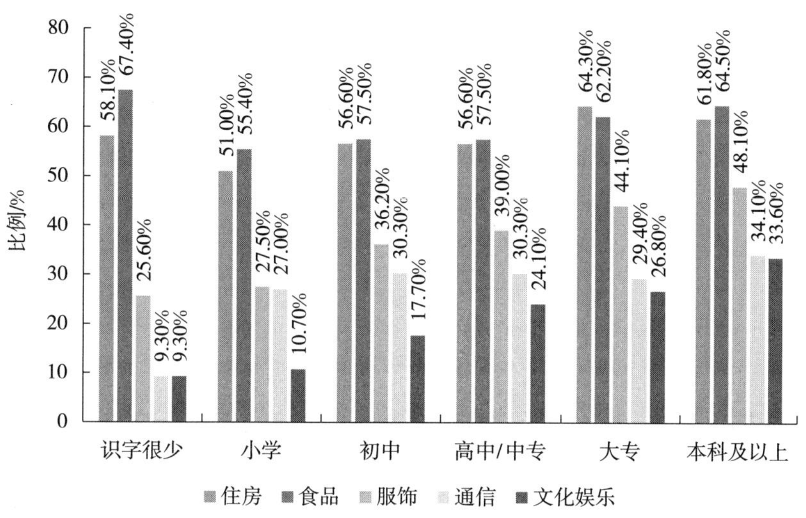

图 4-43　不同受教育程度农民工消费支出情况（上）

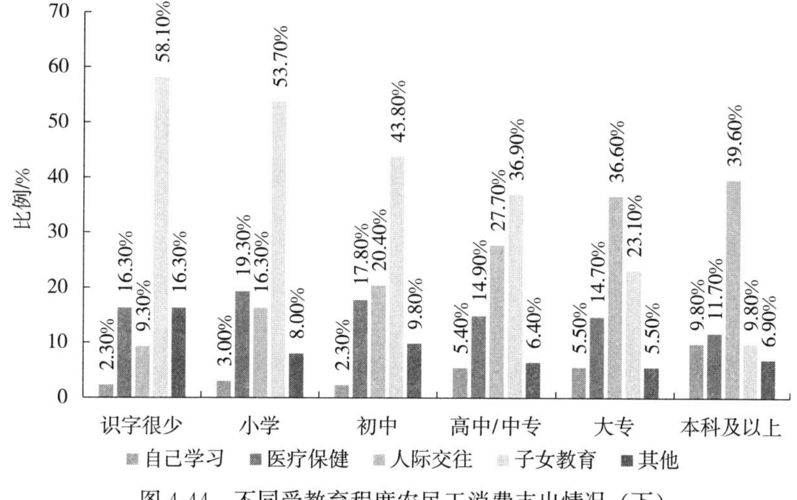

图 4-44　不同受教育程度农民工消费支出情况（下）

3. 消费支出的代际差异

从图 4-45 可以看出，80 后农民工对住房消费的支出高于其他年龄段农民工，说明该群体对居住质量要求较高；相应地，70 前农民工对居住质量的要求最低，70 前农民工在城市定居的意愿很低，因此他们在城市的住房支出往往是尽量压缩。

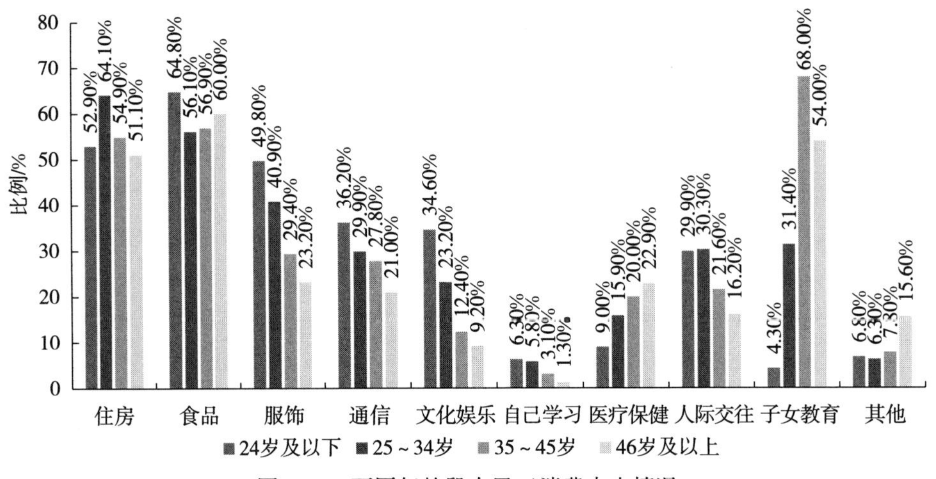

图 4-45　不同年龄段农民工消费支出情况

在服饰项目支出上，明显呈现出年龄越大服饰支出越小的特点。新生代农民工服饰支出较大，说明该群体对个人形象更为重视，其服饰特征市民化程度较高。

在通信、文化娱乐、学习等项目的支出也呈现随年龄增加支出逐步降低的特点，说明年轻的农民工群体其行为方式和消费方式更为开放，更加向往和适应城市生活，越接近市民特征，市民化程度越高。

新生代农民工在人际交往方面的支出高于老一代农民工，说明新生代农民工在城市更加着眼于长远发展，为了增强自身在城市的竞争力，会有意识地增加社会交往支出。目的是更快地拓展社会网络资源，提升社会资本。

在医疗保健上，年龄越大支出越多。说明随着年龄的增长，农民工身体健康状况在逐渐变差。

对于 70 后农民工而言，子女教育是其最大支出。这一方面与 70 后农民工的年龄有关，该群体的子女正处于求学阶段；另一方面也说明 70 后对子女教育非常重视。当前，对于 70 后农民工而言，子女教育已经成为沉重负担，如何改善农民工子女教学条件和教学质量，降低农民工子女教育负担是必须予以重视的问题。

我国教育资源配置失衡问题越来越严重，不仅仅是村镇小学，甚至是原来教学质量较高的县（市）中学也大多面临教学质量滑坡的风险，使得经济条件较好的农民工纷纷将子女接到大中城市读书，而这又使他们不得不面临高昂的择校费用和子女生活费用。因此，如果不采取有效措施解决中小城市义务教育和高中教育质量下降问题，中小城市对农民工的吸引力将大大降低。

第三节　农民工城市居住情况

住房是人们实现安居必需的生活资料，是个人财富与社会地位的凝聚和物化。在我国人民的传统思维中，住房即意味着“家”。住房不仅是居民安全的保障，更是精神的寄托。适宜的住房条件是实现农民工顺利融入城市、完成市民化进程的重要保障。

一、农民工城市住房现状

（一）住房来源以租住私人住房为主

当前，在城市务工的农民工，多数是通过租住私人住房来解决基本居住需求，有的则是由用人单位提供住处，少数具有经济实力的农民工已经在务工城市购房，而居住在政府保障性住房的农民工是非常少的。

在被调查的2 978名农民工中（图 4-46），自己租房居住的占 37.5%，与他人合租的占 20.6%，即通过租住私人住房解决住房需求的比例为 58.1%。通过购房解决居住问题的比例比调查前预想的要高，占 17.6%。这部分农民工在城市务工的时间较长，且务工城市以中小城市为主，而农民工在大城市实现购房的比例很小。

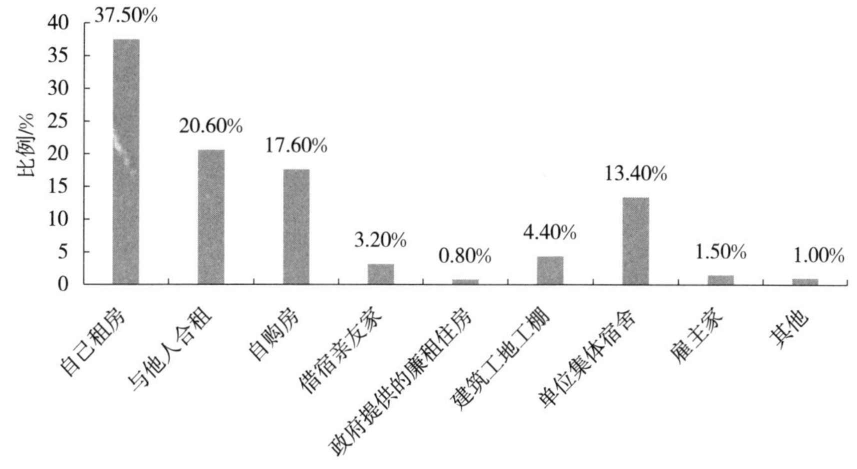

图 4-46　农民工城市居住类型

在建筑工地工棚居住的农民工因工作多限于建筑行业，因此比例较低，占 4.4%。单位提供集体宿舍的农民工占 13.4%。对比其他调查数据发现，单位或雇主提供住处的比例有逐年下降的趋势。居住在政府提供的廉租住房的农民工仅占 0.8%[①]，说明城市住房保障体系对农民工的覆盖面非常小，亟待改善。

《2016 年农民工监测调查报告》数据显示，在进城农民工中，租房居住的农民工占 62.4%，其中租住私人住房的占 61.0%；购房的农民工占 17.8%，其中购买商品房的占 16.5%；单位或雇主提供住房的农民工占 13.4%；购买保障性住房和租住公共租赁住房的农民工不足 3%。本书统计调查结果与国家统计局的调查结果基本一致，这也说明本书的调查结果能够较为准确地反映农民工总体状况。

调查中发现，单位或雇主提供的集体宿舍一般是多人居住在一起。对员工来讲，集体宿舍缺乏基本的私人空间。有些经济压力较小的农民工会选择自己租房或与他人合租私人住房，从而改善居住条件。

与自己租房相比，集体宿舍也有其优势：一是可以节约房租支出，经济性高；二是集体宿舍一般距离工作地点较近，便利性强。因此，如果单位提供住处，多数农民工还是会选择居住集体宿舍。

从图 4-47 可以看出[②]，在居住方式上，农民工与本地居民的差别较大。本地居民的住房类型主要为自购房，而农民工的住房类型则主要为租房，大部分农民工在城市难以承担购房费用。本地居民居住在集体宿舍和工棚的比例远低于农民工，说明两个群体从事的职业类型存在很大差异。

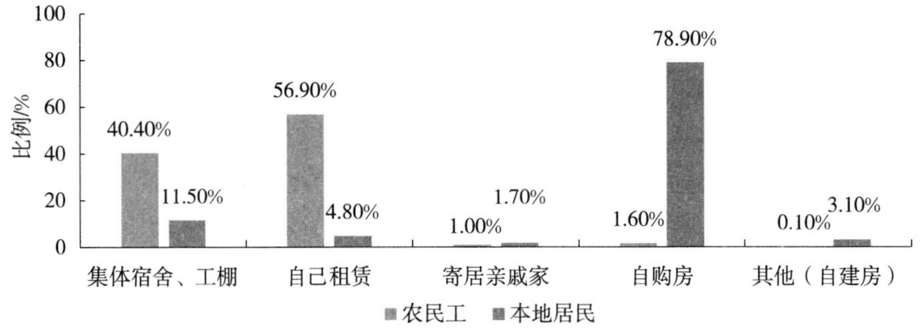

图 4-47　农民工与本地居民居住类型对比

租住私人住房、单位集体宿舍和购买商品住房是农民工在城市的三类主要居住选择，而这三种不同的住房解决方式对农民工来说成本是不一样的，对其城市融入的影响也存在很大差异。

---

① 有统计数据显示，2008—2012 年我国重点城市保障性住房供给占比已经达到 23%～29%，但农民工居住在保障房内的比例仅为 0.8%。可见，现阶段我国城镇住房保障制度基本是将农民工群体排除在外的。

② 任远，2012. 城市流动人口的居留模式与社会融合［M］. 上海：上海三联书店 .

1. 单位提供住房的成本及影响分析

用人单位提供的住房类型主要是员工集体宿舍，包括企业自建、租赁等，主要分布在加工制造业、建筑业和传统服务业等。

从成本角度看，对农民工来说，居住单位宿舍是成本最低的居住方式：一是住房租金低，因为多数企业是免收租金或收取较少租金；二是住房使用成本低，单位宿舍是统一管理，农民工承担的物业管理、水电气等费用较少；三是通勤成本低，单位宿舍一般位于厂区内部或者距离厂区很近，或是企业配有专门的通勤车，这可以有效节约员工的通勤成本。对于企业而言，单位宿舍一般是与工作紧密联系的，员工居住稳定性和工作稳定性较高，有利于降低员工的流动性，从而降低员工招聘和培训成本。

但是，如果从员工长远发展和城市融入角度看，员工宿舍的负面效应是非常明显的。首先，单位宿舍一般是封闭运行，农民工的工作、生活范围基本局限于单位内部，与外部社会的接触交流机会很少，这不利于其拓展社会网络。集体宿舍居住时间越长，员工对企业的依赖会越大。其次，集体宿舍内部多是同质性的低收入、低技能群体，很容易形成内卷化。最后，集体宿舍一般是多人同住（平均 5.6 人/间，而出租屋为 2.9 人/间[①]），员工缺乏私人空间，居住条件较差，一般仅能满足农民工最基本的生存和安全需要，无法满足其学习、社交、自尊等更高层次需要。同时，集中居住带来的心理健康问题也需要引起关注。

2. 租住私人住房的成本及影响分析

与单位宿舍相比，租住私人住房的费用更高且构成复杂，不仅住房租金、物业管理费、水电费甚至部分生活用品费用都需要农民工独立承担，有时还需要支付中介费用；在不发达的住房租赁市场环境下，住房搜寻成本也比较高；租住私人住房一般稳定性较差，搬迁频率较高，这还会产生一定的搬迁成本和其他相关成本。

总体来说，租住私人住房的居住成本远高于单位宿舍，很多农民工基于费用考虑而选择集体宿舍。如果选择租房居住，为降低租房支出，农民工通常会选择合租，在房租上涨的情况下更是如此。

虽然租住私人住房成本较高，但该方式也有很大优势：一是农民工具有自由选择权，可以更好地满足其居住偏好；二是私人住房一般居住条件优于集体宿舍，提高了农民工的居住质量；三是很多租住私人住房的农民工是与城市居民在同一小区混住，增加了农民工与外界的接触机会，可以有效拓展其社会网

① 国务院发展研究中心课题组，2011. 农民工市民化：制度创新与顶层政策设计［M］. 北京：中国发展出版社.

络，有助于提升其城市融入程度；四是相对单位宿舍，租住私人住房意味着农民工具备更高的经济收入和更高的社会地位，有助于培养农民工的自信心和自尊心。

3. 购房居住成本及影响分析

购房居住的相关成本主要包括购房、装修及日常使用维护成本，通过购房解决居住问题所需负担的成本最高。在大中城市，只有少部分农民工有能力负担；而在小城市，由于房价较低，农民工购房比例相对高一些。

由于农民工普遍收入较低、工作稳定性较差，并且缺少抵押物保障，银行对农民工住房贷款的审核一般都非常严苛。农民工申请住房抵押贷款的难度较大，导致农民工购房能力进一步降低。

在农民工一系列住房解决方式中，购房居住最有利于农民工实现城市融入和市民化。具体原因：一是能够负担购房成本的农民工一般文化水平较高，经济收入较高且相对稳定，在经济条件上已经接近普通市民水平，他们属于农民工群体中的精英群体，社会地位较高，经济融入和社会融入程度较高。二是农民工购房大多是购买普通商品房，而租房居住的农民工可能是租住在城中村或城乡接合部。与租房者相比，购房农民工与普通市民的居住方式接近，更有利于其社会网络的拓展。三是我国大多数城市都设有购房入户的政策，购房农民工只要愿意，一般都可以转为城市居民，享受与市民同等的基本公共服务和福利待遇。

国内很多学者的研究结果都表明，购房农民工城市融入度是最高的。现在大多数农民工都不愿意选择转籍落户，原因是户口在农村相比落户城市所获得的收益更高。政府应该采取引导性和激励性措施鼓励农民工在务工城市购房落户，加快农业转移人口市民化进程。

（二）居住空间狭小

1. 建筑形式

从建筑形式来看，虽然大部分农民工居住在地面以上的住房里，但仍有部分农民工居住在地下室或工棚等临时建筑内。即使是地面住房，也有很多属于违章建筑。据 2010 年国家人口和计划生育委员会的调查数据，有 71.4%的农民工居住在地面以上的楼房里，25.6%的农民工居住在平房里，另有 1.8%的农民工居住在工棚等临时性建筑内，住在地下室的农民工占 0.9%①。国务院发展研究中心课题组调查发现，近 80%的农民工居住的是功能不全的临建房或简易房。

① 董昕，2013. 中国农民工的住房问题研究［M］. 北京：经济管理出版社.

不管是什么建筑形式的住房，普遍存在的特点是住房陈旧、空间狭小、设施简陋、居住环境恶劣，缺乏基本的卫生条件和安全保障①，难以满足在城市长期生活的基本需求。农民工如果长期处于低收入、居住条件恶劣状态，有可能引发群体性的心理问题和社会问题。

2. 居住面积

改革开放以来，我国城市房地产市场获得了飞速发展，城市居民居住条件得到巨大改善，人均住房建筑面积由 1978 年的 6.7 米^{2}上升到 2018 年的 39.0 米^2。但在这期间，农民工在务工城市的居住条件几乎没有得到改善。

农民工大多数在城市没有购买住房，为了节省开支，他们要么住在单位提供的集体宿舍，要么租住低租金的私人住房。不管是何种形式的住所，一个普遍特征是居住空间狭小，人均居住面积很小。

调查结果显示（图 4-48），在被调查的2 978名农民工中，住房面积在 10 米^{2}以下的占 6.61%，这部分农民工一般是合租私人住房或住在集体宿舍；住房面积在 10～20 米^{2}的占 21.02%；住房面积在 21～40 米^{2}的占 27.43%，即有 55.06%的农民工住房面积在 40 米^{2}以下。

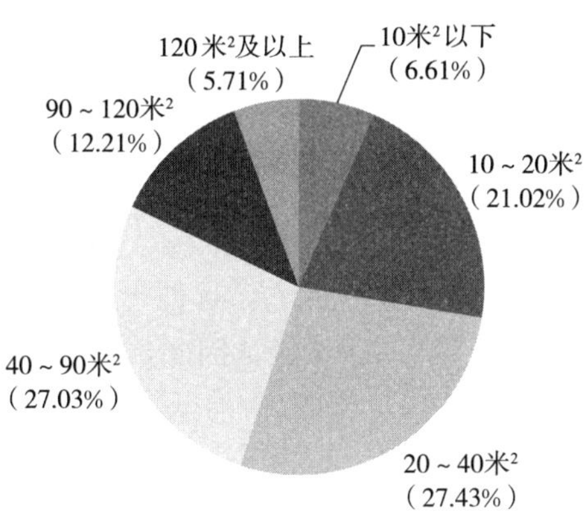

图 4-48　农民工务工城市住房面积

从实地调研来看，农民工一般租住在城乡接合部、城中村或城市老旧小区的住房内，大多缺乏独立卫生间和厨房等配套设施，仅能满足最基本的生活所需，可以说农民工在城市的居住现状尚处于“生存满足”阶段。

《2016 年农民工监测调查报告》显示，2016 年农民工在城市人均住房面积为 19.4 米^2，其中人均住房面积在 5 米^{2}及以下属于居住困难的农民工占 6.0%。《2015 年城乡建设公报》显示，2015 年全国村镇人均住宅建筑面积为

① 2017 年 11 月 18 日，北京市大兴区西红门镇新建村一幢公寓发生一起火灾事故，造成 19 人死亡、8 人受伤，遇难者中有 17 名外来务工人员。

33.52 米²。住房和城乡建设部发布的数据是，2015 年我国城市人均住房建筑面积为 33 米²。可见，农民工在城市的住房面积既远低于城市人均水平，又低于农村人均水平，成为全社会居住条件最差的群体。

与城市居民相比，农民工不仅居住面积小，而且居住环境也差，个别农民工的住房甚至都没有床，只能打地铺休息，这就很难使农民工产生积极的心理感受。在恶劣的居住条件下，农民工难以顺利融入城市。

3. 居住人数

调查结果显示（图 4-49），在被调查的2 978名农民工中，独自一人居住的占 11.3%，2 人合住的占 25.5%，3 人共同居住的占 27.3%，4 人共同居住的占 20.9%。也就是说，共同居住人数在 4 人及以下的占 85.0%，仅有 7.2%的农民工共同居住人数在 5 人以上。可见，从本次调查结果来看，农民工多人群居现象并不明显。

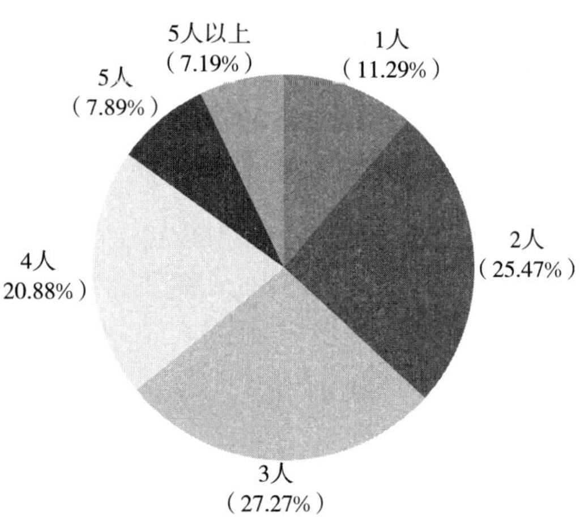

图 4-49　农民工共同居住人数

基于住房面积和共同居住人数调查数据，通过计算可以得出，农民工人均住房面积在 13 米²左右，远低于城镇居民人均住房面积，也远低于农村居民在农村的人均住房面积①。因此，暂且不考虑居住环境，单以人均住房面积衡量，农民工进入城市务工，其居住质量下降明显。

（三）老家住房

现阶段，我国农民工具有城乡双重住房消费的显著特征。不管是在城市临时务工，还是在城市长期务工，农民工大多在农村拥有宅基地，他们也不愿意放弃宅基地。

在调查中发现，很多农民工的农村住房已经年久失修，多年无人居住，虽然他们也只是在春节时回家看一眼，但他们依然想将其保留。这些农民工中有很多已经在老家附近城市或务工城市购房，但他们一般不会“自愿或主动”退

① 据住房和城乡建设部发布的《2014 年城乡建设统计公报》，村庄人均住宅建筑面积为 33.21 米²；《中国民生发展报告 2012》公布数据显示，2011 年我国家庭平均住房面积为 116.4 米²，人均住房面积为 36 米²。2012 年底，农村人均住房面积为 37.1 米²，城镇人均住房面积 32.9 米²。

出宅基地。究其原因，一是退出补偿较低，退出所得对他们没有太大的实际意义；二是老家住房是他们的“根”，是他们在农村的精神寄托。对农民工来说，外面的房子只是一个住所，老家的房子才是真正意义上的家。

很多农民工将多年务工积蓄加上借贷资金在农村老家建造尽可能“豪华”的楼房，房屋建好后并不居住，而是继续返回城市务工，务工所得的很大一部分再用于偿还建房欠款。农村的楼房对他们来讲更多是具有“衣锦还乡”的意味，这些住房让他们在村里挺直了腰杆，找回了在城市失去的“尊严”。同时，农村有房让他们在城市工作没有后顾之忧，有了精神寄托。

随着农民工经济条件的改善，农村已经建起了大量农家楼房，但这些自建房空置或闲置比例很高，造成了很大的资源浪费。2012 年，国家人口和计划生育委员会的调查数据显示，农民工群体中有 92.3%在农村有自建住房，而在老家拥有城市商品房或保障性住房的仅占 2.9%。

二、农民工住房消费意愿

（一）居住支出

从图 4-50 可以看出，由于农民工选择的住房条件较差，因此他们在城市的住房支出较低。月房租在 500～800 元的占 13.0%，月房租达到 800 元及以上的仅占 7.1%，即仅有 20.1%的农民工每月房租支出超过 500 元，而 500 元月房租在大中城市很难租到条件较好的住房。同时，还有 29.8%的农民工不用支付房租，这部分农民工多数住在用人单位提供的集体宿舍或工棚等简易住房内。

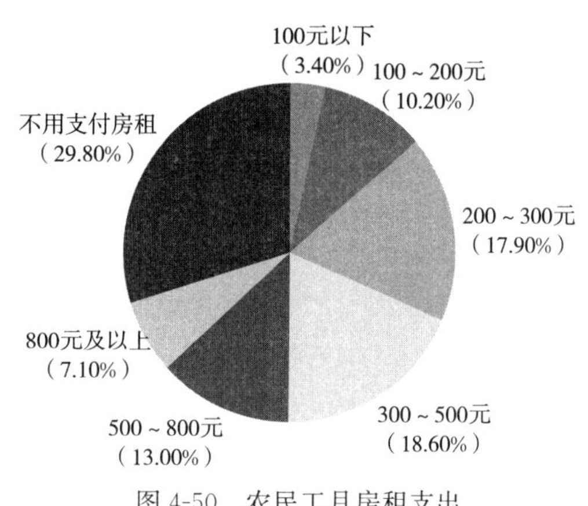

图 4-50　农民工月房租支出

通过调查发现，农民工在选择住房时大多坚持量力而行，对住房支出的最高预算与农民工的实际支出相差不大，超过 85%的农民工表示自己最高能够承受的住房月支出不超过 500 元。

农民工城市住房支出水平偏低受很多因素的影响：一是农民工收入较低且不稳定，这使得农民工能够用于城市住房支出的费用有限；二是农民工在城市的社会保障制度不完善，造成预防性储蓄增加，在收入水平既定的情况下，住房消费支出偏低；三是农民工城市定居预期不足，他们仅将城市作为临时性务工地，大多认为自己将来还是会回到农村。因此，其更愿意在农村老家或附近建房或购房，从而尽量压低在务工城市的住房开支。

（二）理想住房面积

虽然农民工在务工城市的住房现状较差，但农民工对城市住房的期望是非常高的，与城市居民的住房期望差异不大。

对比图 4-51 和图 4-52 可以看出，虽然有 55.0%的农民工现阶段住房面积在 40 米^{2}以下；但理想住房面积在 40 米^{2}以下的仅占 10.8%，有 37.5%的农民工理想住房面积在 91～120 米^2，理想住房面积超过 120 米^{2}的占 34.2%，仅有 28.3%的农民工理想住房面积在 90 米^{2}以下。

在对理想住房面积的预期方面，农民工与城市居民之间的差异并不大，都是越大越好。如果将农民工的住房现状与理想住房情况进行对比，非常准确地体现了“理想很丰满，现实很骨感”。

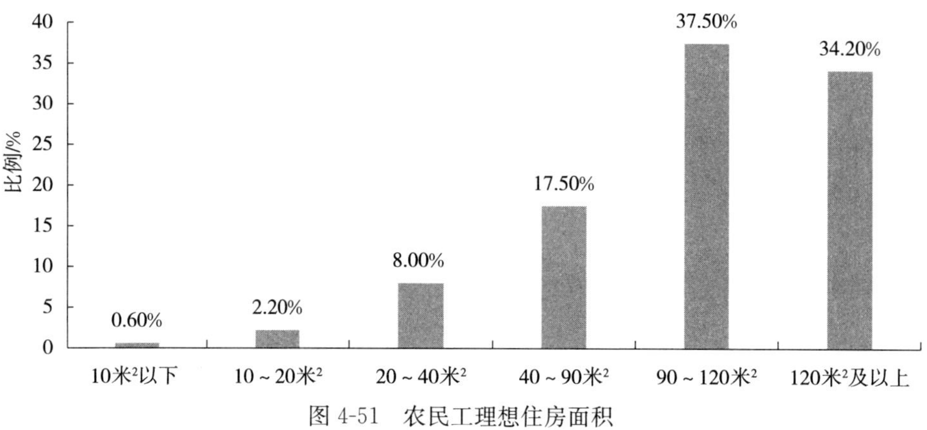

图 4-51　农民工理想住房面积

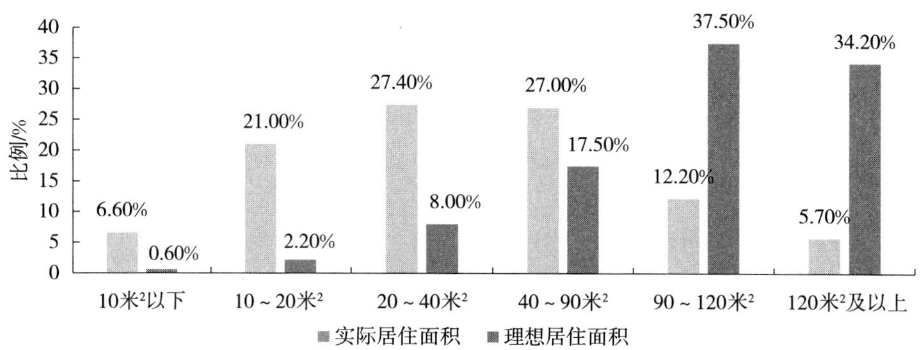

图 4-52　农民工实际居住面积与理想居住面积对比

既然农民工住房现状与理想住房面积存在巨大差距，为什么农民工的住房满意度又比较高呢？笔者分析主要原因可能是：现阶段农民工在城市务工的主要目的是获取更高的经济收入，城市住房只要能够满足基本需求就可以。农民工对城市住房效用没有过高要求，而且农民工在城市工作生活的参照对象还是农民工群体。

（三）可接受的房租水平

从图 4-53 可以看出，在被调查的 2 978名农民工中，有 25.2%的农民工可接受的房租水平在 200 元以下，53.7%的农民工希望房租低于 300 元，仅有 14.7%的农民工可以接受 500 元及以上房租。可见，农民工对房租的支付意愿和支付能力是比较低的。现阶段，300 元左右的房租在大中城市基本只能租到城中村、城乡接合部的单间住房，这些住房很难谈得上居住质量。

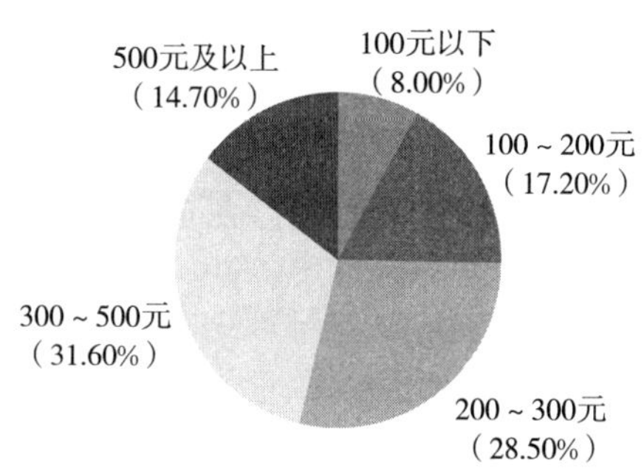

图 4-53 农民工可负担房租水平

对比农民工实际支付房租与可负担房租水平可以发现，两者之间差异并不大。原因可能是：农民工总是在自己可负担的条件下去选择住房，遵循“量入为出”的原则，并没有不顾自身经济条件一味追求住房条件的改善。农民工一般不会像城市居民一样为了更高的社会地位、更好的住宅配套和居住环境去追求更高价格的城市住房。

对城市居民而言，城市住房往往意味着社会地位、个人成就；但对农民工而言，城市住房仅是为了满足简单的基本生活需求，没有太多的附加价值要求。农民工对住房质量的追求在城市没有体现出来，更多体现在了农村老家。虽然农民工很少在农村住房居住，但农民工普遍对农村住房投入过高，农村建房攀比现象严重，已经造成了巨大的资源浪费。

不同年龄段农民工房租支付意愿存在显著差异（$P<0.01$）。从图 4-54 可以看出，70 前农民工的房租支付意愿最低，有 65.5%的 70 前农民工只愿意接受不超过 300 元的房租。究其原因，一是该群体农民工由于自身条件限制，经济收入有限；二是该群体在城市的主要目的是赚取收入，争取有更多结余，城市住房对他们来讲仅具有最基本的使用价值，导致住房消费意愿不高。可以预见，由于住房消费的收入弹性较低，即使收入提高，他们的住房消费也难以增加。

90 后农民工由于经济积累和收入有限，房租负担能力相对较低，有

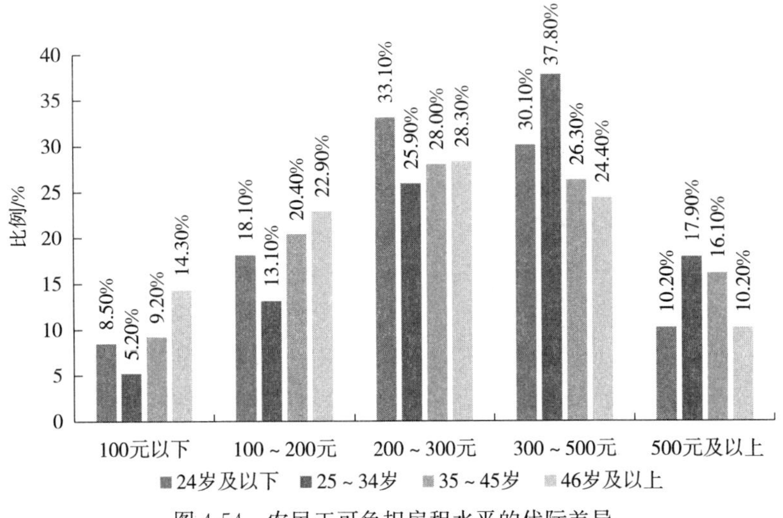

图 4-54 农民工可负担房租水平的代际差异

59.7%的农民工能够接受的房租不超过 300 元。该群体的住房消费处于被压制状态，如果经济条件改善，其住房消费应该会快速向 80 后看齐。

80 后农民工住房支付意愿最高，有 81.7%的农民工可以接受超过 300 元的房租。该群体支付意愿在 100 元以下的比例最小，仅有 5.2%，大约是经济实力更强的 70 后的一半。可以说，80 后是现阶段住房消费意愿最强的群体。

相对于 80 后和 90 后农民工，70 后经济实力更强，但他们的住房支付意愿相对较低，愿意接受 300 元及以上房租的 90 后、80 后、70 后农民工比例分别为 40.3%、55.7%和 42.4%。可见，70 后农民工更能够接受或忍受较差的住房条件，其住房消费观念更接近 70 前农民工。新生代农民工与老一代农民工在住房消费上的差异非常明显。

(四) 住房需求考虑因素

在调查问卷中，笔者针对“下列条件您认为哪些最重要（多选）”问题设计了 7 个选项：卫生干净、住房面积够用、价格或租金便宜、距离工作地点近、住房设施齐全、安全（周边社会环境好）和可以跟家人在一起。

调查结果显示（图 4-55），农民工选择住房时会考虑多重因素。价格并不是最重要的影响因素，七项影响因素中将价格视为最重要因素之一的仅占 48%，不足一半。选择比例最高的三项因素依次是卫生干净、住房设施齐全和安全，分别占 62.7%、55.4%和 51.3%，而这三项因素也是现阶段农民工城市住房存在的主要不足之处。

从农民工对住房条件的要求可以看出，目前农民工对城市住房的需求层次尚处于低需求层次——生存需求和安全需求。随着收入提高、经济条件改善，农民工的住房需求会有质的改变，城市房地产市场也将受益于农民工市民化。

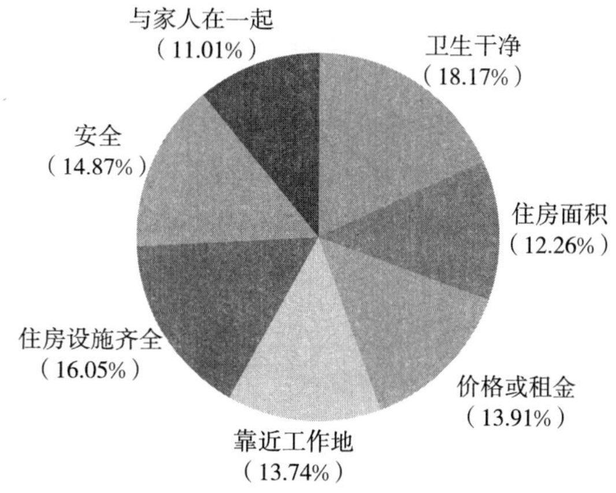

图 4-55　农民工住房需求考虑因素

（五）住房需求计划

农民工成为市民后如何解决住房问题？对于这个问题，在被调查的2 978名农民工中（图 4-56），选择购买商品房的占 30.7%，这部分群体应该是具有一定经济实力的农民工群体；选择购买经济适用住房的农民工比例最大，占 42.3%，也就是有近五成的农民工希望购买经济适用住房。

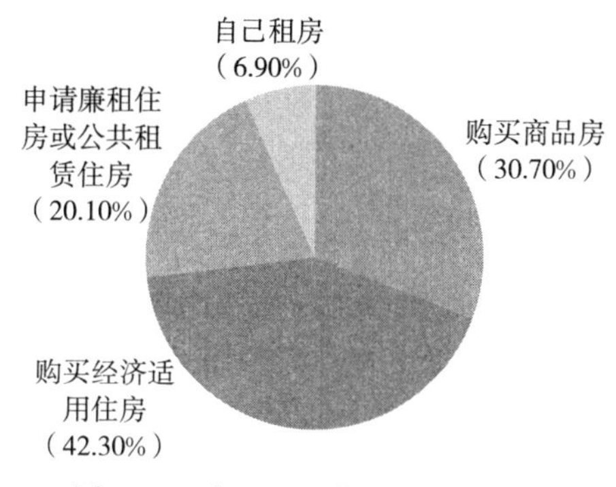

图 4-56　农民工改善住房方式选择

由于城市房价过高，农民工单靠自身实力很难通过商品住宅市场解决住房问题。同时，他们又想拥有住房产权。因此，他们对价格相对便宜的经济适用住房充满期待，但这与我国城市住房保障制度改革的方向和趋势有很大错位。逐步缩小经济适用住房规模是我国未来住房保障的发展趋势，近些年规模不断扩大的共有产权住房可以作为一个可行的替代方案。

希望申请廉租住房或公共租赁住房的有 599 人，占 20.1%，不足希望购买经济适用住房人数的一半。只有 205 人选择通过市场租房解决住房问题，仅占 6.9%。可见，现阶段，在我国不管是城市居民还是农民工，都希望拥有住房产权，即使是保障性的廉租住房和公共租赁住房也难以得到农民工的青睐。

在前文分析中发现，多数农民工希望定居大中城市，而大中城市的房价是普通农民工难以承受的，但接近 3/4 的农民工又希望拥有住房产权。农民工的城市住房需求与客观现实存在严重冲突。

因此，在设计农民工住房保障模式时，必须对农民工住房需求和城市住房供给情况统筹考虑，农民工住房问题应该分类分层解决。农民工的定居城市选择也应该加以引导，鼓励农民工更多地选择在中小城市就地、就近就业、定居。

（六）农村土地使用情况

调查结果显示（图 4-57），农民工进城务工后，有 46.9％的农民工承包地由留守家里的老人或亲人耕种，有 23.1％的农民工采用有偿转包，有 12.4％是无偿转包，另有 18.0％存在抛荒现象。可见，在农民工进城务工以后，接近 2 成的土地存在撂荒现象。

据进一步调查，撂荒地一般是山区耕作条件较差的土地，土地耕作收益很低，缺乏耕作价值。很多农村家庭劳动力全部外出打工，家里仅有老人，他们能够耕作的土地数量有限，很多土地因无人耕种而处于撂荒状态。

近几年，贫困地区实施的异地搬迁扶贫政策，使得搬迁农民与其耕地距离更远，撂荒问题可能会更严重。另外，需要注意的是有 35.5％的农民工的承包地存在转包现象。可以看出，目前正在推广的土地流转政策已经有了初步的现实基础，未来应该具有广阔的发展空间。

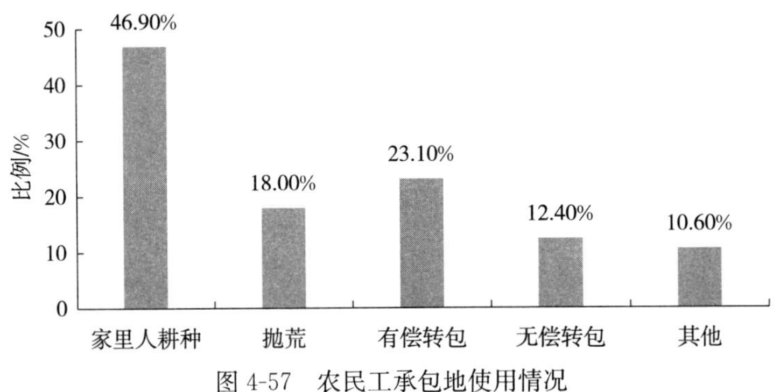

图 4-57　农民工承包地使用情况

虽然农民工转为城市居民的意愿较为强烈，但绝大多数农民工都希望变为市民后还能保留承包地和宅基地。正如一个采访对象所说，“土地是农民的命根子，任何时候都是不能丢的”。

国务院发展研究中心课题组针对农民工的调查显示，希望保留承包地的占 46.0％，希望有偿流转承包地的占 27.2％，10.4％的农民工希望以土地入股分红形式获得收益，有 6.6％表示愿意以有偿放弃承包地的方式换取城市户口，仅有2.6%的农民工表示愿意无偿放弃农村土地换取城市户口。

关于农村宅基地或房产的处置方式，66.7%希望保留农村的宅基地和住房；12.3%希望有偿转让农村住房；4.7%表示如果允许转为城镇户口，可以有偿退出；11.4%希望能以农村宅基地置换城镇住房①。

农民工不愿意放弃农村土地的主要原因是“有地就有保障，就有安全感”。一方面，农民工在城市定居的竞争能力较低，对在城市的未来缺乏乐观和稳定的预期，在未来不明的情况下，大多数农民工都希望为自己在农村留有余地，农村土地虽然收益不高，但至少可以解决基本的吃饭问题；另一方面，当前农村土地价值越来越高，但因流转受阻，土地价值并没有得到充分显现，而农民工对农村土地增值的预期比较高，相比之下，进城落户的价值并不高。

因此，保留农村土地成为当前农民工的理性选择。基于个人利益最大化考虑，农民工希望既能享受城市居民福利而又不失去农村集体利益。笔者认为，如果农民工在城市是租房居住，其可以不退出农村宅基地；但是如果农民工在城市购房居住，且是接受了政府购房补贴或购买保障性住房，则至少应该退出农村宅基地。同时占有农村宅基地和享受城市购房保障，拥有两套住房，这既浪费土地资源，又对城市居民显失公平。

（七）对政府住房保障的期望

农民工在城市收入较低，在住房市场上缺乏竞争力，绝大多数农民工希望政府为他们解决住房问题提供帮助。在调查中发现（图4-58），只有6.2%的农民工认为不需要政府干预农民工住房问题。

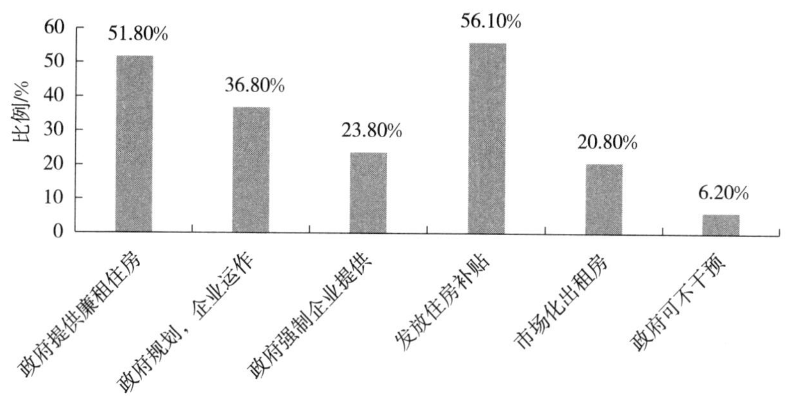

图4-58　农民工住房保障期望方式

① 金三林，2011. 农民工现状特点及意愿诉求：基于对7省市农民工的调查研究［J］. 经济研究参考（58）：41-67.

在调查问卷中设计了 6 个选项（多选题）：政府提供廉租住房；政府规划，企业运作和管理廉租住房；政府强制雇主为员工提供住处；直接发放住房补贴；鼓励市民出租住房给外来劳动者；政府可以不干预。

从图 4-58 可以发现，在调查的2 978名农民工中，有 56.1%的农民工认为政府应该发放住房补贴，占比最高，说明有近六成农民工希望政府采取住房补贴方式帮助他们解决住房问题；有 51.8%认为政府应该提供廉租住房；有 36.8%的农民工赞成由企业提供廉租住房。可见，多数农民工希望政府能够通过各种途径提供保障性住房。

只有不到 1/4（23.8%）的农民工认为，政府应当强制企业为员工提供住处，这说明在农民工看来，企业没有为其提供住房的义务，农民工并没有奢望企业为其解决住房问题。现阶段，在农民工的意识中，用人单位只是他们获取收入的来源，并没有对企业寄予太多工作以外的期望。

三、农民工居住状况的内部差异性

（一）地域差异

为了分析农民工在务工城市住房消费的地域差异，以农民工务工城市所属地区作为分类依据，对比农民工在东、中、西部地区住房消费存在的差异。

1. 住房来源

从图 4-59 可以看出，从农民工住房来源看，在不同地区务工的农民工住房来源存在一定差异。在东部地区务工的农民工，自己租房的较多，占

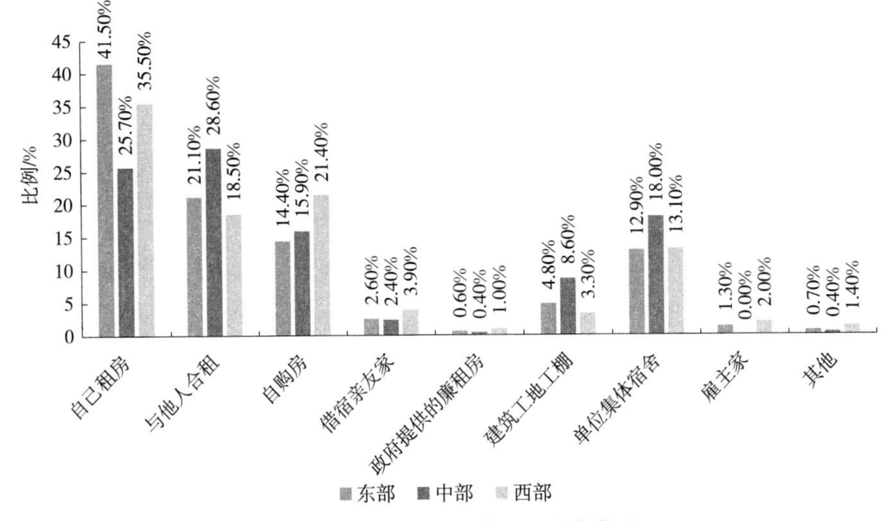

图 4-59　不同务工地农民工居住类型

41.5%；而在中部地区，与他人合租或住单位集体宿舍的相对较多，分别占28.6%和18.0%；在西部地区，自购房比例最大，占21.4%。

东部地区自购房比例最低，而西部地区购房比例最高。其原因一是东部地区为农民工净流入地，外地农民工较多，很多农民工没有长期居留计划；二是东部地区房价过高，农民工难以负担。西部地区情况则正好相反，农民工多是省内务工，且城市房价相对较低。

2. 居住条件

如果单以住房面积作为衡量居住条件的标准，住房面积在10米^{2}以下应该属于比较恶劣的居住条件，住房一般空间狭小、配套缺乏、隐私缺乏保护。如果住房面积超过90米^2，住房一般是套三标准，厨房、卫生间等配套齐全，居住质量一般可以达到市民标准，属于较高居住条件。

通过分析东、中、西部地区农民工住房面积（图4-60）可以发现，在不同地区务工的农民工在住房条件方面存在较大差异。在东部和中部地区务工的农民工的住房面积明显小于在西部地区务工的农民工，住房面积在10米^{2}以下的农民工，东部地区占7.4%，中部占5.7%，而西部只占6.0%。如果假设住房面积超过40米^{2}的房屋为成套住房，则东部地区占比为38.1%，中部为39.2%，西部地区则高达52.8%。可以看出，在西部地区城市工作的农民工的居住条件要明显好于中东部地区。

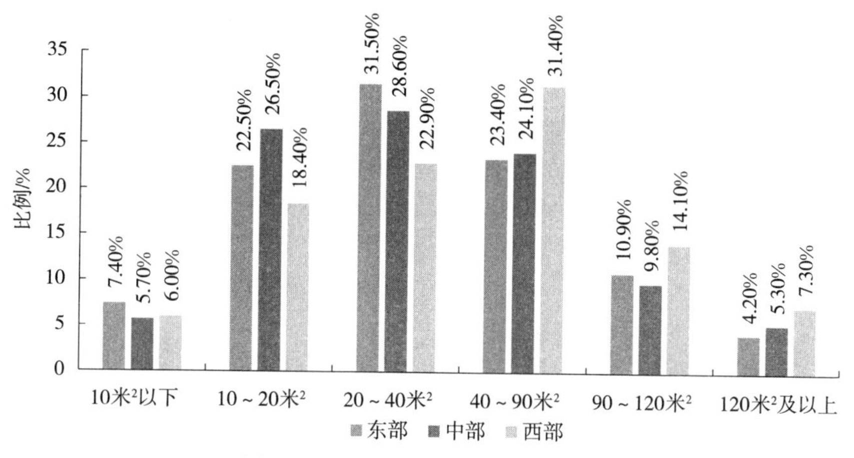

图4-60　不同务工地农民工住房面积

3. 居住支出

通过分析图4-61可以发现，不同地区的农民工居住支出差异明显。每月房租在500元以下的农民工中，东部地区比例最大，而中西部地区差异不大；中部地区在房租超过500元的群体中比例最高，东部最低，说明在中部地区工作的农民工最舍得在租房消费上支出，而在东部地区工作的农民工住房消费最为节省。结合东部地区工资最高的实际情况可以得出，在东部地区工作的农民工，相比而言，更多是为了赚取收入，积累财富，他们不愿意在住房上花费太多。

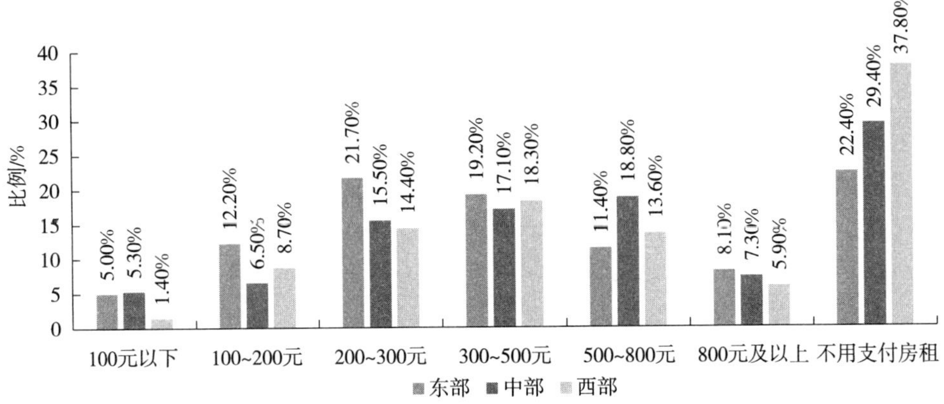

图 4-61　不同务工地农民工月房租支出情况

在不用支付房租的农民工中，西部地区比例最高，东部最低，原因可能是多方面的。一是西部地区企业为了吸引劳动力，更多地免费为员工提供住处；二是西部房价较低，在西部地区城市工作的农民工通过购房解决住房需求的比例较高。

4. 对住房条件的要求

从图 4-62 可以看出，在不同地区务工的农民工对住房条件的要求不尽相同。对于在东部地区务工的农民工而言，其认为住房条件中最重要的 3 个因素依次是：卫生干净（64.4%）、安全（51.0%）和住房设施齐全（50.1%）；在中部地区务工的农民工的选择是：靠近工作地（62.4%）、卫生干净（61.6%）和住房

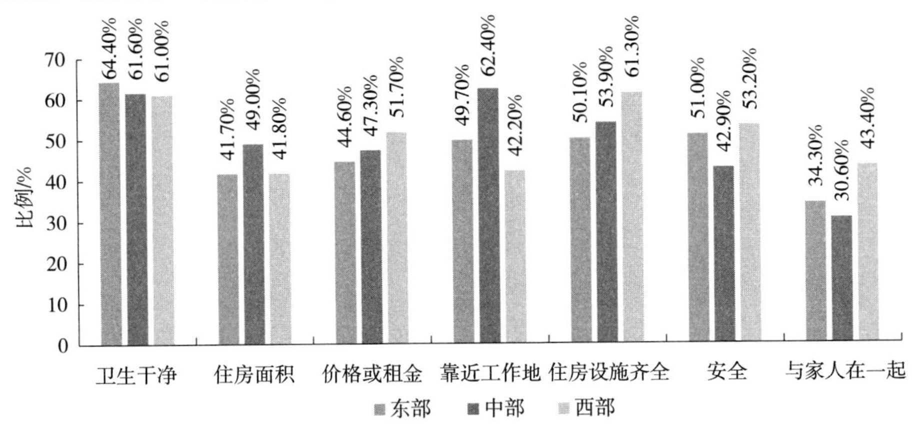

图 4-62　不同务工地农民工对住房条件要求

设施齐全（53.9%）；而在西部地区务工的农民工的选择则是：住房设施齐全（61.3%）、卫生干净（61.0%）和安全（53.2%），该群体还有一个明显区别于其他地区农民工的特征，他们对“与家庭在一起”这一因素明显更为看重。

可见，对于在东部地区务工的农民工来说，大多是跨省流动，在当地长期居住的可能性较小。他们对住房的要求更多体现在卫生和安全方面，住房解决的是最基本的生存和安全需要。而中部地区的农民工相比东部地区而言，更看重的是通勤距离，希望节省通勤时间。在中部城市，笔者选择了长沙市作为抽样城市之一，调查结果正好可以解释为什么长沙推出的农民工公寓遇冷现象。在西部地区务工的农民工更青睐居住舒适性，对住房设施要求较高，其对住房的需要比东部地区提高了一个层次。在西部地区务工的农民工多是省内流动，他们之所以选择在西部务工，一个很重要的原因就是务工地离家近。所以他们是最看重能够与家人在一起的，即西部地区务工的农民工更倾向于就近转移或者全家一起进城务工。西部地区务工收入相对较低，农民工对住房价格也最为敏感，有51.7%的农民工选择该项，间接说明西部地区务工农民工购房需求较高。

5. 住房消费计划

在改善城市居住条件的方式选择方面，不同地区的农民工同样存在差异（图4-63）。计划购买商品房的比例，西部地区最高，占33.2%；而东部最低，只有28.5%。在解决住房需求的各类方式中，购买经济适用住房无一例外是最多选择。其中，中部地区达到55.5%；而西部地区最低，只有38.9%，与购买商品房的比例差不多。由此可以得出，在经济条件允许的情况下，农民工改善居住条件的首要选择还是商品房，只有在自身经济条件有限的条件下，农民工才退而选择购买经济适用住房。

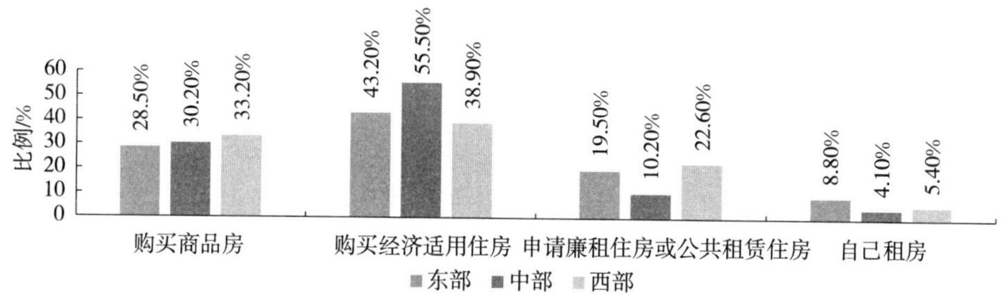

图4-63　不同务工地农民工改善住房方式

愿意通过租房解决居住问题的农民工，在东部地区最高，但只有8.8%，不足1成；中部地区只有4.1%的农民工愿意通过租房解决住房问题。如果没有政策引导，住房租赁市场缺乏对农民工群体的吸引力。如果追求拥有住房产权，农民工最可能购房的区域应该是中小城市。

同时可以发现，希望通过经济适用住房或廉租住房等政府住房保障形式解决居住问题的农民工比例很大。东部占比为62.7%，中部为65.7%，西部为61.5%。可见，农民工群体对政府住房保障的期望非常高。

6. 住房保障方式选择

从图4-64可以发现，在不同地区务工的农民工对政府住房保障方式的偏好存在明显差异。具体来看，在所有保障方式中，东部和中部地区的农民工均将“发放住房补贴”作为首选。其中，在中部地区务工的农民工对住房补贴尤为偏爱，高达65.7%；而西部地区农民工的理想选择则是政府提供廉租住房，比例为57.9%。

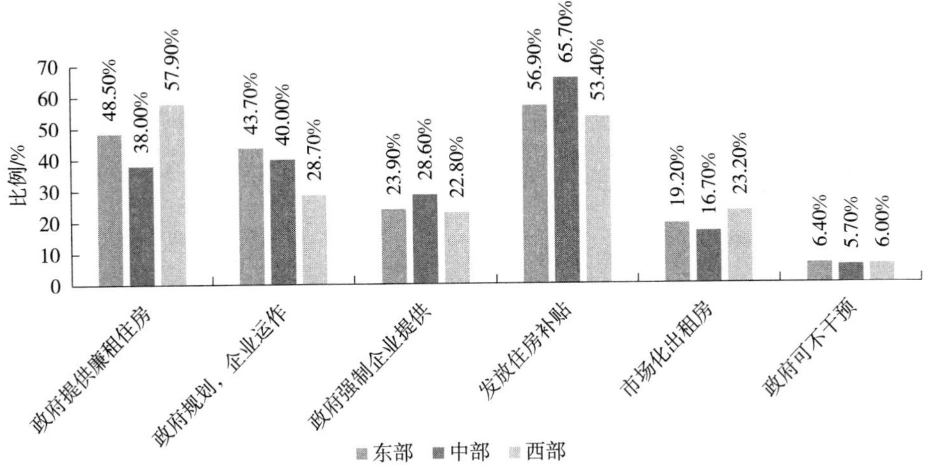

图4-64　不同务工地农民工住房保障方式选择

与住房补贴相比，廉租住房的租赁关系更稳定，而住房补贴的优势是农民工的选择更灵活。由于廉租住房通常需要排队等候，在东部和中部地区务工的农民工流动性相对较强，排队等候对他们是不利的，因此他们更倾向于住房补贴。

相对于西部地区，东部和中部地区的农民工对于企业运作的保障性住房接受度更高，这可能与西部地区市场化观念相对较弱有关。结合西部地区对廉租住房的偏爱，可以得出，西部地区农民工的住房消费观念市场化程度低于中部和东部地区，对居住的稳定性偏好性更强。由于西部地区房价较为便宜，因此西部地区农民工对市场化出租房的接受度是3个地区中最高的。

对我国住房保障制度设计的启示是：住房保障制度设计应因地施策，东部和中部农民工流动性较强的地区，更多采用住房补贴方式和要求企业为员工提供住处，以实现更高的住房供给效率；在西部地区，农民工更加强调居住稳定性，则可以建设更多的廉租住房。

（二）代际差异

1. 住房来源

从不同年龄段农民工的城市住房来源看（图 4-65），70 后购房比例最高，有 32.6%的农民工居住在自购房内，说明 70 后是所有农民工群体中经济实力最强的；而参加工作时间最短的 90 后购房比例则最低，只有 4.3%；70 前农民工排在第二位，占 22.2%。70 前农民工由于在城市工作时间久，其经济收入可能比不上 80 后，但其财富积累时间更长，因此其有更强的住房购买力。

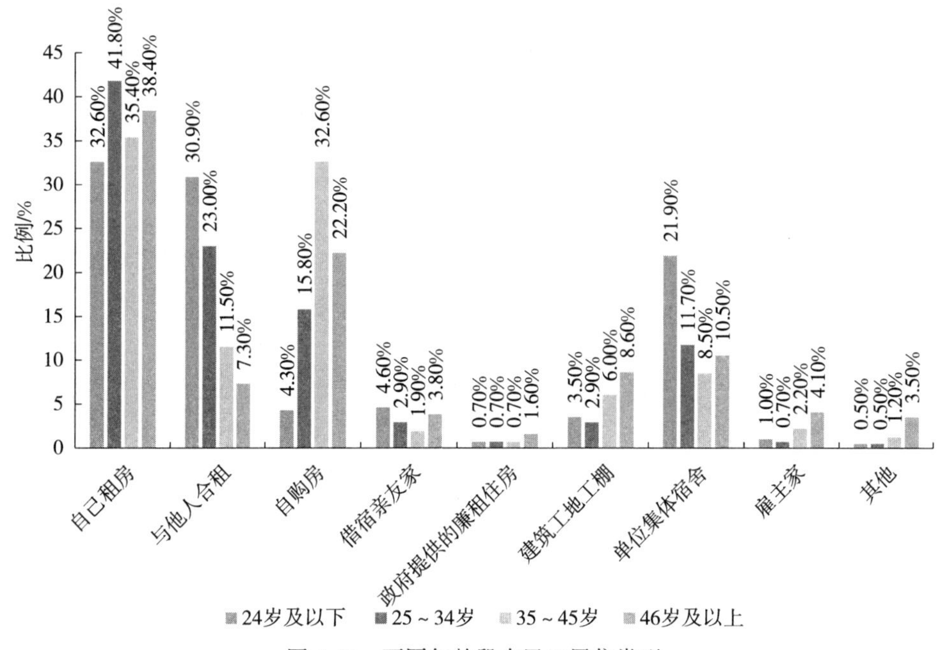

图 4-65　不同年龄段农民工居住类型

居住建筑工地工棚比例最高的群体是 70 前农民工，说明 70 前农民工是建筑业主力军，且对住房条件要求很低。80 后、90 后农民工居住建筑工地工棚的比例明显低于老一代农民工，说明新生代农民工的择业观已发生重大变化，他们不再以经济收入作为唯一的择业标准。尽管建筑业收入高，但因其劳动强度大、工作条件差、危险系数高等负面因素，已不再受新生代农民工青睐。受劳动力供求关系影响，未来建筑业人工成本可能会进一步提高。

借宿亲友家比例最高的是 90 后农民工，70 后则最低。说明借宿亲友家的农民工多是刚进入城市的年轻人，亲友家只是其临时借助地，等有了稳定的工作，他们一般都会搬离亲友家，要么住在单位，要么租房居住。这也是初级社会网络的价值，不仅可以为农民工提供就业信息，还可以为其提供临时居住地，帮助其尽快适应城市。

随着年龄增长，与他人合租的比例越来越低，由 90 后的 30.9%逐渐下降至 70 前的 7.3%，说明农民工之所以选择合租，除了年轻喜欢集体生活、喜欢人多热闹外，更主要的原因还是住房费用问题，合租可以分担住房费用。当经济条件进一步改善，特别是恋爱或成家以后，一般会选择单独租房居住，追求更高的居住质量。居住在雇主家相对缺乏自由，因此新生代农民工比例明显低于老一代农民工，说明新生代农民工更注重自由，其宁愿合租也不愿住在雇主家中。

自己租房居住比例最高的是 80 后农民工，原因一是其经济实力较 90 后更强，有能力单独租房，享受更好的居住条件；二是其尚未达到 70 后的购买力，还没能力购房，只能租房。70 后租房比例相对较低，是因为该群体有部分人已经购买商品房。70 前农民工因自身技术水平有限，经济收入不高，又没有在城市长期发展的计划，因此他们的租房比例相对较高，达到 38.4%。

政府住房保障对各年龄段农民工的覆盖面都非常低，只有 70 前农民工超过 1%，达到 1.6%。在 315 名被调查者中，仅有 5 人住在廉租住房里，几乎可以忽略不计，说明城市住房保障对农民工的覆盖面是非常低的。

2. 居住条件

从图 4-66 可以看出，70 前农民工居住条件最差，有 10.2%的 70 前农民工住房面积在 10 米^{2}以下；其次是 90 后，有 8.0%住房面积在 10 米^{2}以下；经济条件并非最优的 80 后比例反而是最低的。以上说明，一是 70 前农民工相对最为节俭，对住房条件要求最低；二是 90 后由于刚参加工作不久，经济基础较差，只能被迫接受较差的居住条件；三是 80 后虽收入不高，但对居住质量要求高，更愿意在住房消费上多支出。

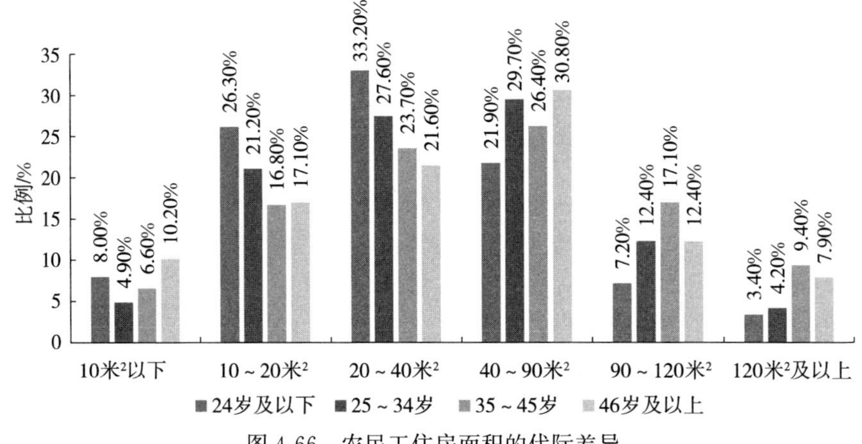

图 4-66　农民工住房面积的代际差异

70后农民工属于居住条件最好的群体，住房面积在90米²以上的比例达到26.5%，主要原因是70后经济条件相对最好。

排在第二位的是70前农民工，比例达到20.3%，而该群体同时也是10米²以下比例最高的。由此可以得出，在住房条件方面，内部分化最严重的群体应该是70前农民工。其居住条件明显出现分层现象，既有超过10%的群体居住在10米²以下的狭小空间，也有超过20%的群体居住在宽敞的三室住宅中。

在居住面积超过90米²的农民工群体中，比例最低的是90后，主要是由其经济基础决定的。在城市，不管是租房还是购房，尽管偏好是重要影响因素，但对住房选择影响最大的还是经济实力。

3. 住房支出

从图4-67可见，不同年龄段农民工住房支出存在显著差异。在“不用支付房租”农民工群体中，70后和70前的老一代农民工比例最高，分别为42.1%和43.5%。分析其原因：一是老一代农民工购房比例较高；二是部分老一代农民工特别是70前农民工对住房条件要求较低，宁愿住在单位免费提供的简陋住处。

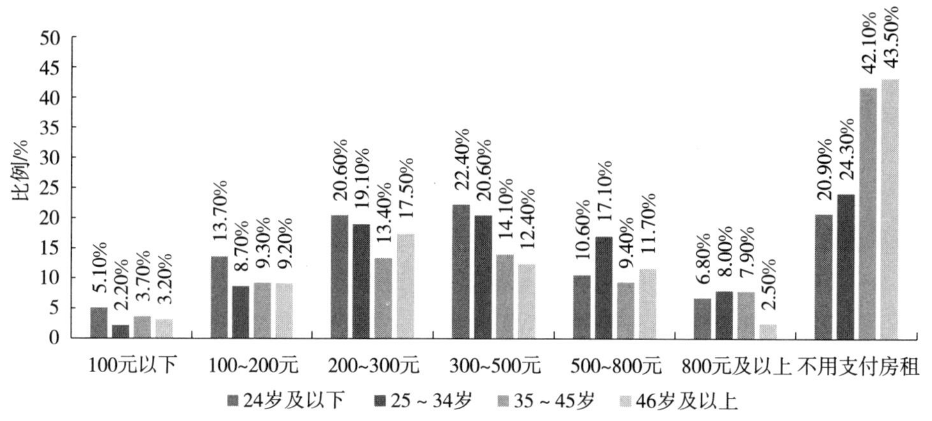

图4-67　农民工月房租支出的代际差异

房租支出达到800元及以上的群体中，比例最高的是80后农民工，这部分群体最看重居住质量；比例最低的是70前农民工，再次印证该农民工群体对居住质量最不看重。500～800元房租支出的群体中，80后比例也最高。月房租200元以下群体中，90后农民工占的比例最高，达到18.8%，也就是有近20%的90后居住在房租低于200元的住房内。一般情况下，200元在城市很难租到配套较为齐全的住房。可见，部分刚进入城市的90后农民工，其居住质量堪忧；随着工作年限的增加，其居住质量应该会得到较为明显的改善。

例如，80 后农民工比 90 后务工时间更长，该群体中月租为 200 元以下的比例只有 10.9%，比 90 后下降了近一半。

4. 对住房条件的要求

从图 4-68 可以看出，不同年龄段的农民工对住房条件的要求存在很大差异。卫生条件和住房设施齐全是各年龄段农民工普遍看重的因素，但呈现年龄越大要求越低的特点，新老两代农民工的差异十分明显。这说明新生代农民工对卫生条件、住房设施等更加看重，该群体更加追求居住舒适性和居住质量，其住房需求的市民化程度更高。同时，由于 90 后农民工经济条件较差，该群体对房价或租金更为敏感，选择“价格或租金”的比例为 51.6%，超过一半。

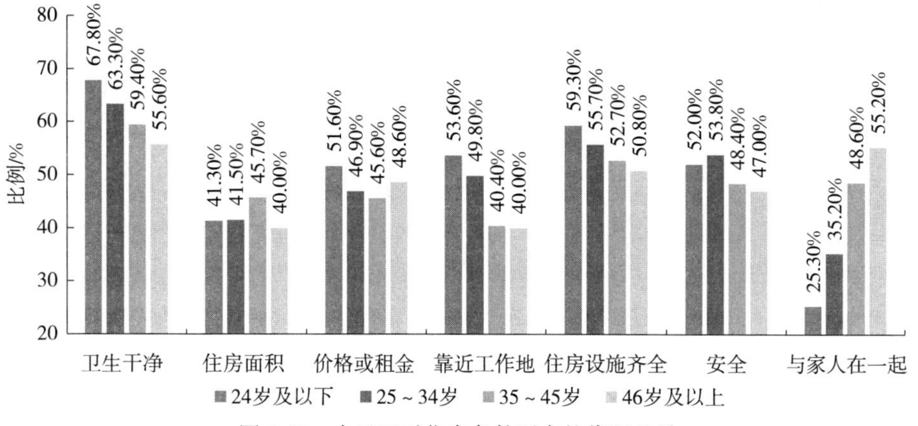

图 4-68　农民工对住房条件要求的代际差异

新生代农民工与老一代农民工相比还有一个差异，该群体更加重视住房是不是靠近工作地，也就是他们对通勤成本更为看重。因此，位置固定且相对偏僻的廉租住房很难得到新生代农民工的青睐。与新生代农民工相比，老一代农民工更强调与家人在一起，且随着农民工年龄的增长，家庭因素对住房选择的影响越来越大。90 后选择比例仅有 25.3%，而 70 前上升为 55.2%，可见 70 前农民工对家庭团聚较重视。

5. 住房改善计划

从图 4-69 可以看出，不同年龄段农民工对于在城市改善住房条件的方式选择同样差异明显。70 前农民工与其他年龄段农民工差异尤为明显，该群体选择购买商品房和经济适用住房的比例都最低，而申请廉租住房的比例却明显高于其他群体。这说明 70 前农民工由于在城市竞争中与其他群体相比处于弱势地位，他们大多没有在城市购房的计划，在城市定居的意愿并不强烈。城市定居意愿相对强烈的是 1970 年之后出生的农民工群体。

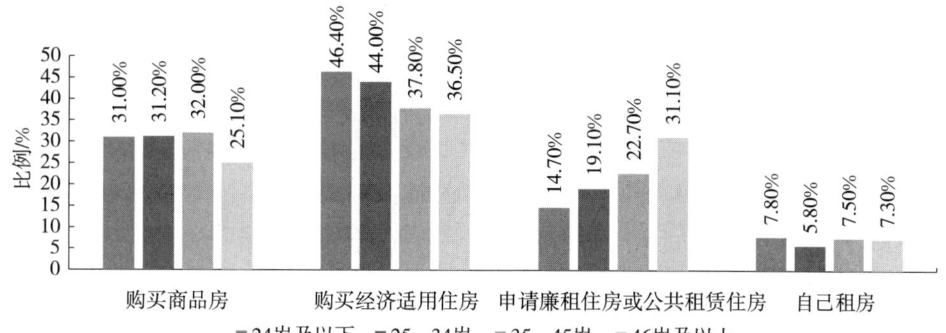

图 4-69　农民工改善住房方式选择的代际差异

各年龄段农民工对通过租房解决城市居住问题都没兴趣，选择比例均不超过 8%，且 80 后最低，只有 5.8%。从现实来看，未来一段时间内，农民工多数应该是通过租房解决在城市的居住问题。但农民工主观意愿并非如此，他们大多对拥有住房产权的意愿非常高，超过七成的 80 后农民工希望购买商品房或经济适用住房。

要解决农民工住房供求之间的这个矛盾，有两条路径可以选择：一是鼓励和引导农民工到中小城市就业定居，那里房价相对便宜，解决其拥有住房产权的可能性较大；二是加强对农民工的教育引导，使他们认识到租房同样是解决住房问题的重要途径。

据调查和分析，农民工对购买住房青睐有加。一方面是因为受我国传统文化的影响。拥有住房意味着拥有安定的居所，意味着有完整的家，这方面更多是心理和价值观因素在发挥作用。另一方面则是出于经济理性的考虑。这些年来，我国城市特别是大城市房价上涨过快，购房意味着财富的快速增加，是积累财富的快捷途径，农民工出于现实经济利益考虑，自然会期望在城市拥有自己的住房。

6. 住房保障方式选择

农民工对住房保障方式的选择存在明显的代际差异（图 4-70），绝大多数农民工希望和认为政府应当对住房市场进行管制、应该为农民工提供住房保障服务，认为政府不需要干预的均低于 8%。年龄越大，希望政府提供廉租住房的比例越高，90 后农民工为 45.2%，70 前农民工上升至 62.9%。即年龄越大的农民工，越追求居住稳定性，愿意排队等候更长时间。

随着年龄增加，倾向政府发放住房补贴的比例略有下降，90 后农民工为 57.2%，70 后则下降至 55.5%；但可以看出不同年龄段农民工接受住房补贴的比例均超过 50%。除 70 前农民工外，其他 3 个年龄段的农民工选择住房补贴的比例均超过廉租住房，说明农民工群体对住房补贴是接受的，且相对于廉租住

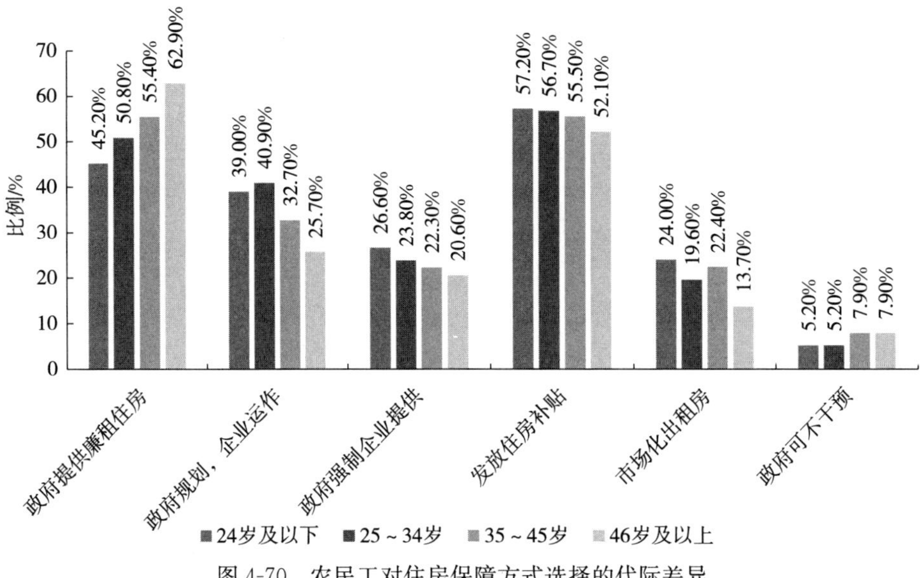

图 4-70　农民工对住房保障方式选择的代际差异

房，除 70 前农民工以外，多数更倾向于住房补贴。新生代农民工对住房补贴的接受度超过老一代农民工，对企业为员工提供住房的方式接受度也更高。

第四节　农民工城市融入状况

由于我国长期存在城乡二元经济结构，城乡差异较大。城市较高的经济收入、更好的就业机会和发展空间、相对完善的社会保障制度、较好的医疗卫生和教育条件、更为完善的基础设施和公共配套资源等对农民工具有巨大的吸引力，农民工融入城市的意愿较为强烈。但由于农民工自身条件、户籍制度、就业制度、社会排斥等因素的影响，农民工城市融入实际进程严重滞后。

一、农民工进城主要目的是增加收入

1. “挣钱养家”是农民工进城的首要动力

人口向城市聚集是一种趋势，更是一种市场选择行为，城乡收入差距是农民工进城的主要动因。目前，庞大的农业转移人口进城务工、经商，首先是为了求生存、减贫困，其次才是寻求个人发展和家庭致富①。

① 韩朝华，2018. 农业人口转移背后的隐忧和动能[EB/OL].(2017-12-03)[2018-03-19].http：//china.caixin.com/2017-12-03/101179575.html.

调查结果显示（图 4-71），以“提高收入”作为进城主要目的的农民工有 1 945名，占 65.4%，说明现阶段经济因素是农民工进城的主要影响因素；排在第二的是“谋求更好发展”，占 39.5%，城市在为农民工提供更高收入的同时，也为他们提供了更好的生活预期和更光明的未来前景；选择学习知识技能、开阔眼界以及因家庭原因入城的比例相当，分别是 23.5%、25.9%、25.9%；选择“其他”的仅有 36 人，占 1.2%。这说明，现阶段农民工进城务工的目的比较单纯、清晰，城市较高的收入、更好的发展前景对农民工产生了强大的拉力效应。但是，农民工对城市的这些美好想象，却经常遭遇现实的冲击。

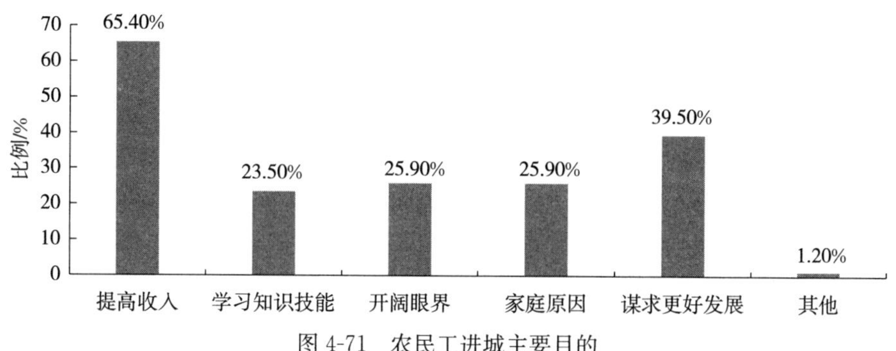

图 4-71　农民工进城主要目的

2. 代际差异

在共同的“生存”大目标背后，不同年龄段的农民工群体进城目的存在很大差异（图 4-72）。年龄越小，以学习知识技能为目的的比例越高，90 后农民工有 33.5%选择该选项，而 70 前农民工中只有 6.7%。

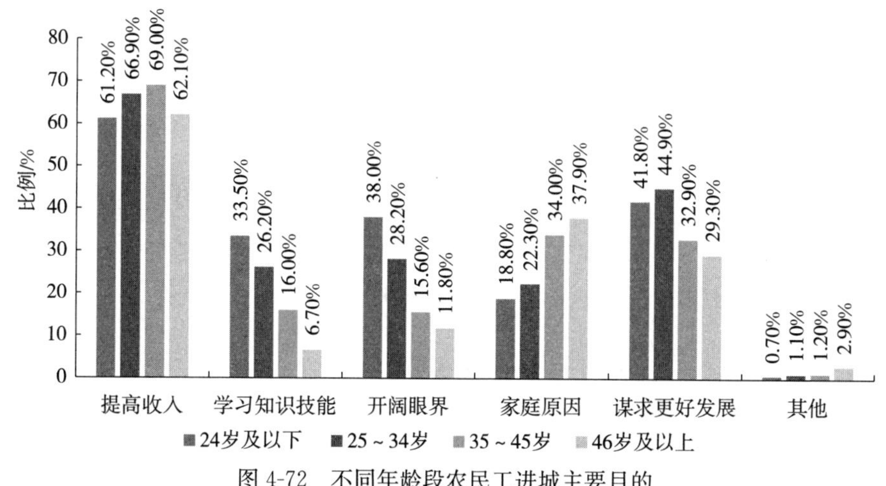

图 4-72　不同年龄段农民工进城主要目的

年龄越大，在就业流动时家庭因素的影响越大。所以流动规律应该是年龄越大，流动成本越高，流动频率将下降。

以谋求更好发展为目的的群体中，新生代农民工比例明显高于老一代农民工，新生代农民工追求自我发展和自我提升的愿望更强烈。

可以预计，随着农村条件的不断改善，出于非经济原因进城务工的农民工会越来越多。而以经济收入为主要流动目的、自身城市就业竞争力又较弱的老一代农民工，则会因农村收入的增加率先出现返乡现象。

3. 不同受教育程度的差异

从图 4-73 可以看出，随着农民工受教育程度的提高，以提高收入为目的的进城务工农民工比例有所降低。其中，识字很少的群体占 74.4%，可以说低文化水平的农民工进城目的非常单纯，就是为了提高经济收入。本科及以上文化程度的农民工有 57.9%选择以提高收入为目的，说明高学历农民工进城目的更加多元化，以开阔眼界、增长见识、学习知识技能为目标的比例更大。

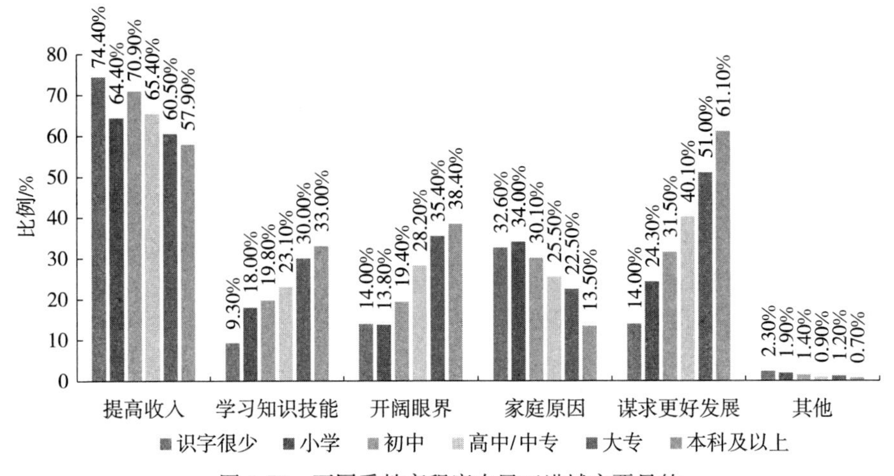

图 4-73　不同受教育程度农民工进城主要目的

受教育程度对进城目的影响最明显的是“谋求更好发展”。小学文化水平农民工仅有 24.3%，而有 61.1%的本科及以上文化水平农民工以此为目的，说明学历越高的农民工越关注自身的长远发展。

二、农民工城市归属感较高

1. 多数农民工比较喜欢所在城市

从图 4-74 可以看出，农民工对所在城市表示很喜欢的占 13.6%，比较喜欢的占 39.0%，即有 52.6%的农民工比较喜欢所在城市；表示一般的占 40.4%，不太喜欢的占 6.0%，表示很不喜欢的仅占 1.0%。

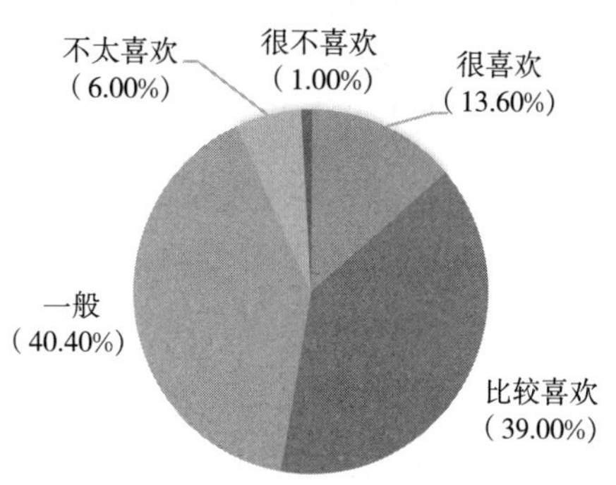

图 4-74　农民工对务工城市的喜爱程度

对所在城市的认同是城市归属感的一种表达。因此，总体来看，农民工对城市的归属感比较高，他们对城市更多地持有正面态度。

2. 代际差异

不同年龄段的农民工对所在城市的态度存在明显差异（图 4-75）。70 后农民工喜欢所在城市的比例最高，占 58.0%；80 后喜欢所在城市的比例最低，占 49.7%。

70 后喜欢所在城市的原因可能是该群体在城市务工的时间较长，对城市更为适应；由于该群体经济收入较高，在城市的经济地位和社会地位是所有农民工群体中最高的。因此，他们中的多数喜欢所在城市。

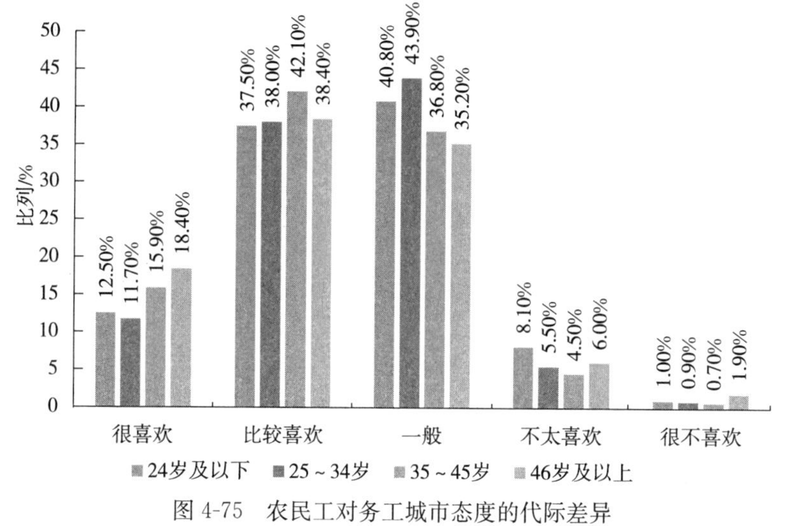

图 4-75　农民工对务工城市态度的代际差异

新生代农民工喜欢所在城市的比例普遍不高。究其原因，一是该群体刚进入城市，还处在对城市的适应过程中，这期间难免会产生一些冲突，影响了他们对城市的良好印象；二是该群体相比 70 后而言，面临更多的经济压力，特别是住房压力，过大的经济压力使他们对所在城市产生了排斥感和抵触感。

70 前农民工中表示喜欢所在城市的占 56.8%，仅次于 70 后，原因可能是该群体对城市的期望值较低，进而虽然经济收入较低，但其满意度却相对较高。

对所在城市持排斥态度的农民工中，90后农民工所占比例最高，占9.1%。原因可能是该群体初入社会，在适应城市的过程中感受到了理想与现实的冲突，未入城市前的想象都是美好的，可进入城市后不得不面对工作、住房、物价、人际关系、陌生环境等诸多压力。70前农民工对城市持排斥态度的比例也高达7.9%，说明70前农民工对所在城市态度的分层现象最为明显。

3. 不同受教育程度的差异

一个群体对所在城市的态度与该群体的社会地位、经济地位等因素密切相关。从前面的分析可以看出，受教育程度对农民工各方面都会产生重要影响。因此，我们可以做一个大胆的假设：受教育程度越高的群体，对所在城市持喜欢态度的比例应该更高。

从图4-76可以看出，总体来看，受教育程度越高的群体，对所在城市持喜欢态度的比例越高，特别是表示“很喜欢”的比例在不同群体间差异更为明显。对所在城市持排斥态度的农民工比例随学历增加而降低，表示“很不喜欢”的农民工中，识字很少的农民工占7.0%，而本科及以上学历中只有0.5%。也就是说，在接受过本科教育的农民工中几乎没有特别排斥所在城市的。

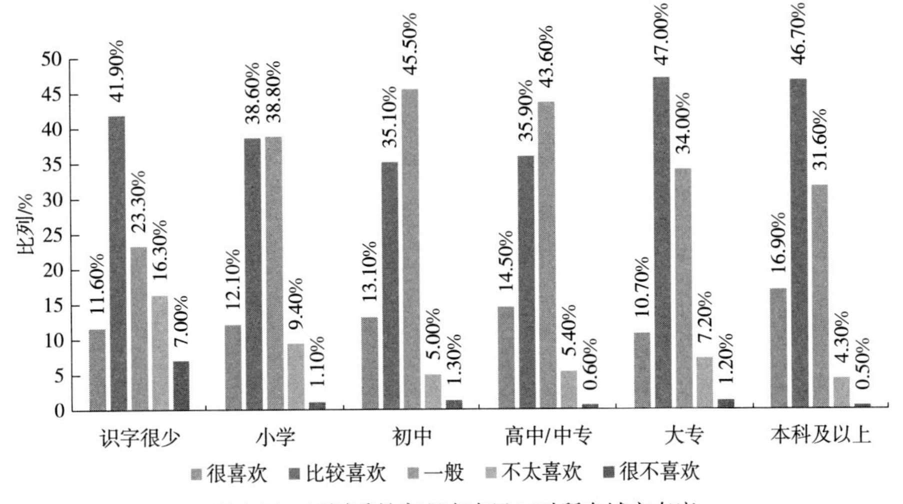

图4-76 不同受教育程度农民工对所在城市态度

调查结果显示，大专学历的农民工是一个特殊的群体。该群体表示对城市“很喜欢”的比例为10.7%，是所有群体中比例最低的；对城市持排斥态度（不太喜欢+很不喜欢）的比例为8.4%，是所有群体中比例最高的。原因可能是：大专学历农民工处于农民工“学历夹层”之中。高于其文化程度的本科及以上学历群体工作更稳定，工作质量也更高，在城市的竞争力更强，基本上是以城市作为长久居留之地，他们有意愿也有能力实现城市定居，城市归属感更强；而低于其学历的初中和高中学历农民工，则更多的是将城市作为临时务工之地，对所在城市期望不高，对应的满意度也就较高。

近些年，在高校就业过程中有个突出现象，大专生的就业率要高于本科生。一般给出的解释是：大专生更务实，不挑三拣四。可是，这种务实有可能是被迫的，是一种在残酷就业现实面前的妥协，是一种理性的无奈选择。本科生在找工作时高不成低不就，从另一面来讲则是对现状的不满，他们对未来充满向往和挑战的勇气，有更多实力和自信去争取更好的工作。

4. 流动距离的差异

我国人民的乡土观念很重，对于与自己身份距离近的人或物更容易产生亲近感和好感。从图 4-77 可以看出，在省内务工的农民工对所在城市的好感明显高于跨省流动的农民工。跨省流动的农民工对所在城市持排斥态度的比例远高于省内流动的农民工，表示“不太喜欢”或“很不喜欢”的农民工中，跨省流动的比例为 9.2%，而省内流动的比例为 5.5%。在本省务工的农民工归属感更强一些，他们的社会网络更丰富。而且，在省内务工，农民工的心理归属感要强很多。

同等条件下，省内务工农民工的城市融入度也更高一些。在制定城市化政策、区域经济发展政策时，可以考虑引导农民工就近转移，实现就近城市化。这可能是效率最高，也最有利于区域均衡发展的城市化、工业化发展模式。

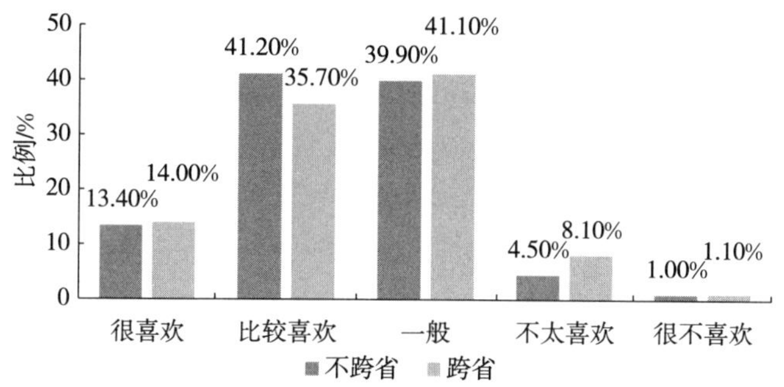

图 4-77　跨省流动与农民工对所在城市态度关系

三、农民工身份认知不清晰

心理融合是指农民工在心理和情感上对所在城市的心理认同，是城市融入的高级阶段。只有农民工对务工城市有较强的认同感和归属感，才能真正地实现城市融入。这种心理认同主要包括对身份的认同、城市归属感以及与城市居民的社会距离等，身份认同是农民工心理融合的重要维度。

1. 仅少数农民工认为自己是城市人

对身份的自我认同反映了一个人的归属感，农民工的归属感主要是在其城市生活和工作中形成和发展起来的。从居住环境看，很多农民工居住在工棚、集体宿舍或者租住在城乡边缘的农民工聚集区，这阻碍了他们与城市社区居民的互动交流；从日常交往看，农民工在城市中经常遭遇偏见和歧视，一些城市管理者和市民往往不自觉地戴着“有色眼镜”看待农民工。

这导致现阶段农民工对城市的态度比较复杂：一方面，农村的窘迫和城市的繁华形成强烈反差，农民工对城市充满向往，纷纷涌入城市求职务工；另一方面，由于户籍身份、竞争能力的限制，他们大多处于城市社会的最底层，感觉自己虽身在城市，但与城市的美好生活相距甚远。因此，他们在城市中大多内心充满自卑和无奈，缺乏城市归属感。

农民工在未进城务工之前的身份是农村人，那进入城市之后呢？对自我身份的认定会影响其行为，城乡和地域分割使农民工陷入身份认同的困境。

调查结果显示（图 4-78），认为自己是城市人的农民工仅占 19.0％，这表明农民工市民化的道路依然任重道远；认为自己是产业工人的占 14.5％。可见，有 33.5％的农民工因进城务工对自我身份的认定已经发生了转变，认为自己不再是农村人。认为自己依然是农村人的占 48.8％，也就是说有接近一半的农民工虽然在城市工作，但依然认为自己属于农村人。另外，还有 17.7％的农民工表示不清楚自己是什么身份，处于一种迷茫状态。

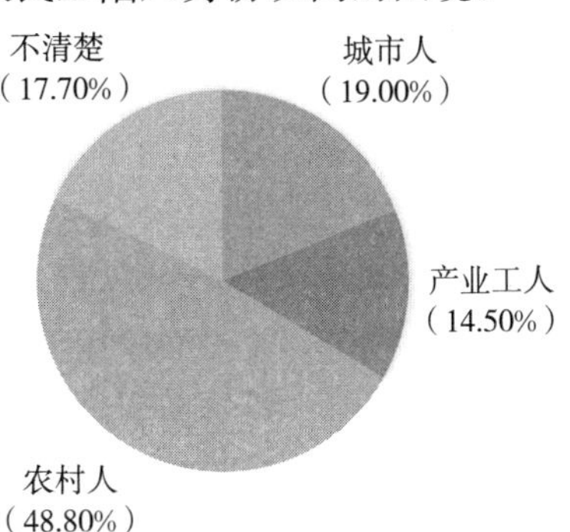

图 4-78　农民工对身份的自我认定

可见，半数以上农民工在心理上已经处于从“农民”变为“市民”的中间过渡阶段，走到了城乡二元社会制度的边缘。他们将来是回到“农民”身份的原点，还是迈向“市民”身份的终点，抑或成为制度之外的边缘人，是农民工城市融入研究需要关注的重要问题。

2. 代际差异

不同年龄段农民工自我身份认定差异明显（图 4-79）。认为自己是城市人的 80 后农民工比例最高，占 22.1％；其产业工人身份认定比例也最高，占 16.3％；相应地，80 后对农村人身份认定比例最低，为 43.0％，说明 80 后农民工在城市的心理融入度最高。

在心理融入度方面，70 后略高于 70 前农民工，但明显高于 90 后农民工。90 后农民工的心理融入度最低，但对农村人的身份认定比例并不高，为

48.9%，明显低于老一代农民工。

新生代农民工表示对自己是何身份不清楚的比例（21.8%）明显高于老一代农民工，说明新生代农民工户籍在农村，务工在城市，但具体“我是谁”这个问题却在困扰着他们。即使是70前农民工，也有高达13.3%的人不清楚自己的具体身份，说明现阶段农民工“身份认定困惑”已经成为一个严重的社会问题。超过半数的老一代农民工明确认定自己是农村人，这部分农民工可能不是农民工市民化的政策目标主体。

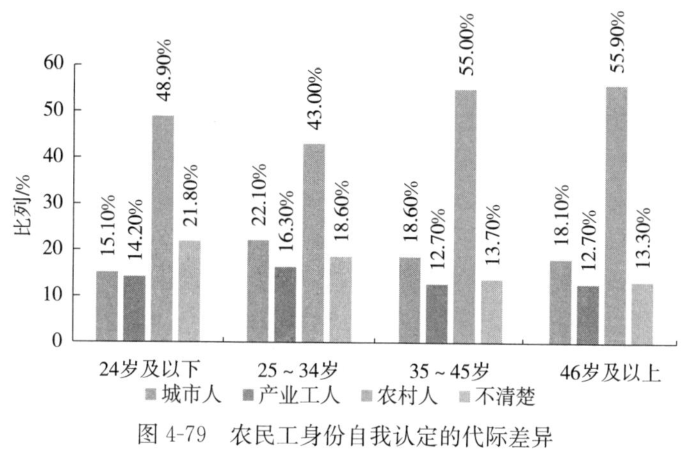

图4-79　农民工身份自我认定的代际差异

90后农民工的身份认定情况与通常的理解相差较大。一般认为，90后在价值观念、生活消费习惯等各方面相比其他农民工群体应该更接近城市居民。可能通常看到的是90后农民工的外在表现，而他们内心还是认为自己依然是农村人。外在行为趋于城市，内心深处却仍是农民，加上90后非常年轻，心智甚至还未完全成熟，认知行为失调很可能会导致严重的心理问题，农民工特别是90后农民工的心理健康问题应该引起全社会的关注。

3. 受教育程度的差异

从不同受教育程度的农民工对身份的自我认定可以发现一些规律（图4-80）。学历越高，认为自己是城市人的比例越高，小学以下文化水平的农民工认为自己是城市人的比例不足10%，本科及以上则超过三成，说明受教育程度对农民工心理上的身份转变具有重要作用。

高中/中专文化水平的农民工对产业工人的身份认同度相对最高，占18.5%；本科及以上文化水平农民工认为自己是“产业工人”的比例低于高中和大专，说明本科及以上文化水平的农民工对自己职业的定位已经不是“蓝领工人”，而是白领。

学历越高，对农村人身份的认同度越低，但总体比例仍较高。初中及以下文化水平普遍超过60%，本科及以上文化水平仍有29.3%。学历越高，对自己身份认定不明确的比例越高，本科及以上文化水平达到了22.9%。由于农村户籍的含金量越来越高，近几年很多农村生源大学生在进入大学后其户口未改变，更容易导致其身份模糊。

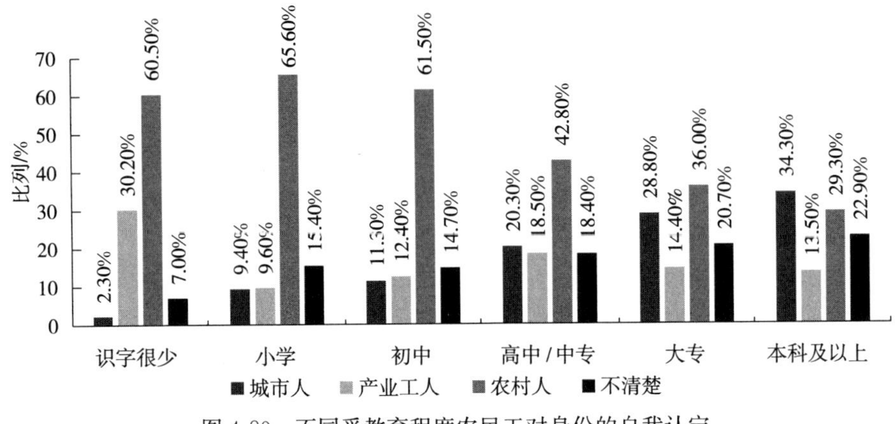

图4-80　不同受教育程度农民工对身份的自我认定

四、城市对农民工的包容度越来越高

在我国，“农民”的含义有广义和狭义之分。狭义的农民是指职业意义上的农民，即在农村从事农业生产的人。广义的农民是指户籍意义上的农民，即便他们在城市工作、生活，但如果不是城市户籍，依然属于农民。例如，把进城务工的农村户籍人员称为“农民工”。即使转为了城市户籍，也仍可能被嘲讽“还是农民”。

农民和市民的社会地位差别很大，农民工在城市一直处于弱势地位，属于被歧视群体。如果不同社会群体间存在歧视行为且程度不断加剧，有可能引发社会关系的紧张直至引发社会冲突。

1. 近半数农民工在城市遭受过市民歧视

国内外很多研究都表明，迁入地居民对移民的态度是影响移民社会融合的重要因素。城市居民对农民工是否存在歧视对农民工能否融入城市社会具有重要影响，以“歧视”为代表的社会排斥行为反映了农民工与市民的社会距离。

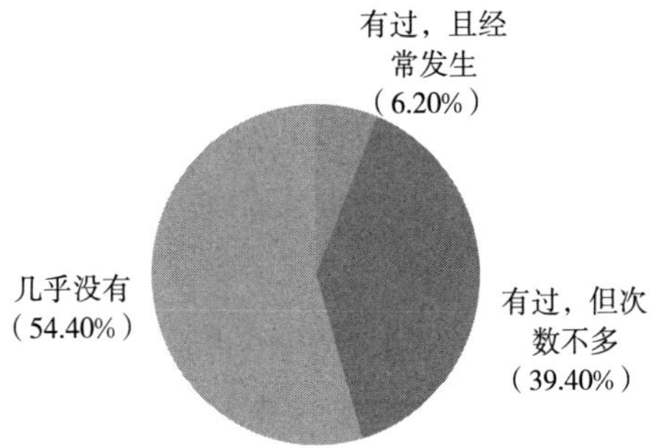

图4-81　农民工在城市遭受歧视情况

本次调查发现（图4-81），农民工在城市仍普遍面临歧视性的社会制度环境。45.6%的农民工有过遭受市民歧视的经历，绝大多数农民工认为户籍制度对他们不公平。另外，只有6.2%的农民工表示经常面临市民歧视，说明城市对农民工群体的歧视在逐渐减弱，包容性逐渐增强。

在流入地城市遭受歧视不仅会伤害农民工的自尊心，同时会刺激其在遭遇问题时采取过激行为，对他人或社会造成伤害，也降低了他们的自身安全感。有学者的研究显示，受过市民歧视对待的农民工与市民发生冲突的比例（66.61%）高出没有类似经历的农民工（37.03%）近一倍，他们与外来务工者发生冲突以及遭遇权益侵害的比例也较高①。

经常性遭遇歧视使得农民工在流入地城市的融入度难以提高，容易自我认定为社会底层，引发负面情绪。遭受过歧视的农民工的文化融入状况比较差，他们会更多地固守家乡文化，从而更加难以适应流入地城市的主流文化。遭受过歧视的农民工心理融入状况同样较差，他们一般更多地选择认同自己的农民身份，与市民的社会距离更远，主动融入城市的意愿更低。

2. 流动距离差异

“外地人”是市民对外来农民工表达歧视的一个常用语。市民对外地人的判断一般主要从外在衣着、言行、职业特征以及语言等方面进行。跨省流动的农民工是区位空间上典型的外地人，不管是市民还是农民工，外省农民工更容易被视为“外地人”。

从图4-82可以看出，相比省内流动农民工，跨省流动农民工遭受市民歧视的概率更大，与务工地市民的心理距离更大，更多体会到背井离乡的苦楚；而省内流动农民工有接近6成表示几乎没有遇到过歧视。从心理融入角度分析，就近城市化更有利于农民工市民化和城市融入。

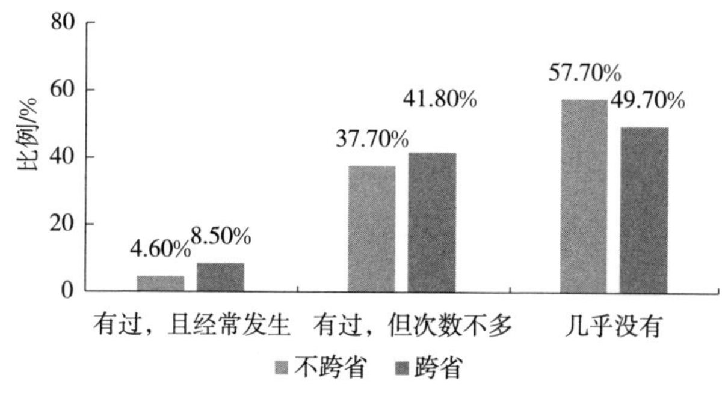

图4-82　农民工跨省流动与受歧视状况关系

3. 受教育程度的差异

随着我国社会经济的发展，城市包容度也在不断提高。总体来看，农民工

① 杜海峰等，2015. 农民工生存与发展状况调查报告［M］. 北京：社会科学文献出版社.

在城市遭受歧视的情况已大为改善，有超过一半的农民工表示几乎没有遭受过歧视（图 4-83）。调查显示，受教育程度几乎对农民工在城市工作生活的各个方面都产生着至关重要的直接影响。

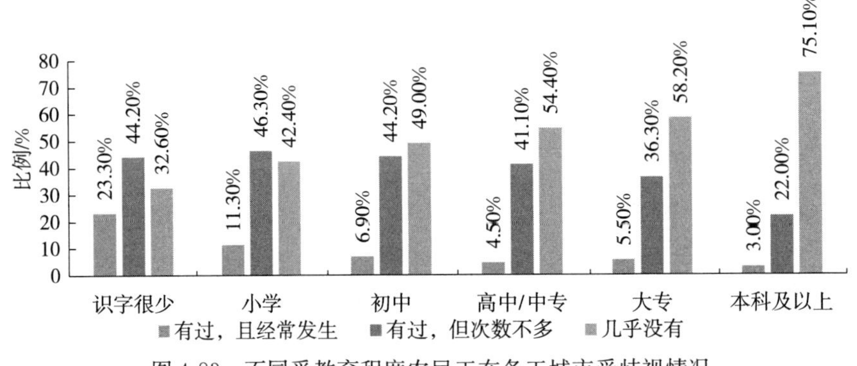

图 4-83　不同受教育程度农民工在务工城市受歧视情况

受教育程度越高，在城市遭受到的歧视越少（更准确的说法应该是感受到）。本科及以上文化水平的农民工在城市感受到歧视的比例与其他群体存在显著差异，只有 3.0%表示经常遇到社会歧视。即使同样受过高等教育，大专毕业生在城市感受到的歧视明显要多于本科及以上学历的农民工，而大专毕业生的情况又明显优于高中毕业生。

从心理融入角度看，农民工市民化应该可以采取分步骤、分阶段进行。在第一个阶段，首先是解决接受过高等教育的农民工群体。这部分农民工群体在城市的心理融入度已经较高，城市融入的基础较好。

4. 代际差异

从图 4-84 可以看出，年龄越小，感受到的歧视越少。城市社会属于陌生人社会，对一个人的初始认知一般通过其穿着打扮、行为方式等进行。90 后

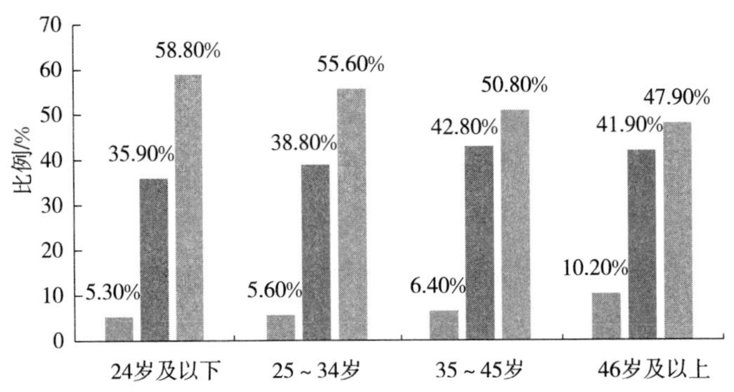

图 4-84　农民工在务工城市受歧视情况的代际差异

农民工从外在来看已经与市民没有多大差别，同时90后也在主动向市民标准靠拢，对歧视的感受也就自然少一些。另外，新生代农民工的整体情况要明显好于老一代农民工，新生代农民工和经济实力较强的70后农民工应该成为我国农民工市民化的首要选择。

五、农民工市民化意愿较强

农民工对未来的打算和预期可以直接反映出农民工与本地市民的融合程度。通过分析农民工的市民化意愿，可以更好地完善相关政策措施，从而更有效地促进农民工的城市融入进程，真正实现农民工向市民的转变。

1. 四成以上农民工成为城市人的意愿强烈

随着农民工进城务工就业趋于稳定，农民工对市民化的要求越来越强烈。调查结果显示（图4-85），有40.2%的农民工表示希望成为城市人，只有17.9%的农民工表示不希望成为城市人，另有41.9%的农民工表示还没有认真考虑过这个问题。

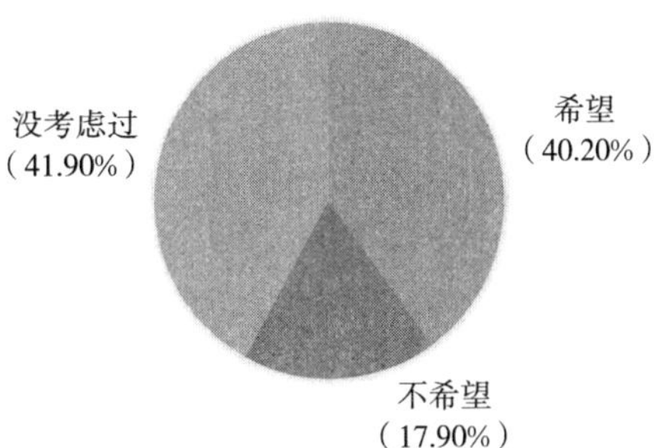

图4-85　农民工对转为城市居民的态度

笔者认为，除了明确表示不希望成为城市人的农民工（占比17.9%），如果条件成熟，大多数农民工都有成为城市人的意愿，我国农民工市民化潜力巨大。国内其他学者或机构的调查也得出了类似的结论。如2011年流动人口动态监测数据显示，流动人口中有超过92%的比例表示愿意成为流入地的一员，表现出强烈的融入意愿①。

2. 流动距离差异

从流动距离来看（图4-86），省内流动农民工转为城市人的意愿更为强烈，有42.8%的农民工明确表示希望成为城市人，而跨省流动农民工只有36.5%；省内流动农民工只有16.9%明确表示不希望成为城市人，而跨省流动农民工有19.4%。

究其原因，一是跨省长距离流动的农民工，主要是到外省大城市或发达地区务工，这些地区房价过高，农民工难以负担，导致对转为市民望而却步；二是跨省流动的农民工主要目的是赚取更多收入，其流动出发点不是在城市谋

① 国家人口和计划生育委员会流动人口服务管理司，2012. 中国流动人口发展报告（2012）[M]. 北京：中国人口出版社.

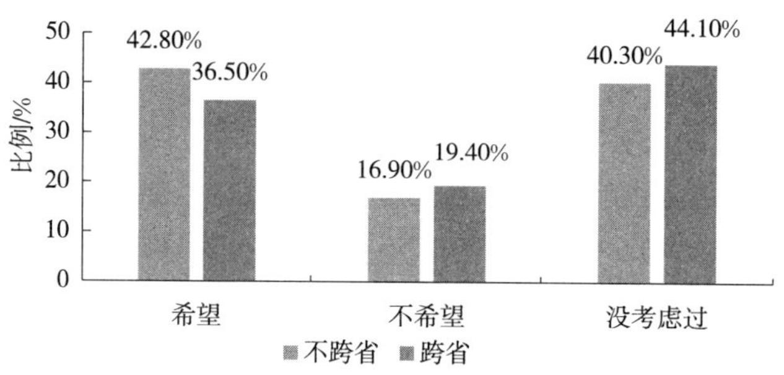

图 4-86　流动距离对农民工转为城市居民意愿的影响

求长期发展，所以跨省流动农民工“没考虑过”转为城市人的比例更高；三是如果在外省转为城市人，农民工不得不面临远离故土、社会网络资本匮乏等更多困难。因此，引导农村转移人口在省内城市实现市民化应该是更可行的选择。

3. 代际差异

从图 4-87 可以发现，不同年龄段的农民工转为城市人的意愿并不是呈简单的线性关系。总体来看，90 后与 70 后农民工愿意转为城市人的比例相近，相对较高，均为 42.5%；80 后和 70 前农民工愿意转为城市人的比例相近，相对较低，80 后为 38.1%，70 前为 37.1%。明确表示不希望转为城市人的群体中，新生代农民工反而高于老一代农民工，且 80 后比例最高，达到 19.8%。

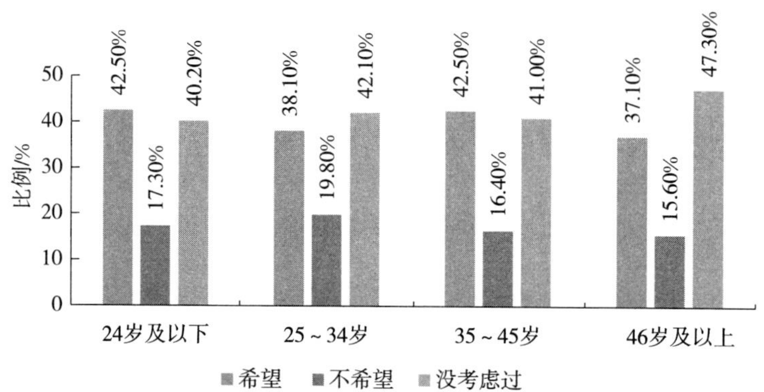

图 4-87　农民工转为城市居民意愿的代际差异

90 后较高的转变意愿应该是因为他们初入城市，对城市生活充满向往；70 后则是因为其较强的经济实力。

80 后在学历、技能方面都具有比较大的优势，但其转变意愿相对较低的原因，可能一是源于城市高房价造成的定居成本压力较大；二是在城市打拼多年后遇到一些困难，产生退缩心理。

70 前农民工由于在城市劳动力市场竞争力较弱，且具有明显的传统乡土情结，其市民化意愿最低。单纯从年龄来看，70后和新生代农民工是最可能率先转为城市居民的。

4. 受教育程度的差异

从图4-88可以看出，总体上，受教育程度越高，希望成为城市人的比例越高，但二者之间并不是简单的线性关系。

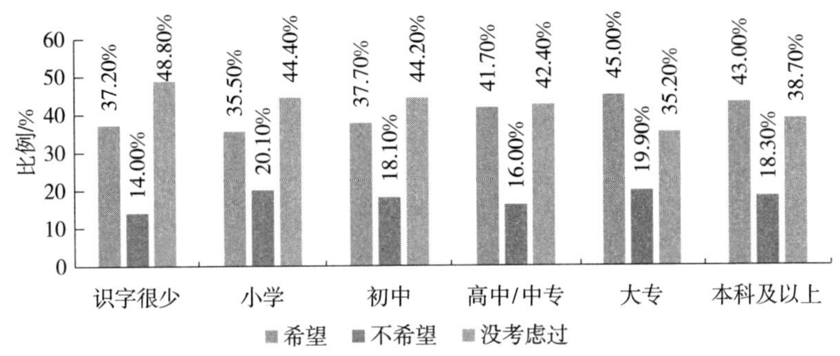

图4-88　不同受教育程度农民工转为城市居民意愿差异

小学文化水平希望成为城市人的比例最低，仅有35.5%；大专生最高，达到了45.0%；本科及以上为43.0%；高中/中专希望成为城市人的比例也有41.7%。即高中及以上文化水平的比例均超过了40%。

虽然接受过高等教育的群体中有接近20%明确表示不希望转为城市人，但实际上受过高等教育的群体未来应该绝大部分都会在城市工作生活。之所以有接近两成不想转为城市人，其原因应该与近几年农村户籍附着的福利增加有关。一方面，如果转为城市户籍意味着可能失去农村承包地甚至是宅基地带来的收益；另一方面，相对市民而言，农民工在城市并不具备竞争优势。这导致包括接受过高等教育群体在内的很多农民工对是否转为城市人并不是非常明确。如果有关农民工的城市社会保障制度、就业制度等相关政策得到改善，希望转为城市人身份的农民工比例应该会有较大幅度的增长。

总体而言，如果将农民工市民化的农民工作为供方，城市作为需方，只要需方条件改善，农民工市民化的供给是不成问题的。

六、城市户口对农民工具有多重吸引力

1. 拥有更好的生活条件是城市户口对农民工最大的吸引力

调查结果显示（图4-89），有53.0%的农民工认为城市对自己最大的吸引力是良好的城市生活条件。与农村相比，城市生活更加丰富多彩、更加便利，对农民工来说充满吸引力。排名第二位的是子女教育条件，有46.8%农民工选择。由于城乡教育资源分配不均，城市具有农村无法比拟的优质教学资源和

教学质量。为了子女能接受更好的教育，农民工在自己力所能及的范围内，一般会将子女接入务工城市接受教育。

随着农民工经济条件的持续改善、城市农民工子女教育政策的不断完善，未来会有越来越多的农民工子女进入城市接受教育。这可以产生多重正面效应：一是农民工家庭幸福指数提高，现阶段农民工举家进城的比例越来越高，家人生活在一起无疑会提高该群体的幸福指数；二是农民工子女可以得到更优质的教育，国民素质将得到改善；三是农村留守儿童问题有利于得到缓解。

需要注意的是，农民工携带子女进城后，大多仍旧将老人留在农村，农村留守老人问题将愈发严重。

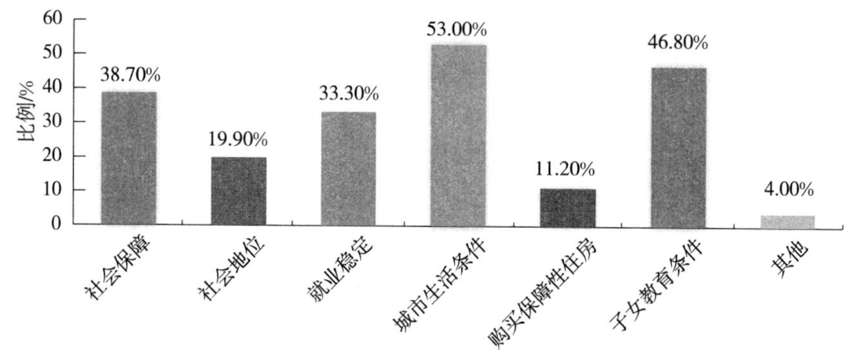

图 4-89　城市户口对农民工的吸引因素

由于城市社会保障体系并没有完全涵盖农民工群体，农民工感受不到城市社会保障的好处，加上农村社会保障条件逐年改善，城市社会保障对农民工的吸引力并不高，只有 38.7%的农民工将其看作城市的优势。

农民工在务工城市缺乏保障和安全感，也是他们不愿意放弃农村土地利益的重要原因。很多地方的调研发现，有很多农民工即使将土地撂荒也不愿意有偿退出，有的甚至表示“给再多钱也不退，没了土地以后怎么办?”在农民工看来，土地是其最基本的保障。

2. 婚姻状况差异

从图 4-90 可以看出，不同婚姻状况的农民工对城市户口的兴趣存在差异。未婚农民工更感兴趣的是城市户口拥有的更好的社会保障、更稳定的就业、更优的社会条件和能够购买保障性住房。可见，吸引未婚农民工的更多是与自身生活发展有关的因素。

已婚农民工更关注子女教育条件，这与我国传统的家庭观念有关。当结婚生子后，农民工的生活重心更多地由自身转向下一代。离异群体更为关注的是社会地位，这可能是由城乡文化差异造成的，如果离异，在农村可能会遭受更多歧视。因此，离异农民工对城市包容性文化更向往。

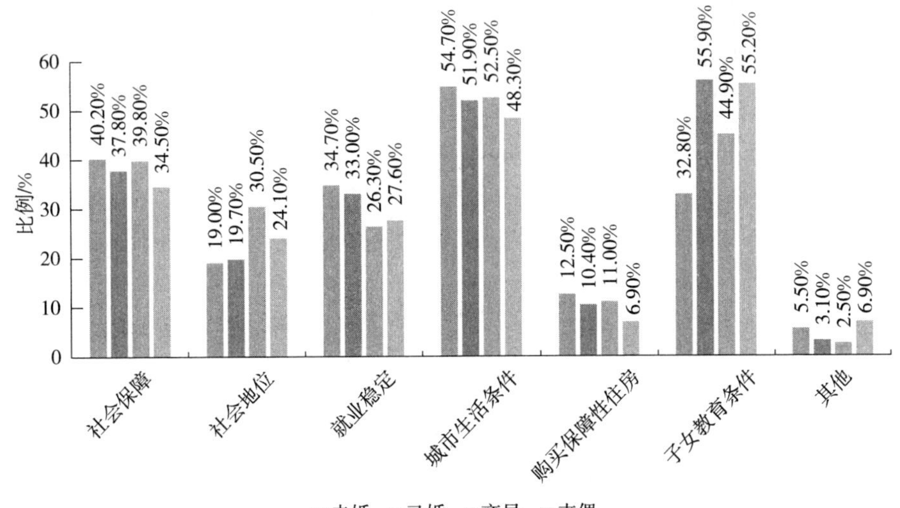

图 4-90　城市户口对不同婚姻状况农民工吸引力差异

3. 受教育程度引起的差异

从图 4-91 可以发现，不同受教育程度的农民工对城市户口的兴趣存在很大差异。相比而言，识字很少的农民工更看重的是城市户口带来的社会地位。原因可能是这类农民工在城市处于社会最底层，对提升社会地位的需求是所有农民工群体中最为迫切的。

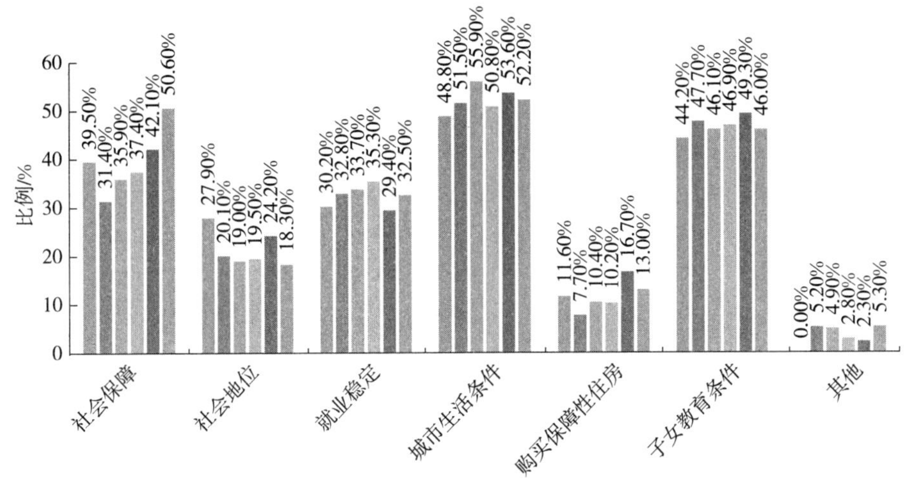

图 4-91　城市户口对不同受教育程度农民工吸引因素差异

小学文化水平的农民工对子女教育条件更为看重。这类农民工在城市务工过程中经常遭遇到因文化水平低造成的就业困难。因此，他们迫切希望自己的子女能够接受更好教育。初中文化水平的农民工群体更看重的是城市生活条件。从文化程度角度看，这类农民工留城的机会不大，他们未来可能最终会退出务工城市，但他们对城市良好生活条件的向往仍然存在。在城市生活久了，他们很难再接受传统的农村生产生活方式。新农村建设受益程度和参与度最高的可能就是这一群体。接受过高等教育的农民工将来多数会在城市长久居留，因此他们更看重与城市生活相关的内容，如社会保障和保障性住房等。

4. 代际差异

从图 4-92 可以看出，相比其他年龄段农民工，90 后更为关注的是城市良好的就业条件。原因是初入城市，该群体在劳动力市场首先感受到的就是就业机会的不平等，他们迫切希望改变这种现状。

80 后农民工最看重的是城市居民的社会地位和保障性住房。在经历过初入职场的就业差异体验之后，他们更多地开始体验和经历不同身份带来的社会地位的差异。当他们面对难以承受的购房压力时，他们非常羡慕城市居民拥有的购买政府保障性住房的权利。

70 后农民工最看重的是城市良好的子女教育条件。按照年龄判断，70 后农民工的子女大多正在接受小学或中学教育，而这一阶段的教育水平城乡差异巨大。

70 前农民工最关注的是城市的社会保障条件，该群体年龄增大，在就业市场上竞争力下降，身体健康状况也开始变差，失业保险、医疗保险、养老保险等社会保障问题对他们的重要性越来越高。

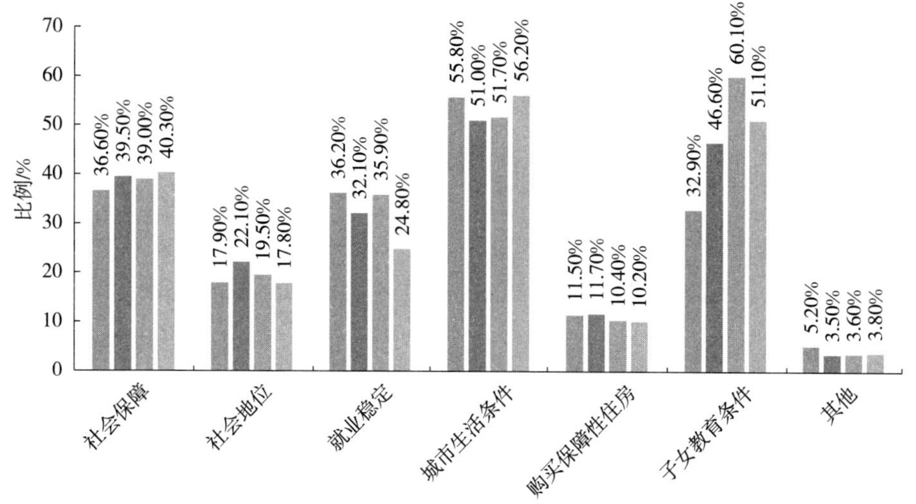

图 4-92　城市户口对农民工吸引力的代际差异

七、农民工城市户籍朋友较少

1. 农民工社会网络处于重构阶段，与市民的交往有待提高

社会网络是指农民工与自身以外的其他社会成员之间因互动而形成的相对稳定的关系体系。农民工进城的过程也是一个重构社会关系网络和社会资本再积累的过程。与人力资本的私有性和使用的排他性相比，社会资本的公有性和使用的非排他性对农民工在城市的生存发展意义重大。

进入城市后，农民工面对的是一个陌生的环境，以前建立的社会联系大都被抛在家乡，原先遵循的规则和观念在城市社会中可能变得越来越不适用。为了更好地生存和发展，他们不得不学会与城市里的陌生人交往，重新构建和发展新的社会关系。这样有助于他们更好地融入城市社会、改善其职业流动状况，进而提高经济收入和社会经济地位。

在分析农民工城市融入程度和融入影响因素时，笔者将“城市户籍朋友数量”作为“社会网络”的衡量指标之一。

虽然农民工在务工城市的社会网络相较在农村时已经有了很大改变，但在他们的社会网络构成中，市民所占比重仍然十分有限。农民工的社会网络依然是以基于血缘和地缘关系的初级网络为主，乡土性、同质性特征明显。

从图 4-93 可以发现，在被调查的2 978名农民工中，表示有很多城市户籍朋友的仅占 9.5%，有较多城市户籍朋友的占 29.6%，城市户籍朋友不多的占 43.5%，表示很少和几乎没有的分别占 12.8%和 4.6%。也就是说，有超过 60%的农民工城市户籍朋友较少，这也导致他们与城市居民的日常交往处于很低的层次和水平。

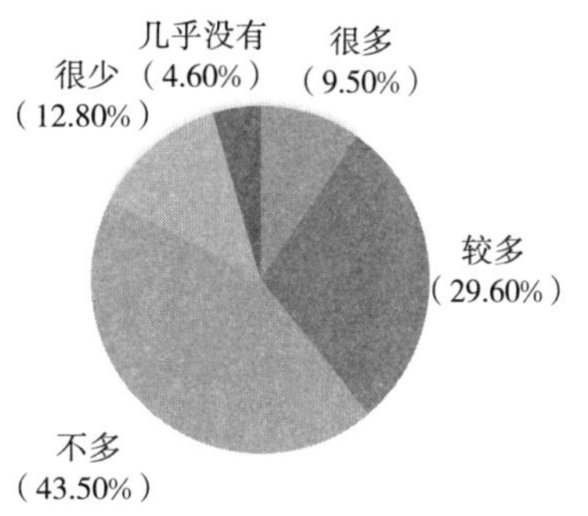

图 4-93　农民工城市户籍朋友数量

调查还发现，表示与城市本地居民有很多交往的仅占 14.4%，与本地居民交往水平一般的占 51.4%，交往很少和几乎没有交往的分别占 27.7%和 6.3%。

造成农民工与城市居民交往较少的原因主要有 3 个方面：一是职业隔离，农民工所从事的工作大多是被城市居民所“厌弃”的，两个群体在泾渭分明的不同“职业空间”工作，交集很小；二是社会身份不同，户籍制度形成了农民工与市民不同的社会地位，不平等的两个群体难以有效沟通；三是居住隔离，农民工与市民普遍存在居住隔离现象，使得农民工在日常生活中与城市居民接触不多。

即使农民工与市民在工作生活中有所接触，其交往也缺乏深度。长期的隔离使得双方缺乏沟通，难以相互理解，影响两者之间的相互融合。

2. 地域差异

省内务工与省外务工的农民工的社会网络呈现出不均衡的状况。调查数据显示（图 4-94），省内务工的农民工城市户籍朋友数量要多于跨省流动农民工。因为“老乡”这一关系概念的最大范围是“省”，省内务工使得农民工与本地市民的心理距离更近。同时，省内务工的农民工在务工城市一般拥有更多初级网络资源，这有利于其发展新的社会网络。

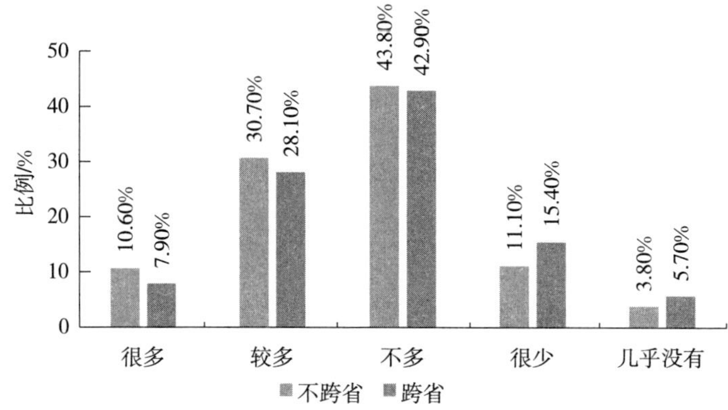

图 4-94　跨省务工对农民工城市户籍朋友数量的影响

3. 代际差异

从不同年龄段的农民工群体看（图 4-95），与城市户籍居民交往程度最高的是 80 后和 70 后农民工，其中 70 后农民工又优于 80 后。原因可能是：这两个群体是农民工群体中经济地位和社会地位较高的群体，属于农民工群体的中坚力量。80 后的优势是学历水平较高，而 70 后则拥有进城时间长的相对优势。

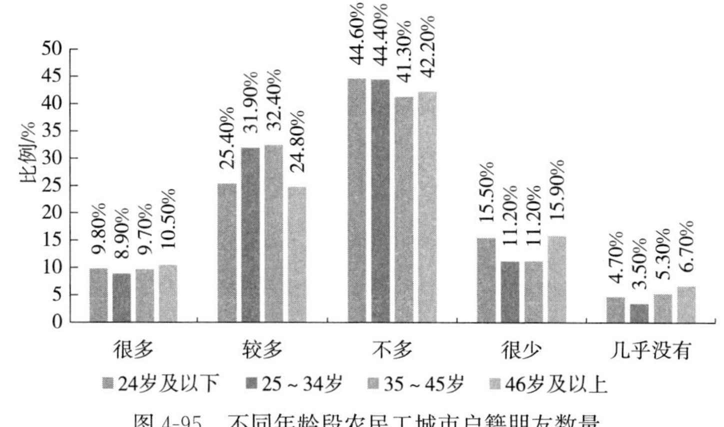

图 4-95　不同年龄段农民工城市户籍朋友数量

相应地，90 后和 70 前农民工与城市居民的交往较少。原因在于：90 后农民工初入城市，重构社会网络的时间不足；而 70 前农民工由于文化水平、职业种类的限制，与市民的接触机会较少。在扩展社会网络潜力方面，90 后农民工要远强于 70 前农民工。

4. 受教育程度的影响

从图 4-96 可以看出，不同文化水平的农民工与市民交往的差异非常明显。学历越高，城市户籍朋友越多。识字很少的农民工中，只有 18.7%表示有很多或较多的城市户籍朋友，而本科及以上学历农民工则高达 63.2%；识字很少的农民工中，有 37.2%表示很少或几乎没有城市户籍朋友，而本科及以上学历只有 7.5%。以上结果再次印证了教育对农民工城市融入具有重大影响。

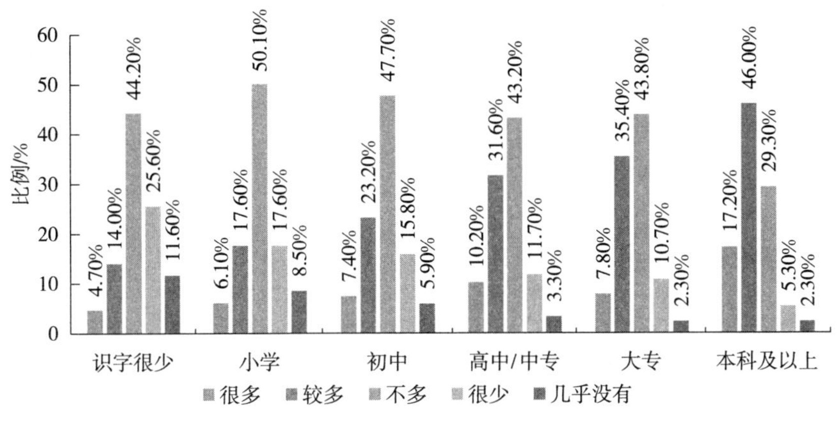

图 4-96　不同受教育程度农民工城市户籍朋友数量

八、农民工社会网络处于重构阶段

人口流动过程中的每个环节都受制于流动者的社会资本及社会网络①。社会网络是行为适应的一个重要指标，但它也影响着流动人口的劳动就业和收入保障等。流动人口在流入之初，多依赖基于亲缘、血缘、地缘的初级社会网络和社会资本获得工作机会、应对生存压力。但是，若要在流入地社会更好地生存和发展，就必须建立以业缘、友缘为基础的新型社会网络。

我国乡土社会的一个重要特征是对亲缘关系和地缘关系的高度重视。这对人们的社会行为方式具有重要影响，且呈现出较强的惯性特征。人们离开农村进入城市后并不会迅速发生转变，不同人改变的快慢程度也有所差异。

① ALEJANDRO P，1998. Social Capital：Its Origins and Applications in Modern Sociology [J]. Annual Review of Sociology（24）：1-24.

我们可以将农民工在务工城市构建的社会网络划分为初级关系网络和次级关系网络两大类。其中，初级关系网络也被称为“强关系网络”，以亲友、老乡为主，具有高趋同性、低异质性和高紧密性特征；次级关系网络以业缘为主。

初级关系网络可有效减少农民工的城市融入成本，但也会固化农民工原有和现有的文化状态，不利于培养农民工对城市的社会认同。农民工构建的社会网络规模越大、质量越高，他们在城市获取到的各类资源就会越多。农民工在务工地的社会融合更多地依赖于次级社会资本的构建和积累，而非原有的初级社会资本。

1. 农民工初步构建起以业缘为基础的社会网络

农民工从农村向城市的流动大大拓展了他们的社会网络。首先，在务工城市，农民工的社会关系地域范围不再局限于其家乡，“老乡”这种地缘关系也从乡土社会中同村或同族的人扩展到同镇、同县，甚至同市、同省；其次，非血缘社会关系得到扩展，流动中的农民工开始构建自己的业缘关系和新的朋友圈。这些社会关系网络所含内容更加丰富，是农民工在城市进一步发展所必需的。

在城市社会中，从人际关系构成来看，农民工拥有更多的是通过工作建立的同事—朋友—熟人关系，其次是老乡、同学，最后是市民关系。在调查的2 978名农民工中（图 4-97），“同事”在农民工社会网络中比重最大，有61.5%的农民工的主要交往对象包括“同事”；“工作中结识的其他人”占47.6%，而“老乡”仅占33.7%[①]，同事关系接近老乡关系的两倍。

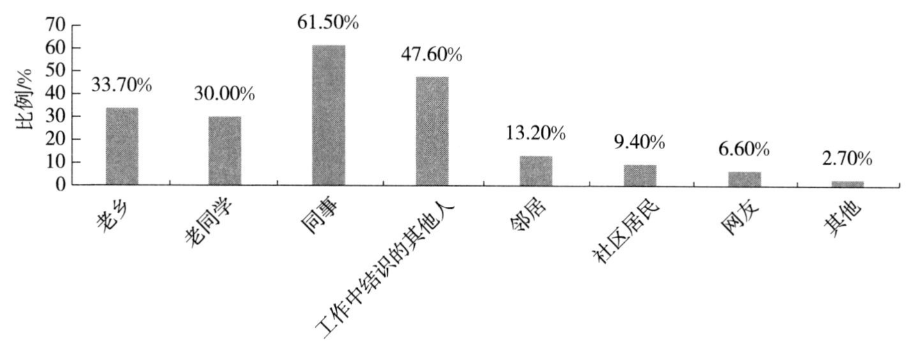

图 4-97　农民工在务工地交往对象

这表明，农民工进入城市后，随着生活空间和从事职业的改变，业缘关系

① 国家统计局发布的《2016 年农民工监测调查报告》显示，在城市生活中，除家人外，进城农民工业余时间人际交往对象中老乡占 35.2%，这与笔者的调查结果非常接近。

在他们社会关系中的重要性迅速上升，以同事—朋友—熟人为主的弱关系构成其社会关系的主要组成部分，这在一定程度上提高了农民工融入城市社会的可能性。

从图中也可以看出，地缘关系所占比重仍超过 1/3。这是因为作为同一地方的外出务工者，相同的来源地使得他们更易建立起联系。需要注意的是，不管是基于地缘、亲缘还是基于业缘关系建立的社会网络，农民工社会网络成员的社会经济地位同质性很强，社会经济地位普遍较低。

李培林通过调查发现，农民工虽然在城市工作和生活，但他们并未能真正融入城市，以业缘关系为纽带的社会网络还未建立起来，他们的社会交往仍以亲缘关系和地缘关系为主。李培林的调查是在 20 世纪 90 年代初进行的，对比笔者的调查结果可以发现，随着时间的推移，农民工在城市的社会网络已经有了质的转变。调查显示，在农民工的交往对象中，老乡和同学仅占 31.2%，而同事和在工作中结识的其他人占到了 53.3%。可以得出结论：农民工已经初步建立起以业缘关系为纽带的社会网络，虽然这个社会网络成员的就业大多限定在社会底层。

从图 4-97 还可以发现，现阶段，“邻居”在农民工交往对象中的比重仅为 13.2%，这与他们在农村生活时的社会交往状态相比发生了重大变化，呈现出一定的城市化特征；社区居民占农民工交往对象的比重仅为 9.4%，说明社区在农民工市民化中发挥的作用还非常有限。

虽然农民工的总体社会网络规模在不断扩展，但他们与市民的交往规模、频率都比较低。最重要的是，他们在城市所拥有的社会关系（包括市民关系）大多所处社会阶层不高、社会经济地位偏低，优质社会资源十分稀少。

2. 受教育程度差异

按照社会学理论，一般可以将一个人的社会网络按形成基础分为亲缘、地缘、业缘和学缘等。农民工在进城务工前，其社会网络主要基于亲缘关系，进入城市后地缘和业缘关系的重要性增加。学缘关系一直在一个人的社会网络中扮演着重要角色，并且随着一个人受教育程度的提高，其同学数量和质量也逐步提高，学缘的重要性也应该是越来越高的。

从图 4-98 可以看出，随着受教育程度的提高，农民工的社会交往对象中，同学占的比重越来越大，本科及以上文化水平达到 62.7%；学历越高，老乡占的比重越来越小，小学文化水平为 44.9%，而本科及以上学历仅占 20.8%；学历越高，业缘关系越重要，本科及以上学历的农民工中有 77.1%与同事交往很多，说明同事关系密切；而识字很少的农民工交往对象中，同事仅占 34.9%，小学文化水平也仅为 45.2%，意味着他们在工作之余与同事的交往比较少，其业缘关系大多局限于工作过程中的简单交往。

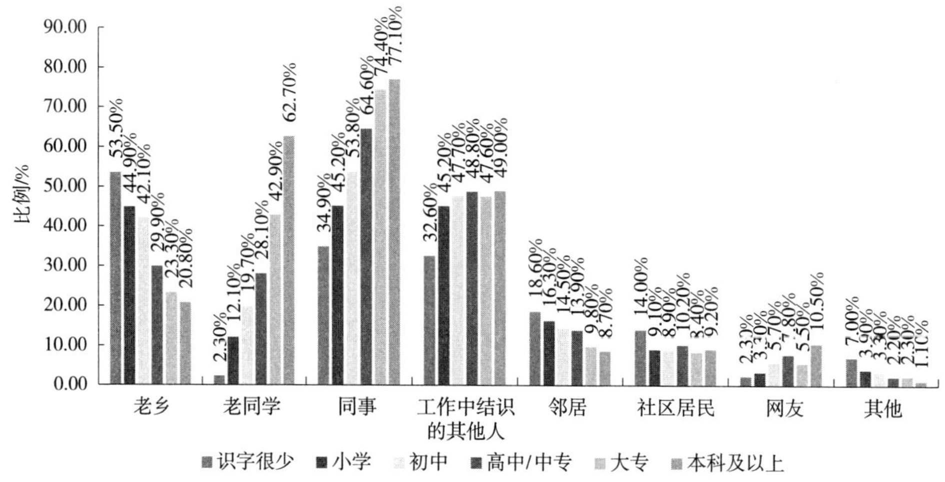

图 4-98　不同受教育程度农民工城市交往对象情况

学历越高，与邻居的交往越少。这应该与不同学历农民工的居住环境有关。学历越低的农民工，居住在城乡接合部或城中村的比例越高，内部的开放度越高。这些农民工的社会交往方式更多地沿袭了农村的社会交往方式，即邻里关系较好，交往更加密切，而一旦居住方式市民化，邻里之间的交往反而会减少。

学历越高，“网友”在社会交往中的比重越大，说明高学历的农民工，越重视对网络的利用，其社会交往的范围更广。

3. 代际差异

从图 4-99 可以看出，不同年龄段的农民工在城市的社交网络结构存在很大差异。年龄越大的农民工，社交网络中老乡占的比重越高，老乡在 90 后社交网络中占的比重不足三成，而 70 前农民工则高达 45.1%。

年龄越大的农民工学缘关系在社会网络中重要性越低，90 后农民工中老同学占他们交往对象的 38.3%，而 70 前仅有 12.1%。究其原因，一方面，70 前农民工学历较低，同学数量较少，另外随着时间推移，仅有的少量同学交往也日趋减少；另一方面，90 后农民工大多刚毕业，拓展社会网络的时间不足，导致学缘关系比重最大。

80 后农民工对基于业缘（同事或通过工作结识的其他人）的社会网络最为倚重，可以说 80 后是所有农民工群体中社会交往方式最接近市民的。

年龄越大，邻居和社区居民在交往对象中所占比重越大。老一代农民工明显高于新生代农民工，这与老一代农民工的居住环境有很大关系。老一代农民工一般与市民的居住隔离更为严重，他们大多居住在农民工聚集的城乡接合部

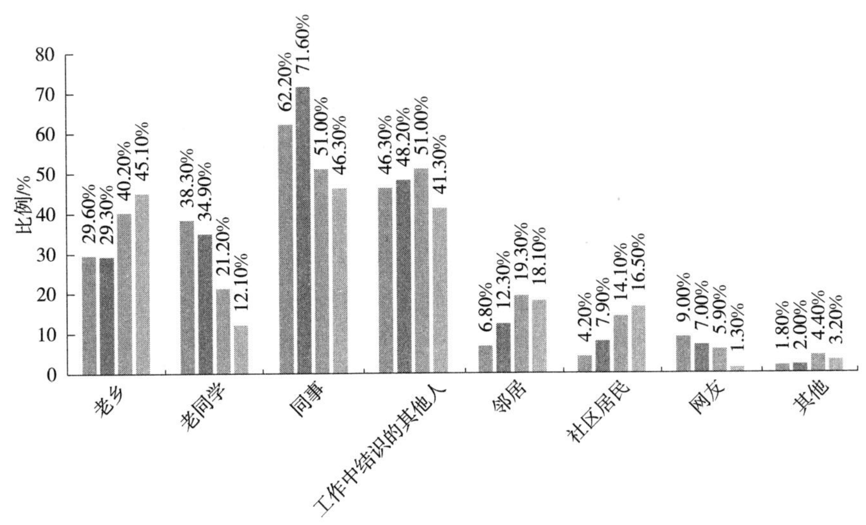

图 4-99　不同年龄段农民工城市交往对象

或城中村，内部开放度较高。以上表明新生代农民工的社会网络比老一代农民工具有更为显著的异质性特征。

4. 婚姻状况差异

在我国的传统价值观中，家庭在一个人的工作生活中居于核心地位，不同婚姻状况的农民工，其社会交往模式和社会网络应该存在比较大的差异。

从图 4-100 可以看出，老乡在已婚和丧偶农民工社会交往对象中占有比较

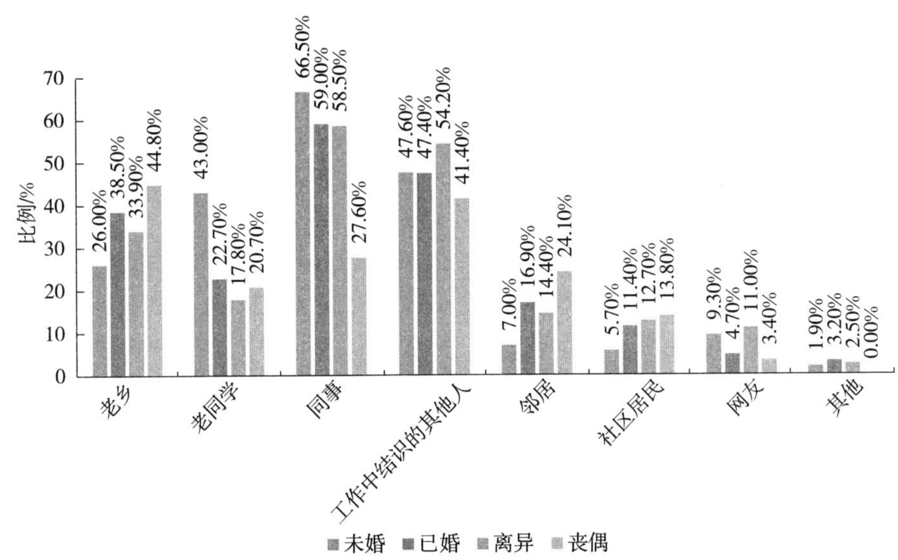

图 4-100　不同婚姻状况农民工城市交往对象情况

大的比重，而在未婚和离异农民工群体中所占比重较低，未婚农民工交往对象中老乡占的比重最低。究其原因，一是未婚农民工流动距离较长，周围老乡数量较少。在调研中发现，有些年轻农民工为了开拓发展空间，会有意规避与低阶层老乡的交往，认为这纯属浪费时间和精力。二是未婚农民工大多属于新生代农民工，其老乡观念已经比上一辈明显减弱，其社会交往不会太受老乡范围的局限。

离异农民工群体中老乡所占比重较低的原因，可能与他们有意识的行为有关。在离异农民工群体心中，离异毕竟不是光彩的事情，离异后其在社会交往中可能存在故意回避熟人的可能性，进而导致老乡所占比重较低。

老同学在未婚农民工社会交往对象中所占比重最高，已婚农民工则迅速降低，原因可能是结婚后社会网络进一步拓展，加上随着时间推移同学感情会变淡，交往减少，导致同学比重降低。而离异农民工社会交往对象中的老同学比重最低，可能与其离婚事件有关。

邻居和社区居民作为交往对象，其比例在未婚农民工中所占比例最低，原因是多方面的。一是与邻居和社区居民的深度交往需要以较长时期的固定居住为基础，未婚农民工在城市时间较短，且住所变动比较频繁，导致与邻居和社区居民的交往较少；二是未婚农民工相比其他群体与市民的居住方式更加类似，而市民的邻居意识相对比较淡化。

网友在农民工社会交往对象中的比例呈现为：未婚农民工比例为 9.3%，已婚群体则下降至 4.7%，而离异群体却高达 11.0%，丧偶群体只有 3.4%。这说明未婚农民工有拓展社会网络的强烈冲动，尝试各种途径去扩展自己的人际交往圈。当农民工结婚之后，其通过网络交友的动力和比例都大大降低。丧偶群体由于年龄较大，对网络的应用频率应该是最低的，因此其网友所占比重最低。离异农民工中网友所占比重较高的原因应该与其婚姻状况密切相关。一方面，离异后需要心理安慰，而由于婚姻变动涉及隐私等问题，不能向老乡、同学或同事倾诉，因此其会选择网络作为情感宣泄的途径；另一方面，网友也可能是农民工离异的“因”，通过网络产生的婚外情导致的离婚事件在农民工群体中也比较常见。

九、农民工定居城市意愿强烈

1. 超过半数农民工希望在大中城市长期定居

调查显示（图 4-101），农民工在城市定居的意愿强烈。在被调查的2 978名农民工中，准备在特大城市定居的仅占 3.9%。北上广等特大城市虽然在经济上是最具竞争力的大都市，但其高昂的房价和生活成本却让大多数农民工望而却步。

希望在大城市定居的占21.2%；希望在中等城市定居的比例最高，达到28.4%。这说明农民工在定居城市的选择上比较理性，他们在选择定居城市时会兼顾定居成本和自身实力。计划在中等以上城市定居的农民工占到了53.4%，其中大中城市占49.6%。说明从农民工定居意愿角度看，有半数以上农民工希望在大中城市长期居住。

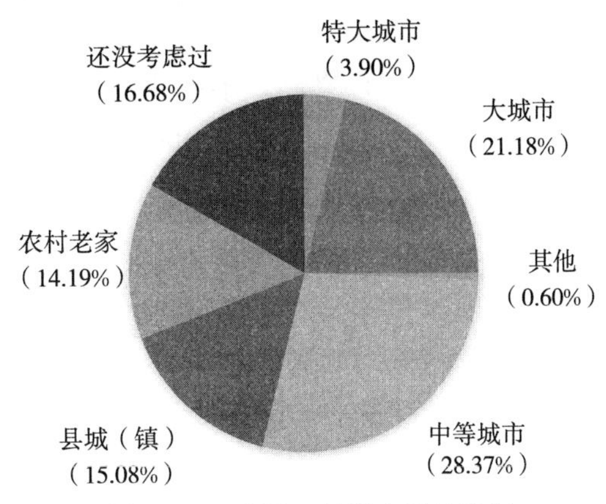

图 4-101　农民工长期定居地计划

就地、就近城市化是我国农业转移人口市民化的指导原则，按照这一原则，县城应该是农民工市民化的主要载体之一。但从调查结果来看，将县城作为定居计划的只有15.1%，远低于大中城市比例。

现阶段，我国县城（镇）在与大中城市的产业、人才竞争中完全处于劣势。一是基础设施、医疗、教育等公共配套落后，对农民工缺乏吸引力；二是产业发展不足，缺少就业岗位，对农民工缺乏吸纳能力。可以预见，在未来很长一段时间内，农民工城市化的城市载体还是以大中城市为主，县城在吸纳农村转移劳动力方面的作用是有限的。

明确表示希望在农村老家定居的农民工仅有14.2%，说明农民工市民化意愿强烈，加快农业转移人口市民化进程已经刻不容缓。如果绝大多数农民工都不希望在农村老家定居，那么将农村宅基地退出与农民工在城市的住房保障结合起来统筹考虑，应该是可行的。

虽然农村转移劳动力市民化是未来发展趋势，但是未来七成农民工留在城市是不现实的。调研中发现，现阶段农民工“回农村”很大程度上被看成是一种失败者的选择，选择回农村的农民工大部分是受一些客观因素的影响而被迫回家，如回家结婚、年龄增加、城市生活成本太高、家人需要照顾等。

在返回农村老家的这部分农民工中，选择返乡创业的比例也很低，这与国家的政策导向不一致。为了引导更多农民工回乡创业，一是需要改善农村经济发展条件，为农村创造更多的创业和就业机会。同时，改善农村的基础设施和公共服务配套，提升农村就业和生活的质量，提高农村对农民工的吸引力。二是加强对农民工的宣传教育，让他们认识到农村也是一片广阔的创业天地，同样可以拥有高质量的生活。同时，为有回乡意愿和计划的农民工提供创业培训、金融支持等服务。

2. 代际差异

从图 4-102 可以看出，不同年龄段的农民工的未来定居计划存在显著差异。90 后农民工计划在特大城市和大城市定居的比例明显高于其他群体；90 后选择定居县城的比例是 4 个年龄段中最低的，只有 14.1%；选择返回农村老家的比例明显低于其他年龄段，只有 6.6%。这说明，90 后农民工对丰富多彩的城市生活充满向往，希望自己未来能在城市占有一席之地，他们中的绝大多数不愿意再回到农村老家，甚至是县城。

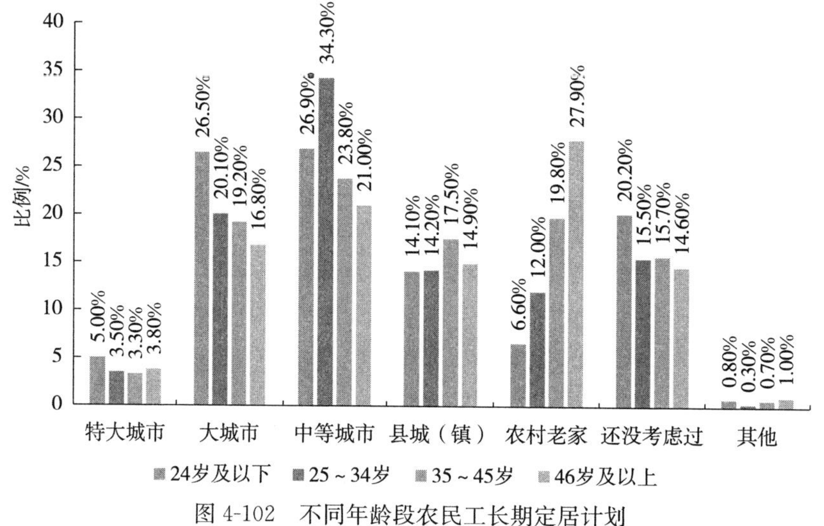

图 4-102　不同年龄段农民工长期定居计划

80 后农民工中有 57.9%计划未来在中等及以上城市定居，其中中等城市占 34.3%，大城市占 20.1%，特大城市为 3.5%。说明 80 后同样被城市深深吸引，但 80 后比 90 后更成熟、务实，选择在定居成本相对较低的中等城市定居的比例更大，有 12.0%的 80 后计划未来返回农村老家。

相比新生代农民工，70 后更为务实，选择在大中城市定居的比例均低于 80 后，而在县城定居的比例为 17.5%，是 4 个年龄段中最高的。70 前农民工中有 27.9%计划在未来返回农村老家，是 4 个群体中比例最高的，但也不足三成。可见，当前的农村包括县城对农民工来说缺乏足够的吸引力。

3. 受教育程度的差异

从图 4-103 可以看出，因受教育程度不同，农民工在城市的就业竞争力存在很大差异，其未来定居计划也存在明显区别。学历越高，计划在特大城市定居的比例越高，且受过高等教育的农民工明显高于其他学历群体，其中本科及以上学历又显著高于大专；学历越高，计划定居大中城市的比例越高，本科及以上学历农民工有 78.0%计划定居在中等及以上城市。

初中及以下文化水平的农民工选择返回农村老家的比例高于定居县城的比

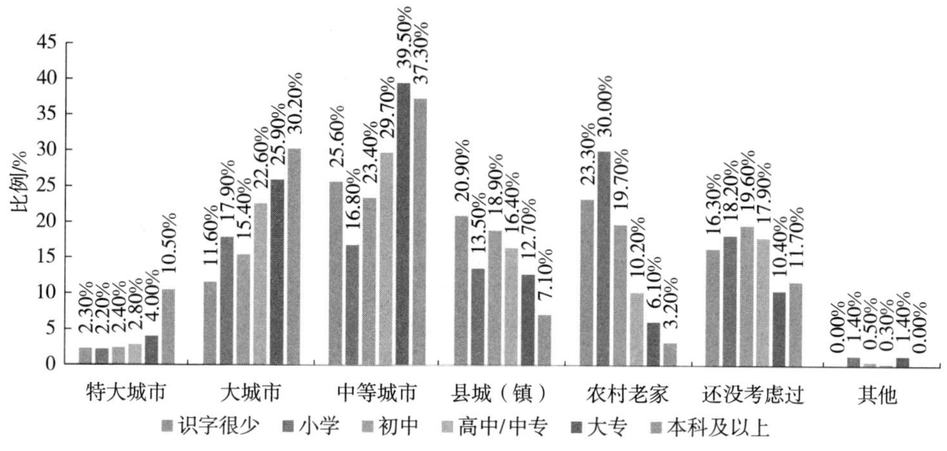

图 4-103 不同受教育程度农民工长期定居计划

例，而高中及以上文化水平的农民工选择定居县城的比例高于定居农村老家的比例，这与农民工自身的人力资本条件和经济承受能力有关。对于高中文化水平的农民工来说，他们也很清楚自己在城市的职业选择和收入迟早会面临文化水平的瓶颈。同时，受过高等教育的农民工对未来的定居计划更为明确，其中大专生对未来的定居计划最为清晰。需要注意的是，即使是接受过高等教育的大专生和本科及以上学历的农民工，也有一部分群体未来计划返回农村老家，这是一种主动行为还是一种遭遇困境后的被动行为需要进一步研究。

十、农民工城市生活满意度受多重因素影响

1. 经济因素对农民工城市生活满意度的影响最大

迁移阶段理论认为，我国的国情决定了我国城乡人口迁移不可能一次性完成，而是多阶段分步完成。

在调查问卷所列的影响农民工城市生活满意度的 15 项因素中（图 4-104），涉及经济问题的系列因素对农民工生活满意度影响最大。说明在城市融入进程中，农民工尚处于城市融入的初级阶段——经济融入阶段。

从图 4-104 可以看出，在被调查的2 978名农民工中，对自己在城市的就业和生活最不满意的前三项因素依次是收入太低、工作太累和生活费用高，分别为 51.7%、45.4%和 38.7%。说明现阶段，农民工进入城市工作的主要目的是获取更高收入，他们对收入、工作强度和生活开支是最为关心的。另外，也可以看出，农民工处于城市社会的最底层，考虑最多的还是生计问题。

由于农村医疗保险在务工城市无法使用，看病贵也是影响他们城市生活满意度的重要因素，占比为 22.4%。农民工在城市从事最累、最危险的工作，

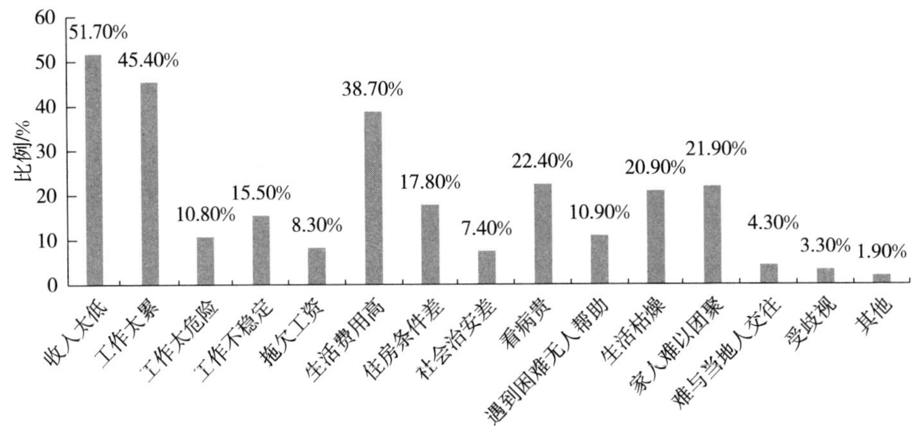

图 4-104　农民工对城市最不满意因素

其身体健康状况应该引起足够重视。

随着我国一系列保护农民工权益的法规政策实施，拖欠农民工工资现象有了很大改善，拖欠工资对农民工生活满意度的影响已经很轻微，占比仅有8.3%①。

包括本书在内的诸多调研结果都表明，农民工在城市的居住条件非常差。但农民工在城市务工是以赚取收入为首要目的，其对居住质量要求很低。因此，对住房条件不满意的农民工仅占 17.8%，较高的住房满意度与农民工恶劣的住房现状形成鲜明对比。在农民工看来，城市住房只是一个临时性的安息之所。他们对住房的要求仅仅是能满足睡觉休息即可，对居住环境、住房质量没有太高要求。

农民工在城市生活较为单调，但他们选择“生活枯燥”的比例仅为20.9%。说明农民工忙于工作，大多无暇考虑生活充实与否的问题。

近些年来，随着城市劳动力供求关系的变化，女性劳动力就业条件得到很大改善，举家外出务工比例大大增加。因此，“难以与家人相聚”的选择比例也不高，只有 21.9%。“与当地人的社会交往”仅占 4.3%，在前面的分析中已经发现，农民工与当地居民的交往是很少的，但他们并不在乎。说明农民工的城市融入还远未达到城市融入的更高层面——社会融入阶段。农民工与市民虽同在一座城市，但却生活在两个相互隔离的世界中。

2. 代际差异

从图 4-105、图 4-106 可以看出，不同年龄段农民工对城市工作生活中的

① 《2016 年农民工监测调查报告》显示，2016 年被拖欠工资的农民工比重为 0.84%。2013 年以来，被拖欠工资的农民工比重均在 1%以下。

不满意因素存在很大差异。90后农民工抱怨收入太低的比例最高，而70后选择的比例最小。这与其收入关系很大，90后收入较低，而70后是收入最高的群体。70后的高收入很大程度上是由其工作性质决定的，工作危险度更高，稳定性也更差；而90后和80后正好相反。

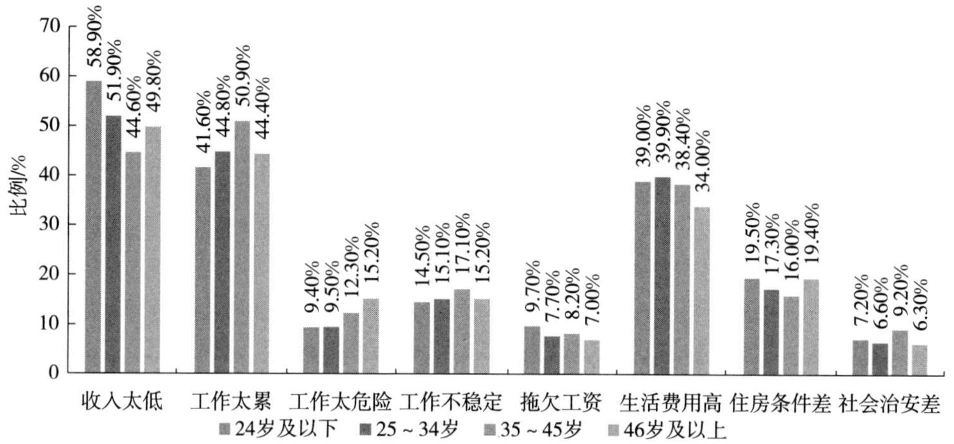

图4-105　不同年龄段农民工城市生活最不满意因素（上）

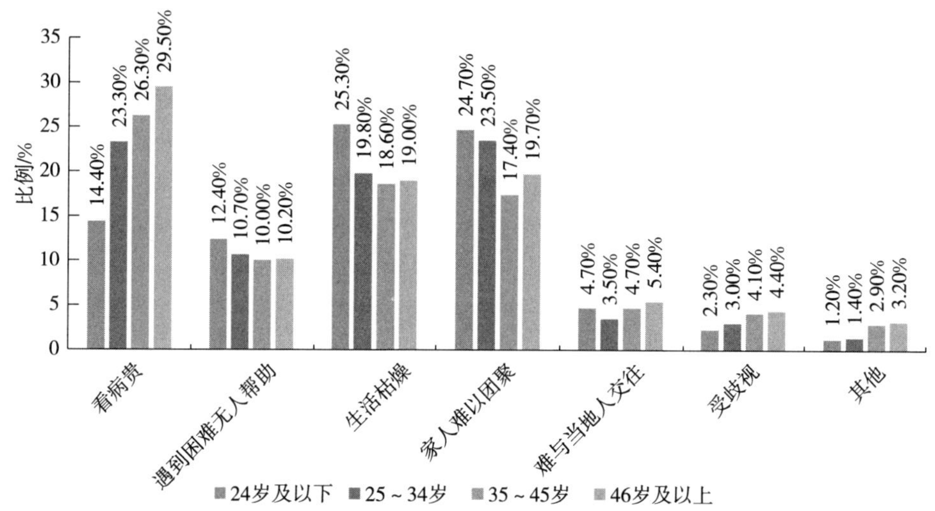

图4-106　不同年龄段农民工城市生活最不满意因素（下）

对住房条件抱怨较多的是90后和70前农民工，原因是其住房条件比80后和70后要差一些；70后住房条件最好，抱怨也少。

年龄越大，看病需求越大，由于农村医保难以在城市使用，导致对看病贵的抱怨增多。90后初入城市，社会资本有限，导致无助感较高。该群体也是反映生活枯燥比例最高的。如果相关培训、学历教育跟上，对90后应该有很大帮助。

3. 不同受教育程度的差异

从图 4-107、图 4-108、图 4-109 可以看出，本科及以上学历的农民工对收入的满意度是最高的，其他 5 个群体满意度相差不大，这与高学历农民工收入较高有关。“学历越高，工作强度越小、安全性越高、稳定性越强、工资发放越及时”的规律在调查中表现得非常明显。即学历越高，工作条件越好。

学历越高的农民工群体，特别是受过高等教育的农民工，其居住方式和消费模式更接近市民，导致他们对生活费用的不满较高。但较高的生活费用换来

比例/%
0
10
20
30
40
50
60
51.20%
48.80%
25.60%
23.30%
20.90%
52.20%
48.90%
17.70%
21.00%
9.10%
52.30%
50.40%
13.00%
17.80%
9.40%
54.50%
43.70%
9.20%
13.90%
7.80%
52.20%
42.40%
7.80%
14.10%
8.60%
43.90%
37.80%
4.60%
9.40%
4.60%
识字很少
小学
初中
高中/中专
大专
本科及以上
收入太低
工作太累
工作太危险
工作不稳定
拖欠工资

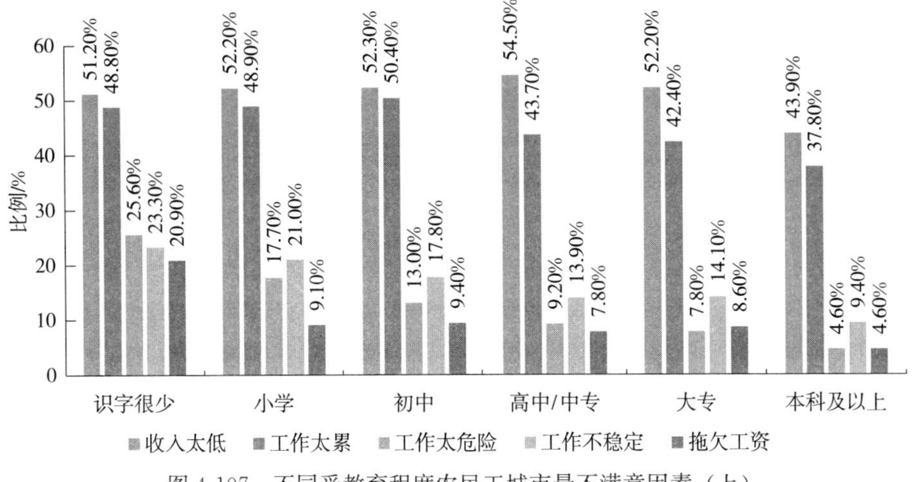

图 4-107　不同受教育程度农民工城市最不满意因素（上）

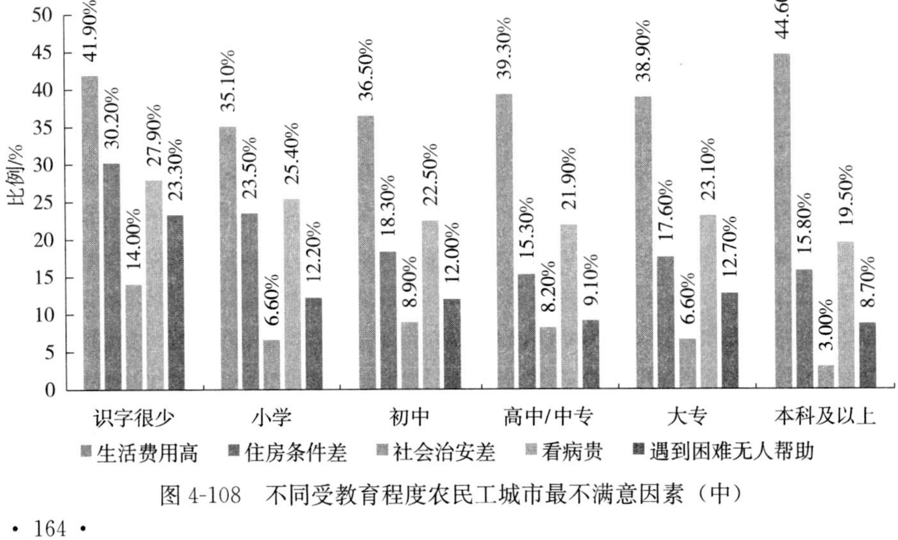

比例/%
0
5
10
15
20
25
30
35
40
45
50
41.90%
30.20%
14.00%
27.90%
23.30%
35.10%
23.50%
6.60%
25.40%
12.20%
36.50%
18.30%
8.90%
22.50%
12.00%
39.30%
15.30%
8.20%
21.90%
9.10%
38.90%
17.60%
6.60%
23.10%
12.70%
44.60%
15.80%
3.00%
19.50%
8.70%
识字很少
小学
初中
高中/中专
大专
本科及以上
生活费用高
住房条件差
社会治安差
看病贵
遇到困难无人帮助

图 4-108　不同受教育程度农民工城市最不满意因素（中）

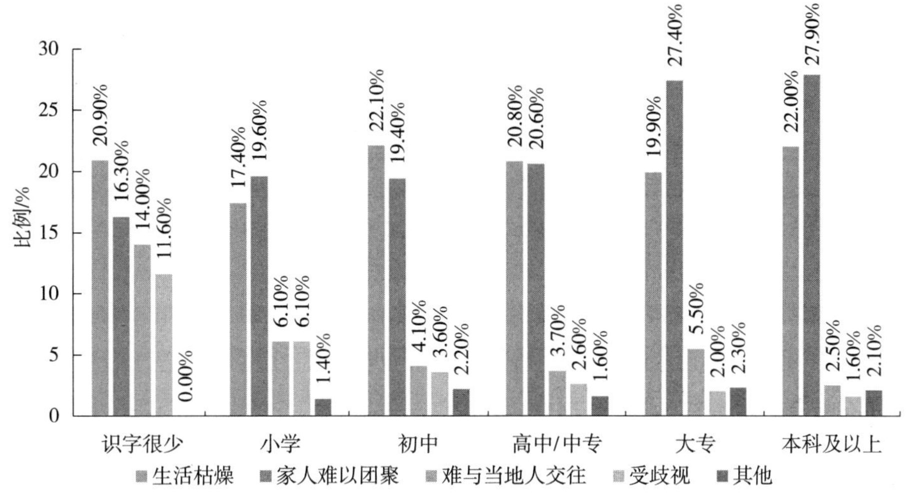

图 4-109　不同受教育程度农民工城市最不满意因素（下）

的是较好的住房条件，使得他们对住房条件和社会治安的满意度较高。

由于高学历农民工选择异地就业的比例更高，因此他们与家人分居两地的比例更高一些，导致这方面的满意度较低。另外，学历越高，社会地位越高，与当地人的交往越顺畅，受到的歧视也就越少。

十一、农民工城市工作生活满意度较高

在本书问卷调查中，通过经济条件、居住情况、闲暇生活、工作情况和社会交往 5 个维度使用李克特五级量表对农民工的城市工作、生活满意度进行了调查。

从平均得分来看（表 4-6）①，经济条件得分最低，为 2.835 1；社会交往得分最高，为 3.048 4。得分越高，表示满意程度越高。农民工在 5 个维度上的满意程度依次为：经济条件＜居住状况＜工作情况＜闲暇生活＜社会交往，且经济条件维度的标准差最高。

一方面，说明农民工对其收入普遍不满；另一方面，农民工在经济条件维度上满意度离散程度最高，说明农民工群体在经济收入满意度方面分化明显。

由于农民工的工作具有高度相似性，多属于高强度、低技能、低收入工作类型。因此，农民工在工作情况维度上的满意度离散程度是 5 个维度中最小的。

---

① 对每个维度的满意度，调查问卷设有非常满意、比较满意、一般、不太满意和很不满意 5 个选项，依次赋值为 5、4、3、2、1，得分越高，满意度越高。

在5个维度中，农民工对社会交往的满意度最高。这并不意味着农民工的社会交往表现良好，而是因为农民工在城市的最大目标还是赚取更多经济收入，对于其他方面基本无暇顾及。

表 4-6　农民工满意度总体情况

项　目		经济条件	居住状况	闲暇生活	工作情况	社会交往
人数	有效	2 978	2 978	2 978	2 978	2 978
	缺失	0	0	0	0	0
平均值		2.835 1	2.948 3	2.997 0	2.969 4	3.048 4
标准差		0.918 60	0.847 46	0.845 26	0.794 72	0.806 64

在被调查的2 978名农民工中，有 66.3%的农民工对经济条件表示满意①，有 73.3%的农民工对居住状况表示满意，有 77.5%的农民工对闲暇生活表示满意，有 77.5%的农民工对工作情况表示满意，有 80.3%的农民工对社会交往表示满意（图 4-110）。调查结果说明，现阶段农民工在城市的主要关注点还是经济因素，有超过三成（33.7%）的农民工表示对经济条件不太满意或很不满意。

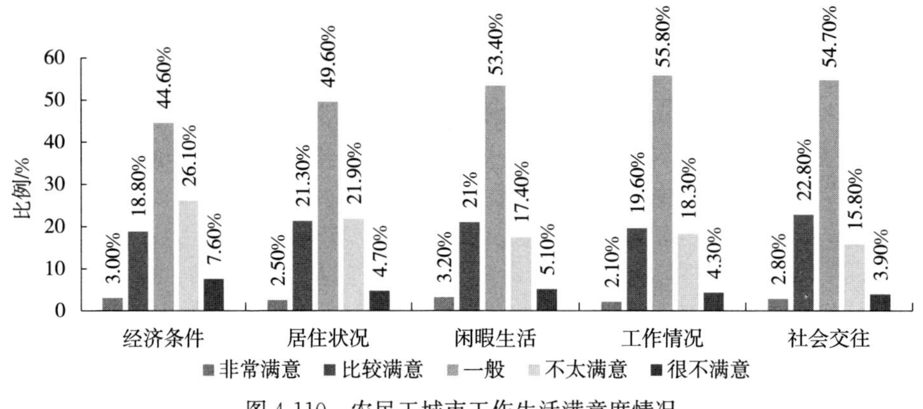

图 4-110　农民工城市工作生活满意度情况

十二、农民工很少参加社区活动

社区活动可以为农民工营造良好的社会交往环境和平台，是提升农民工社会资本和城市融入程度的一个重要途径。

调查结果显示（图 4-111），仅有 1.9%的农民工表示经常参加社区活动，

① 为了便于分析，这里将“非常满意”“比较满意”“一般”视为“满意”。

表示有时参加的比例为12.8%，很少参加的占30.6%，有34.4%的农民工表示从未参加过社区活动，另有20.3%的农民工表示不知道有此类活动。极少参加社区活动必然会影响其在务工城市的社会融入，形成与市民隔离的工作生活状态。

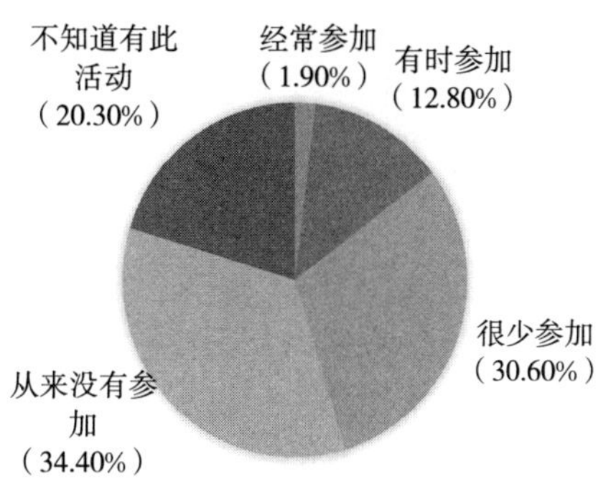

图4-111　农民工参加社区活动情况

社区管理对于我国城市是一个全新的概念。现阶段，由于我国城市社区服务体系建设滞后，社区服务既难以满足城市居民的需要，更无法满足农民工的融入需求[①]。参加社区活动少不仅只有农民工群体存在这个问题，即使是城市户籍居民参加社区活动的比例也不高。可见，社区还未能在城市生活中发挥其应有的功能。

十三、农民工需要城市政府提供多种帮助

1. 农民工迫切需要政府在多个领域提供帮助

农民工进入城市后，与城市居民相比，他们在经济基础、人力资本、社会资本等各个领域均处于劣势。因此，推动农民工市民化进程，需要政府给予农民工全方位的帮助。

从调查结果看，现阶段，农民工最迫切需要的是政府在经济层面对其提供帮助。调查数据显示（图4-112），农民工最急需的帮助是提高工资标准，占60.1%。经济基础决定上层建筑，只有收入提高了，才能去谈及其他方面的问题。

排在第二位的是“社会保障”，有超过一半的农民工选择该项目，占50.2%。现阶段，城市各项社会保障制度的设计大多将农民工群体排除在外，虽然农民工为城市建设做出了巨大贡献，但他们在城市缺乏社会保障，在城市的工作和生活缺乏安全感。他们只是在城市用体力、青春和健康换取微薄的收入，等到将来不具备劳动竞争能力，就只能被迫回家，因此他们迫切需要政府为其提供各类社会保障服务。如果农民工在城市缺乏社会保障，导致他们对城市难以产生归属感，就会在地区间或用人单位间频繁流动，缺乏长期人力资本和社会资本提升计划，最终影响城市社会经济的可持续发展。

① 刘建娥，2010. 从欧盟社会融入政策视角看我国农民工的城市融入问题［J］. 城市发展研究(11)：106-112.

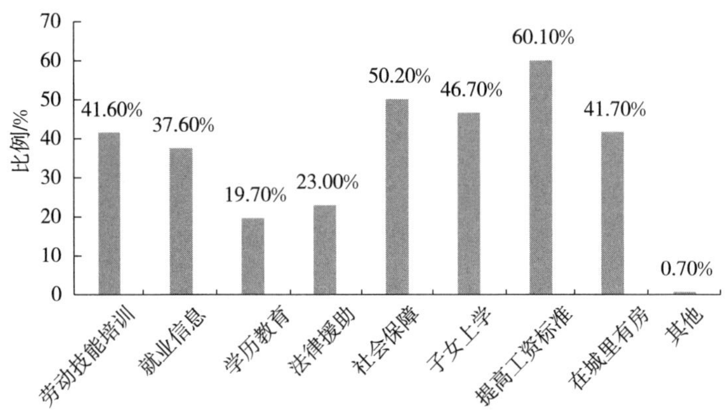

图 4-112　农民工在城市所需帮助类型

排在第三位的是“子女上学”，有 46.7%的农民工选择该项目。我国人民历来重视教育，农民工群体也不例外，为了更好地照顾子女，让子女接受更好教育，他们尽其所能将子女接入城市上学，可农民工子女在城市上学面临诸多障碍因素。一方面，公立学校设有很高的门槛条件，如劳动合同、社保缴纳等，农民工很难完全满足；另一方面，如果选择就读私立学校，则需要缴纳昂贵的借读费和赞助费，农民工难以承担。同时，接纳农民工子女较多的子弟学校由于教学质量较差，难以满足农民工需求。当前很多农村已经没有小学，小孩上学需要到镇上就读，很多农民工特别是女性农民工被迫返回老家照顾小孩。这既降低了农民工家庭的务工收入，又加重了农民工负担。同时，由于小孩教育问题引起的农民工夫妻长期两地分居，也会降低其家庭幸福指数。

当前，在城市特别是大城市拥有住房对绝大多数农民工来说是一种奢望，但这不代表他们就没有想法，有 41.7%的农民工希望通过政府的帮助在城市拥有自己的住房。

随着科技的进步，农民工越来越感受到技能缺乏带来的就业压力。在调查中发现，有 41.6%的农民工希望政府能够为他们提供劳动技能培训方面的帮助，该比例接近于他们在住房领域的需求。说明农民工对技能培训的需求很大也很迫切，农民工培训有广阔的市场。除了政府进行公益性培训外，应该吸引更多社会力量参与农民工培训。同时，有 19.7%的农民工希望得到学历教育方面的帮助，说明有近 2 成农民工希望提升学历，农民工群体对在职教育的需求潜力巨大，这部分农民工主要集中于新生代农民工群体。

2. 代际差异

从图 4-113 可以看出，不同年龄段的农民工在城市面临的困境不同，所需帮助也存在差异。90 后农民工对劳动技能培训的需求明显高于其他群体，原因在于 90 后初入城市，劳动技能积累有限，在就业中面临工作经验与就业技能方面的短板，迫切需要政府提供此类帮助。

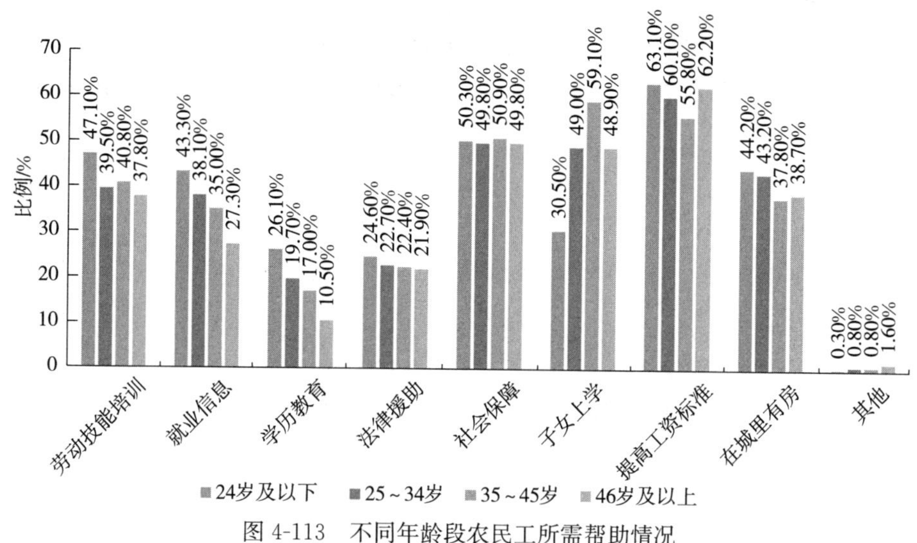

图 4-113 不同年龄段农民工所需帮助情况

农民工年龄越大，对政府提供就业信息的需求越低。原因是：年龄越大，一般社会网络越丰富、就业途径越广泛，对政府提供的就业信息的依赖性相应越低。同时，年龄越大，农民工变动工作的频率也会降低，对就业信息的需求会出现下降。

年龄越小的农民工，对学历教育的需求越大，且各年龄段间差距非常明显。说明农民工在进行人力资本投资时，也在计算成本收益。学历教育投资时间长、机会成本高，只有满足足够的投资回收期才划算，所以越年轻的农民工进行学历教育的动机越强。

不同年龄段的农民工在法律援助、社会保障需求方面没有表现出明显差异，而是普遍较高，均高达 50%左右，说明这些困难是各年龄段农民工普遍面临的问题。

对子女教育的需求以 70 后农民工比例最高，因为 70 后农民工子女大多正在接受中小学教育。对提高工资标准需求最强的是 90 后和 70 前农民工，原因在于这两个群体的工资水平相对较低。对城市住房的需求新生代农民工明显高于老一代农民工，说明新生代农民工市民化意愿强于老一代农民工，他们在城市长期居留的愿望更加强烈。

3. 不同受教育程度的差异

受教育程度不同，农民工群体间人力资本的初始积累存在差异，在城市的需求也就不同。从图 4-114、图 4-115 可以看出，初中和高中/中专学历的农民工对技能培训的需求最多。原因在于识字很少或小学文化水平的农民工，学习能力有限，接受培训成本高，因此他们会理性放弃培训；而受过高等教育的农民工一般在工作中有培训机会，其自学能力也较其他群体高，因此他们对政府提供的技能培训的需求也较少。中等学历的农民工居于两者之间，希望能够接受培训，但又缺乏合适途径。该群体应该是政府举办技能培训的最大需求方。

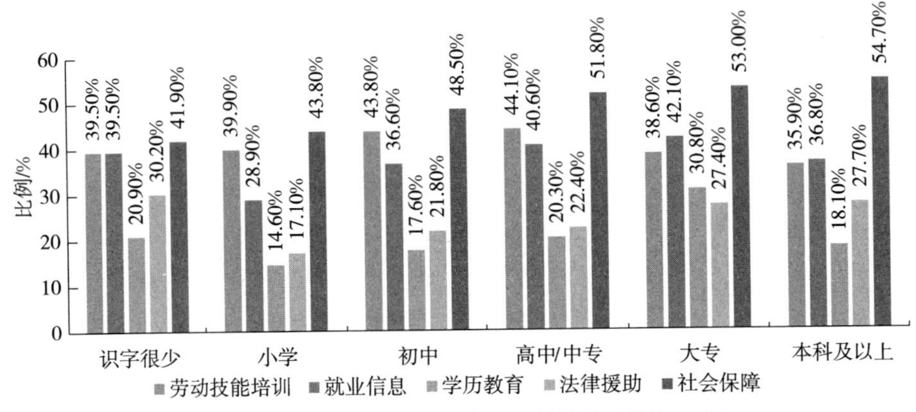

图 4-114　不同受教育程度农民工所需帮助情况（上）

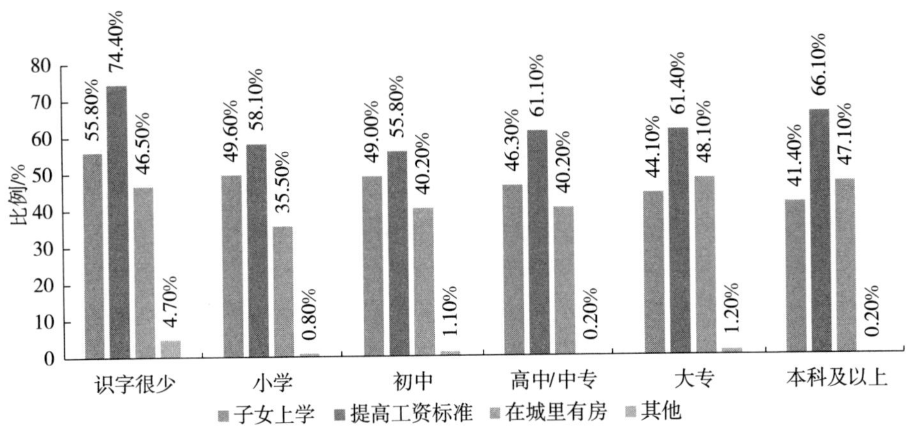

图 4-115　不同受教育程度农民工所需帮助情况（下）

对学历教育需求最大的是大专学历的农民工，在城市劳动力市场，大专学历农民工有点“高不成低不就”。向上竞争，他们难以与本科及以上学历农民工抗衡；向下竞争，他们与高中学历农民工相比缺乏明显的竞争优势，如果与高中学历农民工做同样工作，他们也心有不甘。因此，他们迫切希望能通过学历教育获得提升。

对法律援助的需求，除识字很少农民工群体外，存在学历越高需求越大的规律。原因可能是：学历越高的农民工对保护自身合法权益的意识越高。识字很少的农民工，是所有农民工群体中对法律援助需求最高的。分析其原因，主要是该群体由于文化程度较低，法律知识极为欠缺，基本权益经常受到不法侵害，迫切需要法律援助。

学历越高，对社会保障的要求也越高。一方面是对自身合法权益的保护和要求；另一方面说明学历越高的农民工越看重其在城市的长远发展。

学历越高的农民工，对子女教育的需求越少。原因在于，高学历农民工一方面能够自己辅导小孩，教育小孩压力较小；另一方面高学历农民工可以通过正常渠道解决小孩教育问题，因此需求较小。

除识字很少农民工群体外，对提高工资标准的需求同样呈现学历越高需求越高的特点。可见，提高农民工工资水平是农民工群体普遍的呼声，即使高学历农民工收入相对较高，但他们的呼声也是最高的。因为高学历农民工往往以城市居民为参考群体，这也从另一个方面说明高学历农民工正在趋向市民化。与其他文化程度农民工相比，识字很少农民工群体对提高工资标准的要求是最迫切的。其原因是，城市各行业对务工者文化水平的要求越来越高，识字很少的农民工就业选择越来越少，很多人只能赚取最低工资，生存压力很大。

对城市住房的需求，受过高等教育的农民工明显高于其他群体，说明这部分农民工在城市购房的愿望强于其他群体。如果定居城市选择适当，通过自身努力加上政府资助，这部分群体应该能够实现城市“购房梦”。

对我国住房保障制度设计的启示是：部分农民工特别是高收入、高学历农民工，可以通过购房解决住房问题；对于中等收入农民工，则通过租房解决住房问题；至于低收入农民工，其最终退出城市的可能性很大，可通过帮助其租房解决务工城市居住问题，也可引导和激励用人单位为其提供适当住处。只有同时具备定居城市意愿和能力的农民工，政府才应该通过资助其购房解决住房问题。

第五章　农民工城市住房对城市融入的影响分析

农民工住房与农民工城市融入进程的相互关系，是设计农民工住房保障机制重要的参考因素。长期以来，农民工特别是新生代农民工，一方面，受自身素质和外部不利制度的影响，他们难以融入城市；另一方面，很多人缺乏务农技能和经验，既无意愿也无能力返回农村，成为城市与农村的“双重边缘人”。农民工作为农村社会的精英群体，自身素质相对较高，但为什么市民化进程依然非常缓慢？在农民工融入城市的过程中，到底是哪些因素制约了农民工的市民化进程？住房作为重要的生活必需品，帮助农民工解决基本住房问题是政府的重要责任，有无可能在解决农民工住房问题的同时加快其城市融入进程？

要回答以上问题，需要对农民工城市融入进程进行科学准确的测算，对农民工城市融入现状及影响因素有一个客观的判断。当前，国内学术界对农民工城市融入进程进行测算的研究成果相对较少。由于学术界在农民工城市融入维度和融入指标方面没有形成统一的意见，导致不同研究得出的结论存在很大差异。在研究方法上，几何平均数法、层次分析法和双变量 Probit 模型是使用频率最高的 3 种方法。但由于数据口径不一致、样本差异大、权重赋值主观性较强等原因，农民工城市融入进程的测算结果存在较大差异，且不同研究成果缺乏可比性。

为深入理解和客观把握我国农民工城市融入实际进程及影响因素，为加快农民工市民化进程提供科学的决策支持。本书在吸收和借鉴现有研究成果的基础上，结合农民工的群体特征及城市融入意愿和融入能力的差异，尝试构建具有创新性和普适性的农民工城市融入评价指标体系。

在实证测算中，笔者将采用层次分析法构建评价模型，从社会交往、行为、经济、就业和身份 5 个层面系统分析农民工在各个融入维度下的城市融入进程。通过对农民工的整体城市融入进程进行评价分析，探讨其薄弱环节和主要制约因素，进而对农民工城市融入现状做出准确解释。最后，分析城市住房问题对农民工城市融入的影响，为设计农民工城市融入导向的住房保障制度提出参考建议。

第一节　农民工城市融入进程评价指标体系构建

一、城市融入进程评价的内涵与意义

“城市融入进程”与“市民化进程”在我国理论界是最常用的两个概念，作为衡量农民工由“农民”向“市民”转化程度的指标，两者具有一致性。在很多研究中这两个概念是通用的。但就其具体内涵而言，两者之间存在一定差异。其中，城市融入进程衡量的是农民工退出农村—进入城市—融入城市 3 个环节中的实际进展情况；市民化进程则是指农民工与城市居民的同质化程度，也就是农民工与城市居民在工作、生活、行为方式、价值观念、心理状态等方面的相似程度。相比而言，城市融入进程更为宏观，而市民化进程则相对微观。总体来看，对农民工城市融入进程进行测算，其理论价值和实践价值主要有以下 4 个方面。

1. 有利于了解和掌握农民工城市融入的实际进程

农民工在城市的融入程度如何？如何加快农民工的城市融入进程？这对我国提高城市化水平与质量、扩大内需、解决“三农”问题等都具有重要的现实意义。一直以来，学术界将我国农民工在城市的融入状况形象地描述为“半城市化”，这是一个比较笼统的概念，对政策制定缺乏具体的指导价值。

现阶段，在衡量农民工城市融入进程方面，我国缺少一个具有代表性和普适性的指标体系。这使得对农民工城市融入的具体进程缺乏准确把握，各地在制定加快农民工城市融入进程的政策时缺乏科学指导。为了更准确地判断农民工城市融入进程、掌握农民工城市融入状况，有必要深化对农民工城市融入进程的实证研究，通过构建一个具有代表性和普适性的量化标准，为制定相关政策提供参考依据。

2. 有利于找出农民工“半城市化”的主要影响因素

农民工城市融入进程滞后于其职业转换进程，处于“半城市化”状态，这已成为社会共识，“加快推动农业转移人口市民化”被写入中央 1 号文件。要加快农民工城市融入进程，必须要准确把握农民工城市融入受哪些具体因素的影响，以及其影响程度。

当前，我国学术界主要是从外部制度和人力资本两大方面来研究如何推进其融入进程。但是，随着时间的推移和社会经济的快速发展，农民工群体已不再是同质化的，其内部差异越来越明显，农民工群体中融入能力和融入意愿存在越来越多差异。

鉴于此，构建合适的农民工城市融入评价体系，通过在不同农民工群体之间进行比较分析，可以更准确地发现农民工城市融入进程的薄弱环节和关键制约因素，进而可以使相关政策制定更具针对性。

3. 有利于评估住房在农民工城市融入中的作用，为住房保障制度设计提供参考

农民工城市住房问题，一是涉及农民工在城市的基本居住权问题，属于政治问题；二是涉及农民工尽快适应城市社会生活，顺利融入城市，事关和谐社会构建，属于社会问题；三是农民工不仅为城市社会经济发展提供劳动力资源，而且是重要的消费者，属于经济问题。

本书在构建农民工城市融入进程评价体系的基础上，通过研究农民工住房问题对城市融入进程的影响，评估住房的作用，为更好地设计农民工城市住房保障制度提供参考。

4. 有利于深化理论研究，填补现有研究的空白

农民工城市融入与市民化问题是我国当前学术界研究的热点之一，但研究成果主要集中在农民工城市融入现状分析、影响因素与对策研究方面，对城市融入进程进行实证研究的成果较少。

在研究方法选择上，现有研究成果多采用定性分析方法，如"半城市化"论断；也有部分学者基于问卷调查对农民工融入程度进行实证分析，但多停留在统计性描述方面，研究结论一般比较抽象，缺乏对实践的具体指导价值。在城市融入维度划分及指标体系构建方面，国内学者并未达成统一的意见，使得不同研究成果间缺乏可比性。

本书的研究可以对理论界现有研究予以完善和补充，对农民工城市融入进程的实证测算进行补充。现阶段，我国在研究农民工住房问题时，很少有学者从定量角度研究农民工住房问题对城市融入的影响，本书尝试将农民工住房保障问题研究建立在住房问题对城市融入影响的基础上，具有一定的创新性。

二、研究现状

1. 理论分析框架

当前，我国学术界在对农民工城市融入问题进行研究时，采用最多的是"维度"分析框架：将农民工城市融入具体划分为不同维度，通过问卷调查或深度访谈等方式，对特定区域的农民工群体城市融入状况进行研究。

例如，杨桂菊认为，城市融入是一个多维度的概念，具体包括经济整合、文化接纳、行为适应与身份认同4个维度，这4个维度相互交融、相互依存，并且呈现依次递减的关系。王桂新等在构建农民工城市融入评价指标体系时，将农民工城市融入划分为经济、社会、政治、居住与心理5个维度。刘传江等从农民工收入水平、个人素质、城市居住时间与自我认同4个维度构建了包括外部制度因素、群体城市融入进程和农民工个体城市融入进程三部分的指标体系。张蕾等将新生代农民工城市融入分为3个维度，分别是经济整合、行为适应与心理认同。钱泽森等将农民工城市融入划分为经济融入、社会融入、文化融入、身份融入4个维度。在本书研究中，也采用分维度分析框架。

2. 研究方法

从理论上讲，农民工城市融入程度可以用农民工群体总量中转变为市民的数量来衡量，也就是用农民工向市民的转化率来表示农民工城市融入进程。如刘传江等曾提出了一个计算农民工城市融入进程的公式：

农民工城市融入进程＝一年内净增农民工变为市民的人数/农民工人数总量

该计算公式直观清晰、计算简单，但实际上，农民工转变为市民的数量通常很难获取，且农民工由农村户籍转为城市户籍并不意味着就实现了城市融入，农民工城市融入包括经济、政治、文化、心理等多个维度。因此，该计算方法无法有效体现农民工群体的城市融入具体进程与内部差异，也无法准确找出农民工城市融入的薄弱环节与制约因素。

为了更准确地把握农民工城市融入进程，国内学者尝试运用了多种方法建立城市融入评价指标体系，从不同角度对农民工城市融入进程进行测算。

一是几何平均法。即运用几何平均数计算出预测目标的发展速度，然后进行预测。该方法适用于预测目标发展过程呈单向的上升或下降趋势，且逐期环比率速度相对接近的情况。刘传江等是较早使用该方法对农民工城市融入进程进行测算的学者，他们将农民工群体划分为3种类型，从3个层次（外部制度因素、农民工群体、农民工个体）构建了城市融入评价指标体系，并做了具体测算。几何平均法的优点是操作简单、容易理解。但是该研究方法的指标赋值具有较强的主观性，而且测量指标多局限在经济层面。

二是层次分析法。该方法是将与决策有关的元素分解成目标、准则、方案等层次，在此基础上进行定性与定量分析。层次分析法能够系统化地分析预测目标的演进过程，具有系统性、简洁实用、所需定量数据信息较少等优点。

刘传江等使用该方法对农民工城市融入程度进行了测算，他们将农民工城市融入划分为职业、行为、身份与素质4个维度。吕佳等借鉴内外生变量的基本内涵，基于新生代农民工城市融入的群体特征，利用层次分析法构建了包括内生性指标（农民工个体）和外生性指标（城市环境、宏观政策等）在内的衡量指标体系。

王桂新等在使用层次分析法衡量农民工城市融入进程时，将融入维度划分为经济、社会、政治、居住与心理5个维度。其中居住维度包含住房条件与居住环境两个二级指标。在该研究中，对5个维度设置了相同的权重，这是值得商榷的。

对于多准则和多目标问题，层次分析法比几何平均法更有优势。但该方法在确定指标权重时，大多学者采用的是专家打分法，与几何平均法一样，存在指标权重主观性较强的弊端。

三是因子分析法。因子分析的目的是用少数几个因子描述许多指标或因素之间的联系，也就是将相关性较强的几个变量归为同一类，每一类变量成为一个因子，以较少的几个因子反映原来的大部分信息。

因子分析的优势在于：可以以简明的方式描绘农民工总体及不同层面的融入水平和特点。其不足之处在于：一是整合多个变量生成潜在的少数几个变量可能会掩盖一些重要的差异，农民工在某些指标上容易融入，而另外一些指标上较难融入，整合后难以分辨；二是分析过程中涉及的一些技术问题或数据问题有可能使选择的因子缺乏足够的代表性，使分析过程产生偏差；三是对数据的内容要求较高。

尽管存在这些局限，但因子分析法依旧是最为适用的降维方法，在农民工城市融入评价体系研究中应用最广泛。张超运用因子分析法，从身份认同、安居程度、社会保障程度、公平程度4个维度构建了包括10个指标的新生代农民工城市融入评价指标体系，并以江苏吴江的调查数据进行了测算，同时找出了城市融入的各类影响因素。杨菊华利用2013年流动人口相关数据，利用因子分析法和回归分析法对农民工城市融入水平进行了实证研究，将城市融入程度划分为经济整合、社会适应、文化习得和心理认同4个维度。

张蕾等基于因子分析法提炼出了新生代农民工城市融入的3个主要指标，分别是经济整合、行为适应和心理认同，将农民工城市融入类型归纳为隔离型、选择型和融入型3种，但并未对城市融入总体水平和3个维度进行量化评价。杨继平利用因子分析法对长株潭城市群新生代农民工城市融入障碍进行了实证分析。结果发现，新生代农民工城市融入障碍与地区发展水平具有直接关联，经济发展水平越高则越不利于其社会融入。

综上所述，几何平均法、层次分析法和因子分析法在分析农民工城市融入进程时，各有优势，但也都存在一定不足。为了克服单一方法的局限性，笔者将采用因子分析法与回归分析法相结合的方法，分三步来判断农民工城市融入进程，并分析住房对农民工城市融入的影响。第一步，采用因子分析法提炼农民工城市融入进程指标因子；第二步，根据因子分析法提炼出的指标，从5个维度对农民工城市融入水平进行分析；第三步，分析农民工住房状况对其城市融入进程的影响。

三、测度指标体系构建

通过对现有研究文献的综合分析可以发现，多数学者在研究中都认可农民工城市融入进程具有多维度、多层次的特征，使用较多的指标主要有：经济收入、就业情况、消费情况、居住条件、政治参与、社会交往、市民化意愿等。

通过分析已有研究成果，结合本书的研究目的，笔者设计了农民工城市融入调查问卷，共发放问卷 3 500 份，收回有效问卷 2 978 份。问卷调查内容包括农民工就业、职业技能培训、务工收入、城市住房、社会交往、消费支出、社区活动参与、身份认同、定居意愿等多个方面（详见附录：城市外来劳动者调查问卷）。

综合参考现有研究成果，再结合本书研究目的和问卷数据收集情况，运用因子分析法使用 SPSS 22.0 软件，对 15 项反映农民工城市融入进程的指标①（包括到本市工作时间、工作城市数量、在现单位工作时间、近三年工作单位数量、月收入、是否喜欢所在城市、身份自我认定、是否受过歧视、是否愿意成为城市人、城市户籍朋友数量、与本地居民交往、每周劳动时间、储蓄占收入比、社区活动、住所到工作地时间）进行主成分分析，采用方差极大化方法对因子负荷进行正交旋转。

KMO 检验值为 0.666，巴特利特球形检验值为 5 663.368（$P<0.001$）。说明这些指标适合进行因子分析（表 5-1）。

表 5-1　KMO 和巴特利特球形检验

KMO 取样适切性量数		0.666
巴特利特球形度检验	近似卡方	5 653.368
	自由度	105
	显著性	0.000

因子分析的碎石图显示（图 5-1），有 5 个主要成分的特征值大于 1，分别用 F_1、F_2、F_3、F_4、F_5 来表示（表 5-2）。城市户籍朋友、与本地居民交往、社区活动、是否喜欢所在城市、每周劳动时间等 5 项指标对 F_1 的负荷值最高，这些指标与农民工的社会交往密切相关，因此将 F_1 命名为“社会融入”。

F_2 主要包括到本市时间和到现在单位时间 2 项指标，这两项指标主要反映农民工在目前务工城市的时间。一般来说，居留时间越长，生活状况和生活

① 为了研究农民工住房情况对城市融入的影响，在构建城市融入评价指标体系时，笔者没有将与住房情况直接相关的指标纳入。本书的研究思路是，先构建城市融入评价指标体系，再研究住房情况对城市融入的影响。

行为方式会越接近市民状态。因此，将此因子命名为“行为融入”。

F_3 主要包括月收入、储蓄占收入比两项指标，这两项指标主要反映了农民工的经济收入和消费水平。因此，将 F_3 命名为“经济融入”。

F_4 主要包括工作城市数量、住所到工作地时间、近三年工作单位数量和是否受过歧视 4 项指标，这 4 项指标是农民工对务工城市或务工单位心理归属感的反映。因此，将 F_4 命名为“心理融入”。

F_5 包括是否愿意成为城市人、身份自我认定 2 项指标，这两项指标与农民工市民化过程中的身份转换相关。因此，将 F_5 命名为“身份融入”。

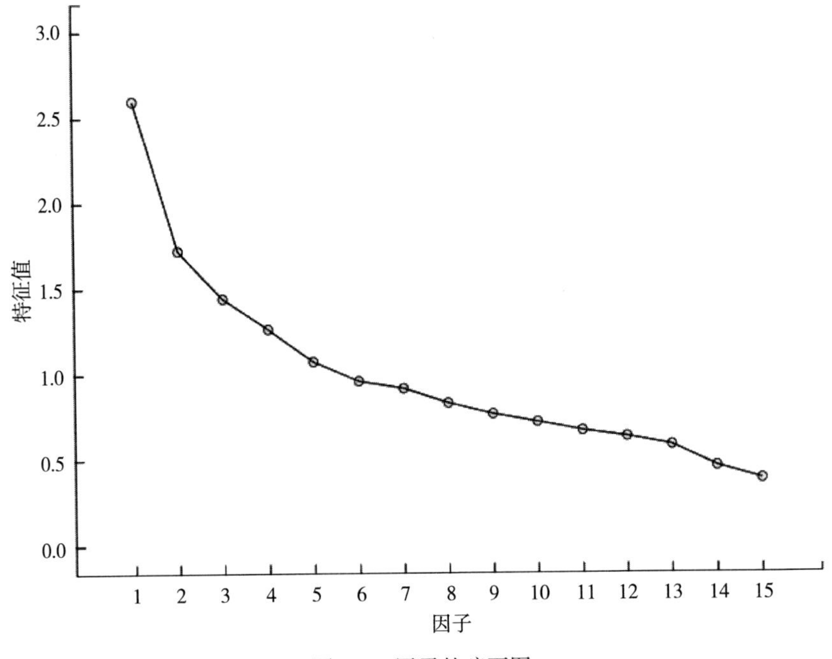

图 5-1　因子的碎石图

表 5-2　旋转后的因子载荷矩阵

指　标	成　分				
	社会融入（F_1）	行为融入（F_2）	经济融入（F_3）	心理融入（F_4）	身份融入（F_5）
城市户籍朋友	0.751	−0.052	−0.136	0.173	0.067
与本地居民交往	0.749	−0.162	−0.048	0.039	0.019
社区活动	0.623	−0.005	0.096	−0.245	0.156
是否喜欢所在城市	0.470	−0.147	−0.108	0.226	0.320

（续）

指　标	成　分				
	社会融入（F_1）	行为融入（F_2）	经济融入（F_3）	心理融入（F_4）	身份融入（F_5）
每周劳动时间	0.393	0.197	0.193	−0.044	−0.151
现在单位时间	0.016	0.853	0.194	0.040	−0.039
到本市时间	−0.155	0.814	0.047	0.058	0.020
月收入	−0.043	0.114	0.765	0.038	−0.071
储蓄占收入比	0.073	0.102	0.721	−0.055	0.004
工作城市数量	−0.025	−0.040	0.273	0.655	0.306
近三年工作单位数量	0.021	−0.454	0.023	0.580	0.079
住所到工作地时间	−0.042	0.126	−0.062	0.560	−0.109
是否受过歧视	−0.288	−0.124	0.312	−0.523	0.129
是否愿意成为城市人	0.028	−0.006	0.031	−0.022	0.843
身份自我认定	0.255	−0.005	−0.382	−0.010	0.478

注：提取方法为主成分分析法；旋转方法为凯撒正态化最大方差法，旋转在 7 次迭代后已收敛。

由此，可以构建一个评估农民工城市融入进程的指标体系。指标体系的准则层由社会融入、行为融入、经济融入、心理融入和身份融入 5 个维度构成，社会融入由城市户籍朋友、与本地居民交往、社区活动、是否喜欢所在城市、每周劳动时间 5 项指标测量，行为融入由到现在单位时间、到本市时间 2 项指标测量，经济融入由月收入和储蓄占收入比 2 项指标测量，心理融入由工作城市数量、近三年工作单位数量、住所到工作地时间和是否受过歧视 4 项指标测量，身份融入由是否愿意成为城市人和身份自我认定 2 项指标测量。

四、评价指标量化

为了方便对指标进行量化处理，笔者对指标进行界定并赋值。

（1）*城市户籍朋友*。指农民工在务工城市的朋友圈中，城市户籍朋友的数量，反映了农民工社会网络拓展情况。分为很多、较多、不多、很少、几乎没有 5 种情况，分别赋值 1、2、3、4、5。城市融入度参照标准值为 1，计算时以逆指标处理。

（2）*与本地居民交往*。指农民工在务工城市与城市居民的社会交往情况。交往越多，反映农民工社会融入度越高。分为交往很多、交往一般、交往很少、几乎没有交往 4 种情况，分别赋值 1、2、3、4。城市融入度参照标准值为 1，计算时以逆指标处理。

（3）社区活动。指农民工在务工城市参加社区活动频率。分为经常参加、有时参加、很少参加、从来没有参加过、不知道有此活动 5 种情况，分别赋值 1、2、3、4、5。城市融入度参照标准值为 1，计算时以逆指标处理。

（4）是否喜欢所在城市。指农民工对务工城市的喜爱程度。分为很喜欢、比较喜欢、一般、不太喜欢、很不喜欢 5 种情况，分别赋值 1、2、3、4、5。城市融入度参照标准值为 1，计算时以逆指标处理。

（5）每周劳动时间。指农民工在务工城市的工作强度。劳动时间越长，工作强度越高，农民工能用于社会交往的时间会越少。分为 20 小时以下、20～34 小时、35～49 小时、50～80 小时、80 小时及以上，分别赋值 1、2、3、4、5。城市融入度参照标准值为 1，计算时以逆指标处理。

（6）到现在单位时间。指农民工在目前工作单位的就业时间。在本单位就业时间越长，农民工对单位越熟悉，其行为与单位其他人一致的可能性越高。分为不足半年、0.5～1 年、1～3 年、3～6 年、6 年及以上，分别赋值 1、2、3、4、5。城市融入度参照标准值为 5。

（7）到本市时间。指农民工到目前务工城市的时间。一般来说，在一个城市的时间越长，农民工的行为方式和习惯与当地主流社会一致性越强。分为不足 1 年、1～2 年、3～4 年、5～8 年、8 年及以上，分别赋值 1、2、3、4、5。城市融入度参照标准值为 5。

（8）月收入。指农民工在务工城市每月收入情况。包括基本工资、奖金和加班费等，反映了农民工的经济能力，这是农民工融入城市的基础。分为 1 000元以下、1 000～2 000 元、2 000～3 000 元、3 000～5 000 元、5 000～10 000 元、10 000 元及以上 6 种情况，分别赋值 1、2、3、4、5、6。城市融入度参照标准值为 6。

（9）储蓄占收入比。指农民工在务工城市的储蓄和消费情况。一般情况下储蓄率越高，说明农民工的经济条件越好。分为没剩余、三分之一以下、一半左右和一半以上 4 种情况，分别赋值 1、2、3、4。城市融入度参照标准值为 4。

（10）工作城市数量。指农民工迄今为止工作过的城市数量。城市融入首先需要农民工能够熟悉所在城市，频繁更换务工城市使得农民工难以深化对务工城市的了解，农民工对城市的归属感一般会越差，其城市融入度会越低。分为 1～2 个、3～5 个、6～10 个、10 个以上 4 种情况，分别赋值 1、2、3、4。城市融入度参照标准值为 1，计算时以逆指标处理。

（11）近三年工作单位数量。指农民工最近三年更换过的工作单位数量。更换越频繁，越不利于农民工增进对单位的了解，单位归属感会比较低，对其城市融入是不利的。分为没有更换过、1个、2个、3个、4个及以上5种情况，分别赋值1、2、3、4、5。城市融入度参照标准值为1，计算时以逆指标处理。

（12）住所到工作单位时间。指农民工从住所到工作单位的单边通勤时间。一方面，长距离通勤的农民工一般居住在城乡接合部或者打零工，对提高其城市归属感是不利的；另一方面，长距离通勤意味着压缩了农民工的闲暇时间，也不利于其城市融入。因此，通勤时间越长，一般城市融入度越低。分为10分钟以下、10～30分钟、30～60分钟、1小时及以上4种情况，分别赋值1、2、3、4。城市融入度参照标准值为1，计算时以逆指标处理。

（13）是否受过歧视。遭遇歧视情况是农民工在务工城市心理融入的典型表现，遭受歧视越多，农民工的心理融入度越低。分为有过且经常发生、有过但次数不多、几乎没有3种情况，分别赋值1、2、3。城市融入度参照标准值为3。

（14）是否愿意成为城市人。即如果条件或政策允许，农民工希望脱离农村变为城市人的态度。态度越强烈，说明农民工的城市融入意愿越高。分为希望、没考虑过、不希望3种情况，分别赋值1、2、3。城市融入度参照标准值为1，计算时以逆指标处理。

（15）身份自我认定。即农民工对自己身份的判断，如果认为自己是城市人，说明城市融入度高；如果认为自己还是农村人，说明城市融入度很低。分为城市人、产业工人、不清楚、农村人4种情况，分别赋值1、2、3、4。城市融入度参照标准值为1，计算时以逆指标处理。

五、评价指标权重确定

某一指标的权重是指该指标在农民工城市融入整体评价中的相对重要程度。在本书中，以各因子的方差贡献率（表5-3）为基础计算指标权重。

表5-3　公因子方差

指　标	初始值	提取值
城市户籍朋友	1.000	0.619
与本地居民交往	1.000	0.591
社区活动	1.000	0.482
是否喜欢所在城市	1.000	0.407
每周劳动时间	1.000	0.256

（续）

指 标	初始值	提取值
到本市时间	1.000	0.693
现在单位时间	1.000	0.769
月收入	1.000	0.606
储蓄占收入比	1.000	0.539
工作城市数量	1.000	0.599
住所到工作地时间	1.000	0.347
近三年工作单位数量	1.000	0.550
是否受过歧视	1.000	0.485
是否愿意成为城市人	1.000	0.713
身份自我认定	1.000	0.440

注：提取方法为主成分分析法。

通过将各因子方差贡献率进行归一化处理后得到各指标相应的权重值，详见表5-4。其中，社会融入维度权重为0.291，行为融入维度权重为0.181，经济融入维度权重为0.141，心理融入维度权重为0.245，身份融入维度权重为0.141。

表 5-4 农民工城市融入进程评价指标体系

目标层	准则层	指标层	参照值	权 重
城市融入	社会融入	城市户籍朋友	1	0.053
		与本地居民交往	1	0.050
		社区活动	1	0.041
		是否喜欢所在城市	1	0.035
		每周劳动时间	1	0.022
	行为融入	现在单位时间	5	0.095
		到本市时间	5	0.105
	经济融入	月收入	6	0.106
		储蓄占收入比	4	0.094
	心理融入	工作城市数量	1	0.060
		近三年工作单位数量	1	0.035
		住所到工作地时间	1	0.056
		是否受过歧视	3	0.049
	身份融入	是否愿意成为城市人	1	0.124
		身份自我认定	1	0.076

第二节　农民工城市融入进程评价

构建农民工城市融入程度评价体系的目的是更好地量化分析农民工城市融入现状。将农民工在城市的工作、生活、居住和发展等情况量化为可以比较和计算的具体数据，通过分析这些指标数据探析农民工城市融入的总体程度和在各个维度上的融入情况。

笔者构建的评价指标体系既可以评价农民工个体城市融入程度，又可以评价某个群体的融入程度，并可以进行比较分析。农民工城市融入程度综合指数的计算方法如下。

首先使用最优值法将各评价指标去量纲化，然后得出各指标的发展度，计算公式为：

$$I=\frac{X}{X_0}\qquad X\text{ 为正指标}\tag{5-1}$$

$$I=\frac{X_0}{X}\qquad X\text{ 为逆指标}\tag{5-2}$$

式中，I 为各指标的发展度，X、X_0分别为某一项指标的统计值和标准值（最优值）。

然后将计算得到的各指标的发展度进行加权算数平均，求得每一准则层的发展指数，最后将准则层的发展指数进行加权算数平均后得到总的综合指数。总的综合指数的计算公式[①]为：

$$Q=\sum_{i=1}^{n}(\sum_{j=1}^{m}I_{ij}W_{ij})\times W_i\tag{5-3}$$

式中，n 为准则层个数，m 为第 i 个准则层的指标数量，I_{ij} 为第 i 个准则层中第 j 个指标的发展程度，W_{ij} 为第 i 个准则层中第 j 个指标的权重。

一、农民工城市融入进程整体状况

通过对本书问卷数据按照式 5-3 进行计算得出，农民工总的城市融入度为 56.44%。可见，总体来看，我国农民工在城市还处于“半城市化”状态。其中，社会融入度为 42.61%，行为融入度为 60.56%，经济融入度为 55.77%，心理融入度为 69.04%，身份融入度为 58.43%（表 5-5）。从标准差看，5 个融入子维度中，社会融入度的离散程度最小，说明农民工群体内部社会融入度

① 张超，2015. 新生代农民工城市融入指标体系及其评估：基于江苏吴江的调查分析[J]．南京社会科学（11）：63-69，118.

差异相对较小；身份融入度的离散程度最大，说明农民工群体内部身份融入度差异相对较大。

表 5-5 农民工城市融入度描述统计

单位：%

项　目	人　数	最小值	最大值	平均值	标准差
城市融入度	2 978	31	95	56.44	9.399
社会融入度	2 978	21	100	42.61	12.695
行为融入度	2 978	20	100	60.56	21.567
经济融入度	2 978	21	100	55.77	16.32
心理融入度	2 978	26	100	69.04	15.307
身份融入度	2 978	30	100	58.43	21.731

显然，在调查的农民工群体中，心理融入程度最高，而社会融入程度最低，由高到低依次为心理融入度>行为融入度>身份融入度>经济融入度>社会融入度（图 5-2）。

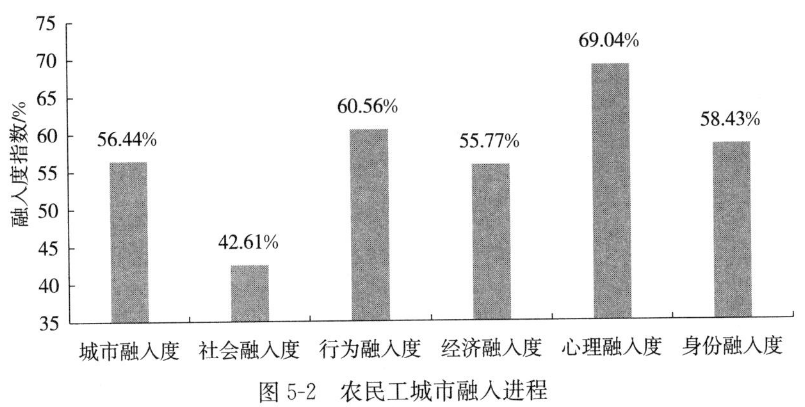

图 5-2　农民工城市融入进程

二、农民工城市融入进程差异性分析

利用构建的农民工城市融入进程评价指标体系，还可以分类计算不同农民工群体的城市融入程度。在本书中，分别从年龄、婚姻状况、受教育程度、流入地、流出地、是否跨省流动等方面分析农民工群体内部城市融入程度的差异性。

1. 代际差异

年龄决定了一个人所处的生命周期阶段，同时年龄与一个人的冒险精神、家乡情结、返乡意愿、城市生活适应能力等均具有密切关系。

从图 5-3 可以看出，在城市融入总体进程方面，新生代农民工和老一代农民工存在明显差异。老一代农民工的城市融入度明显高一些，这可能与在城市的务工时间和对城市的熟悉度有关，老一代农民工进入城市时间长，其经济实力优于新生代农民工。90 后农民工城市融入度最低，这主要是因为他们大多初入城市，尚处在适应期。

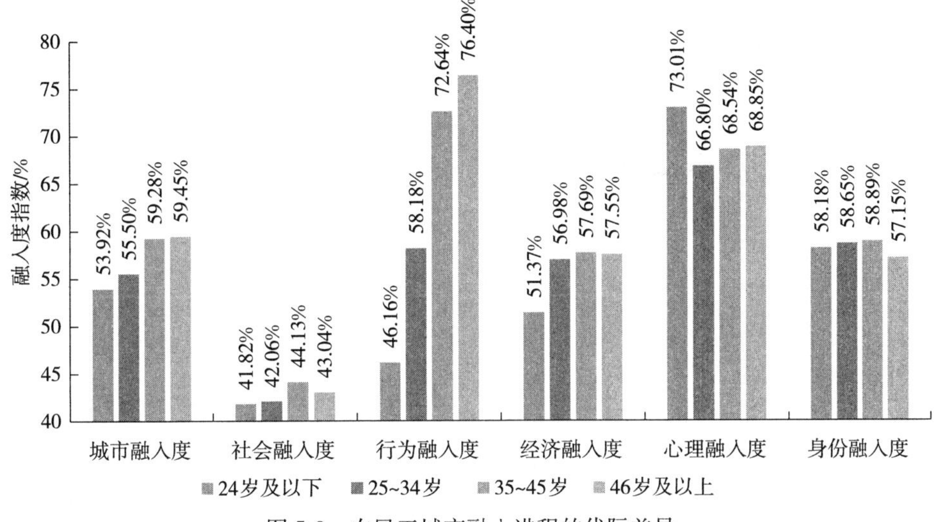

图 5-3　农民工城市融入进程的代际差异

在社会融入度方面，70 后农民工最高，而 90 后最低。结合社会融入度的二级指标可以找到原因，老一代农民工的就业单位和务工城市相对更稳定一些；而 90 后农民工由于初入城市，还处在频繁的探索和“试错”过程中。

行为融入度是不同年龄段农民工差异最大的城市融入子维度，明显呈现出年龄越大，行为融入度越高的特点。90 后农民工不到 50%，而 70 前农民工则超过 76%。说明年龄越大，城市就业稳定性越高。一方面，说明随着年龄的增长，农民工的务工选择逐渐明确，减少了流动的盲目性，这对城市融入是有利的；另一方面，说明随着年龄的增长，农民工更换工作或务工城市的机会成本会提高，流动的动力在下降。

经济融入度方面，90 后明显低于其他年龄段农民工，而 70 后农民工融入程度最高。说明 90 后农民工经济能力最差，而 70 后经济实力最强。90 后农民工的一个突出特征是，由于初入城市，社会资本积累有限，导致收入相对较低；但其边际消费倾向更高，使得他们的储蓄较低。

在心理融入度方面，90 后与其他年龄段差异明显，是 4 个年龄段中融入程度最高的。从该维度所包含的指标来看，90 后农民工主要是进城不久，其务工城市和务工单位更换较少，并且 90 后农民工在就业选择和行为习惯等方面更接近市民，其遭受的社会歧视较少。

身份融入度方面，最高的是 70 后农民工，而 70 前农民工明显低于其他年龄段农民工。说明 70 前农民工市民化意愿最低，市民化政策应以 70 后和新生代农民工群体为主。

2. 婚姻状况差异

婚姻状况会对一个人的行为产生重要影响。婚后特别是有小孩以后，其需要更为稳定的收入来源。因为只有获得相应的收入，才能够养家糊口。

从城市融入度总指标来看（图 5-4），已婚农民工城市融入度最高，而未婚农民工城市融入度最低，离异群体仅高于未婚群体。正所谓“家和万事兴”，家庭和睦、夫妻关系和谐对农民工的城市融入具有重要的正面影响。

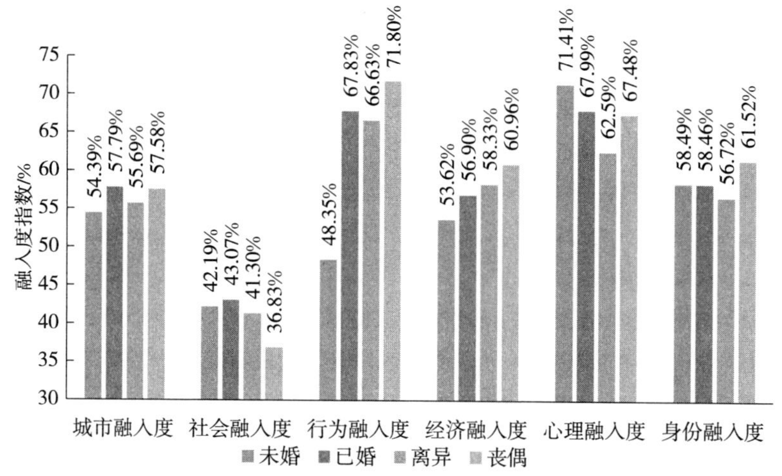

图 5-4　农民工城市融入进程的婚姻状况差异

从 5 个子维度来看，社会融入度最高的是已婚农民工，最低的是丧偶农民工，且已婚农民工高于未婚农民工，未婚农民工高于离异农民工。丧偶农民工的社会融入度最低，说明其在城市中的生活较为封闭，参与社区活动以及与市民的交往较少，对所在城市的好感度最低。

行为融入度方面，未婚农民工明显低于其他群体，主要还是受年龄因素的影响。离异群体明显低于已婚和丧偶群体，说明离异群体变动工作的频率要高于其他同龄群体。这可能是迫于社会压力，其通过更换单位或务工城市来逃避原来的生活环境，婚姻的变故对其城市工作和生活产生了明显的负面影响。丧偶农民工行为融入度是所有农民工群体中最高的，原因是，这部分群体的流动性较低，在当前城市和当前工作单位的时间较长。

不同婚姻状况的农民工在经济融入方面表现出来的差异非常有趣，其特点是未婚＜已婚＜离异＜丧偶。在前面的分析中可以发现，丧偶群体的经济收入并不高，甚至低收入群体还比较多；但该群体的储蓄率相对较高，说明丧偶群体是最缺乏安全感的群体，该群体在城市更需要政府和社会的关爱。

离异群体高于未婚和已婚农民工，从一个侧面说明了进城务工后，随着经济收入的提高、生活环境的变化，部分农民工的婚姻观、价值观受到一定的影响，离婚率开始上升。

在调查中还发现，进城务工农民工群体中，很大一部分离婚事件是由女性主动提出来的，这与妇女在农村更多处于弱势附属地位形成了鲜明的对比。可以得出结论：进城务工后，女性的经济地位明显上升，进而使得她们在婚姻中掌握了更多主动权。

心理融入度方面，融入程度最低的是离异农民工群体。说明离异农民工生活更为“漂泊”、心理上更为敏感，在城市感受到更多歧视。在调研中发现，随着进城务工的普遍化，农村离婚率迅速上升，很多离异农民工因此对市民化持有排斥心理。据媒体报道，2013—2015 年，河南省宁陵县法院审理的离婚案件中，80 后、90 后农村青年离婚案约占全部离婚案件的 85％，成为离婚高危群体[①]。

3. 受教育程度差异

按照舒尔茨的观点，人力资本形成的主要方式有教育、培训、医疗保健和迁移等。可见，教育是农民工提升和积累人力资本的重要方式。人力资本状况对农民工在城市的生存与发展均具有重要影响。美国关于外来移民的研究发现，如果移民进入的是一个公平竞争的市场环境，他们在迁入地的成就主要取决于其人力资本水平[②]。

教育对农民工城市融入的影响是多方面的：一是教育可提升人们的综合素质，开拓人们的眼界和潜能；二是教育使人们具有更多公平意识，有助于人们改变就业意识、拥有更多就业选择；三是教育会使农民工受益于相关宏观政策，加速农民工城市融入的步伐，如很多城市将农民工落户与受教育水平直接挂钩。

按照通常的认知，农民工受教育程度越高，在城市劳动力市场中可选择的就业范围就越大，接受技能培训的机会也越多，社交能力、学习能力和适应能力也会越强，其城市融入度应该是越高。事实是否如此呢?

从城市融入综合指标看（图 5-5），总体特征是受教育程度越高，城市融入度越高；但差异并不像想象得那么明显，反而是 5 个子维度差异相对更明显，且趋势不一。

在社会融入度、经济融入度、心理融入度和身份融入度方面，总的特征是

① 莫兰，2017.“临时夫妻”现象不能选择性无视［N］.中国妇女报，2017-01-19（A3）.

② 杨菊华.张娇娇，2016.人力资本与流动人口的社会融入[J].人口研究（4）：3-20.

学历越高融入度越高。说明学历越高的农民工，与城市居民的社交接触越频繁，社交情况越好，受教育程度对农民工经济条件的正向影响非常明显。可见，提高城市融入度最根本的还是提高农民工的受教育程度和教育质量。受教育程度越高，农民工转为城市居民的意愿越强烈，认为自己是城市居民的比例越高，市民化内在动力和经济条件越强。

此外，受教育程度对行为融入的影响是负面的，且不同学历间的差异非常明显，这应该是造成不同学历农民工城市融入总体进程差异不大的主要原因。通过分析行为融入度包括的指标“到现在单位时间”和“到本市时间”，可以发现，总体来说，学历越高的农民工平均年龄越小，高学历农民工主要集中在新生代农民工群体，他们在务工城市的居留时间一般短于老一代农民工。

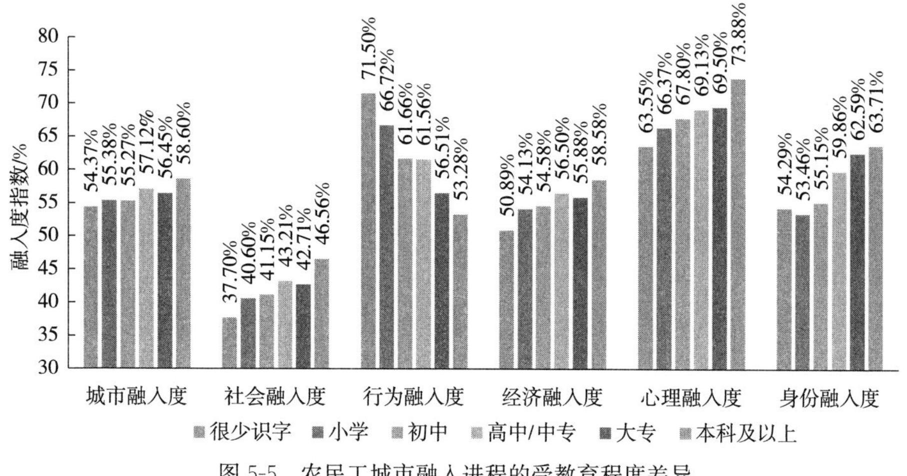

图 5-5 农民工城市融入进程的受教育程度差异

4. 地区差异

按照通常的理解，跨省流动的农民工由于在务工地存在更多文化差异，其城市融入度可能更低；而省内流动特别是迁移距离更近的市内或县内流动的农民工，其文化差异性更小，拥有更多社会资本，社会融入度应该明显高于跨省流动群体。事实如何呢？

从跨省流动角度看（图 5-6），城市融入总体进程差异明显，省内流动农民工高于跨省流动农民工。在我国，省份通常是地域文化、群体认同以及公共服务（如社会保障、医疗保险等）的天然分界线，省内务工农民工在语言沟通、生活方式适应、地域归属感等方面都较省外务工农民工更具优势，且本省户籍可以增加省内务工农民工获得地方公共服务支持的潜在机会。可见，从提高城市融入度角度来看，应该提倡农民工就近就业，倡导就地就近城市化。

5 个城市融入子维度之间的差异趋势不一，其中省内务工农民工在社会融

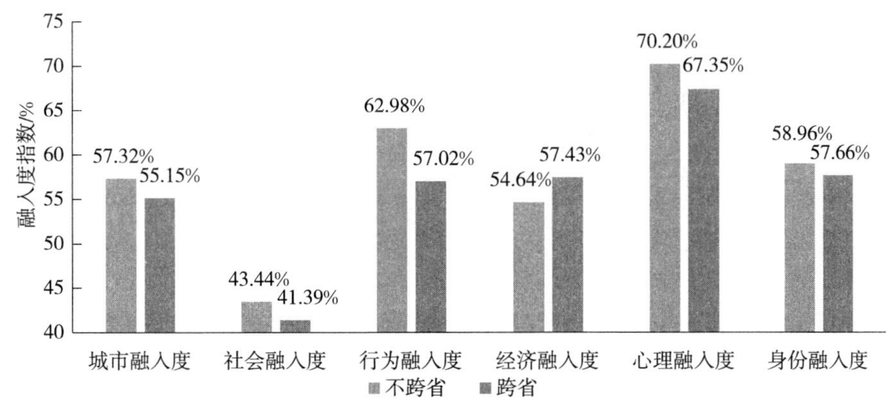

图 5-6　农民工城市融入进程的地区差异

入度、行为融入度、心理融入度和身份融入度 4 个方面的表现均优于省外务工农民工，但经济融入度省外务工农民工更占优势，说明更远的流动距离得到了一定的经济补偿。同时，省外务工农民工为了经济原因外出务工的比例更高，使得他们更注重储蓄，这对他们提高经济积累有益，但对其尽快适应城市、融入城市存在不利影响。

第三节　农民工住房状况对城市融入的影响分析

农民工受其农村户籍限制，即使在城市工作生活多年，但因其不具有城市户籍，仍被排除在城市住房保障制度范围之外。由于城乡发展不均衡和二元结构的影响，自身市民化能力较弱的农民工无法享受新型城市化带来的成果，住房矛盾日益凸显。如果农民工既无法融入城市又无法退回农村，将会产生严重的社会问题。

农民工住房问题和市民化问题均是我国学术界的研究热点。然而，我国从城市融入视角系统探讨农民工住房问题的研究还很少见，很少有实证研究专门分析农民工住房与城市融入之间的关系。本节的目的是分析农民工住房状况与其城市融入程度之间的关系，为更好地设计农民工住房保障制度提供决策建议。

一、文献回顾与研究假设

自 20 世纪 90 年代以来，大量农民工涌入城市务工。国家统计局发布的农民工监测调查报告显示，2008—2019 年，我国农民工总量、外出农民工数量和本地农民工数量均呈现逐年递增的态势。2019 年，农民工总量达到 29 077 万人，其中外出农民工 17 425 万人。虽然我国外出农民工数量庞大，但这些农民工绝大多数都属于暂时性的转移，在城市实现定居、完成市民化进程的比例很低。在这一背景下，农民工为何难以实现市民化，以及如何加快农民工市民化进程，成为学术界研究的热点问题。

关于农民工市民化的早期研究成果发现，户籍、年龄、文化水平、人均土地面积等都是影响农民工市民化意愿的重要因素，需要赡养的老人、学龄前儿童、自我经营等也会显著影响农民工的市民化决策。大量文献对影响农民工市民化的因素进行了研究，但很多研究却忽略了居住情况对农民工城市融入与市民化的影响。

部分学者注意到了住房对劳动力迁移和市民化的影响。如阿哈罗诺维茨认为，如果能够以较低的成本获取住房，可以提高发达城市对低成本外来劳动力的吸引力。普兰丁格等对美国 291 个大城市的研究发现，住房成本越高的城市，劳动力迁移的可能性越低。

一方面，农民工市民化是城市化发展的必然结果；另一方面，农民工市民化也是城市化的重要推动力。但城市居住成本过高，已成为农民工融入城市、实现市民化的主要障碍。李斌认为，住房已成为城市排斥外来人口的重要手段，对农民工的市民化意愿产生了显著的负面影响。户籍是影响农民工融入城市的制度约束，而住房是影响农民工融入城市的关键经济约束。周建华等认为，影响农民工定居城市选择的首要因素是住房价格，相比房价过高的大城市，中小城市、大城市周边的卫星城或小城市更容易实现农民工的“城市定居梦”。罗丞对 2012 年度国家流动人口动态监测数据的分析发现，居住类型显著影响着新生代农民工的市民化意愿。

农民工在城市的住房问题不仅仅涉及居住形式，还涉及居住条件、居住意愿等。本书基于文献研究和理论分析，结合课题研究目的，提出以下 3 个假设。

假设 1：农民工在城市的住房形式会影响其城市融入度，自购房优于租房，单独租房优于群租房。

假设 2：居住条件越好的农民工城市融入度越高，住房面积越大、住房租金越高、共同居住人数越少（人均住房面积越大），农民工的城市融入度越高。

假设 3：住房改善意愿和负担能力越强，农民工城市融入度越高。住房改善意愿和负担能力越高，说明农民工定居城市的意愿和能力越高，其城市融入的主动性和能力越强，其城市融入度应该越高。

二、研究数据与变量选择

1. 数据来源

本章所用数据来源于笔者课题组在全国范围内开展的关于农民工城市融入

状况与住房情况的专项调查，有效调查问卷为2 978份。由于问卷在“您目前每月支付的房租”问题中有一个选项为“不用支付房租”，为了更准确地分析农民工房租支出对其城市融入度的影响，在此将选择“不用支付房租”的样本进行了删除，最后进行分析的问卷有2 090份。使用SPSS 22.0软件对数据进行统计分析。

2. 变量设计

（1）因变量。本节的研究目的是分析农民工城市住房对城市融入度的影响。因此，本研究的因变量为前面通过探索性因子分析法分析得出的农民工城市融入度。

（2）自变量。本研究从居住方式、居住条件和住房意愿3方面来对农民工城市住房问题进行测量。

居住方式：操作化为农民工在务工地的居住形式。具体分为自购房、自己租房、政府提供的廉租住房、与他人合租、借宿亲友家、雇主家、单位集体宿舍、建筑工地工棚、其他9种情况，分别赋值为9、8、7、6、5、4、3、2、1。得分越高，代表农民工的居住形式越好。

居住条件：操作化为目前住房面积、共同居住人数和每月支付房租3个指标。其中，目前住房面积分为10米^{2}以下、10～20米^2、21～40米^2、41～90米^2、91～120米^2、120米^{2}及以上，分别赋值1、2、3、4、5、6。得分越高，表示住房面积越大，居住条件越好。共同居住人数分为1人、2人、3人、4人、5人及以上，分别赋值6、5、4、3、2、1。得分越高，表示居住人数越少，个人居住空间越大，住房条件越好。每月支付房租分为100元以下、100～200元、200～300元、300～500元、500～800元、800元及以上，分别赋值1、2、3、4、5、6，房租一般与住房质量呈正比。得分越高，说明住房条件越好。

居住意愿：操作化为理想的住房面积和能接受的房租水平2个指标。其中，理想的住房面积分为10米^{2}以下、10～20米^2、20～40米^2、40～90米^2、90～120米^2、120米^{2}及以上，分别赋值1、2、3、4、5、6。得分越高，说明农民工对城市居住条件要求越高，对居住质量越重视，意味着农民工在城市更重视生活质量，其城市融入度越高。能接受的房租水平分为100元以下、100～200元、200～300元、300～400元、500～800元、800元及以上，分别赋值1、2、3、4、5、6。得分越高，说明农民工更愿意也更有能力支付高房租。

（3）控制变量。为了消除统计误差，本章借鉴相关文献，引入了性别、婚姻、年龄、受教育程度等个体特征作为控制变量。主要变量的统计性描述详见表5-6。

表 5-6 主要变量的统计性描述

项　目	指　标	人　数	最小值	最大值	平均值	标准差
因变量	城市融入度	2 090	0.34	0.90	0.547 6	0.082 50
控制变量	性别	2 090	1.00	2.00	1.454 1	0.498 00
	年龄	2 090	1.00	4.00	2.082 3	0.909 46
	婚姻状况	2 090	1.00	4.00	1.621 5	0.597 44
	受教育程度	2 090	1.00	6.00	3.849 8	1.275 54
居住形式	居住形式	2 090	1.00	9.00	6.825 4	1.740 36
居住条件	目前住房面积	2 090	1.00	6.00	3.116 7	1.135 09
	共同居住人数	2 090	1.00	6.00	2.922 5	1.363 80
	月房租	2 090	1.00	6.00	3.694 7	1.330 72
居住意愿	理想住房面积	2 090	1.00	6.00	4.796 7	1.080 44
	可负担房租	2 090	1.00	5.00	3.329 7	1.082 05

三、模型构建与影响分析

为了更好地说明农民工城市住房对农民工城市融入度的影响，本书以城市融入度为因变量，在有统计控制的条件下使用一般线性回归方法进行分析①。在回归模型中，使用阶层多元回归法将自变量分成不同区组（居住形式、居住条件和居住意愿）投入回归方程式中，构建 4 个模型（表 5-7）。

表 5-7 住房情况对农民工城市融入度影响的一般线性回归模型

变　量	模型 1		模型 2		模型 3		模型 4	
	标准化系数	标准误	标准化系数	标准误	标准化系数	标准误	标准化系数	标准误
性　别	−0.017	0.004	−0.017	0.004	−0.023	0.003	−0.019	0.003
年　龄	0.244***	0.002	0.238***	0.002	0.225***	0.002	0.234***	0.002
婚姻状况	−0.008	0.004	−0.016	0.004	−0.02	0.004	−0.021	0.004
受教育程度	0.201***	0.002	0.204***	0.002	0.154***	0.002	0.134***	0.002
居住方式			0.073**	0.001	−0.004	0.001	0.008	0.001
目前住房面积					0.135***	0.002	0.081***	0.002
共同居住人数					−0.052**	0.001	−0.056**	0.001

① 通过利用 SPSS 22.0 对各自变量进行多重共线性分析，VIF 最大值为 1.453，说明各变量间不存在严重的多重共线性问题。

（续）

变　量	模型 1		模型 2		模型 3		模型 4	
	标准化系数	标准误	标准化系数	标准误	标准化系数	标准误	标准化系数	标准误
月房租					0.121***	0.001	0.064**	0.002
理想住房面积							0.135***	0.002
可负担房租							0.093***	0.002
常　数	0.457***		0.436***		0.429***		0.381***	
样本量	2 089		2 089		2 089		2 089	
调整 R^2	0.061		0.066		0.100		0.122	
F	35.221***		30.621***		29.936***		30.063***	

注：***为 $P<0.01$，**为 $P<0.05$，*为 $P<0.1$。

总体来看，农民工城市住房对农民工的城市融入度具有一定的预测力，控制变量和自变量能够解释农民工城市融入度 12.2%的变化量。根据 4 个模型的调整 R^2 以及 R^2 的变化可以发现，居住条件对农民工城市融入度的影响最大，能够解释农民工城市融入度 3.4%的变化量；其次为居住意愿，可以解释农民工城市融入度 2.2%的变化量；最小的为居住方式，可以解释农民工城市融入度 0.5%的变化量。

1. 个体特征与农民工城市融入度

模型 1 的解释力为 6.1%，表明农民工的个体特征变量对农民工城市融入具有一定的影响。其中，年龄和受教育程度对农民工的城市融入度具有显著的影响。

第一，年龄对农民工的城市融入具有显著影响。回归系数在 4 个模型中均为正值，表明年龄越大的农民工其城市融入度越高。农民工的人力资本、社会资本、个人或家庭财富的积累以及对城市的熟悉都是需要花费时间的，在控制其他变量的情况下，年龄越大，农民工能够用于提升融入资本、熟悉城市的时间就越充足，其城市融入度越高。

第二，受教育程度对农民工的城市融入具有显著影响。回归系数在 4 个模型中均为正值，表明受教育程度越高的农民工其城市融入度越高。正如前文得出的结论，受教育程度是农民工在城市生存竞争的最核心因素，对农民工城市工作生活的影响是全方位的。要提升农民工城市融入度，最基础和最重要的就是提升其受教育程度和教育质量。

2. 居住方式与农民工城市融入度

住房除了为农民工提供基本的安全生存保障之外，还是农民工劳动力生产和再生产的重要场所，同时具备休憩和社交功能。模型 2 显示，在加入居住形式变量后，解释力提高了 0.5%。表明居住形式对农民工城市融入度具有一定影响，假设1得到证明。

农民工在城市的主要居住方式是租住私人住房，能在务工城市购房和享受政府保障性住房的比例很低。从图5-7可以清晰地看出，居住方式对农民工城市融入度具有明显的影响。自购房农民工的城市融入度远高于其他群体，这类群体在居住方面可以说实现了与市民的无差异居住，也可以反映出其较强的经济实力。同时，在我国的传统观念中，住在自己的房子里才有“家”的感觉，拥有一套住房对于多数人来说可以带来满足感和稳定感。

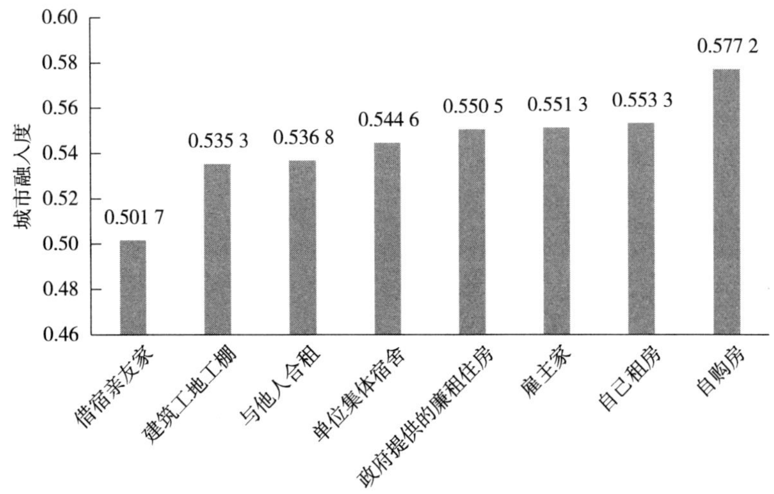

图5-7 农民工居住方式与城市融入度

借宿亲友家的农民工的城市融入度最低。分析其原因，一是因为这类农民工大多刚进入城市务工，不管是收入还是对城市的熟悉度都较低；二是“寄人篱下”的感觉可能对其心理产生了较大的负面影响。

集体宿舍、建筑工棚、合租等以群体居住形式的住房解决方式，一般缺乏必要的私人空间，群体内部人际关系也比较复杂，难以形成稳定、融洽的内部关系，且居住设施往往不够完善，容易对农民工融入城市产生负面影响。

居住在政府提供的廉租住房内的农民工群体城市融入度也相对较高，这是因为廉租住房居住较为稳定、配套较为齐全，且能够租住廉租住房的农民工一般具有较强的社会交往能力。

图5-7中，居住方式对农民工城市融入的影响对住房保障政策设计的启示是：从提高城市融入度考虑，政府应该为农民工提供住房保障公共服务，尽可能鼓励和保障农民工实现个人或家庭租房居住，有条件的可以为其购房提供帮助。

从短期来看，实现稳定的租房居住应该是农民工在城市解决居住问题的现实且可行的选择。因此，现阶段，应通过大力发展住房租赁市场，为农民工提供兼具宜居性、安全性的租赁型住房，为其在城市的生存和发展提供必要的居住支持。

从长期来看，随着城市住房供求关系的改善、政府财政能力和农民工住房支付能力的提升，在城市拥有自有住房的农民工会逐步增多。

很多研究成果取得了与本书一致的研究结论。如陈忠斌等研究发现，农民工群体中，最有可能实现举家迁移的是租购房和独立租房居住的农民工，而在集体宿舍和建筑工棚居住的农民工最难实现举家迁移。祝仲坤等的研究同样得出，与临时住所相比，拥有稳定住所的农民工幸福感更高。其中，分散居住的农民工幸福感较高，且在自建房或自购房居住的农民工幸福感最高。

3. 居住条件与农民工城市融入度

模型 3 显示，在加入居住条件变量后，解释力提高了 3.4%，表明居住条件对农民工城市融入具有重要的作用，住房面积、共同居住人数和月房租支出对农民工城市融入度均具有显著影响。假设 2 得到证明。换言之，如果能改善农民工在城市的住房条件，提升其住房质量，则农民工的城市融入度会大幅提高。

第一，住房面积。农民工与城市居民相比，在居住条件方面的最大差距主要体现在住房面积和居住环境两个方面。随着住房面积的逐步提高，农民工市民化进程也在逐步提升（图 5-8），且城市融入度随住房面积增加而提高的趋势非常明显。张翔等研究也发现，房间数目和人均住房使用面积等对居民幸福感有显著正向影响。

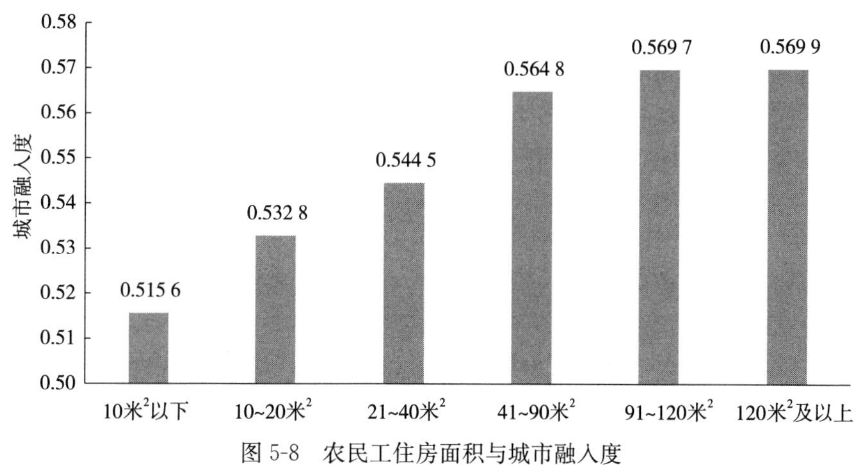

图 5-8　农民工住房面积与城市融入度

第二，共同居住人数。这一指标与住房面积指标具有一定的相关性，只是共同居住人数对农民工城市融入的影响系数是负值，说明共同居住人数越多农民工城市融入度越低。这意味着要提高农民工城市融入水平，实现农民工市民化，需要降低农民工群租比例，尽可能实现“户均一套，人均一间”的住房条件。

从图 5-9 可见，农民工城市融入度与共同居住人数的关系不明显，单独居住和 5 人以上共同居住的农民工的城市融入度偏低。单独居住的农民工城市融入度较低，说明尽管这类农民工经济负担能力可能相对较强，但由于缺乏日常交流对象，难免会产生孤独感，使得他们的城市融入度并不高；5 人以上共同居住的农民工一般是居住集体宿舍或建筑工棚，严重缺少私人空间，使得该群体的城市融入度最低。

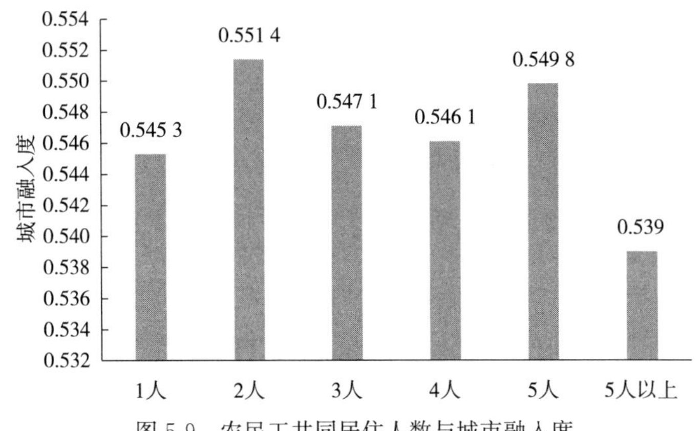

图 5-9 农民工共同居住人数与城市融入度

两人共同居住的农民工群体城市融入度最高，两人共同居住一般是夫妻或情侣，房与人完整地组成了“家”的氛围，提高了他们的城市融入度。

第三，月房租支出。在市场条件下，房租越高，居住条件越好，城市融入度也越高。

4. 居住意愿与农民工城市融入度

根据前文在农民工城市融入状况分析中得到的结论，农民工进城务工的首要目标是“提高收入”，其次才是“谋求更好发展”“开阔眼界”等。如果农民工不以市民化为目标，而是以赚取更多收入为目的，其必然会尽量压缩住房开支。如果农民工有在城市长期发展甚至是定居的计划，其一般会选择通过租住更大面积或者购房的方式改善居住品质。

第一，理想住房面积对农民工城市融入具有显著影响。在回归模型 4 中，理想住房面积的回归系数为 0.135，且通过显著性检验，表明理想住房面积越大的农民工，其城市融入度越高。理想的住房面积越大，说明其改善城市住房品质的意愿越强，其在城市的住房需求已经不满足于仅满足生存安全需要，而是赋予住房社交、自尊实现等更高层次目标。

第二，能够接受的房租水平。在回归模型 4 中，能够接受的房租水平的回归系数为 0.093，且通过显著性检验，表明能够接受更高租金水平的农民工，其城市融入度越高。在市场经济条件下，愿意承受更高水平租金，说明农民工的经济承受意愿和承受能力越强，其城市融入意愿和能力都更强。因此，假设 3 得到验证。

四、主要研究结论

研究表明，农民工城市融入进程缓慢，虽进城务工多年，农民工在城市尚处于“半城市化”状态，农民工城市融入受到包括个体特征和制度环境在内的多重因素的影响。从住房角度看，由于住房是人们最基本的生存、生活必需品，农民工的住房状况是影响农民工城市融入的重要因素，本章的实证分析也证实了这一点。

本章研究得出的主要结论有：

（1）*加快农民工城市融入进程任重而道远。*从本书的研究结论来看，农民工的城市融入度只有 56.44%，尚处于“半城市化”状态，且影响农民工城市融入的因素众多，推进农民工城市融入进程是一项复杂且充满挑战的系统工程。

（2）*教育是农民工融入城市的基石。*从农民工城市融入的影响因素来看，受教育程度对农民工城市融入各维度都会产生显著影响，农民工的文化水平是其在城市工作生活最核心的影响因素。从长远来看，提高农民工城市融入水平，必须首先提升农民工的受教育水平与质量，这需要做好包括乡村基础教育、职业教育和在职教育在内的各个教育环节。

（3）*住房是农民工融入城市的关键。*实证分析证明，农民工的居住形式、居住条件和居住期望都会对农民工的城市融入产生显著影响。我国要加快农民工城市融入进程、实现农民工市民化，将农民工纳入城市住房保障体系，解决农民工的“城市安居问题”成为推进城市化的政策切入点。

一是住房保障方式应选择租房补贴为主。从实证分析中可以发现，居住方式对农民工城市融入的影响非常明显。从建筑工棚到单位集体宿舍到合租到单独租房再到购房，农民工的城市融入度逐步提升。居住方式的改善有利于加强农民工与城市居民的社会交往，有利于提升其人力资本和社会资本，这是农民工城市融入的基本保证。

现阶段，政府财政能力有限，加上农民工经济负担能力普遍较低，大范围、大规模地支持农民工在务工城市购房并不现实，农民工住房保障的着眼点应是“帮助农民工租房”。政府既可以通过自建或通过优惠政策引导房地产开发商加大公共租赁住房建设规模，也可以通过规范完善城市住房租赁市场，对农民工租房实行货币补贴。保障目的是帮助有城市融入意愿和融入能力的农民工实现与市民混合居住。

二是确保农民工的居住条件得到明显改善。农民工居住条件恶劣是我国当前各级城市的普遍现象，这严重阻碍了农民工的市民化脚步。应该通过住房保障制度建设，确保农民工的居住条件得到显著改善。首先是要增加农民工的住房面积，尽量实现“户均一套房，人均一间房”；其次是要完善农民工住房配套设施，改善居住环境，实现农民工居住小区化、社区化、农民工与城市中低收入居民无差异化。

三是将农民工住房保障制度化，帮助农民工树立城市融入的预期和信心。只有农民工具备了在城市长期发展的预期，才会在人力资本、社会资本提升上加大投资，才能使其在城市的竞争力得到真正提升，与其相关的农村土地制度改革才能得以顺利进行。

第六章 农民工住房保障政策的国际经验借鉴

农业人口向城市转移是城市化进程中的必然现象。国外在城市化发展过程中对农业转移人口采取的治理理念和治理实践，无论是成功经验抑或失败教训，均可为我国城市化发展提供借鉴。本章就典型国家人口城市化及住房问题的治理实践展开分析，总结历史经验和教训，探讨其对我国农民工城市住房问题的借鉴意义和有益启示。

第一节 英国住房保障政策

一、住房保障范围演变

英国是世界上最先进行工业革命的国家，也是最早面临农村人口大规模涌入城市、出现城市住房问题的国家。为了解决外来移民增加带来的住房压力，英国政府积极对住房市场进行干预。在城市化和工业化的不同发展阶段，英国政府根据住房市场供求状况灵活调整住房保障政策，取得了不错的效果。

1. 第一阶段：1919 年之前，住房完全市场化

18 世纪 60 年代开始的工业革命，一方面，使得英国工业化和城市化得到快速发展；另一方面，因大量农民涌入城市务工，给城市住房市场带来了巨大压力，住房短缺问题日益严重。20 世纪初，住房短缺问题依然没有得到明显缓解。伦敦住房短缺问题尤其严重，有大约 50 万人住在平均每间 3 人以上的住房里[①]。

1832 年，英国议会通过了《乔利拉法案》，第一次提出政府应该对住房困难的低收入家庭提供住房补贴，帮助他们改善居住条件[②]。1915 年颁布的《租金上涨和抵押贷款法》提出，政府有必要对住房租金进行控制，但此时的主流观点还是自由市场经济，主张应该利用市场机制调节住房供需，政府不应过多

① 徐松明，陈峰，2009. 英国住房问题求解途径解析与中国借鉴[J]. 华中师范大学学报（人文社会科学版）(5)：56-65.

② 董昕，2010. 中国房地产业的公共投资研究［D］. 北京：财政部财政科学研究所.

干预。因此，在 1919 年之前，英国的城市住房基本是由私人提供，政府保障性住房数量非常有限，英国的城市人口中有高达 90%租住在私有住房里。

2. 第二阶段：1919—1945 年，限制租金过快上涨和小规模建设保障性住房

第一次世界大战结束后，从住房需求方面看，大量退伍军人复员转业，加上人口增长进入高峰期，城市人口的快速增加引起城市住房需求快速增加；从住房供给方面看，城市里的原有住房因战争而被破坏，供给大量减少，供求关系的变化使得英国城市住房短缺问题愈加严重。

为解决城市住房短缺问题，英国政府在 1919 年颁布了《住房与城镇规划法》，规定地方政府有责任为“劳动阶级”提供住房保障服务。《住房与城镇规划法》第一次确立了公共住房相关政策的制度安排，明确了政府在住房保障方面的法定义务，标志着英国政府开始对住房问题进行干预①。英国规定由中央政府设定住房保障制度目标框架，由地方政府负责实施公共住房的建设运营，并可以用地方财产税直接给予补贴。这与我国现阶段的制度设计非常相似。

为解决严重的住房短缺问题，英国政府还推出了以租金管制为核心的住房政策，对住房市场实行全面干预。具体干预措施包括：规定住房租金水平由所在地政府或议会决定，房主无权自行确定租金，从而将租金控制在低收入居民可以接受的水平②；房屋所有权人不能自由买卖二手房，住房只能出售给政府或租户；地方政府的职责是为住房困难家庭建造保障性住房供其租用，中央政府则对地方政府建设保障性住房进行补助。

在城市化早期阶段，政府建设保障性住房与房租管制政策是英国解决农业转移人口城市住房问题的主要手段。

3. 第三阶段：1946—1969 年，大规模建设保障性住房

第二次世界大战期间，英国作为主战场之一，大量城市住房被毁。战争结束后，军人复员就业、人口增长高峰等因素叠加，使得城市住房供求矛盾进一步恶化，增加城市住房供给成为当务之急。

在此背景下，英国政府推出了以增加城市住房供给为核心的住房干预政策。一方面，政府直接大规模兴建保障性住房，由地方政府负责具体建设，中央政府补助建房成本的 1/3～1/2；另一方面，减免房地产开发企业的住房开发贷款利息税，鼓励市场参与住房建设。

---

① 王晖，2006. 主要发达国家住房保障制度及其实施对我国的启示[J]. 世界经济与政治论坛(4)：114-119.

② 梁涛，2011. 城市化进程中农民工住房需求问题的研究：基于城市融入的视角[J]. 城市观察(2)：139-148.

在这一时期，政府住房保障政策的目标由过去的“为劳动阶层提供住房”转变为“满足各类家庭的住房需求”。

为了在短期内快速解决住房极度短缺问题，政府成为住房供应的主体。在20世纪40年代和50年代，由地方政府投资建设的住房数量分别占英国同期住房建设总量的78%和64%[①]。经过一段时间的大规模住房建设，到20世纪60年代，英国城市住房供给短缺问题得到有效缓解。住房市场上私人企业投资比例不断上升，开始出现私人住房市场与政府保障并行的局面。

4. 第四阶段：1970—1979年，推行保障性住房私有化

英国政府通过大规模建设保障性住房，并以较低的价格出租给低收入困难家庭，使得英国城市住房困难问题快速得到缓解。到20世纪70年代末，英国住房供需已基本平衡。

20世纪70年代，英国经济发展进入“滞涨”时期。经济增速放缓，政府税收收入下降，而保障性住房建设引起的支出增长却是刚性的，两者之间的冲突给政府财政造成了巨大压力。同时，随着英国经济的持续快速增长，居民的收入持续增长，当居民财富积累到一定程度后，对住房消费的个性化需要开始出现。

在此背景下，英国开始调整住房政策。政府住房保障范围逐步缩小，开始缩减保障房建设规模，改为直接对中低收入家庭发放住房补贴，并推行保障性住房私有化，市场机制重新在住房资源配置中发挥主导作用。

这一时期，英国政府共建成住房129万套，私有企业建房166万套，私有企业已占相对优势[②]；政府的保障房占比也从1955年的70%下降到1980年的46%[③]。

5. 第五阶段：1980—2003年，缩小住房保障范围

20世纪80年代以前，英国政府为超过1/3的城市家庭提供住房补贴，住房保障范围过大，造成政府财政面临巨大压力。

以1980年修改《住房法》为标志，英国为减轻财政压力，出台了“优先购买权”政策，开始全面实施保障性住房私有化政策。同时，政府对购买保障性住房给予价格优惠、信贷扶持以及税收减免等优惠政策。

通过大规模出售公共住房，英国居民住房产权结构出现重大转变。到

① 刘玉亭，何深静，吴缚龙，2007. 英国的住房体系和住房政策[J]. 城市规划（9）：54-63.

② 贾祖国，孟群，2008. 中国当代房地产研究专题之七：保障住房的国际比较［EB/OL］.（2008-10-10）［2017-01-05］. http://wenku.baidu.com/view/a3e2b309581b6bd97f19ea0c.html.

③ 王建武，卢静，朴英，2014. 实现低收入者的住房梦：城市化进程中的英国保障房发展历程［N］. 中国国土资源报，2014-2-24.

1985 年，英国住房自有率已高达 63%[①]。通过出售公共住房，政府节省了住房支出，增加了财政收入，财政危机得到缓解。虽然政府力推保障性住房私有化，但是政府直接投资兴建保障性住房的政策仍在执行，只是建设规模逐步在缩小。

在这一阶段，英国缩小了公共住房的保障范围，规定只有收入低于贫困线的城市居民、失业者、部分老年人和单亲家庭成员才能申请政府公共住房。到 2004 年，英国的城市住房自有率已经达到了 70.5%。私人企业逐渐成为住房供应主力军。在 1980—2004 年间，英国政府建造的公共住房为 44.3 万套，而私人企业建造的住房数量达到了 401 万套[②]。

6. 第六阶段：2004 年至今，扩大住房保障范围

20 世纪 80 年代开始实施的住房私有化改革推动英国房地产市场得到快速发展。在此期间，英国经历了两轮房价上涨。第一次是 1980—1989 年，这期间房价上涨 2.7 倍；第二次是 1996—2007 年，房价上涨 3.6 倍[③]。

因房价上涨速度超过居民收入增长，导致居民的住房可支付能力下降，低收入居民的住房困难问题日益突出。尤其是 2001—2004 年，英国房价连续 3 年涨幅超过 20%，引起民众普遍不满，政府压力巨大。在此背景下，2004 年底英国政府对《住房法》进行了修订，重新调整住房保障政策。英国政府于 2004 年开始实施经济适用住房建设计划，总投资 35 亿英镑，计划 3 年内建造 7 万多套经济适用住房。

在 2007 年，英国政府又提出计划在 3 年内新建 18 万套平价住房，投入资金为 80 亿英镑。此外，还准备在 2010 年前，每年建造 4.5 万套社会住房[②]。

近几年，由于历史遗留问题、大城市人口增长、外国人购房等多重因素影响，英国房价一直居高不下。现在每年的住房供应缺口约为 25 万套，租房居住的居民数量与 2000 年相比翻了一番。同时，约有 220 万户家庭住房支出超过收入的 1/3，存在严重住房支付压力。为解决中低收入居民住房困难问题，英国政府 2017 年发布的白皮书提出：设立 30 亿英镑基金扶持小型房地产开发企业参与住房开发，计划在 2020 年之前建造超过 2.5 万套住宅[④]。

英国政府自 2004 年开始在住房领域实施的一系列投资计划，意味着政府再次扩大了住房保障范围。

---

① 陈正兰，2003. 英国住房福利政策研究[J]. 社会（7）：12-16.

② 贾祖国，孟群，2008. 中国当代房地产研究专题之七：保障住房的国际比较［EB/OL］.（2008-10-10）［2017-01-25］. http//bbs. pinggu. org/forum. php? mod=viewthread&tid=693587.

③ 董昕，2010. 中国房地产业的公共投资研究［D］. 北京：财政部财政科学研究所.

④ 黄培昭，2017. 英国出台新政缓解住房难题［N］. 人民日报，2017-02-13（22）.

二、住房保障方式选择

英国政府在1919年开始实施住房保障政策时，一方面，通过地方政府直接进行大规模的公共住房建设；另一方面，政府对住房企业建设标准住房提供一次性补贴，吸引社会力量参与住房建设。

按照1919年颁布的《住房法案》，企业每建设一套住房可以获得政府提供的130～160英镑补贴[②]。英国政府还提供了住房协会运行的大部分成本，帮助住房协会快速扩张，成为社会住房新的主要供应者。

20世纪70年代之前，英国住房保障方式主要采取供给方补贴。如地方政府建房成本的1/3～1/2由中央政府提供补贴；住房协会的大部分建房成本由政府资助；政府对住房开发贷款实行利息税减免等。

1972年，英国颁布的《住房金融法》提出，政府住房保障应该补贴居民而不是补贴住房建造者，这标志着英国住房保障方式由对供给方的补贴转为对需求方的补贴。此后，英国陆续出台了多种需求补贴政策，包括贷款利息税减免、房租减免、房租津贴等。2000年，有超过85%的住房补贴属于需求补贴[①]。

2004年底，由于房价上涨过快，引起住房供需矛盾加大。为增加住房供给量，英国政府通过修订《住房法》，重新实施供给方补贴，对建造经济住房和平价住房进行补贴。

当前，英国住房供应体系的设计是（图6-1）：中央政府负责制定住房保障政策，并对地方政府和住房协会建设保障性住房进行补贴，同时对中低收入家庭租购住房提供补贴或优惠；地方政府的职责是修建保障性住房，面向中低收入住房困难家庭低价出售或出租；民间住房协会的职责是修建社会住房，面向中低收入家庭和少量中高收入家庭低价出售或出租；私营开发商主要是为中高收入家庭提供市场价格的商品住房[②]。

可见，英国住房保障方式经历了从以供给方补贴为主转向以需求方补贴为主的演变过程。近年来，供给方补贴的比重又开始有所上升。其补贴思路是，在住房短缺问题突出时，为快速增加住房供给，以补贴供给方为主；当住房短缺问题得到改善时，为更好地发挥市场机制作用，提高补贴效率，转为以补贴需求方为主。

---

① 张泽颖，2013. 住房保障国际经验对我国住房保障的启示［J］. 重庆第二师范学院学报（6）：72-75.

② 贾祖国，孟群，2008. 中国当代房地产研究专题之七：保障住房的国际比较［EB/OL］.（2008-10-10）［2017-01-25］. http//bbs. pinggu. org/forum. php? mod=viewthread&tid=693587.

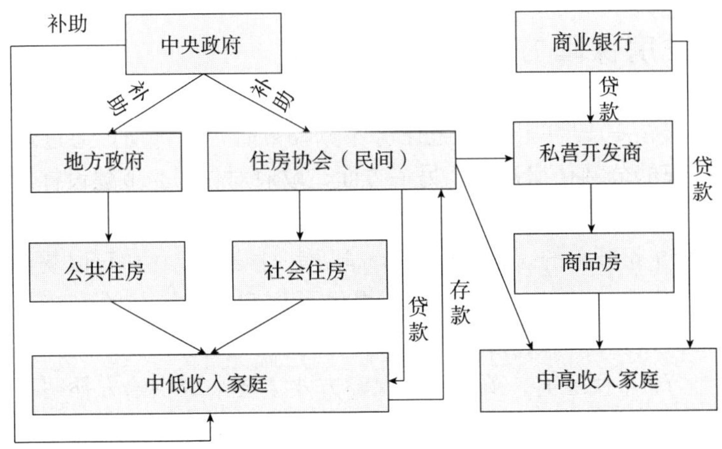

图 6-1　英国住房体系

英国在保障性住房建设中一直秉持“多元文化、多元群体融合”原则①。政府希望通过分散建房使不同收入、不同文化背景的居民能够共同居住生活在同一社区，从而解决原有社会住房集中建设引发的众多社会问题。同时，政府以规划形式强制性要求普通住房与低收入居民住房混建，达到混合居住的目的，这对我国农民工住房保障政策的制定具有很强的指导意义。实现农民工的分散居住，形成农民工与市民混合居住，对农民工的城市融入具有重要推动作用。

三、住房保障资金来源

按照英国《住房法》的规定，居住权是公民的基本权利，政府对公民居住问题负有不可推卸的责任。在英国，地方政府的住房保障职责是负责住房建设、补贴发放等具体运营工作，所需资金主要来自中央政府。英国对公共住房收取的租金远低于市场租金水平，两者之间的差额由地方政府的税收和中央政府的补贴予以弥补。其中，中央政府的补贴承担主要责任。在中央财政预算中，住房保障资金支出占预算支出总额的6%左右②。

英国住房保障支出责任设计与我国存在很大差异。由于我国地方经济发展不均衡，经济越落后的地区，地方政府的财政负担能力越差，解决农民工住房问题的能力也就越弱，对农民工的吸引力降低。进而劳动力供给不足，影响经

① 卞静，2012. 国外住房保障制度主要模式及对我国的启示：从社会构造和政治价值理念维度进行分析[J]. 当代经济管理（11）：39-43.

② 郝娟，2007. 英国住房供应体系中廉价公房开发[J]. 国际城市规划（1）：67-71.

济发展，容易陷入恶性循环。

在我国，城市住房保障尤其是农民工住房保障所需资金应该由中央财政承担主要投入责任，中央财政投入应大幅度增长，通过中央政府住房保障资金的差别补助政策实现统筹区域协调发展的目标①。

第二节　美国住房保障政策

近代历史上，美国是一个移民国家，其形成和发展都伴随着以欧洲移民为主体的国际人口大迁移，人口迁移的目的地主要是资源丰富或工商业发达的城市地区。美国在经济发展过程中并没有出现过住房严重短缺问题。作为自由经济思想盛行的国家，住房市场的主要矛盾是公平与效率之争，住房政策一直坚持“维护公平不应损失效率”的原则②。

由于美国的经济构成中不存在一个庞大的传统农业部门及过剩的农业劳动力，这与二元经济结构明显的我国社会经济具有很大的差异。因此，主要是从美国住房保障政策中借鉴其如何解决低收入居民的城市住房问题，因为农民工在我国城市中也属于低收入群体。

一、住房保障范围演变

美国是典型的自由市场经济国家，尽管在快速工业化、城市化进程中，也曾面临各种住房问题，但美国的住房保障一直限定在较小的范围内。在不同时期，美国政府实行不同的住房保障政策。

1. 第一阶段：20 世纪 30 年代以前，住房完全市场化

美国的住房政策一直以来都侧重于支持住房私有。早在 1913 年，为了鼓励居民购房，联邦政府就推出了住房贷款抵税和房地产税抵税政策。税收优惠设计加上对金融机构的优惠政策，大大提高了美国住房的私有化程度。

美国政府在税收制度设计上一直对私营机构投资建设住房用于出租持鼓励态度，因此美国住房租赁市场的规模一直很大。在 20 世纪 30 年代之前，住房建设被视为私营部门的业务，政府的职责是促进住房的私有化。

2. 第二阶段：20 世纪 30～80 年代，政府开始对住房市场进行干预

爆发于 20 世纪 30 年代的经济危机，使得美国经济出现严重衰退，居民的

① 董昕，2010. 中国房地产业的公共投资研究［D］. 北京：财政部财政科学研究所.

② 贾祖国，孟群，2008. 中国当代房地产研究专题之七：保障住房的国际比较［EB/OL］. (2008-10-10)［2017-01-25］. http//bbs. pinggu. org/forum. php? mod=viewthread&tid=693587.

经济状况持续恶化，有高达50%的购房者难以继续偿还贷款，新建住房的数量也急剧减少。而战后移民的大量涌入使得住房供求矛盾更加严重，美国政府不得已开始干预住房市场①。

1930年，美国政府决定摒弃推行多年的住房商品化制度，实施分类住房供应。决定为占居民总数18%的低收入居民供应廉租住房，对占62%的中等收入居民供应社会住房，对剩余20%的高收入居民供应商品房②。也就是说，这一时期保障性住房覆盖比例高达80%。1932年，为应对住房短缺问题，美国政府通过了《联邦住房贷款银行法》，并设立了联邦住房贷款银行，由其向开发商建设公共住房和中低收入家庭购房提供低息贷款，第一次创新性地采取了分期付款的购房方式。

1937年颁布的《公共住房法案》提出，实施联邦资金资助计划，为筹集公共住房建设资金。该计划允许地方住房管理部门发行债券，债券还本付息责任由中央政府承担。地方政府拥有公共住房的所有权，并负责具体运营，运营成本通过租金弥补，低收入家庭以不超过收入25%的标准支付房租③。联邦资金资助计划有效缓解了美国低收入阶层的住房困难问题。

第二次世界大战结束后，如同英国一样，大批退伍军人进入城市，加上婴儿潮的影响，住房短缺问题更加严重。1949年美国颁布了《全国可承受住房法案》，此后又陆续颁布了《住房法》《城市重建法》等一系列相关法律，目的是增加绝大多数居民能够承受的安全舒适的住房供给。其中，《全国可承受住房法案》授权政府在6年内建设81万套公共住房供低收入家庭租住，公共住房租金比市场最低租金低20%④。

20世纪60年代，美国政府修改了《公共住房法案》，在公共住房建设中大量引入社会资本，有限股权、非营利性公司、私人营利性公司等均可参与公共住房建设和运营。同时，鼓励金融机构向公共住房开发商提供低息贷款，利息差额由联邦政府进行补贴。这一系列举措有效刺激了私人机构的参与热情。

20世纪70年代，联邦政府的补贴政策开始发生转变，由补贴私人金融机构转向补贴公共住房开发商。规定住房开发商可以按照1%的优惠利率从私人金融机构获得贷款，与市场利率之间的差额由联邦政府进行补贴。

由于美国城市住房未遭受过大的战争破坏，住房短缺情况并不像英国、日本等那么严重，加上美国一直崇尚自由市场经济，公众对大量兴建公共住房的

---

① 袁学军，2005. 湖南省城镇低收入家庭住房问题及对策研究［D］. 长沙：湖南大学.

② 包宗华，2015. 打造中低收入群体与住房问题[J]. 中国房地产（13）：14-16.

③ 张泽颖，2013. 住房保障国际经验对我国住房保障的启示[J]. 重庆第二师范学院学报（6）：72-75.

④ 董昕，2010. 中国房地产业的公共投资研究［D］. 北京：财政部财政科学研究所.

住房政策反对声音不断。因此，第二次世界大战后美国的住房供应依然以市场供应为主，政府提供的保障性住房只占住房市场的很小份额。

3. 第三阶段：20 世纪 80 年代至今，缩小住房保障范围

经过第二个阶段小规模的保障性住房建设，美国住房供求关系逐步得以改善，城市住房短缺问题已不再是住房市场的主要矛盾。同时，保障性住房存在的质量差、贫民窟等负面问题日益突出。

因此，从 20 世纪 80 年代开始，美国开始对住房政策进行调整，住房保障范围明显缩小，仅覆盖低收入阶层。与此同时，保障性住房建设的主体逐渐从政府转向市场，政府不再直接投资住房建设，转而通过实行住房补贴计划吸引投资者进入住房市场。政府角色从保障性住房的直接投资者变为了管理者①。

随着政府住房政策的转变，公共住房供应量逐渐减少，申请条件越来越严苛，低收入居民获得公共住房的机会越来越小。一方面，政府通过税收优惠吸引私人投资者建设和供应可负担住房；另一方面，政府对低收入家庭进行补贴，如住房贷款利息的所得税扣减、住房代金券等，住房补贴成为这一时期政府解决低收入家庭住房问题的主要方式。

进入 21 世纪后，随着互联网泡沫的破灭，加上全球经济衰退的影响，美国经济也陷入低谷。为了刺激经济增长，美国政府对住房政策做出了调整，采取各种措施鼓励居民购买住房。一方面，通过降息、提供贷款担保等措施鼓励中低收入者买房。2001—2004 年，美国联邦储备委员会连续 13 次降息，联邦基准利率从 6.5%降至 1.0%。另一方面，为中低收入者提供贷款保险和税收抵扣等优惠政策。这一系列措施对拉动住房需求的效果非常显著，但其负面影响也开始显现出来。由于住房需求不断升温，房价持续上涨，催生了次贷市场的繁荣，加之金融监管放松，最后演变成了影响巨大的全球性金融危机。

二、住房保障方式选择

美国住房保障主要采取住房补贴形式，从供给和需求两方面进行补助是美国住房保障的核心宗旨，具体分为“住房补贴”和“家庭补贴”。

1. “住房补贴”方式

“住房补贴”包括公共住房补贴和私有住房补贴两大类。公共住房补贴是最早的补贴方式，最早开始于 1937 年。具体的政策设计是：联邦政府负责提供公共住房建设、维修和管理运营所需的资金，地方政府所属的住房局负责公

① 阳建，王晓洁，2014. 国外保障房建设融资更倚重市场[J]. 中国中小企业（8）：64-67.

共住房的建设、分配和管理，住房产权归住房局所有[①]。目前，美国共有约120万套这类公共住房[②]。

美国对申请公共住房的资格条件做了严格限定：一是必须拥有美国公民身份或者合法的移民身份；二是收入必须低于规定标准。按照美国联邦住房和城市发展部的规定，公共住房保障对象的家庭收入应低于当地家庭收入中位数的80%（各公共住房管理局确定的具体收入标准在各州各城市不尽相同）。

1960年，联邦政府开始补贴私有住房。一是帮助低收入住房困难家庭购买住房，具体方式是政府为购房家庭提供抵押贷款补贴，如补贴部分首付款、抵押贷款交易费用、抵押贷款利息，或对抵押贷款进行担保，这类补贴对收入虽然较低但有稳定工作家庭在购房方面帮助很大；二是帮助低收入家庭租住特定的私人住房，具体方式是政府在市场上选择符合标准的私人住房供低收入家庭租住。为降低私人住房成本从而实现低租金水平，政府为住房业主提供抵押贷款担保，并且提供部分住房维修和营运资金[③]。

2. “家庭补贴”方式

在美国，“家庭补贴”的补贴方式主要分为住房证和住房券两种形式。具体政策设计是：首先，联邦政府按照住房的市场租金水平确定一个补贴标准，被保障家庭自行到市场上选择住房，按市场租金签订租约。其次，被保障家庭选定的住房和租约经住房局审核确认后，住房局直接以住房证或住房券[④]的方式向房主支付由政府补贴的租金额。

政府补贴的标准是住房市场租金减去租户家庭月收入的30%，低于市场租金的部分由政府向房主补齐[⑤]。即如果某住房的市场租金为500美元，而租户家庭月收入为1 000美元，则政府住房补贴额为200美元（500－1 000×30%）。

可见，美国政府的住房保障方式是从供给方补贴开始的。在1970年之后，逐渐转变为以补贴需求方为主（图6-2）。

需求方补贴的设计原则是个人“量入为出”、政府“兜底保障”。政府将收

① 李建，朱小慧，2004. 欧美国家住房社会保障体系及对我国的启示[J]. 中国房地产金融（8）：39-46.

② 胡晶晶，2015. 美国公共住房配租政策及其对中国的启示[J]. 中国房地产（18）：9-18.

③ 牛婷，2008. 低收入人群住房供给模式研究［D］. 西安：西安建筑科技大学.

④ 在住房券计划中，住房管理局首先确定当地普通住宅的市场租金支付标准，作为计算单个家庭所能获得的住房补贴数额的基础。实际操作中，住房券的持有者在选择住宅时并不受该标准的限制，他们既可以选择租金低于支付标准的住房，也可以选择租金高于支付标准的住房，只要该家庭所承担的租赁住房支出不超过其调整后月收入（在进行各项扣除之后的收入）的40%即可。

⑤ 李建，朱小惠，2004. 欧美国家住房社会保障体系及对我国的启示[J]. 中国房地产金融（8）：39-46.

入水平低于本地家庭收入均值 40%的住房困难家庭设定为住房保障对象，将租房户家庭收入的 30%作为其应付房租，其与市场房租之间的差额由政府以住房券的形式予以补贴。

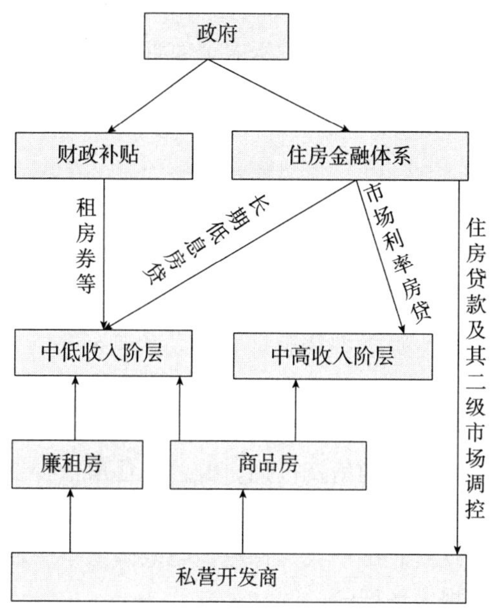

图 6-2　美国住房供应体系

这种费用分担机制的设计具有多重效果：一方面，低收入住房困难家庭的租房开支被控制在家庭收入的 30%以下，有效减轻了低收入者的住房负担；另一方面，由于采取的是货币化补贴，被保障对象可以根据自己的偏好自由地在市场上租赁住房，有利于实现与其他群体的混合居住，有助于减少贫困人口聚居形成的社会隔离现象，有助于推动其融入城市主流社会。

为实现不同收入群体的混合居住，除货币化补贴政策之外，美国政府还采取了包容性区划政策来改善不同收入群体在居住方面的环境差距。所谓包容性区划，指的是政府鼓励或强制开发商在开发商品住房时预留一定比例配售给低收入群体，政府会通过减免部分住房开发成本或放宽规划控制标准的形式来弥补开发商的利润损失。

对于配售的比例，各州规定有所差异，一般都超过 10%[①]。通过实施包容性区划政策，一方面，有效减轻了低收入家庭的购房负担；另一方面，使低收入家庭有机会在高品质社区居住，加快了不同收入群体的社会融合进程。我国目前实施的商品房小区配建公共租赁住房或经济适用住房的政策与美国的配售

① 施瓦茨，黄瑛，2008. 美国住房政策［M］. 北京：中信出版社.

政策有相似之处。

三、住房保障资金来源

美国联邦政府负责提供住房保障所需全部资金，地方政府通过下设的住房管理局具体负责建设、分配和管理公共住房，公共住房产权归住房管理局所有。

作为发达的市场经济国家，美国拥有较为完善的住房金融体系，可以为居民购房或租房提供灵活多样的金融工具。在政府的直接干预下，美国构建起了相互衔接的初级住房金融市场和二级住房金融市场。其中，初级住房金融市场的主要功能是发放住房贷款，主要参与者是居民和放贷金融机构；二级住房金融市场的主要功能是将住房抵押贷款证券化，由房利美、房地美、投资银行、保险公司、养老基金等构成。美国官方金融机构和私人金融机构均可经营个人住房抵押贷款业务，抵押贷款证券化发展趋势明显。

美国政府还设立了专门的信贷机构，为普通住房抵押贷款提供担保，如联邦住房管理局①。此外，美国政府成立了联邦住宅贷款银行，其职责是提供低息贷款给公共住房开发商和中低收入家庭，有效降低了中低收入家庭的贷款门槛，帮助很多家庭实现了住房梦。

值得一提的是，1938 年和 1970 年房利美和房地美分别成立，这两大公司都是获得了政府信用支持的抵押贷款机构。主要职责是购买抵押贷款资产进行债券化，然后出售给投资者，从而扩大在二级住房消费市场上流动的资金量。1992 年以后，政府主要依靠房利美和房地美来帮助中低收入家庭改善住房问题。

可见，美国住房保障所需资金主要来源于资本市场，联邦政府在住房保障融资中的角色是负责制度设计、担保保证以及监督管理，联邦政府承担向保障性住房供应商提供住房补贴以及向新增投资者提供融资或财政激励的融资责任。

经过长时期的探索，美国已经建立了一套多元化的、市场化的住房保障融资体系，融资主体由以政府为主转变为以市场为主。

第三节　日本住房保障政策

日本历史上是一个人多地少的农业国家，在漫长的封建社会时期，城市化

① 张静，2002. 国外住房保障制度对我国的启示[J]. 城市开发（2）：60-62.

发展非常缓慢。日本城市化加速开始于明治维新时期，经过政治、经济、文化等领域的全方位变革后，日本迅速走上了工业化道路。

工业的发展吸引了大量农村劳动力进入城市。日本在工业化和城市化进程中，特别是第二次世界大战之后，东京、大阪等大都市都曾面临严重的住房短缺问题，基于“人多地少”的特殊国情，日本在住房政策制定上并没有完全走英国、美国等国家所走过的老路，而是始终遵循“保低放高，以低调市”的原则。其中，公营住房、住房公团和金融公库是日本中低收入家庭住房保障的主要形式①。

一、住房保障范围演变

1. 第一阶段：第二次世界大战结束前，政府很少干预住房市场

1868 年明治维新后，日本成为中央集权国家，将经济增长作为国家核心目标。政府通过实施“殖产兴业”的经济政策，自上而下培育现代产业，工业获得飞速发展，这也吸引了大量农村剩余劳动力进入城市。

与此同时，日本政府推行“先生产后生活”的富国强兵政策，对改善国民生活关注很少，在住房领域的体现就是住房供给的增加少于住房需求的增长。结果就是如同英美国家一样，日本的工业化同样带来了一系列的住房问题；但这一阶段日本政府对住房市场很少干预，居民住房来源主要是居民自建或租用私人住房。

2. 第二阶段：第二次世界大战结束后到 1995 年，政府大规模建设保障性住房

第二次世界大战期间，日本城市内大量住房因战争被损毁，导致城市住房供应减少。同时，伴随战后日本经济的高速增长，城市化水平得到快速提升。在不到 20 年的时间里，城市化率由 33.1%提高到 68.1%，城市人口年均新增 228 万②，城市住房需求大大增加，住房供求矛盾更加突出。日本住房短缺达 420 万户，约 2 000 万人无家可归，占当时日本总人数的 25%③，住房短缺成为日本严重的社会问题。

为解决住房短缺问题，日本政府先后出台了一系列相关法规，如《住房金融公库法》(1950 年)、《公营住房法》(1951 年)、《日本住房公团法》(1955

① 张协奎，李泽君，2011. 典型国家住房保障制度的比较及其启示[J]. 广西大学学报（哲学社会科学版）(2)：18-22.

② 贾祖国，孟群，2008. 中国当代房地产研究专题之七：保障住房的国际比较 [EB/OL]. (2008-10-10) [2017-01-25]. http//bbs. pinggu. org/forum. php? mod=viewthread&tid=693587.

③ 张静，2002. 国外住房保障对我国的启示[J]. 城市开发 (2)：60-62.

年）、《居民区改造法》（1960 年）和《城市住房计划法》（1966 年）等，构建起了以住宅金融公库、住房公团和公营住宅为核心的城市住房保障体系。

从 20 世纪 60 年代后期，政府开始大规模建设公营住房。其基本制度设计是地方政府具体负责建设和管理供低收入家庭购买的公营住房；住房公团则负责建设供中高收入家庭购买的公营住房；中央政府则为公营住房的修建提供建房费用 1/3～1/2 的财政补贴；住宅金融公库的职责是为公营住宅建设和购买提供长期低息贷款。

为尽快解决城市住房困难问题，日本政府颁布了《城市住房计划法》，并以“五年计划”的形式进行落实[①]（表 6-1）。目标是满足中低收入住房困难家庭的住房需求，同时抑制城市化快速发展中产生的住房投机行为。

表 6-1　日本住房五年计划

五年计划	时　间	目　标	总建设数量/万套	公有资金住房/万套	公有住房比例/%
一五	1966—1970 年	一户一房	673.9	256.5	38.1
二五	1971—1975 年	一人一室	828.0	310.8	37.5
三五	1976—1980 年	兼顾数量和质量	769.8	364.9	47.4
四五	1981—1985 年	达到平均居住水平	610.4	323.1	52.9
五五	1986—1990 年	形成优良住房资产	835.6	313.8	37.6
六五	1991—1995 年	富裕、舒适且优良的住房资产	762.3	401.7	52.7
七五	1996—2000 年		730.0	353.0	48.3
八五	2001—2005 年		640.0	325.0	50.8

日本政府实施的一系列“五年计划”取得了显著成效。到 1969 年，日本提前实现“一户一房”目标[②]。截至 2000 年，日本住房公团负责建造的住房达到 150 万套，其中销售和出租各占一半，地方政府翻修和新建的住房共计 210 万套[③]。

在城市住房短缺问题得到基本解决后，日本开始通过调整公营住房的申请资格来缩小住房保障范围。1951 年，年收入低于平均收入 80%的家庭均具有申请资格；1955 年，年收入比例下调至 33%；1998 年，申请的收入标准下调到 25%。日本政府自 1995 年开始实施新住房政策体系，住房供给转变为以市场供给为主[④]。

① 刘美霞，2002. 美日住房政策模式比较及对我国的启示[J]. 中国房地产（7）：75-78.

② 于萍，任放，马韵玉，2011. 日本住区建设的现状和发展趋势[J]. 中国房地产（20）：77-80.

③ 刘浩远，2007. 日本：给中低收入者建低价房［N］. 中国证券报，2007-06-08.

④ 梁艳琴，2009. 评析日本住宅政策改革[J]. 科学之友（B 版）（1）：107-109.

3. 第三阶段：1996 年至今，公营住房市场化，政府补贴低收入家庭

伴随 6 个“五年计划”的顺利实施，日本城市住房供求关系得到根本转变，开始出现供过于求的现象。据日本总务省发布的数据，2003 年日本户均住房 1.14 套，有 600 多万套住房空置④。截至 2013 年底，日本闲置住宅约为 820 万套，闲置住宅①占日本全国住宅总数的 13.5%，创历史纪录②。由于日本婴儿出生率很低，人口增长缓慢，预计住房空置率会进一步上升，住房供过于求成为房地产市场的主要矛盾。

从第 7 个五年计划开始，日本住房政策的重点是如何有效利用住房存量，从而节约资源，实现可持续发展，以及满足居民多样化的住房需求等。

以 1996 年重新修订《公营住宅法》为标志，日本政府在住房供应中的角色逐渐淡化，而市场机制的作用日益增强。一是政府不再承担建设和管理公营住宅的责任，转由地方公共团体负责；二是政府住房补贴由原先的以“砖头补贴”为主转向“砖头补贴”与“人头补贴”并重。

2005 年日本《居住基本生活法》的出台，标志着日本住房建设目标转向全面提高国民居住质量的新阶段③。进入 21 世纪以来，日本城市住房的供给主体已由政府变为私人部门，政府住房保障范围被限定在很小的范围内④。

二、住房保障方式选择

日本住房制度设计一直秉持“保低放高，以低调市”的原则，对中低收入住房困难家庭通过提供廉价住房或贷款优惠等帮助解决住房问题，高收入群体的住房问题则完全通过市场解决。日本政府并不直接干预住房市场的租金和售价，而是通过控制公营住房的供给规模、供给价格对住房市场进行调节（图 6-3）。

在日本，住房公团、公营住宅和住宅金融公库是其住房政策的三大核心。政府通过公营住宅为中低收入住房困难家庭提供住房保障服务，同时调控普通商品房市场。“保低放高，以低调市”的主要责任承担者就是公营住宅；住房公团的主要职责是利用政府提供的资金新建或修缮公营住宅；住宅金融公库的主要职责是为公营住宅的建设或修缮提供长期低息贷款，同时为居民购房提供住房抵押贷款。

日本住房供给补贴方式主要分为两类：一是通过住房金融公库和住房专业

① 日本政府对闲置住宅的界定为：长期无人居住，且连续 5 年以上没有使用过自来水和电。

② 乐绍廷，2015. 住宅过剩成日本政府“烦心事”［N］. 经济参考报，2015-01-29（A04）.

③ 文林峰，2006. 日本住房政策给我们的启示［N］. 中国税务报，2006-12-20.

④ 董昕，2010. 中国房地产业的公共投资研究［D］. 北京：财政部财政科学研究所.

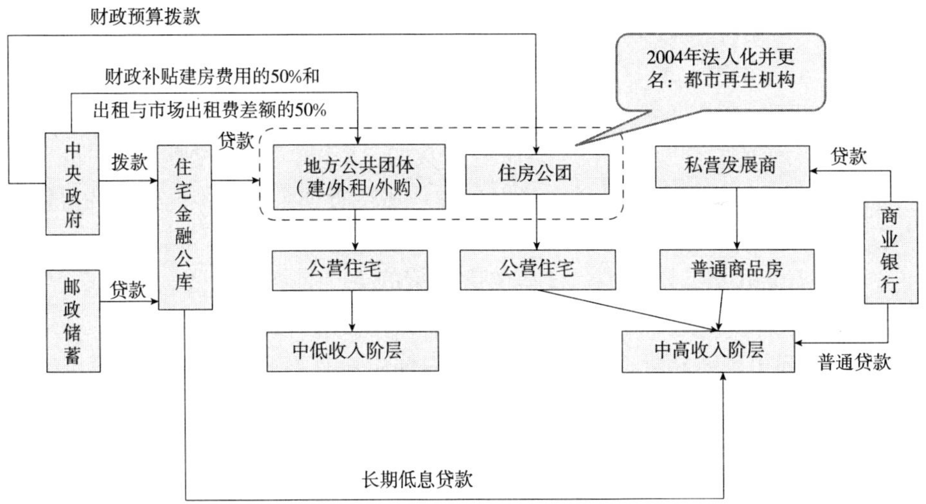

图 6-3 日本的住房供应体系

银行为房地产企业提供低息贷款，增加住房供给；二是通过住房公团直接参与住房建设，日本住房公团供应的住房总量占到全国家庭数量的 10%。

日本住房需求补贴的主要形式是政府对居民自建或购买市场住房提供低税或免税优惠。按照《住房取得促进税制》的规定，贷款购房或贷款自建住房的居民，在 5 年内，其可以用当年年底住房贷款余额的 1%抵扣其应交所得税。同时，政府还减免购房者财产登记税、不动产所得税、城市建设税。

住房用地在不动产取得税、固定资产税等方面也享有优惠政策，一般用地不动产取得税为 4%，住宅用地则为 3%；住房占地面积如果超过 200 米^2，其固定资产税率减半，对低于 200 米^{2}的住房只收取 25%①。

从时间上看，虽然日本住房保障起步晚于欧美发达国家，但由于供给补贴和需求补贴双管齐下，日本在较短时间内使低收入群体住房困难问题得到有效解决。

进入 21 世纪以来，日本住房保障范围已经大幅缩小，市场机制成为配置住房资源的主要方式。到 2003 年，日本住房自有率达到 61.2%，公营住房占日本住房存量的比例仅为 6.7%②。

① 张静，2002. 国外住房保障对我国的启示[J]. 城市开发（2）：60-62.

② 贾祖国，孟群，2008. 中国当代房地产研究专题之七：保障住房的国际比较［EB/OL］.(2008-10-10)［2017-01-25］. http//bbs. pinggu. org/forum. php? mod=viewthread&tid=693587.

三、住房保障资金来源

日本住房保障所需资金主要来自中央政府，地方政府主要负责住房建设和管理。具体做法是：地方政府利用中央政府资金建设保障性住房，或通过收购市场住房作为保障性住房，然后以较低价格出售或出租给中低收入家庭，主要以出租为主。公营住房建设费用的 50%以及住房公团收取的住房租金与市场租金差额的 50%均由中央政府补贴。

成立于 1950 年的日本住房金融公库是日本独创的住房金融模式，是日本官方设立的专门的住房金融机构，住房金融公库的资金主要来自国家财政、信托基金局贷款、邮政储蓄存款以及发行住房债券等。日本《住房金融公库法》规定，居民建设或购买符合国家规定标准的住房，可向住房金融公库申请低息贷款，其利率比商业银行低 30%左右，利息差额由中央政府对住房金融公库进行补贴。住房金融公库还向住房公团和私人开发商提供优惠性贷款，利率低、期限长和稳定性高是其主要特点①。

第四节　新加坡住房保障政策

新加坡通过其富有特色的组屋和中央公积金制度为 80%以上的居民提供了高品质住房，“居者有其屋”的住房发展目标得以实现，国民的国家认同感得到增强，被全世界公认为是解决住房问题最成功的国家之一。

一、住房保障范围演变

新加坡自建国伊始就坚持实行“居者有其屋”的住房保障政策，始终坚持住房保障的普惠性。

1. 第一阶段：20 世纪 60 年代，实施“居者有其屋”计划

1965 年新加坡正式独立时，整个城市面临住房严重短缺问题，超过 75%的居民住在贫民窟或窝棚②。为了尽快改善居民住房条件，新加坡政府将解决居民住房困难问题作为一项基本国策，提出了“居者有其屋”的住房发展目标，着手进行城市重建和居民住房建设。据当时新加坡政府的调查，解决居民

① 张泽颖，2013. 住房保障国际经验对我国住房保障的启示[J]．重庆第二师范学院学报（6）：72-75.

② 何跃，1998. 新加坡住房改革及其社会效应[J]．云南师范大学学报（哲学社会科学版）（6）：110-113.

基本居住问题需要在10年内建设15万个住房单位[①]。

新加坡居民住宅主要由政府组屋和商品住房两大部分构成。其中，组屋是指由政府负责投资建造，统一规定价格，以低价出租或出售给居民的公共住房，属于保障性住房；商品住房则由私人投资兴建，按市场价格销售，主要供给高收入群体。

1960年，新加坡政府通过《建屋与发展法》，并成立了建屋发展局，又称住房发展局，具体负责组屋的规划、建设与管理工作，目的是以低于市场水平的价格为中低收入家庭提供住房。

1964年，政府又推出了“组屋计划”，通过对中心市区更新改造、建设卫星城来扩大公共住房的供应规模。“组屋计划”标志着新加坡正式进入组屋年代。按照组屋计划，组屋建设土地由政府划拨国有土地和少部分私有土地构成，所需建设资金由银行和中央公积金局提供，由建屋发展局负责具体建设。组屋是新加坡住房保障制度的重大创新举措，为落实政府组屋计划，制定了分阶段建房“五年计划”，大规模建设公共组屋。

新加坡组屋建设成功实现了由“解决基本居住问题”到“增加使用面积”再到“提高居住质量”的国民住房改善过程。

建屋发展局“五年计划”于1961年开始，第一个“五年计划”建成单元住房5.27万个，总投资1.94亿新加坡元。第二个“五年计划”建成住房6.62万套，总投资3.05亿新加坡元[②]。1960—1963年，政府组屋“只租不售”，政府对租金进行补贴。1964年，政府提出了“居者有其屋”计划，目的是帮助居民拥有住房产权，同时减轻政府管理组屋的压力。1968年，政府修改了中央公积金政策，允许居民使用公积金购买组屋，这极大地推动了“居者有其屋”计划的实施。

政府规定组屋不可以转售，只能原价卖回给建屋局，这有效降低了投机行为。到1970年，新加坡基本解决了住房短缺问题。

2. 第二阶段：20世纪70年代，推行新镇规划

20世纪70年代，在低收入居民的住房问题基本得到解决后，建屋发展局开始考虑中等收入居民的住房问题。通过制定和实施“新镇规划”，推广多房式套房建设，一房式住房基本停建。

建屋发展局从1974年开始开发适合中等收入家庭的五房式套房，这标志着“居者有其屋”政策正式从低收入家庭扩展到中等收入家庭。在第三个“五年计划”期间，共建成11.38万套住房，投资总额达到19亿新加坡元。

由于城市快速扩展，土地成为主要约束性因素。因此，从第四个“五年计

① 董昕，2010. 中国房地产业的公共投资研究［D］. 北京：财政部财政科学研究所.

划”（1976—1980 年）开始，组屋建设越来越多的采取高层楼房的形式，每套住房居住面积平均为 125 米^{2}①。同时，综合性社区成为组屋发展的重点，目的是为居民提供高质量的居住环境。

3. 第三阶段：20 世纪 80 年代，完善组屋配套设施

在 20 世纪 80 年代初，考虑到新建组屋位置偏远，并且组屋轮候时间过长，而这一时期市场上的组屋存量较多。为提高存量组屋的利用率，政府开始着手发展二手组屋市场。

经过前 4 个“五年计划”的实施，居民住房难问题基本得到解决。建屋发展局由过去注重组屋数量转为注重组屋质量，加强了组屋环境和配套设施建设。

4. 第四阶段：20 世纪 90 年代，实施组屋翻新计划

进入 20 世纪 90 年代以后，早期建造的很多组屋随着时间推移出现了设施陈旧、面积狭小和停车困难等问题，已无法满足居民需求。

为解决组屋存在的这些问题，新加坡推出了“组屋翻新计划”，大规模开展旧城改造，目的是提升组屋的档次和居住质量。这一时期组屋建设呈现出两大发展趋势：一是实施组屋翻新计划，主要是电梯翻新和家居改进等，同时建设大量高层组屋；二是组屋布局向郊区发展，郊区组屋环境优美，居住品质得到全面提升。

经过 6 个“五年计划”的实施，新加坡组屋占城市住房总量的比例从 1970 年的 39.3%上升到 2000 年的 88.0%，提高了近 50 个百分点（表 6-2）。随着组屋数量的增加，居住组屋的居民快速增加，从 1965 年的 23%提高到 1990 年的 85%②。

表 6-2　1970—2000 年新加坡的住房类型③

单位：%

住房类型	1970 年	1980 年	1990 年	2000 年
组　屋	39.3	68.5	84.4	88.0
联合公寓和私人公寓	3.3	2.3	4.1	6.0
私人住宅	12.9	8.5	7.0	5.1
其　他	44.5	20.6	4.3	0.9

① 王宝畲，1994. 居者有其屋：新加坡解决“房荒”问题之路[J]．中外房地产导报（19）：31-33.

② 郭伟伟，2008. 居者有其屋：独具特色的新加坡住房保障制度及启示[J]．当代世界与社会主义（6）：162-167.

③ 武文霞，2015. 新加坡组屋建设与管理经验及其启示[J]．建筑经济（1）：82-85.

5. 第五阶段：21 世纪以来，组屋实现多元化发展

进入 21 世纪以后，新加坡组屋呈现多元化发展趋势，以满足不同层次居民的居住需求。如为适应老龄化社会设计适合几代同堂居住的户型，在组屋规划中注重对网络轨道交通系统的利用等。

虽然居民的居住质量得到了很大改善，但政府住房保障范围不但没有缩小，反而不断扩大。组屋政策已经具有普惠性质，而市场化住房比重很低，与其他国家形成鲜明对比。截至 2007 年，新加坡有 85%的人居住在组屋，人均住房面积为 30 米^2，其中有 74.4%的家庭居住在面积超过 100 米^{2}的住房，居民住房消费支出占收入的比重为 25%～28%。新加坡组屋政策取得了极大的成功。

二、住房保障方式选择

新加坡住房保障的典型特点是实行普惠制的组屋政策，政府对组屋建设和规划进行宏观调控，具体实施由建屋发展局负责。

在土地开发阶段，政府为建设组屋提供土地保证。《土地征用法令》规定，政府有权在任何地方征用私人土地用于建设组屋，有权调整被征用土地的价格，从而确保建屋发展局建造组屋的土地成本远低于市场价格。

在组屋开发阶段，由建屋发展局主导组屋建设。建屋发展局是一个独立的非营利机构，其财政预算纳入政府计划。建屋发展局一方面具有政府性质，可以行使政府行政权力，负责制定组屋发展规划，并对组屋进行管理；另一方面又是新加坡最大的房地产开发商，负责组屋的建设、租售。

在房屋租售阶段，政府严格按照居民家庭收入具体情况确定其能够享受的住房保障水平，分级提供补贴。在住房短缺时期，只有月收入低于 800 新加坡元的家庭才能申请租住组屋。如果居民购买新建组屋，一室组屋政府补贴1/3，三室组屋只补贴 5%，四室及以上组屋不但没有补贴，还要按房价的 5%补缴政府①。

建屋发展局只负责组屋租售，具体租金和房价由政府制定。政府的住房定价远低于市场，由此造成的亏损由政府通过财政给予补贴。

新加坡政府规定，居民购买的新建组屋只能用于自住，不得用于商业经营，且 5 年内不得转让。目前，绝大多数新加坡居民均为购买组屋自住，只有极少部分收入过低的家庭为租住，但可以得到政府补贴。剩余的高收入家庭住

① 张静，2002. 国外住房保障对我国的启示[J]．城市开发（2）：60-62.

在条件相对更好的公寓或别墅。①

新加坡的住房保障方式以供给方补贴为主，辅以需求方补贴（图 6-4），这是与其他国家显著不同的特点。

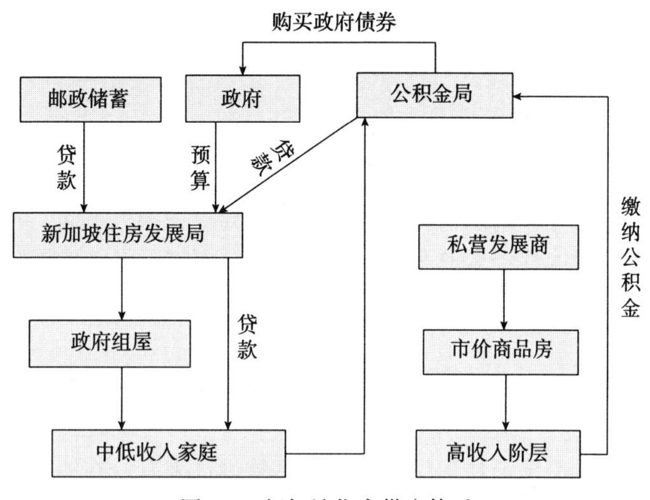

图 6-4　新加坡住房供应体系

三、住房保障资金来源

新加坡保障性住房投融资完全由政府直接控制，政策性和目的性很强。新加坡住房投融资模式的核心是中央公积金制度，政府通过中央公积金制度积累的巨额资金，是实施组屋计划的主要资金来源。

新加坡中央公积金制度是一种社会保障制度，具有很强的集中管理和强制性管理特征。中央公积金制度开始于 1955 年，新加坡成立了中央公积金局，专门负责管理公积金。新加坡独立后，将中央公积金制度作为社会经济发展战略的核心内容，公积金的用途也从最初的退休养老扩展到住房、医疗以及子女教育等。中央公积金制度已经成为集住房、养老、医疗等为一体的综合性的社会保障体系。

经过几十年的发展，中央住房公积金有效解决了组屋计划所需资金问题。一方面，中央公积金制度为政府建立了强大的资金储备，政府可将其以贷款或补贴形式投入建屋发展局，形成居民、政府与建屋发展局三方之间的良性循环；另一方面，中央公积金为居民提供了购房资金来源，规定居民可以使用公积金存款购买新建的组屋或转售的组屋，从需求角度促进了组屋的建设和

① 夏立新，2017. 新加坡如何做到“居者有其屋”[N]. 经济参考报，2017-03-03（A07）.

发展。

总之，新加坡中央公积金制度在组屋建设中发挥了重要作用，实现了“政府建得起房，居民买得起房”，为实现“居住有其屋”提供了有力保障。

第五节　国际经验及借鉴

通过梳理典型国家住房保障政策的先进经验可以发现，将为居民提供住房保障服务作为政府的天然职责，这一点在所有国家都是得到遵循的，但是住房保障制度的具体设计却因国情和发展阶段的差异存在很大不同。我国也应在充分借鉴先行国家普遍性经验的基础上，结合我国国情、经济发展阶段、农民工群体特征等因素探索适合我国的具体可行模式。

一、构建以政府为主导的多层次的住房保障体系

从以上4个典型国家住房保障制度的具体设计来看，在解决中低收入住房困难问题时，政府都是处于主导地位、承担主要责任。

住房从其属性上看，一方面，住房属于商品，既然是商品，就应该遵从市场规律，通过市场机制引导人们为了更好的居住条件而努力工作，为社会创造价值；另一方面，住房又属于生活必需品，且价值量很大，社会上总有部分群体因个人能力、生活境遇等问题，单凭自身能力难以解决基本居住问题，影响其基本的生存和发展，这需要政府进行干预。居住权是人类的基本人权之一，确保居住权的实现是政府天然的义务和责任。

住房作为人类必需的消费品，人们的消费能力和消费偏好存在巨大差异，这就决定了一个社会的住房供应体系应该是多层次的。对于有较高经济能力的人，他们创造并拥有较多财富，他们有能力也有权利去享受高质量的居住条件。在市场自由竞争的前提下，他们的住房需求一般都能得到充分满足。

但是，社会中总有一部分群体，他们收入较低，经济承受能力有限，单靠自身能力难以解决基本居住问题，这就需要政府给予他们适当帮助，这是住房保障制度存在的前提。即使同属住房保障对象，但该群体内部依然不是同质的，依然存在收入差异、偏好差异等，所以住房保障体系内部也应该分层。

目前，我国以四层次分类住房供应体系①、公积金制度和土地融资为核心的住房政策体系已初具雏形。下一步工作的重心应该是如何通过完善住房保障

① 四类住房分别是保障体系下的租房和购房供给，即公共租赁住房和共有产权房，以及市场体系下的租赁住房和商品房。

体系将进城务工农民工纳入住房保障范围，如何在公平和效率之间实现均衡。

二、住房保障方式由供给补贴向需求补贴转变

在城市化快速发展阶段，城市住房供应相对短缺，而城市住房需求快速增长。这时住房供求总量矛盾占主导。住房保障政策的重点是在短时间内建造足够数量的住房，尽快解决居民住房短缺问题。

政府拥有在短时间内动员大量资源的明显优势。因此，在这个阶段政府往往通过直接出资建房的方式增加保障房供给。同时，政府通过对私人开发商建房提供补贴的方式鼓励他们参与保障性住房建设。这一时期保障性住房的数量和比例都显著提高。

随着住房供给量的增加，住房供求结构矛盾上升为主要矛盾，住房保障政策的重点是如何改善人们的居住质量。政府在承认居民间收入差距的前提下，实施住房保障商品化和市场化，更多地选择通过市场机制配置住房资源。这一时期保障性住房数量和比重继续提高，住房自有率逐渐提高。

当住房市场上供求总量基本均衡，甚至住房供给略大于需求时，住房公平与效率问题成为主要矛盾。住房保障政策的重点是在保障居民基本住房需求得到满足的同时，提高住房市场的运行效率。在这一阶段，政府一般会向中低收入家庭直接提供住房补贴，包括租金补贴、购房补贴或免税等，同时逐步退出保障性住房的直接投资建设和管理。这一时期保障性住房比重快速下降，住房自有率显著提升。

我国保障房供应体系中的廉租住房、公共租赁住房、经济适用住房、限价住房等均属于供给方补贴范畴。近几年，供给方补贴的弊端在我国越来越突出。首先，地方政府需要大量初始投资，给地方政府带来巨大财政压力；其次，居民收入是动态变化的，而经济适用住房、限价住房等相当于一次性补贴，显失公平；再次，廉租住房、公共租赁住房等以租赁形式的保障方式“退出难”问题难以有效解决。综合来看，我国现在有条件也有必要将保障方式由供给补贴转为需求补贴。

三、住房保障资金来源渠道多元化，中央政府承担主要责任

对于任何一个国家或城市，土地和资金都是影响住房保障制度设计和实施的最大制约因素。我国城市建设用地属于国有，住房保障的土地约束并不是最大制约。

目前，对于我国地方政府来说，住房保障尤其是涵盖农民工在内的住房保障面临的最大难题应该是资金问题。中央财政投入力度不够，而地方政府的财政能力又非常有限，社会资本的参与尚处于起步阶段。住房保障制度的所有设计都可能因受制于资金难题而无法兑现，导致迟迟不能将进城务工农民工平等地纳入城市住房保障范围。

从前面 4 个国家的具体实践来看，各国的住房保障设计各不相同，但有一点是一致的，那就是中央政府承担住房保障资金的主要支出责任。一般都是中央政府负责制度设计或规划设计，并提供住房保障所需大部分资金；地方政府的职责是执行制度安排，负责建设和运营保障性住房。

地方政府使用中央政府的资金解决自己辖区居民的住房困难问题，一方面可以改善地方民生，另一方面有利于地方经济的发展。这样的制度设计思路使得地方政府对执行中央制定的住房保障政策和计划具有较高的积极性，住房保障政策也就能取得预期效果。

对于农民工城市融入和市民化问题，我国很早就给予了关注，但是由于农民工市民化缺乏顶层设计，造成城市房地产市场快速发展，城市居民居住条件显著改善，而农民工城市住房依然可以用“居住条件恶劣”来描述。

从 1994 年实行分税制财政管理体制以来，地方财政被上收，但住房保障的财政支出却主要由市、县政府来承担。直到 2007 年之后，中央补助资金才开始投入住房保障领域，但中央政府支出所占比例仍处于很低的水平。据中国社会科学院估算，全国农业转移人口市民化的人均公共成本为 13.1 万元。要解决农业转移人口市民化问题，政府公共成本需要支出约 51.1 万亿元①。

现阶段，各级地方政府债台高筑，财政保障能力相对较弱。同时，农民工高流动性特点使得地方政府对农民工的投入存在巨大风险，导致地方政府对推动农民工市民化积极性不高。要想住房保障政策得到落实，顺利实现“居者有其屋”的住房保障目标，必须重新设计成本分担机制，中央政府应承担起住房保障资金主要提供者的角色。

住房保障所需资金量巨大，单靠中央政府和地方政府的财政支出肯定是不够的。每个国家都在探索保障资金来源的多元化，探索如何将社会资本引入住房保障领域。英国住房保障所需资金来源除社会住房房租收入和中央政府拨款之外，还有金融机构的贷款以及公民缴纳的保险金等。美国住房保障主要资金来源是联邦政府的财政预算，但政府也建立起了一整套多元化的住房保障融资体系，融资主体已变为以市场为主。

---

① 谭崇台，马绵远，2016. 农民工市民化：历史、难点与对策[J]. 江西财经大学学报（3）：72-80，132.

当前我国城市住房保障资金主要来源于财政补贴、土地出让金留存、住房公积金盈余以及银行贷款，资金来源渠道单一，有限资金的利用率也很低。首先，我国中央财政应承担住房保障资金主要供给责任；其次，应采取措施，鼓励和吸引社会资本参与住房保障建设；再次，应学习西方国家通过构建完善的保障性住房投融资体系为住房保障体系的运行提供资金支持。

四、住房保障制度应以完善的法律法规作支撑

住房保障做得好的国家，一般都对住房保障对象、住房保障标准以及保障资金来源等问题以法律形式进行了明确规定。如英国的《住房与城镇规划法》、美国的《公共住房法案》、新加坡的《新加坡建屋与发展法令》、日本的《公营住房法》等。

为确保住房保障政策得到有效实施，我国应尽快完善住房保障领域的法律法规和制度体系，从立法上对住房保障特别是农民工住房保障责任划分、保障范围、保障标准和保障资金来源等问题做出明确规定，并成立专门的管理机构。地方政府可根据当地社会经济发展、房地产市场发展和居民住房现状等实际情况，制定出符合地方实际的住房保障条例。

目前首要的是尽快制定一部完善的、纲领性的《住房法》，明确界定中央政府和地方政府的住房责任、公民的基本住房权利等，科学规范普通商品房市场、二手房市场、住房租赁市场之间的关系。

五、做好住房保障相关基础数据调查

国外典型国家的住房保障经验表明，一系列基础工作的完成是完善住房保障体系的前提，其中既包括住房保障立法和规划，也包括住房普查或调查。美国每两年开展一次住房调查，每五年开展一次住房普查，从而能够准确掌握居民居住情况，为实时调整住房政策提供决策依据。英国、日本和德国等国也都是每五年进行一次住房普查①。

为更准确地掌握居民居住情况，适时调整住房保障政策，我国应探索建立动态化、制度化的住房普查机制，否则很多政策制定和调整都面临侧重定性研判、缺乏定量分析的问题。同时，如果没有准确的收入、财产和住房情况统计，住房保障制度设计难以顺利实施。

---

①　严荣，2016. 西方国家住房保障政策思路的演进脉络[J]. 中国房地产（6）：27-34.

六、引导中低收入群体通过租房解决住房问题

从前面典型国家的实践可以看出，即使在经济发达的欧美国家，租赁房屋依然是解决中低收入群体住房问题的重要方式，并且效果良好。在日本，有38%的家庭通过租赁房屋解决住房问题，美国、新加坡、英国等国居民租房居住的比例也都在30%左右[①]

目前，我国地区经济发展不平衡，中央政府和地方政府财力有限，不同收入者的住房支付能力也不相同。对于一些经济上暂时比较困难的家庭应鼓励其租赁住房，特别是进城务工的农民工群体，其经济支付能力较低，且流动性较强，租房应该成为解决其城市住房问题的主要方式。当农民工群体财富积累到一定程度后，再改租房为购房，进一步提升居住质量。

① 张协奎，李泽君，2011. 典型国家住房保障制度的比较及其启示[J]．广西大学学报（哲学社会科学版）(2)：18-22.

第七章　农民工城市住房保障制度设计

第一节　制度设计总体构想

一、指导思想

习近平新时代中国特色社会主义思想是本书研究的核心指导思想。2017年，党的十九大报告明确指出，新时代我国面临的主要社会矛盾是人民日益增长的美好生活需要和不平衡不充分的发展之间的矛盾。发展必须坚持以人民为中心，增进民生福祉是发展的根本目的，应在发展中补齐民生短板、促进社会公平正义，在住有所居等方面不断取得新进展。

当前和未来一段时间，对于在城市务工的农民工来讲，“居住条件恶劣”是最大的“民生之忧”之一，在城市享有稳定的适宜住房是农民工的“美好生活”需要，这要求必须重视和尽快解决农民工城市住房问题。

针对社会经济发展的新形势，十九大报告提出要“加快农业转移人口市民化”。通过前面的理论分析和实证分析可以发现，农民工城市住房与农民工市民化的关系非常密切，居住方式、居住条件和居住预期都会对农民工的城市融入水平产生显著影响。因此，在住房保障制度设计中，指导思想是对于具有市民化意愿的农民工，通过帮助其购房或租房实现与城市居民混住，加快其城市融入进程和市民化进程。

十九大报告提出，坚持新发展理念，使市场在资源配置中起决定性作用。这对农民工住房保障方式选择的指导意义在于：要更多使用市场机制方式解决农民工城市住房问题，结合我国城市住房供求现状，采用购房补贴或租房补贴形式帮助农民工解决居住问题是可行和适宜的选择。

在宏观调控上，要恢复住房的居住属性，严控炒房行为，坚持“房住不炒”。同时，加快构建保障体系和市场体系并重、多主体供给、多渠道保障、租购并举的住房制度。

总之，本书提出的农民工城市住房保障制度设计以习近平新时代中国特色社会主义思想为核心指导思想，目标是在实现农民工“住有所居”的同时，加快农民工城市融入进程。

二、基本原则

农民工在城市的居住状况是影响其城市融入和市民化的重要因素，也是衡量基本公共服务均等化的重要指标。农民工城市住房问题得不到解决，会对我国社会经济造成多重负面影响。应坚持以人为本、政府主导、分类分层、循序渐进的基本原则，探索农民工城市住房多种保障形式，逐步将农民工纳入城市住房保障体系，让农民工真正融入城市，实现真正意义上的市民化。

（一）以人为本，公平公正

1. 以人为本

农民工住房保障制度设计应立足农民工的群体特征，充分考虑农民工权益，坚持以人为本。

首先，应充分尊重农民工意愿，充分尊重农民工自主定居的权利，不能强迫农民工以放弃农村土地权益作为城市定居的前提条件。

其次，政府有责任和义务帮助农民工解决住房问题，但农民工群体因受教育程度、年龄、性别、婚姻状况、收入水平等因素影响，住房需求存在很大差异，应在为其提供一般性基本住房保障服务的同时考虑其个性化需求，尽可能满足不同层次的住房需求。

再次，用人单位应通过公积金、集体宿舍、住房补贴等方式，为农民工解决住房问题提供多渠道、多形式支持。

最后，农民工住房保障制度的设计还应考虑市民的利益，城市住房资源是有限的，如果农民工在接受政府补贴后住房支付能力提高，住房条件改善，市民的住房利益可能就会受到不利影响。政府应加大城市民生投入，持续改善城市居住环境和居住条件，至少应确保市民总效用水平不降低，实现住房市场的帕累托改进。

在解决农民工基本居住问题的前提下，住房保障制度的设计应以城市融入为导向。通过农民工住房保障政策的实施，加快农民工市民化进程。一是尽量避免集中建设廉租住房、公共租赁住房、经济适用住房，通过配建方式或住房补贴方式实现不同收入群体居民的混合居住；二是鼓励用人单位由向员工提供集体宿舍转变为向员工提供住房补贴和住房公积金，给予员工更多居住选择权利；三是强化社区、工会等组织机构的作用，为农民工城市融入提供全方位服务。

2. 公平公正

十九大提出，让改革发展成果更多更公平惠及全体人民。住房保障制度是解决住房困难群体基本居住需求的社会保障制度，是社会公平正义的重要体现和保障。在设计农民工住房保障制度时，应将公平公正作为重要的指导原则。

一是水平公平。一方面，农民工与市民应平等对待。农民工长期在城市务工生活，虽然户籍地还未转换，但他们中的很大一部分事实上已经属于或接近城市常住人口，因此这部分农民工应该享有与城市居民平等的住房保障服务，住房保障制度应该将所有常住人口平等对待。另一方面，农民工群体之间应实现水平公平，也就是对于同等收入的农民工，政府给予的住房帮助应该是相同的。由于地方政府财政能力有限，设计住房保障标准时在低标准和低覆盖之间应首选低标准，减少轮候时间。

二是垂直公平。即收入越低的农民工享受的政府补贴应该越高，这要求建立“反向递减”的住房补贴标准。

（二）政府主导，市场运作

住房是一种特殊的商品，因此住房市场是一个特殊的市场，仅仅依靠市场机制难以实现住房资源的优化配置和社会公平。住房商品和住房市场的特殊属性决定了政府必须对住房市场进行干预，以纠正市场失灵，优化住房资源配置，保证全体居民都能有机会获得适当住房。

一直以来，我国城市住房保障政策的重点是城市户籍居民，对农民工居住需求关注不足。大多数城市政府将日益严峻的农民工住房问题简单粗暴地交由市场解决，造成农民工居住条件恶劣，严重损害了农民工的身心健康，不利于社会的健康可持续发展。因此，城市政府必须走出误区，承担起解决农民工住房问题的主体责任。

按照《“十三五”推进基本公共服务均等化规划》的规定，基本公共服务应由政府主导，保障全体公民生存和发展的基本需要。住房保障作为基本公共服务的重要组成，政府理应在农民工住房保障问题上发挥主导作用。农民工在城市属于弱势群体，如果没有政府的帮助，农民工难以顺利解决城市住房困难问题。

因此，农民工城市住房问题的解决应坚持政府主导原则。一方面，通过加大财政投入为农民工住房保障提供资金支持，满足住房困难农民工群体的基本居住需求。根据国外经验，中央政府应该在住房保障财政支出中承担主要角色，这需要我国中央财政通过转移支付加大对各地农民工住房保障的投入，减轻地方财政负担。另一方面，在充分调研农民工住房需求的基础上，各地政府要结合地方实际，因地制宜、因时制宜地制定住房保障规划，科学确定住房保障标准和选择住房保障方式，使城市住房保障政策能够覆盖所有在城市稳定就业的农民工群体。

从发达国家的住房保障实践可以发现，住房保障方式基本都经历了由以供给补贴为主到以需求补贴为主的转变，原因是需求补贴能更有效地发挥市场机制的功能。通过发放住房补贴让农民工在住房市场自由选择住房，一方面能更好地满足其多样化的住房需求；另一方面有助于实现“混居”，促进城市融入。

同时，改善农民工住房条件，需要大量的财力，现阶段单纯依靠政府财力难以胜任。在农民工住房保障体系构建中，应充分发挥社会和市场的力量，在坚持市场化方向的基础上，逐步改善进城务工农民工的居住条件。

（三）分层分类，分步解决

农民工总体规模大，职业、收入等构成复杂，而且个体思想和行为的差异性在不断增强，导致农民工群体内部存在较大差异。不同城市的经济发展水平、产业结构、房地产市场发展等也存在很大差异，且农民工群体的流动性很强。因此，构建面向农民工群体的住房保障体系，应该充分考虑农民工群体的内部差异性及其住房需求特性，按照分层分类分步的原则解决农民工城市住房问题。

（1）分层是指根据农民工住房困难程度分层设计住房保障制度。从短期来看，首先需要解决的是农民工在城市的基本居住问题。多数农民工在城市的务工收入处于较低水平，居住空间严重不足，住房条件恶劣，存在较为严重的居住隔离现象，适合通过实物配租或租房补贴等形式解决其住房困难问题。在农民工工作更加稳定、专业技能和收入水平进一步提升后，可以通过帮助其购房解决住房问题。

（2）分类是指农民工群体内部差异巨大，受年龄、性别、婚姻状况、文化水平、职业技能、经济条件、家庭状况等因素影响，不同农民工群体的城市定居能力和定居意愿差异明显，对应地，其城市住房解决方式应灵活选择。按定居意愿和定居能力两个维度可以将农民工群体分为四类（图 7-1）：

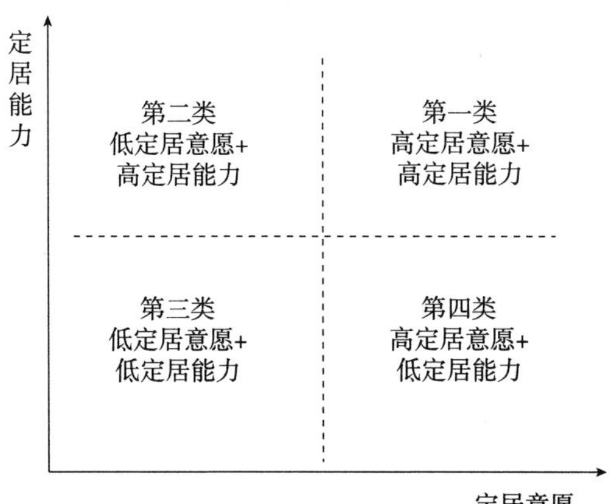

图 7-1　农民工定居意愿与定居能力分类

第一类是高定居意愿＋高定居能力。这部分农民工受教育水平较高，在城市有稳定且收入较高的工作或者自己做生意，在当前城市工作多年，具有强烈的城市定居意愿。第一类农民工群体在城市具有较强的购房意愿和较高的经济承受能力，其中一部分已经在城市购买商品房，解决他们的城市住房问题主要是帮助符合条件的农民工购房，这一部分农民工比例应该不大。

第二类是低定居意愿＋高定居能力。这部分农民工一般年龄较大，受教育水平较低，多数属于老一代农民工。他们在城市工作多年，拥有较为丰富的工作经验和专业技能，且吃苦耐劳，收入较高，但居住条件较差。因在城市就业竞争力逐渐下降，未来选择离城返乡的可能性较大。对于这部分群体可通过集体宿舍、公共租赁住房或租房补贴帮助其提高居住质量。

第三类是低定居意愿＋低定居能力。这类群体年龄较大，受教育水平较低，部分农民工仅利用农闲时间外出务工增加收入，其流动性最强，对这部分农民工应通过鼓励用人单位为其提供住所解决城市居住问题。

第四类是高定居意愿＋低定居能力。这部分群体多属于新生代农民工，受教育水平较高，因缺乏工作经验和专业技能，收入水平较低，但其具有较强的城市融入意愿。对于这部分群体可通过公共租赁住房或租房补贴解决其城市住房问题，且应以租房补贴为主要保障方式。目的是鼓励其到市场租赁住房，实现与市民混合居住，加快其城市融入进程。随着时间推移，该群体的人力资本和社会资本不断提高，如果定居能力提高到一定程度后会向第一类群体转变。

第一类和第四类农民工是我国农民工市民化的主力，也是住房保障制度的重点服务对象，在制定住房保障政策时，应统筹兼顾其住房问题与城市融入问题。

（3）分步是指受我国户籍制度和社会经济发展阶段的影响，将农民工纳入城市住房保障体系不可能一步到位，需要各地根据实际分步解决。第一步是解决稳定就业农民工的基本居住问题，主要保障方式是公共租赁住房、租房补贴、公积金和集体宿舍等；第二步将改善稳定就业农民工的住房条件与农村土地退出相结合，解决中高收入农民工的购房需求；第三步是将非稳定就业农民工也纳入住房保障范围，做到应保尽保。

农民工城市住房问题远比城市居民更加复杂，应随着社会经济的发展、政府财政能力的提高、住房市场供求关系的改善，分阶段分步骤进行解决。

（四）统筹协调，循序渐进

农民工城市住房保障问题是一个复杂的系统工程，涉及城乡户籍、劳动就业、农村土地、社会保险、城乡教育等多个方面的问题，农民工住房保障制度的设计和实施必须充分考虑这一系列问题的影响。

保障性住房具有准公共产品性质，如果完全由政府提供，容易出现政府财政压力过大问题，且效率较低，最后难以持续；如果完全通过市场解决，很可能由于市场失灵导致低收入农民工居住条件恶劣甚至无家可归；如果主要依靠用人单位为农民工提供住房，必然会加重企业的经济负担，影响企业效益，有可能农民工住房问题解决了，但就业问题却恶化了。

因此，农民工城市住房问题的解决需要政府、个人、用人单位、社会力量四方协同努力，构建一个政府、企业、社会、个人协同合作、责任共担的社会化、市场化住房问题解决机制。

一是政府应发挥主导作用、承担主要责任，通过政策设计，引导和激励用人单位积极承担改善农民工住房问题的社会责任。

二是政府应为农民工解决城市住房问题提供金融财政支持，同时鼓励社会力量参与农民工住房问题的解决。

三是充分发挥市场的资源配置作用，以市场化方式满足农民工多样化的住房需求，提高住房保障资金和住房资源的利用效率。

四是农民工自身应积极努力，不断提升自己的人力资本和社会资本，通过提高自身就业竞争力，使经济收入得到持续增加，提高住房支付能力。

五是农民工住房保障不能单从经济效益角度出发，不能仅考虑房地产去库存、提升城市内需等经济问题，而应更多地从社会效益角度出发，考虑如何更好地促进农民工群体的发展，更好地加快农民工城市融入进程。

解决农民工城市住房问题还应遵循循序渐进的原则，按照覆盖面由窄到宽、保障标准由低到高的原则逐步提升住房保障水平。现阶段，不能搞一刀切，不同城市可根据农民工群体经济收入情况、城市住房状况和财政支付能力等合理确定农民工的住房保障方式和住房保障标准。

三、基本思路

农民工城市住房保障制度的设计应着眼于新型城市化、农民工市民化的发展方向，充分认识解决农民工城市住房问题的战略意义和复杂性。以加快农民工城市融入、实现农民工市民化为目标，以现有城市住房保障体系为基础，以稳定就业农民工为重点，实现农民工住房保障与城市居民住房保障的有效对接，构建分层分类阶梯式住房保障体系。

从农民工城市住房保障的整体发展现状和发展趋势来看，应确立三阶段发展目标：

（1）*第一阶段目标：农民工恶劣的城市居住条件得到明显改善。*通过增加住房供给数量、大力发展住房租赁市场，为农民工提供安全、经济、适用的住房，满足其基本住房需求。

（2）第二阶段目标：提高农民工城市融入度。在农民工居住条件得到改善的基础上，进一步提高其居住质量，实现农民工与城市居民的混合居住，提高农民工城市融入程度。

（3）第三阶段目标：农业转移人口实现完全市民化。顺应城市化和农民工市民化的发展趋势，帮助有定居能力且有定居意愿的农民工在城市长期定居，提高其住房产权拥有率，大幅度提高转籍农民工数量，最终实现完全市民化。

四、总体框架

在农民工住房保障制度设计总体构想的指导下，农民工住房保障制度设计的理论框架如图 7-2 所示。

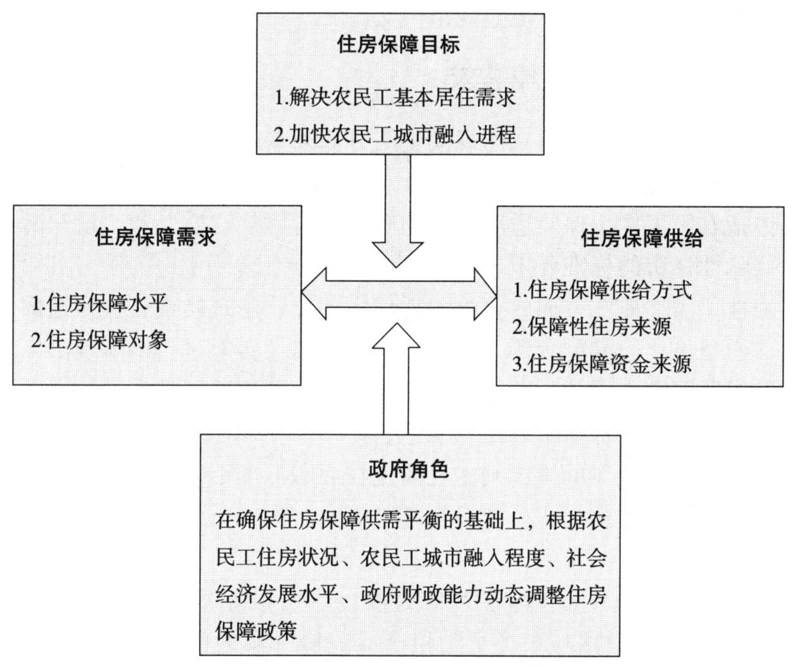

图 7-2　农民工城市住房保障制度设计总体框架

（一）农民工城市住房保障目标

以城市融入为导向的农民工城市住房保障制度设计的主要目标有两个：一是要满足农民工基本居住需求；二是要有利于推进农民工城市融入进程。

1. 满足农民工基本居住需求

从本书的调查分析和其他学者的研究可以得出一致性结论，即现阶段农民工在城市居住条件恶劣，不仅使其无法像市民一样居住生活，更是影响到农民工在城市的劳动力生产和再生产活动，阻碍城市化水平和质量的提高，不利于社会和谐稳定。因此，迫切需要建立农民工城市住房保障制度，解决农民工在城市的住房困难问题。

农民工城市住房保障作为一项社会保障制度，只能保障农民工在城市的基本居住条件。改善型居住需求或更高标准的居住需求需要农民工通过自身努力获得，这既有利于推进社会公平正义，又有利于提高社会经济运行效率。

2. 推进农民工城市融入进程

新型城市化是人的城市化，如果农业转移人口不能实现市民化，那就不是真正意义上的城市化。农民工城市住房保障制度不仅是为进城务工农民工提供必要的居住场所和居住条件，满足其基本居住需求，还要通过为其提供住房帮助实现农民工与市民混合居住，加快其人力资本和社会资本积累，推进农民工城市融入进程，更快、更好地实现市民化。

（二）农民工住房保障需求

农民工城市住房保障需求的规模受两方面因素的影响①。

1. 住房保障水平的确定

具体指农民工住房保障适度水平的确定，可以从“质”和“量”两个维度来表示保障性住房的标准要求。

保障性住房“质”方面的要求包括住房区位、建筑质量、住房结构、社区环境、交通条件、公共配套等，住房“质”的属性会通过价格体现出来。住房保障是解决居民基本居住问题，因此“质”的标准应低于社会平均水平，即房价或租金标准应适当低于市场平均水平。

保障性住房“量”的维度则主要体现在面积标准上。与“质”的维度原则标准相同，一方面住房面积应能满足基本需要，另一方面应适当低于社会平均水平。

在本书中，选择“面积标准”作为衡量住房保障水平的量化指标，选择“略低于（10%左右）区域市场平均租金或房价”作为保障性住房品质的衡量标准。

2. 住房保障对象的识别

由于农民工城市住房保障对象是住房困难的中低收入农民工群体，所以住房保障对象识别标准主要有两个量化指标：一是收入较低，存在住房支付能力问题，单靠自身能力无法解决基本居住问题；二是住房困难，在务工城市没有

① 郭玉坤，2010. 中国城镇住房保障制度设计研究［M］. 北京：中国农业出版社.

自有住房或自有住房面积低于住房保障面积标准。只有这两个条件同时满足，才能成为住房保障服务对象。

从国外典型国家的住房保障覆盖范围看（图 7-3），新加坡居住在保障性住房内的居民比例高达 82%；英国和日本住房保障范围相对较小，分别是 20%和 33%；而美国政府重点是解决低收入家庭的住房困难问题，住房保障范围较小，只有 15%，中高收入群体主要依靠市场解决住房问题①。

可见，住房保障范围没有统一的标准，与政府住房制度、房地产市场状况、居民收入水平等有密切关系，但住房保障均以解决居民基本居住需求为出发点。

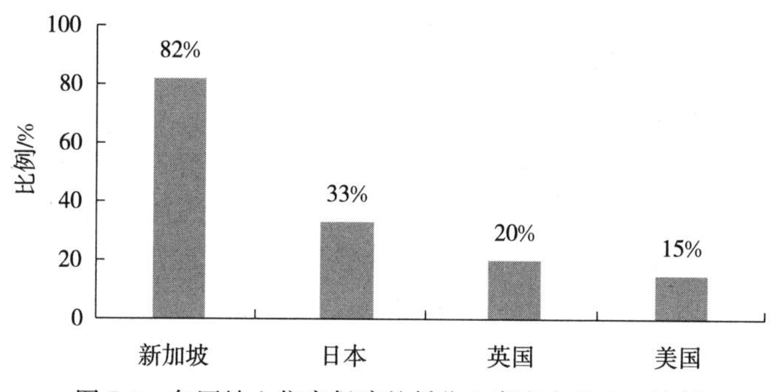

图 7-3　各国纳入住房保障的低收入家庭占总人口比例

（三）农民工住房保障供给

从农民工住房保障供给角度看，住房保障供给可以划分为 2 个维度。

1. 住房保障方式的选择

国内外住房保障实践经验表明，住房保障供给方式主要可以分为“补砖头”和“补人头”两大类。

“补砖头”实质上是补贴供给方。即政府通过补贴保障性住房的建设来增加住房供给，具体补贴方式一般是政府直接投资兴建保障性住房，如政府直接建设廉租住房；或者对开发商投资建设保障性住房给予补贴，如实物型限价住房、经济适用住房以及在商品房小区配建保障性住房等；或者是对用人单位为农民工提供集体宿舍给予土地或税费优惠。

从短期看，如果城市住房供应比较紧张，这时保障性住房来源应以政府提供实物型住房为主，包括通过集中新建、配建、收购等方式新增公共租赁住房，以及在农民工集中的区域兴建集体宿舍等。实物型住房供给的优势是可以

① 张协奎，李泽君，2011. 典型国家住房保障制度的比较及其启示[J]．广西大学学报（哲学社会科学版）(2)：18-22.

在短期内较快地解决农民工的基本居住问题，同时不会刺激区域房价的上涨；缺点是大量中低收入居民集中居住容易出现贫民窟问题，且实物型住房保障普遍存在退出难问题，容易造成保障资金浪费和不公平。

“补人头”实质上是补贴需求方。即政府通过为保障对象发放租房或购房补贴来提高他们在住房市场上的住房支付能力，帮助他们通过市场方式解决住房问题。公共租赁住房的货币直补、共有产权住房即属于需求方补贴。

研究表明，供给方补贴和需求方补贴各有优劣，分别适用不同的保障对象和住房市场状况。从被保障对象角度看，需求方补贴有三大优势：一是需求方补贴类似于收入的转移支付，使得投入到住房保障方面的单位资金的效用大幅度增加①；二是需求方补贴允许被保障对象居住相对便宜的二手住宅，所以单位保障资金可以提供更多的保障性住房，解决更多农民工的居住问题；三是需求方补贴有助于推动二手房市场和住房租赁市场的发展。需求方补贴的缺点在于提高了住房价格，所以在房价或租金上涨过快时应谨慎使用。

从政府角度看，地方政府可能对供给方补贴更为青睐。一是提供实物型保障住房是一项“看得见”的政绩工程，集中建设的廉租住房或公共租赁住房小区尤其如此。二是供给方补贴可以通过增加住房供给起到调控房价的效果，是一项典型的“民心工程”。我国多年的住房保障实践表明，实物型保障住房建设量大的城市一般都会赢得居民尤其是中低收入居民的赞誉。三是在需求方补贴政策下，非住房保障对象需要支付更高的住房价格，可能引起非住房保障对象的集体反对。

从短期来看，一方面，我国各城市尤其是农民工数量较大的大城市房价上涨较快，如果实施需求方补贴，可能加剧房价上涨势头；另一方面，农民工普遍居住条件恶劣，当前最迫切的是改善基本住房条件。因此，短期内，我国农民工住房保障方式可采取实物补贴为主、货币补贴为辅的住房保障方式。

从中长期来看，随着我国城市房地产存量的增加、城市住房供求状况的转变、农民工住房状况的逐步改善、农民工经济承受能力的提高、政府财政能力的进一步提升，住房保障方式可由以供给方补贴为主逐渐转向以需求方补贴为主，逐步增加购房补贴比例，帮助部分经济承受能力较强的农民工在城市拥有自己的住房。

2. 住房保障资金来源

不管采用何种住房保障方式，最终还是需要政府增加财政投入。即使是通过税收、金融政策引导社会资本参与农民工住房保障实践，也是以政府财政收入的间接减少为代价的。

---

① 阿瑟·奥沙利文，2003. 城市经济学［M］. 4版. 北京：中信出版社.

从西方国家的住房保障实践来看，住房保障所需资金构成中，中央政府一般承担主要责任，这与我国有很大区别。在我国，地方政府承担了住房保障支出的主要责任（表 7-1）。目前，我国地方政府保障性住房建设资金来源主要是地方政府财政预算、住房公积金增值收益、土地出让净收益、中央预算内住房补助资金和廉租住房保障专项补助资金以及社会捐赠资金等。

表 7-1　我国住房保障财政支出（一般公共预算）及构成

地　区	2017 年		2018 年	
	金额/亿元	比例/%	金额/亿元	比例/%
中　央	420.67	6.4	506.45	7.4
地　方	6 131.82	93.6	6 299.92	92.6
总　额	6 552.49	100	6 806.37	100

数据来源：《中国统计年鉴 2018》《中国统计年鉴 2019》。

在我国住房保障资金来源构成中，除了“按土地出让收益的 10%提取”为硬性规定外，其余资金来源均缺乏保障，也存在很多漏洞。一是大部分地方政府已负债累累，财政收支矛盾较为突出[①]，预算安排难免形同虚设；二是住房公积金征缴不够规范，规模较小，增值收益不高且极不稳定，风险较大，扣除贷款风险准备金和管理费后已所剩无几；三是依靠社会捐赠积累资金更是困难，数量微乎其微。在中央政策相关规定基础上，各地政府根据本地实际情况，进行了很多有价值的探索创新，但保障资金来源还是主要依靠地方财政。

笔者认为，在住房保障资金来源上，应充分借鉴国外经验。一是中央财政应承担住房保障支出的主要责任，作为国民收入的二次分配，还可以通过农民工住房保障资金的安排配合国家区域发展政策和产业发展政策引导农民工的区域流动。二是政府应采取一定的激励机制，鼓励和吸引私人投资参与保障性住房建设和运营，使私人投资成为住房保障资金的重要来源。三是建立住房公共投资金融体系。四是开征房地产税。

开征房地产税对农民工住房保障具有多重效果。一方面，通过开征房地产税，可提高住房持有成本，导致住房需求降低，促使房价出现下降，农民工住房可负担能力间接提高，政府财政压力得到缓解。另一方面，开征房地产税后，地方政府就有了稳定的税收来源。如果将房地产税的一定比例用于农民工

① 2018 年，我国地方政府财政收入为 16.76 万亿元，远少于地方政府财政支出 18.82 万亿元。从 2019 年 11 月公布的省市地方政府债务率来看，有 6 个省份突破国际警戒线 100%，分别是贵州（149.7%）、辽宁（144.6%）、内蒙古（130.3%）、云南（109.9%）、天津（106.8%）和湖南（101.7%）。

住房保障，保障资金来源就有了稳定渠道。

第二节　农民工城市住房保障制度设计方案

一、农民工住房保障对象识别

从理论上讲，农民工住房保障的涵盖对象应该是在务工城市住房市场上单纯依靠个人能力难以解决基本居住问题的中低收入农民工群体。对住房保障对象进行理论界定相对容易，但实际操作却相对复杂。如果住房保障的准入标准缺乏科学清晰的界定，就可能导致本应符合保障条件的申请人被排除在外，或者将本不属于保障对象的群体纳入住房保障范围。

因此，应该在遵循住房市场规律的前提下，从农民工住房支付能力和住房困难程度两个维度来识别被保障对象。住房支付能力通过划定住房保障家庭收入线判断；住房困难程度通过划定人均住房面积标准判断。

（一）住房支付能力

当前学术界对住房支付能力含义的界定有多种观点：一种观点认为住房支付能力是一个家庭购买或租住住宅的市场交易能力①。但这一观点忽视了住房成交后家庭其他生活开支问题。如果某个家庭投入所有积蓄用于购房首付，然后月供又占用了绝大部分月收入的话，尽管该家庭通过交易拥有了住房，但购房已严重影响到该家庭的正常生活。

另一种观点则将住房支付能力界定为，家庭能够支付住房支出的同时又能满足家庭其他方面基本支出的能力②。该定义兼顾了家庭住房支出与其他生活支出两大类因素。但家庭基本生活支出受家庭消费观念、家庭人口数量和健康状况等因素的影响，很难找出一个衡量住房支付能力的统一标准。

第三种观点将住房支付能力界定为人们对自身住房情况的社会和物质体验③。该观点反映了每个家庭在收入约束条件下平衡住房支出与非住房支出时所面临的挑战，认为支付能力反映的是住房与居民之间的社会关系。

由于不同家庭在收入、消费和储蓄等方面存在着明显差异，对住房支付能

---

① 董昕，2012. 动态趋势与结构性差异：中国住房市场支付能力的综合测度［J］. 经济管理（6）：119-127.

② 刘广平，陈立文，2016. 基于住房支付能力视角的保障房准入标准研究—思路、方法与案例［J］. 中国行政管理，（4）：67-72.

③ STONE M E，2006. What is housing affordability? The Case of Residual Income Approach［J］. Housing Policy Debate，17（1）：151-184.

力的评估需要细分到各个收入群体，并需要通过科学的住房支付能力评价方法来判断每个家庭在住房负担方面是否存在困难。

（二）住房支付能力衡量指标

1. 房价收入比

国际上常用的住房支付能力衡量指标有多种，其中房价收入比（price income ratio，PIR）指标由于数据的可获得性强、简洁明了等特点而被广泛采用。联合国人类住区规划署发布的《城市指标工具包指南》中将房价收入比界定为：一套居住单元的中位自由市场价格与中位家庭年收入的比值，用于衡量家庭购买住房的支付能力。住房价格越高、居民收入越低，房价收入比越高。房价收入比的计算公式为：

$$PIR=\frac{P_{\mathrm{Med}}}{I_{\mathrm{Med}}}=\frac{AP_{\mathrm{Med}}\times AF_{\mathrm{Med}}}{n\times AY_{\mathrm{Med}}} \tag{7-1}$$

式中，PIR 为房价收入比，P_{Med} 为住房价格的中位数，I_{Med} 为家庭年收入的中位数，AP_{Med}为住房单价中位数，AF_{Med}为住房面积中位数，n 为家庭平均人数，AY_{Med}为家庭人均年收入中位数。需要注意的是，家庭年收入是指家庭总收入，包括工资、奖金等各种收入。

房价收入比是评估一定时期、一定区域范围内居民住房支付能力的重要判断依据之一，同时也是政府制定和调整住房政策的重要参考。

世界银行在衡量一个国家或地区居民的住房消费负担水平时认为，房价收入比为 4～6 比较合适，这时居民不存在过大的住房压力，因此“4～6”成为许多国家在分析地区房价收入比情况时的一个重要参考标准①。房价收入比在 6 以下时，通常认为居民对商品住宅具有普遍的支付能力，住房压力较小②。

以 2018 年全国统计数据来计算农村居民在城市购房的房价收入比。农村居民收入③数据使用《中国统计年鉴 2018》中的“农村居民按收入五等份分组④的人均可支配收入”；住房价格采用 2018 年全国商品住宅均价 8 544 元/米^2，住房面积按 60 米^{2}计算，则住房总价为 512 640 元。

从表 7-2 可以看出，如果按照全国商品房平均价格和农村居民平均收入情

① 郭玉坤，2010. 中国城镇住房保障制度设计研究［M］. 北京：中国农业出版社.

② 郭玉坤，杨坤，2009. 住房保障对象划分研究[J]. 城市发展研究（9）：15-19，36.

③ 目前，我国城乡住户收支统计分为城镇和农村：一是计算城镇居民人均可支配收入时分母包括了在城镇地区常住的农民工，计算农村居民人均可支配收入时分母不包括在城镇地区常住的农民工；二是由本户供养的在外大学生视为常住人口。

④ 按农民人均可支配收入，从最低到最高，按同样组距分为五个组，依次为低收入户（20%）、中间偏下户（20%）、中间收入户（20%）、中间偏上户（20%）、高收入户（20%）。

况计算，农村居民中只有20%的高收入家庭房价收入比在6以下。也就是说，只有20%的农村居民可以依靠自身能力在城市解决住房问题，绝大多数农村居民在城市购房需要政府帮助。

表 7-2 农村居民①房价收入比

指　标	低收入户（20%）	中间偏下户（20%）	中间收入户（20%）	中间偏上户（20%）	高收入户（20%）
人均可支配收入②	3 666.2	8 508.5	12 530.2	18 051.5	34 042.6
家庭可支配收入③	12 831.7	29 779.75	43 855.7	63 180.25	119 149.1
平均房价	512 640	512 640	512 640	512 640	512 640
房价收入比	40.0	17.2	11.7	8.1	4.3

2. 住房消费收入比

住房消费是人们对住宅的消耗、使用行为与过程，也是住房的生活功能、发展功能、社交功能、资产功能和文化艺术功能的实现过程。居民住房消费是人们生活消费的重要组成部分，既可以通过购房也可以通过租房来实现。

对于住房需求者来说，住房消费水平与以下3方面因素紧密相关：消费者经济能力、消费者获取社会福利的能力、消费者偏好。

通过前面的调查分析可以发现，农民工在城市住房条件很差的直接原因就是住房消费支出水平低。具体原因有：一方面，农民工在城市的经济收入和能够享受到的福利水平都很低，家庭和个人的全部开支几乎都要依靠其微薄收入，能够用于住房消费的支出较少，缺乏住房消费能力；另一方面，农民工进城务工主要是为了获取经济收益，对居住条件并不十分看重，导致农民工住房消费意愿很低。

住房消费能力和消费意愿同时偏低的结果就是农民工城市住房消费支出长期处于很低的水平，也使得农民工在城市的居住质量很差。

住房消费的相关费用项目包括：房租或购房费用，这是取得住房所有权或使用权的支出，通常是住房消费支出中比例最大的部分；装饰装修费用；水电费和燃料费；家庭服务、物业管理费用④。

① 计算农村居民家庭可支配收入时分母不包括在城镇地区常住的农民工，这会导致农村居民家庭可支配收入被低估，从而低估农民工群体的住房支付能力。

② 可支配收入是指农村居民可用于最终消费支出和储蓄的总和，即居民可自由支配的收入。既包括现金收入，也包括实物收入。按照收入的来源，可支配收入包含四项，分别为：工资性收入、经营净收入、财产净收入和转移净收入。

③ 农村家庭人口规模按3.5人计算。

④ 郭玉坤，2010. 中国城镇住房保障制度设计研究［M］. 北京：中国农业出版社.

按照我国统计年鉴的统计口径，居住支出是指与居住有关的支出，包括房租、水、电、燃料、物业管理等方面的支出。由于房租或购房费用一般是住房消费的最大构成部分，而其他费用不同家庭差异很大，且难以准确统计。因此，考虑到住房消费数据的可获取性，加上本书研究的目的是根据农民工支付的住房支出计算和发放住房补贴，本书采用狭义的住房消费，即仅使用房租或购房费用代表住房消费。

在实行住房市场化以前，我国城市实行的是福利分房制度，居民住房消费占其生活消费的比例很小。自 1998 年取消福利分房以来，随着居住支出的显化以及住房价格的快速上升，居民住房消费占可支配收入和消费支出的比重逐步提高（表 7-3、表 7-4）。

表 7-3 城镇居民住房消费支出情况

指　标	2016 年	2017 年	2018 年
人均可支配收入/元	33 616.2	36 396.2	39 250.8
人均消费支出①/元	23 078.9	24 445.9	26 112.3
居住支出②/元	5 113.7	5 564.0	6 255.0
居住支出占可支配收入比例/%	15.2	15.3	15.9
居住支出占消费支出比例/%	22.2	22.8	24.0

表 7-4 农村居民住房消费支出情况

指　标	2016 年	2017 年	2018 年
人均可支配收入/元	12 363.4	13 432.4	14 617
人均消费支出/元	10 129.8	10 954.5	12 124.3
居住支出/元	2 147.1	2 353.5	2 660.6
居住支出占可支配收入比例/%	17.4	17.5	18.2
居住支出占消费支出比例/%	21.2	21.5	21.9

2018 年我国人均国内生产总值（GDP）为 64 644 元，参照其他国家标准，住房支出占收入的比例应该在 12%左右（表 7-5）。通过表 7-5 可以发现，随着收入的提高，住房支出占收入的比重在逐步增加。

① 居民消费支出是指居民用于满足家庭日常生活消费需要的全部支出，既包括现金消费支出，也包括实物消费支出。消费支出可划分为食品烟酒、衣着、居住、生活用品及服务、交通通信、教育文化娱乐、医疗保健以及其他用品及服务八大类。

② 居住支出指与居住有关的支出，包括房租、水、电、燃料、物业管理等方面的支出，也包括自有住房折算租金。

表 7-5 人均 GDP 与住房消费支出比对应关系①

人均 GDP/美元	住房支出比/%
250	8.66
500	9.04
750	9.30
1 000	9.50
1 500	9.83
2 000	10.10
5 000	11.29
10 000	12.79
20 000	15.39

住房消费收入比是指一个家庭的住房消费支出占家庭总收入的比例，该指标可以直接反映一个地区居民的住房消费水平和住房压力。在农民工城市住房保障模式构建中，住房消费收入比的作用主要体现在计算补贴额度方面。其计算公式为：

$$住房消费收入比=\frac{住房消费支出}{居民家庭总收入}\times 100\% \tag{7-2}$$

在德国，如果某个家庭住房消费收入比超过 25%，则认为该家庭不具备相应的住房支付能力，存在住房支付困难问题，政府应给予相应帮助②。美国住房与城市发展部采用的住房消费收入比标准为居民住房消费收入比不能超过 30%，而在 1981 年之前该标准为 25%。

有关研究表明，恩格尔系数为 55%～59%的温饱型国家居民住房消费收入比为 7.6%。其住房消费收入比较低的原因是，收入越低的居民维持生存所需的食品消费的比例越大，会挤占住房消费。随着收入的提高，食物消费比例会逐渐降低，而住房消费支出比例在一定范围内会逐渐升高③。因此，可以得出结论：最贫困阶层居民的合理住房消费收入比应不高于 7%，在本书研究中，取 5%作为该阶层住房消费收入比标准。

在综合考虑美国提出的不高于 30%的标准；赵路兴等提出的我国城镇住房消费支出占可支配收入的比例一般为 20%，最高不能超过 30%；熊景维提

① 杨同利，冯鸿雁，2000. 住房消费支出的国际比较[J]. 建筑经济（12）：35-37.

② HILLS J，HUBRET F，TOMANN H，et al.，1990. Shifting subsidies from bricks and mortar to people：Experiences in Britain and West Germany[J]. Housing Studies，5（3）：147-167.

③ 郭玉坤，2010. 中国城镇住房保障制度设计研究［M］. 北京：中国农业出版社.

出的将房租收入比超过20%作为衡量农民工住房困难的标准等系列标准的基础上。本书基于不同收入水平农民工家庭的住房经济承受能力，按照收入五等份分组法设定低收入、中间偏下收入、中间收入、中间偏上收入和高收入农民工家庭住房消费收入比标准，分别为5%、15%、20%、25%、30%①。在某收入段对应的住房保障标准面积以内，住房支出中超过这个比例的部分由政府给予全额补贴。

例如，假设某农民工家庭月收入为5 000元，适用住房消费收入比为20%，标准面积住房市场租金为1 300元。那么，该家庭自己支付的房租应为：5 000×20%=1 000元，则政府给予的租金补贴应为：1 300－1 000=300元。

现阶段，我国城乡居民的收入分组统计是按常住地进行的，分为城镇家庭和农村家庭。缺少对进城务工人员的专门统计，加上农民工流动性非常强，这使得对某个城市的农民工群体做出准确的收入统计难度很大。

考虑到在解决住房问题时，农民工与城市居民是在同一个住房市场上进行竞争，其面临的住房市场状况与城市居民是一样的，而各地统计局对所辖地区的城市居民有权威的分组收入统计数据。因此，在分析某个城市农民工住房保障收入线时，可以先分析城市居民的住房保障收入线，然后应用于该地区的农民工群体，这也符合“同城同权”的原则。即如果农民工与城市居民收入条件和住房条件一样，那么他们就应该接受同等的住房保障服务。

实际上，房价收入比和住房消费收入比在本质上是同一个标准，都反映了居民的住房支出压力。假设某个城市中农民工家庭的平均年收入为5万元，标准住房市场价格为30万元，则对应的房价收入比为6。

如果居民购房时选择首付20%，按揭30年，则需向银行贷款24万元。如果按照5年以上公积金贷款利率3.25%计算，那么每月等额本息还款额为1 044元，年支出为12 528元，占年收入的25%。这里的25%仅为购房月供，而居住支出还包括装饰装修、水电气和物业费用等支出。假设这些费用是住房月供的5%，那么居住支出已经占到了家庭收入的30%，达到了国际上绝大多数国家住房支付困难的标准。通过这个例子也可以发现，将房价收入比超过6视为住房支付困难是合理的。

（三）住房保障收入线的划分

科学合理的住房保障准入机制是确保农民工住房保障政策顺利运行的基本

---

① 此处提出的消费收入比仅为参考标准，各地在具体执行时可根据当地房地产市场状况、农民工经济能力、地方财政负担能力等灵活确定。

保证，而准确划定住房保障收入线是构建住房保障准入机制最重要的一环。政府应首先确定一个收入线标准，高于此标准的家庭，在住房市场上具有足够的支付能力，其住房问题通过市场解决；低于此标准的家庭，没有政府帮助难以解决基本居住问题，需纳入住房保障范围。

1. 美国住房保障收入线划分方法

美国住房与城市发展部每年都会公布住房保障的收入线标准。该收入线标准按照家庭规模划分，分为中等收入、低收入和最低收入 3 个档次，只有这三类收入家庭才有资格申请住房补贴。同时，各地区还会分别公布本地公平市场租金标准，该标准主要用于计算住房补贴额（表 7-6）。由此可以看出，美国对住房保障收入线的划分非常具体。这使得住房补贴的计算有章可循，确保了公开公平。

表 7-6　美国部分地区住房保障收入线[①]

地区	指标		家庭人口数							
			1	2	3	4	5	6	7	8
拉斯维加斯市莫哈维县	家庭年收入水平/美元	中等收入	46 900							
		低收入	27 700	31 700	35 650	39 600	42 750	45 950	49 100	52 250
		最低收入	17 350	19 800	22 250	24 750	26 750	28 700	30 700	32 650
	公平市场租金	居室数	0	1	2	3	4			
		月租金/美元	482	572	681	948	1 119			
圣地亚哥市圣地亚哥县	家庭年收入水平/美元	中等收入	50 800							
		低收入	28 450	32 500	36 600	40 650	43 900	47 150	50 400	53 650
		最低收入	17 800	20 300	22 850	25 400	27 450	29 450	31 500	33 550
	公平市场租金	居室数	0	1	2	3	4			
		月租金/美元	483	552	691	960	1 133			

美国将 4 口之家作为标准家庭来确定各类收入线，最低收入线一般为家庭中等收入的 50%[②]，低收入线为家庭中等收入的 60%，中等收入线为家庭中等收入的 95%。不同家庭规模则根据调整因子进行适当调整（表 7-7）。

① 郭玉坤，2010. 中国城镇住房保障制度设计研究［M］. 北京：中国农业出版社.

② 美国会根据房地产市场状况对最低收入线进行相应调整，即 50%的比例标准是可变的。

表 7-7　美国收入线家庭规模调整因子

家庭规模（人）	调整比例/%	家庭规模（人）	调整比例/%
1	70	5	108
2	80	6	116
3	90	7	124
4	100	8	132

美国住房保障收入线的划分有几点可供借鉴：一是住房保障收入线因地而异、因时而异，各地应根据本地房地产市场状况、居民收入情况、居民住房状况和政府财政能力灵活确定。二是住房收入线标准宜细不宜粗，尽可能做到垂直公平。

现阶段，我国多数地区在划分保障收入线标准时过于简单，通常只划定三条收入线标准：廉租住房收入线、公共租赁住房收入线、经济适用住房收入线，且对不同收入群体收取同样的租金或房价标准，明显缺乏公平性。

2. 国内居民家庭收入线划分方法

（1）*统计分组法*。我国统计局在统计发布城镇和农村居民家庭基本情况时采用的是五等份分组法。具体做法是：将被调查户按平均每人年实际收入由低到高排列，然后按各占 20%的比例将全部家庭划分为低收入户、中间偏下收入户、中间收入户、中间偏上收入户和高收入户 5 个收入组别。2018 年全国居民、城镇居民和农村居民人均可支配收入情况①见表 7-8。

表 7-8　2018 年全国城乡人均可支配收入

单位：元

家庭类别	低收入户（20%）	中间偏下户（20%）	中间收入户（20%）	中间偏上（20%）	高收入户（20%）
全国居民	6 440.5	14 360.5	23 188.9	36 471.4	70 639.5
城镇居民	14 386.9	24 856.5	35 196.1	49 173.5	84 907.1
农村居民	3 666.2	8 508.5	12 530.2	18 051.5	34 042.6

资料来源：《中国统计年鉴 2019》。

（2）*房价收入比倒推法*。房价收入比倒推法是依据房价收入比系数和住房价格计算农民工城市住房保障收入线，计算公式为：

$$Q_1 = n \times s \times p \quad (7\text{-}3)$$

① 居民可支配收入指居民可用于最终消费支出和储蓄的各类收入总和，即居民可自由支配的收入。按照收入的来源，可支配收入主要包含 4 项：工资性收入、经营净收入、财产净收入和转移净收入。

$$Q_2 = n \times i \times a \tag{7-4}$$

式中，Q_1为住房总价格，n 为农民工家庭人口数，s 为人均住房面积，p 为住房单价；Q_2为农民工家庭收入中可用于购房的部分，i 为农民工人均年收入，a 为房价收入比系数（a 为 3～6）。

如果居民能够购房成功，那么 Q_1应该等于 Q_2。即 $n \times s \times p = n \times i \times a$，因此 $i = \frac{s \times p}{a}$。也就是人均住房面积标准、住房单价标准和房价收入比确定后，可计算出人均收入线标准。

如果设定房价收入比的最高限为 6，人均住房面积为 20 米^2，住房单价为 6 000 元。那么，住房保障收入线就是人均年收入 2 万元，低于该收入线的居民应被纳入政府住房保障范围。

（3）*基数法*。该方法是以居民平均收入或收入中位数作为基数，经过调整后划定收入层次。上文中提到的美国收入线的划分就是采用基数法。我国现阶段各地区居民平均收入或可支配收入都要定期公布，这为基数法的使用提供了方便。实际上，现在很多地区也是基于当地居民的平均收入或可支配收入来划定住房保障收入线。

3. 我国现行住房保障收入线划定中存在的问题

通过对我国各大中城市经济适用住房、公共租赁住房和廉租住房三类保障性住房的收入线标准进行分析可以发现，我国住房保障收入线的确定存在很多缺陷。

（1）*确定依据混乱*。我国没有统一的住房保障线划分标准，导致各地在划分住房保障收入线标准时存在很大的随意性。其划分依据至少有五类：人均可支配收入、最低生活保障标准、平均工资水平、最低工资水平和个人所得税缴纳基数。同一类型保障性住房收入线的设定依据在各个城市不相同，即使是同一个城市不同类型保障性住房收入线标准的设定依据也不统一（表 7-9）①。这些收入线标准在确定时可能是基于地方财政能力倒推出来的，并不是基于居民住房消费能力确定的，难以反映居民的实际住房压力。

表 7-9　我国 35 个大中城市住房保障收入线划分依据

单位：个

指　标	经济适用住房	公共租赁住房	廉租住房
人均可支配收入	25	18	12
最低生活保障标准	1	2	13
平均工资水平	1	1	0

① 李俊杰，2015. 住房保障收入线测定及调整机制研究［D］. 南京：东南大学.

（续）

指　标	经济适用住房	公共租赁住房	廉租住房
最低工资水平	0	0	3
个人所得税缴纳基数	0	1	0
不明确	8	13	7

注：表中数字为城市个数。如“25”，指的是基于人均可支配收入划分经济适用住房保障范围的城市有25个。

（2）*确定标准不合理*。在保障线确定标准上，各地也比较混乱。例如，在参照人均可支配收入的城市中，参照标准差异很大。以经济适用住房为例，最低标准是人均可支配收入的50%，而最高标准则是人均可支配收入的130%。由于标准不统一，住房困难家庭在不同城市获得住房保障服务的差异很大。

（3）*缺乏动态调整机制*。从我国各地实践来看，住房保障收入线的划分往往一经确定，就会延续使用很多年，不会根据房地产市场状况和居民收入变化进行及时调整，导致很多住房困难家庭因为以前条件的限制无法享受住房保障服务，或者经济条件改善后仍然在享受住房保障服务。

4. 农民工住房保障收入线的确定

建立农民工住房保障制度的前提是农民工单纯依靠自身经济能力难以解决住房问题，即住房支付能力不足，而房价收入比是住房支付能力的最直观体现。因此，可以依据房价收入比来划定住房保障收入线，然后再根据前面确定的不同收入阶层住房消费收入比来计算具体的住房补贴金额。

（四）农民工住房保障对象的确定

1. 我国各级城市房价收入比情况

房价收入比反映了居民家庭收入与房价之间的关系，通过计算居民家庭的房价收入比，就可以总体判断该地区居民的住房承受能力。房价收入比越高，反映该地区居民住房压力越大。从不同收入分组的居民家庭来看，如果该组家庭房价收入比高于6，说明应纳入住房保障范围。

在本书研究中，在一二线城市中各抽取几个城市作为样本。其中，一线城市选择北京市、上海市和广州市，二线城市选择长沙市和沈阳市（表7-10）。计算房价收入比时，涉及的数据均采用各样本城市统计年鉴中2018年的数据，住房面积按60米^{2}计算，住房价格按年度新建商品住宅销售价格计算，居民收入按可支配收入计算，家庭人口按3人计算。房价收入比计算结果见表7-11。

表 7-10　2015 年我国城镇居民人均可支配收入情况

单位：元

地　区	商品住宅均价	人均可支配收入	低收入户（20%）	中间偏下户（20%）	中间收入户（20%）	中间偏上户（20%）	高收入户（20%）
全　国	8 544	39 250.8	14 386.9	24 856.5	35 196.1	49 173.5	84 907.1
北京市	34 143	67 990	30 146	48 494	63 418	82 569	133 420
上海市	26 890	64 183	28 064	45 638	59 493	76 805	120 799
广州市	27 200	59 982.10	31 602.72	47 658.72	60 527.86	74 971.72	103 984.37
长沙市	9 288	36 698.3	13 780.3	24 165.1	33 319.5	45 611.7	80 140.9
沈阳市	9 008	41 359	19 439.19	30 617.24	37 489.02	46 379.31	74 989.95

表 7-11　全国城市居民家庭房价收入比情况

地　区	平　均	低收入户（20%）	中间偏下户（20%）	中间收入户（20%）	中间偏上户（20%）	高收入户（20%）
全　国	4.4	11.9	6.9	4.9	3.5	2.0
北京市	10.0	22.7	14.1	10.8	8.3	5.1
上海市	8.4	19.2	11.8	9.0	7.0	4.5
广州市	9.1	17.2	11.4	9.0	7.3	5.2
长沙市	5.1	13.5	7.7	5.6	4.1	2.3
沈阳市	4.4	9.3	5.9	4.8	3.9	2.4

注：本表数据根据全国及各城市统计年鉴相关数据计算得到。

通过分析表 7-11 可以得出，如果采用低住房面积标准（60 米^2），从全国层面看，低收入户和中间偏下收入户住房支付能力不足，需要住房保障制度予以覆盖，住房保障程度为 40%。

从各城市来看，住房压力过大的城市主要是一线城市。如果按照房价收入比为 6 的标准衡量，北京、上海和广州等一线城市 80%的居民家庭存在不同程度的住房支付能力不足；而长沙、沈阳等二线城市居民住房支付压力相对较小，与全国平均水平接近。

《2018 年农民工监测报告》显示，全国外出务工农民工月均收入为 4 107 元，假设农民工家庭是夫妻双方共同外出务工，则家庭年务工收入为 98 568 元。按全国商品住宅均价 8 544 元、住房面积 60 米^{2}计算，房价收入比为 5.2。

这意味着从平均水平来看，如果农民工市民化的目标城市是二三线城市，夫妻双方均进城务工的农民工群体是具备城市住房支付能力的；但如果农民工是一个人在城市务工，依据其个人收入计算的房价收入比是 10.4，就会明显缺乏住房支付能力。

因此，如果单纯从农民工对城市住房的支付能力角度考虑，农民工市民化目标城市的选择应以中小城市为主。

从调查结果来看，选择未来在县城定居的农民工仅占 15.1%，而选择在大城市定居的占 21.2%。主要原因在于我国县域经济发展滞后，缺乏就业岗位和公共配套设施，对农民工缺乏承载力和吸引力。

十九大报告提出“以城市群为主体构建大中小城市和小城镇协调发展的城镇格局”。因此，现阶段应将农民工市民化的重点放在大中城市周边的卫星城市。卫星城市一般与大中城市有较为便捷的公共交通连接，这样既可以利用卫星城市较低的房价解决农民工市民化的居住成本问题，又可以有效发挥大中城市的就业和消费功能。

需要注意的是，表 7-11 中的房价收入比计算口径与其他国家存在一定差异，这会导致计算出的房价收入比在反映居民住房支付能力时失真。

具体分析：一是住房价格使用的是当年新建商品住宅市场价格，而国外使用的是包括住房一级市场和二级市场在内的住房价格。由于新建住房一般比二手房价格要高，所以这会造成我国房价收入比计算结果偏高，从而低估居民的住房支付能力；二是西方国家使用的是家庭总收入，而我国统计的是可支配收入，这会导致房价收入比计算结果偏高或偏低；三是现阶段农民工除了城市务工收入以外，其大多在农村还有基于土地产生的收益，如果用务工收入来计算房价收入比，会造成低估农民工的住房支付能力。农村土地收益显化以后，农民工的财产性收益将大为增加，这对改善其城市住房支付能力大有裨益。

2. 农民工住房保障对象的识别与确定

根据房价收入比大于 6 的标准和表 7-11 的计算结果可以得出，从全国平均水平来看，住房保障对象包括城市常住人口中的低收入户和中间偏下收入户，住房保障程度为 40%①，其余 60%居民的住房问题可以通过市场方式解决。

由于农民工是在城市解决住房问题，其与市民面临同样的市场状况。因此，农民工住房保障对象的识别可以比照当地城市居民住房保障收入线执行。在其他条件相同的情况下，将家庭经济收入低于城市住房保障线的农民工家庭纳入住房保障范围。

影响农民工住房支付能力的收入应该是农民工的可支配收入或总收入，因此识别和确定哪些农民工属于住房保障对象应该使用可支配收入或总收入数据。由于当前准确识别农民工家庭的总收入或可支配收入存在一定困难，在实际操作中，可以考虑用农民工工资指标替代可支配收入或总收入。待条件成熟

① 该保障范围是基于全国平均水平划定的，具体城市在划定住房保障范围时可以根据本市房价水平、居民住房状况适当调整，如北京、上海等城市由于房价过高，住房保障范围就需要适当扩大；而沈阳、长沙等城市房价较低，住房保障范围可适当缩小。

后，再采用家庭可支配收入或总收入指标。农民工或多或少会有工资以外的收入来源，如兼职收入、农村土地收益等。因此，在确定住房消费收入比和房价收入比时，采用的标准可略高于城市居民。

二、农民工住房保障水平确定

农民工城市住房保障作为一项民生工程，其主要目的是满足中低收入住房困难农民工群体在城市的基本住房需求。由于受经济发展水平、政府财政能力、土地资源约束、社会公平正义要求等因素的影响，住房保障水平的设定必须坚持适度保障的原则。保障水平如果过低，会使得本应接受住房保障的群体被排除在外；保障水平如果过高，一方面会给政府造成过大的财政压力，另一方面会陷入福利困境，形成负激励。

（一）保障性住房的质量标准

住房质量可以从住房建筑质量、住房功能、住房环境等维度进行评价。广义上讲，住房质量还包括住房区位、朝向、户型结构、内外装修、私密性、小区环境和文化品位等因素①。

随着居民收入的提高和社会经济的发展，居民的住房需求一般会经历 3 个阶段：第一阶段以生存需求为主，主要目的是有个栖身之所；第二阶段是生存需求和改善需求并重，也就是在解决生存需求的基础上，能够生活得有质量、有尊严，这是住房保障力求实现的目标；第三阶段是改善需求为主。当前在城市务工的农民工群体中除少数人以外，应该说生存型住房需求得到满足。

现阶段，住房保障的任务应该是满足农民工的第二阶段需要。农民工住房保障制度设计除了要考虑住房的基本居住功能以外，还应该兼顾考虑住房对农民工通勤、就医、入学、社会交往等方面的作用。

考虑到农民工城市住房保障的目的是保障农民工在城市的基本居住需求，其住房质量应略低于城市平均水平。为了方便实施，本书以房价或租金水平作为衡量保障性住房质量的指标。在具体方案设计中，以城市平均房价或租金的90％作为计算农民工住房补贴的标准。

（二）保障性住房的面积标准

现阶段并不存在一个全世界公认的住房面积标准，一些国家或地区基于本国实际情况提出过相应的面积标准，主要用来指导保障性住房建设或计算住房

① 曹振良等，2004. 中国房地产业发展与管理研究［M］. 北京：北京大学出版社.

补贴。

1. 国际经验：坚持低标准原则

从其他国家的住房保障实践来看，一般都会根据本国经济发展水平、人口密度、城市化进程等来制定保障性住房的建设标准。通过制定适度的住房保障标准，一是可以减轻政府的财政负担，二是通过保障基本居住需求来防止保障性住房被高收入群体侵占。韩国、日本都是人多地少的国家，与我国具有很大的相似性，可以为我国保障性住房面积标准提供借鉴。

（1）日本经验。日本为迁移人口提供的公团住宅的户型主要是两室一厅，使用面积在 60 米^{2}左右，面向低收入阶层的公社住宅面积标准则更低。2008 年，日本新建住房中商品住宅每套面积平均为 133.8 米^2，而保障性住房平均只有 46.7 米^{2}①。

在日本，保障性住房面积普遍较小，保障性住房是一种过渡性的低标准住房。表 7-12 是日本第 8 个住房建设五年计划（2001—2005 年）的居住标准。

表 7-12　日本第 8 个住房建设五年计划住房标准②

单位：米^2

家庭人数	一般住房标准	城市住房标准	最低居住标准
1 人（单身年轻人）	50	37	18
1 人（单身中年人或老年人）	55	43	25
2 人	72	55	29
3 人	98	75	39
4 人	123	91	50
5 人	141	104	56
6 人	147	112	66

（2）韩国经验。韩国公共住房面积比日本还要小，使用面积一般控制在 15～50 米^2。同时，为了安置进城务工农民和国外移民，韩国还建设了许多使用共用设施的公共出租房。每个租户有独立房间，每层配备公共厕所和厨房。

到 1970 年，韩国租房家庭中仍有 44.8%的家庭与他人共用公共设施①。这反映了公共住房的目的是改善人们的基本居住条件，遵循的是低标准原则。

2. 国内相关规定

相比日本对住房保障面积标准的“精细化”规定，我国中央层面对住房保

① 胡琳琳，2012. 保障性住房户型标准研究[J]. 经济研究参考（44）：18-21.

② 冯俊，2010. 国外住房数据报告 No.1［M］. 北京：中国建筑工业出版社.

障面积标准的规定要粗放得多。

2004 年发布的《城镇最低收入家庭廉租住房管理办法》规定，廉租住房保障面积标准原则上不超过当地人均住房面积的 60%[①]。2007 年颁布的《经济适用住房管理办法》规定，经济适用住房以中小套型为主，中套住房面积控制在 80 米^2，小套住房面积控制在 60 米^2。

2007 年出台的《国务院关于解决城市低收入家庭住房困难的若干意见》规定，新建廉租住房套型建筑面积控制在 50 米^2 以内，经济适用住房的套型建筑面积标准为 60 米^2。

《住房和城乡建设部 财政部关于做好城镇住房保障家庭租赁补贴工作的指导意见》指出，各地要结合被保障家庭的成员数量和本地区人均住房面积等情况，合理确定住房租赁补贴的面积标准，原则上户均租赁补贴面积不超过 60 米^2，超出部分由住房保障家庭自行承担。

比较 2004—2007 年几个主要相关文件对廉租住房和经济适用住房面积的规定可以看出，我国对保障性住房的面积要求是向低标准演变的。

从各地实践来看，上海、北京、天津和重庆 4 个直辖市对廉租住房的实物配租面积都定在人均使用面积 10 米^2 左右。厦门对廉租住房的规定是一房型 35 米^2、二房型 50 米^2、三房型 60 米^2 的面积标准。

对于经济适用住房，住房和城乡建设部等部门的规定是建筑面积控制在 60 米^2 左右。北京规定的人均使用面积是 15 米^2。上海、厦门规定可建设部分三房户型，面积标准为 70 米^2。对于公共租赁住房，部分城市放宽了面积上限，如重庆规定的上限是 80 米^2，厦门则是 85 米^2。

从我国各城市对保障性住房面积标准的规定来看，基本都是按照人均面积来设定的。这种按照人均面积确定住房保障标准的方法，优点是操作简单、便于执行；但其缺点也非常明显，人均标准在很多情况下并不能反映被保障家庭的实际居住需求。

在住房保障制度起步阶段，可以按人均设立面积标准。但随着住房保障制度的逐步完善，应当按照家庭人口结构来确定住房保障标准。

3. 保障性住房面积标准的确定

在坚持“保障基本，逐步改善”的原则基础上，笔者设计了农民工住房保障面积标准方案（表 7-13）。

---

① 据 2016 年国务院发表的《发展权：中国的理念、实践与贡献》白皮书，我国城镇人均住房建筑面积为 33 米^2，农村人均住房面积为 37 米^2。那么按照 60%的比例，廉租住房人均面积应为 19.8 米^2。统计资料显示，2003 年，我国城镇人均住房建筑面积为 23.7 米^2，那么廉租住房人均建筑面积标准应为 14.2 米^2。可见，在 2003 年制定廉租住房管理办法时，最低收入群体人均 14 米^2 的住房标准是符合国家相关规定的。

表 7-13　农民工住房面积保障标准方案

指标	家庭人数	最低收入户（10%）	低收入户（10%）	中间偏下收入户（20%）
人均建筑面积/米²	—	15	16	17
建筑面积控制标准/米²	1 人	25	30	35
	2 人	30	35	40
	3 人	45	55	60
	4 人	60	65	70
	5 人	70	75	80
家庭年收入中房租（购房）支出比例/%	—	15	20	25

本方案以人均住房建筑面积 15 米^2 为最低住房补贴面积标准，此后收入每提高一个阶层住房面积增加 1 米^2，即最低收入户标准为 15 米^2，低收入户为 16 米^2，中间偏下收入户为 17 米^2。

方案中不同人数的申请家庭的住房建筑面积控制标准是在人均面积标准乘以家庭人数的基础上，综合考虑家庭成员结构、收入差异等因素确定的。对于单身农民工，考虑到住房标准需满足其基本生活需要，统一设置了 25 米^2、30 米^2、35 米^2 的住房面积控制标准①。

根据以上设计方案，可以比较容易地计算出不同收入农民工家庭应得的住房补贴金额。如果农民工家庭根据个人偏好选择的住房低于或等于其住房面积标准，则按实际住房面积发放补贴，目的是鼓励农民工在政府帮助下尽量改善居住条件；如果其选择的住房高于设定的住房面积标准，住房补贴仍按标准面积发放，超出的住房费用完全由其家庭承担。

假设某一农民工家庭，家庭人口数为 3 人，月收入 4 000 元。如果在其务工城市属于中间偏下收入户，那么其住房面积标准是 60 米^2，其自己应该承担的住房费用为 4 000×25%＝1 000 元；如果 60 米^2 住房的市场租金是 1 300 元，那么该家庭得到的住房保障补贴应该是 1 300－1 000＝300 元/月。该方案是基于全国平均水平提出的，各地在实践中可以根据当地实际灵活设计。

三、农民工住房保障方式选择

（一）住房保障方式分类

在前文发达国家住房保障经验的分析中可以看出，住房保障方式主要分为

① 2018 年，成都市《关于进一步完善公共租赁住房租赁补贴工作的实施意见》规定，成都市户籍居民租赁补贴面积为 1 人户 30 米^2，2 人户 45 米^2，3 人户 60 米^2，4 人及以上户 70 米^2。外来务工人员按个人申请发放，租赁补贴面积为 30 米^2。

两大类：一类是供给方补贴，也称“砖头补贴”；一类是需求方补贴，也称“人头补贴”。

1. 供给方补贴

住房保障的供给方补贴是将政府的财政补贴直接投向住房供给方，如实物形式的廉租住房、公共租赁住房、限价住房和经济适用住房等。其他国家的住房保障经验表明，供给方补贴政策适用的前提是：一方面，住房供给短缺严重，住房政策的目的是尽快增加住房供给，增加适合保障对象需求的住房存量；另一方面，政府财政能力有限，没有足够的财政预算，只能通过地价优惠、税费减免等间接方式来代替直接的现金补贴。

现阶段，供给方补贴依然是我国城市住房保障的主要方式。从以上分析的供给方补贴的适用前提可以看出，住房供给补贴政策在我国解决农民工住房问题时有其客观存在的价值。

首先，近些年住房失灵问题在我国城市房地产市场表现得非常明显。在住房质量越来越高的同时，住房价格也水涨船高，适合包括农民工在内的中低收入群体居住的住房供给在下降。特别是随着我国大规模旧城改造、棚户区改造、城中村改造等一系列拆旧建新工作的开展，城区符合农民工支付能力的住房供给迅速减少，农民工被迫选择远离城区居住。

其次，农民工具有很强的流动性。因此，部分农民工在城市并无长期居留的计划，因此集中兴建的集体宿舍、廉租住房、公共租赁住房等能够较好地匹配他们的需求。

最后，由于我国城市住房保障支出主要是地方政府的责任，很多地方政府难以负担现金形式的租金补贴或购房补贴，暂时只能通过土地费用、税费减免、租金减免等方式进行间接保障。

需要注意的是，供给方补贴存在很多缺陷。一是形成政府对房地产市场的直接干预，不利于住房商品化、市场化改革目标的实现；二是政府供给住房的效率落后于市场供给，且政府需要设立庞大的机构去管理这些福利性质住房，管理成本较高；三是供给方补贴往往造成中低收入居民集中居住，容易出现贫民窟现象，且不利于农民工与市民的社会交往，影响其市民化进程；四是集中建设的供给补贴模式难以有效对接农民工需求。由于集中建设的经济适用住房、廉租住房、公共租赁住房等大多位置偏远、缺乏配套设施，导致保障房弃购、弃租和闲置现象在各地屡屡发生，造成资源浪费。

随着我国城市住房存量的进一步增加、农民工市民化意愿的持续增强，供给方补贴的比重将会逐步降低。

2. 需求方补贴

需求方补贴代表了住房补贴政策演进的更高阶段。需求方补贴适用的前提是：一是政府财力较为充裕，能够给予被保障对象充足的现金补贴；二是居民改善居住条件和愿望较强；三是市场上能够满足被保障对象需求的住房供给充足，保障对象在拿到住房补贴后能在住房市场上及时租到或购买到合适的住房。

需求方补贴的优点体现在：一是政府对住房市场的直接干预转变为间接干预，住房市场的价格机制和竞争机制可以更充分地发挥作用；二是住房补贴直接转化为被保障对象的住房消费，避免了公共住房建造过程中的低效甚至腐败现象，同时政府不需要承担供给方补贴带来的高昂监管成本；三是可以激励农民工灵活租房或购房，实现与市民混居，更有利于其城市融入和更快实现市民化；四是容易构建退出机制，操作更方便。

很明显，住房需求补贴政策是更尊重市场价值规律的一种住房保障方式选择，也更符合十九大提出的“使市场在资源配置中起决定性作用”的指导精神，是我国农民工住房保障政策发展的方向。

（二）住房保障方式选择

在农民工城市住房保障制度设计总体构想中，笔者提出了“分层分类，分步解决”的设计原则，农民工住房保障方式应根据农民工群体四大类别（高定居意愿＋高定居能力、高定居意愿＋低定居能力、低定居意愿＋高定居能力、低定居意愿＋低定居能力）的各自特征进行灵活设计（表 7-14）。

表 7-14　农民工住房保障方式选择

农民工类型	农民工特征	住房保障方式	备　注
高定居意愿＋高定居能力	•70 后和 80 后农民工为主 •受教育水平高 •人力资本和社会资本丰富 •购房意愿强，属于农民工中的精英群体	•公共租赁住房、共有产权住房、经济适用住房、限价住房等 •货币补贴为主，实物保障为辅	•市民化核心目标群体
高定居意愿＋低定居能力	•90 后农民工为主 •初入城市和职场 •市民化意愿强烈 •经济收入较低 •居住质量要求高	•集体宿舍、租金补贴	•市民化目标群体
低定居意愿＋高定居能力	•老一代农民工为主 •学历较低 •工作经验丰富、收入较高 •具有明确的返乡计划	•集体宿舍、实物配租型公共租赁住房	•非市民化主要目标群体
低定居意愿＋低定居能力	•学历较低、年龄较大 •城市竞争力低 •工作以短工为主	•鼓励和激励雇主提供住房	•非市民化目标群体

（续）

农民工类型	农民工特征	住房保障方式	备　注
转籍农民工	·户籍已从农村转为城市	·与当地市民完全平等，纳入城市住房保障体系	·转籍农民工本质上已不属于农民工范畴

1. 高定居意愿＋高定居能力

高定居意愿意味着这部分农民工定居城市的意愿强烈，条件允许的话，未来返乡务农的概率较小；高定居能力意味着这部分群体在城市具有较强的就业竞争能力，属于农民工群体中综合素质较高的精英群体。

符合“高定居意愿＋高定居能力”特征的农民工，年龄段以80后和70后为主，学历较高、外出务工时间较长、经济收入较高、举家外出务工较多、城市融入度相对较高。这类农民工在城市的竞争力较强，是我国农民工市民化的先锋军和主力军。

一方面，这类农民工经济实力较强，在所在城市收入水平应该处于中间偏下收入及以上水平，部分群体甚至已经在所在城市购买商品住房；另一方面，这类农民工多数未来会定居城市，很多已经有了较强的市民化特征。

因此，解决他们的住房问题时，不仅要解决其基本居住需求，还要有利于其城市融入。

从高定居意愿＋高定居能力农民工群体的特点来看，解决这类农民工的住房保障方式主要为公共租赁住房、共有产权住房、经济适用住房和限价住房，实行货币化补贴为主、实物补贴为辅，引导和鼓励他们通过市场租房、购房，实现与城市居民的混合居住。

从短期来看，租房是其解决住房问题的主要方式，公共租赁住房和租房补贴对其比较适合；从长期来看，他们期望能在城市拥有自己的住房，而且也有能力。因此，共有产权住房、经济适用住房、限价住房和购房补贴更受欢迎。

此外，这类农民工未来返乡务农的可能性很小。因此，应该考虑如何引导他们变现其在农村的土地资产。农村宅基地、承包地如果能够变现，可以为他们解决城市购房问题提供必要的资金支持。

2. 高定居意愿＋低定居能力

这部分群体定居城市的意愿强烈，但由于年龄、技能、文化水平、社会资本等原因，在城市的就业竞争能力相对不足。这部分群体主要是80后和90后，以90后群体为主，他们将来大多会选择定居城市。

这类农民工中有很多是刚进入城市，没有太多工作经验，务工收入较低，进而住房支付能力也较低。调研发现，这部分群体虽然住房支付能力不强，但住房支付意愿却很高，对居住条件非常看重。

解决这类农民工的住房问题，集体宿舍、公共租赁住房和租金补贴是主要方式。选择集体宿舍方式，一是可以低成本地解决该群体的城市基本居住问题，确保其有一个立锥之地；二是集体宿舍一般距离工作单位较近，便于节省其通勤成本；三是集体宿舍成员一般是他们的工友，与工友同住有助于刚进入城市和职场的农民工更快地适应新环境和新工作。

通过集体宿舍解决住房问题对这类农民工来说只是权宜之计，他们居住集体宿舍的时间不会也不宜太长。等初步适应城市和工作，经济条件得到一定改善之后，他们会不满足于集体宿舍带给他们的居住效用，大多会选择居住条件更好的住房，即选择公共租赁住房或租住社会住房。由于经济能力较低，他们选择购房的可能性不大。

随着时间推移，他们中的一部分群体会转变为第一类群体，即“高定居意愿＋高定居能力”群体，届时他们的住房保障方式就可以转变为采用第一类群体的方式。

这类农民工中的一部分人的低经济竞争力是教育水平较低和缺乏专业技能造成的，除了解决其住房问题外，最迫切的任务是提升其个人的人力资本。一是引导和鼓励其利用闲暇时间参加学历教育，提升教育水平；二是加强职业技能培训，培训主体既包括用工企业，也包括政府和社会培训机构。

3. 低定居意愿＋高定居能力

这类农民工一般年龄较大，多属于70后和70前农民工，即老一代农民工居多。他们在城市务工时间较长，虽然学历较低，但因具有丰富的工作经验，吃苦耐劳，愿意从事建筑、加工等工作强度大、工作环境差的工作，其工资收入一般较高。

这类农民工进入城市的主要目的就是获取更高的经济收入，一般选择将在城市的消费水平控制在最低，能够解决基本生存问题即可。虽然在城市工作，但在他们心中，城市并不属于他们，他们也不会想方设法地去适应城市。

这类农民工在城市的居住需求一般停留在最低层次，住房消费支出对他们来讲越低越好。因此，解决他们的居住问题时，集体宿舍和实物配租的公共租赁住房是较好的解决方式。集体宿舍对农民工的优势是住房成本和通勤成本低，工友同住使得他们之间更容易沟通和相处；对于企业来讲，这部分农民工稳定性较强，大多属于熟练工，为他们提供集体宿舍，也有利于企业生产经营。

实物配租主要适合那些希望能够改善居住条件的农民工，尤其是对于这类农民工中的举家外出务工群体，一部分是夫妻在一个城市务工，甚至还有一部分是父辈和子女都在一个城市务工。对这部分群体而言，集体宿舍已经难以满足其需要，实物配租型公共租赁住房是较为合适的保障方式。这是因为，公共租赁住房房租相对便宜，周围住户也都是中低收入群体，他们与周围邻里社会环境的融入度会较高，排斥感较低。由于他们定居意愿较低，所以其住房保障方式的选择不应强调城市融入导向。

对政府而言，这部分农民工在城市务工多年，他们应该是城市"工龄"最长的农民工群体之一，为城市建设做出了巨大贡献。但一直以来，他们的居住条件却最恶劣，政府有义务、有责任为其改善居住条件。

4. 低定居意愿+低定居能力

这类农民工群体在城市收入较低，定居意愿也比较低。综合其他研究和调查分析，这部分农民工一般学历较低、年龄较大，在城市的就业竞争力较低，在城乡之间的流动性很强。他们一般在农村有土地，并且自己耕种，多是在农闲时进城打短工，临时工或打零工的比例较大。农民工市民化与他们关系并不大。

这类农民工在城市多属非正规就业，多数未签订劳动合同，务工收入也不固定。他们可能并不属于城市的常住人口，政府很难将其纳入住房保障范围。解决他们住房问题的主要途径是鼓励和支持雇主为其提供住所，政府可以考虑给予为员工提供住处的用人单位税收优惠或信贷支持。

（三）住房保障补贴标准的确定

无论是实物配租还是货币补贴，作为住房保障对象的农民工均需承担个人应该承担的房租或购房支出（根据家庭人数、住房面积标准、当地住房价格等因素确定），超出自己承担份额的部分由政府通过住房保障补贴的方式给予帮助。

1. 月租金补贴标准的确定

月租金补贴标准是指政府对被纳入住房保障对象的农民工家庭或个人按照住房面积标准每月发放的住房补贴。租金补贴标准的确定，主要根据农民工基本居住需求、政府财政能力、住房梯度消费等因素确定。

一方面，租金补贴标准不易过高，否则不但增大政府财政压力，而且容易形成负激励；另一方面，补贴标准不能过低，否则农民工依然难以改善住房条件，达不到住房保障的目的。

2. 月购房补贴标准的确定

月购房补贴标准是指政府每月对农民工家庭购买 1 米^2 建筑面积住房所补贴的购房月供补贴。在综合考虑银行风险和农民工经济能力等因素基础上，使用首付 3 成 30 年按揭购房的贷款条件。

3. 住房租金/价格标准的确定

住房保障是保障农民工的基本居住需求，因此其租赁或购买的住房租金或单价不应超过本地区房租或房价的平均值。租金和住房售价标准可以按上一年度市场价格的 90％执行。

这样做可以起到多重效果：一是限制农民工只能租购低于市场均价的住房，有利于减轻政府财政压力；二是有利于提高对中低价位住房的市场需求，引导住房市场的供给侧改革；三是有助于住房过滤机制和住房梯度消费的形成，推动二手房市场和住房租赁市场的发展，完善和优化住房市场结构；四是有助于形成对农民工的正向激励，住房保障只是保障其基本居住需求，如果希望享受更好的住房条件，就应该通过个人努力去实现。

考虑到农民工个体情况差异以及消费偏好的不同，如果农民工购买或租住超过市场均价的住房，政府还是按照原定标准发放住房补贴，多出的住房费用由农民工自己承担。

（四）住房补贴额的计算方法

在租金补贴和购房月供补贴标准确定后，以案例的形式给出补贴金额的具体计算方法。

1. 房租补贴计算方法

设：每月应发放的房租补贴为 W 元，农民工家庭的月收入为 R 元，政府确定的租金补贴标准为 T 元/（米^2·月），住房补贴面积标准为 S 米^2，农民工家庭房租支出占月收入的比例为 G，那么住房补贴的具体计算公式为：

$$W = S \times T - G \times R \tag{7-5}$$

如果农民工家庭在务工城市拥有 S^* 米^2 的自有产权住房，那么计算住房补贴应将现有住房面积从补贴面积标准中扣除，即：

$$W = (S - S^*) \times T - G \times R \tag{7-6}$$

以农民工家庭 A 和 B 为例来说明住房补贴的具体计算方式。

假设该农民工家庭 A 有 3 人，家庭月收入 3 000 元，属于最低收入户。那么，其住房补贴面积标准为 45 米^2（表 7-13），自己承担的房租支出比例为 15％，政府根据上年度住房租赁市场情况确定的租金补贴标准为 20 元/（米^2·月）。则其住房补贴额应为：$W=20\times45-3\ 000\times15\%=450$ 元，也就是政府每月补助其房租 450 元，其个人承担 450 元。

假设该农民工家庭 B 也是 3 人，家庭月收入 4 000 元，属于低收入户。那么，其住房补贴面积标准为 55 米^2，自己承担的房租支出比例为 20％，政府根据上年度住房租赁市场情况确定的租金补贴标准为 20 元/（米^2·月）。则其住房补贴额应为：$W=20\times55-4\ 000\times20\%=300$ 元，也就是政府每月补助其房租 300 元，其个人承担 800 元。

比较 A、B 两个农民工家庭可以看出，按照设计的住房补贴计算方案，B

家庭收入更高，其住房面积标准也就更高，同时其自己负担的住房费用也更高，而接受的政府补贴额则比A家庭更低。实现了“收入越高、原有住房条件越好，政府补贴越少”的“反向递减”补贴效果，同时实现了垂直公平和水平公平。

2. 购房补贴计算方法

设：每月发放购房补贴为W元，农民工家庭目前在务工城市拥有产权的住房面积为S^*米²，现有住房市场价值为T^*元/米²，农民工家庭的月收入为R元，政府确定的住房价格标准为T元/米²，住房补贴面积标准为S米²，农民工家庭所处收入阶层的住房支出比例为G。

假设只有收入达到城市中间偏下收入户收入标准才能选择购房，所以G为25%，贷款利率为r，还款方式为等额本息。根据有房和无房两种情况，可以分别计算农民工家庭每月获得的购房补贴（式7-7至式7-12）。

（1）原来没有住房：

$$\text{贷款本金}=S\times T\times 0.7 \tag{7-7}$$

$$\text{月还款额}=\frac{S\times T\times 0.7\times r\times(1+r)^{360}}{(1+r)^{360}-1} \tag{7-8}$$

$$W=\frac{S\times T\times 0.7\times r\times(1+r)^{360}}{(1+r)^{360}-1}-R\times 25\% \tag{7-9}$$

（2）原来有住房：

$$\text{贷款本金}=S\times T\times 0.7-S^*\times T^* \tag{7-10}$$

$$\text{月还款额}=\frac{(S\times T\times 0.7-S^*\times T^*)\times r\times(1+r)^{360}}{(1+r)^{360}-1} \tag{7-11}$$

$$W=\frac{(S\times T\times 0.7-S^*\times T^*)\times r\times(1+r)^{360}}{(1+r)^{360}-1}-R\times 25\% \tag{7-12}$$

与计算租房补贴一样，以农民工家庭C为例来说明住房补贴的具体计算方法。

假设该农民工家庭C有3人，家庭月收入4 000元，在务工城市属于中间偏下收入户。那么，其住房补贴面积标准为60米²，自己承担的购房支出比例为25%，上年度该城市商品房均价的90%为6 500元，贷款利率按公积金贷款利率3.25%，即月利率为0.27%。

那么其住房补贴额应为：

$$W=\frac{60\times 6\,500\times 0.7\times 0.002\,7\times(1+0.002\,7)^{360}}{(1+0.002\,7)^{360}-1}-4\,000\times 25\%=187\text{元}$$

也就是，政府每月补助其购房月供187元。其个人承担1 000元。

笔者设计的住房补贴计算模型，既可以用于农民工在住房市场上自由租房，也可以用于农民工租住政府提供的保障性住房。

目前，各地公共租赁住房租金一般是规定对住户租金进行减免，但具体减免金额并没有一个明确的规定。很多地方为了方便操作，实行了“一刀切”的做法，即对租住公共租赁住房的不同收入家庭收取同等租金，这明显缺乏公平性。

按照本书设计的方案，公共租赁住房租金可参照市场租金水平确定，如公共租赁住房租金是邻近区域市场租金的90%。在农民工家庭住房面积补贴标准范围内，他们只需支付他们自身按比例应该支付的租金即可，租金差额由政府承担。

四、农民工住房保障制度实施模型

前文阐述了我国农民工住房保障制度的设计方案，基于提出的设计方案，对我国农民工城市住房保障制度实施流程的理论模型做出如下设计（图7-4）：

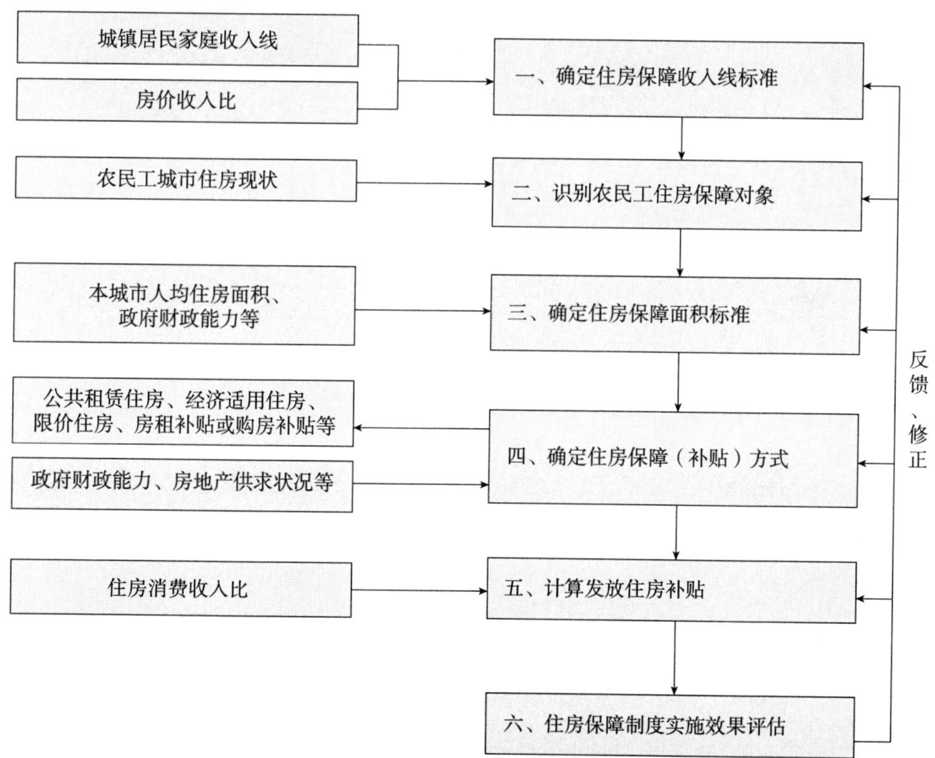

图7-4　农民工城市住房保障制度实施模型

第一步，农民工住房保障收入线标准确定。根据本市城镇居民家庭收入五等份分组法确定的不同等级收入线和房价收入比划定住房保障收入标准。

第二步，农民工住房保障对象识别。结合农民工在务工城市住房状况和城市住房保障收入标准确定农民工住房保障对象。

第三步，农民工住房保障面积标准确定。根据本地区城市居民人均居住面积、政府财政能力等因素，确定农民工住房保障的面积标准。

第四步，农民工住房保障方式确定。根据政府财政能力和房地产市场的供求状况，合理确定住房保障方式，住房保障方式包括公共租赁住房、经济适用住房、限价住房及房租补贴或购房补贴等。低收入农民工只能选择租房方式解决住房问题，而中间偏下收入农民工家庭既可选择租房也可选择购房。

第五步，住房补贴的计算与发放。按照确定的住房保障面积标准和住房消费收入比情况，计算被保障农民工家庭获得的住房补贴。

第六步，农民工住房保障制度实施效果评估。农民工住房保障制度实施一段时间后，及时对其实际运行效果进行全面评价，针对存在的问题对住房保障方案进行修正和完善。

第八章　政策建议

农民工在城市的住房问题受到包括户籍制度在内的制度性因素、竞争性因素和农民工个体特征等因素的影响，是多种因素综合作用的结果，是一个社会系统工程。因此，需要多方共同努力，从制度构建、社会参与、个人努力等方面协同解决农民工城市居住问题，实现农民工融入城市的最终目标。下面将基于前文研究结论，参考其他相关研究成果，提出解决农民工城市住房问题、加快农民工城市融入的政策思考和建议。

第一节　完善城市住房保障体系，保护农民工城市居住权

通过总结国外住房保障经验可以发现，发达国家在解决本地居民和外来移民住房问题时，都是坚持立法先行，确保整个住房保障工作有法可依。因此，我们也应该重视住房保障立法，通过法律对农民工城市住房权利实施保障，使农民工住房保障工作真正做到有法可依、有法必依。

一、完善住房保障立法，保障农民工在城市的居住权

居住权是公民的一项基本人权。西方很多国家已经以法律形式对居民的居住权进行正式保护。如荷兰通过《无家可归者法案》对居住权予以法律层面的确认；美国俄勒冈州通过法律规定，地方规划和土地利用管理必须考虑低收入群体的住房权利问题①；德国的相关法律规定，政府有责任也有必要通过货币补助帮助中低收入家庭解决居住问题，用法律形式保障公民的基本居住权利。

近几年，农民工城市居住问题越来越多地进入我国政府的决策视野，中央政府正尝试进行保障农民工“居住权”的改革。农民工在务工城市的居住条件非常恶劣，与他们对城市做出的巨大贡献形成了鲜明反差。国家应出台相关的法规，保障农民工的基本居住权利。

当前，最迫切的是尽快出台以保障居民居住权为主要内容的《住房保障

① 曼德克，2014. 美国土地利用管理：案例与法规［M］. 5 版. 北京：中国农业出版社.

法》，保障包括农民工在内的中低收入居民的基本居住权利。通过提供廉租住房、公共租赁住房、经济适用住房、共有产权住房、限价住房、住房补贴等优惠政策，确保农民工在城市享有基本的居住条件和居住环境。同时，尽快对2014年国务院发布的《城镇住房保障条例（征求意见稿）》进行完善、颁布，从法律层面赋予农民工在住房保障领域与市民同等的权利，明确各级政府在住房保障工作中应扮演的角色和承担的责任。

二、将农民工保障性住房纳入城市规划

为确保地方政府在商品房开发建设时规划一定比例的保障性住房，可以通过制定《农民工保障性住房建设条例》以法律形式明确地方政府在保障农民工基本居住方面的法定责任。

政府规划部门应将农民工住房纳入相关规划进行统筹考虑，从土地、资金等方面做出具体政策安排。当前，国内很多地方已经出台了关于农民工住房保障的地方性法规。如2015年四川省在《加强农民工住房保障工作指导意见中》提出，各地应将农民工住房保障需求纳入城市住房建设规划和住房保障规划，进行统筹安排，将解决农民工住房问题纳入公共租赁住房年度建设计划。

农民工保障性住房建设应采取混合、嵌入式开发模式，在居民小区中合理布局，实现农民工与市民的“混居”。这有利于深化农民工与市民之间的社会交往，消除不同社会阶层之间的文化隔阂、情感障碍和社会排斥现象，使农民工从就业、生活、价值观、行为方式等方面尽快融入城市。这既有利于推进农民工市民化进程，又有利于构建和谐社区、和谐社会①。

三、保护农民工在农村的居住权

农民工虽然在城市就业甚至是常住，但其户籍仍在农村。在保护农民工城市居住权的同时，也不能损害农民工在农村的居住权。保护农民工在农村的居住权就是保护农民工在农村的宅基地使用权，宅基地使用权与农民的生存和基本需要紧密相连，关系到农村的稳定和繁荣发展，关系到农民工的基本居住安全保障。因此，必须依法充分保护农民工的宅基地使用权。

在城市化和工业化建设规划中，不能强行和随意侵占农民工的宅基地，不

① 陈兰，2013. 新生代农民工的发展和归宿［M］. 北京：法律出版社.

能以退出宅基地使用权作为农民进城落户的条件，但要积极探索和完善进城落户农民工自愿有偿退出或转让宅基地的途径或方式。

第二节　加快城市住房供给侧改革，增加住房有效供给

农民工住房问题的解决最终还是要落地到实体住房上，不管是实物型保障的集体宿舍、公共租赁住房、廉租住房、经济适用住房还是租金补贴和购房补贴，都需要以充足的、适合农民工居住的住房供给为基础。

一、调整城市住房土地供应结构，增加农民工住房供给数量

按照前文设计的农民工住房保障方式，如果是实物型住房保障，则需要政府为保障性住房建设提供足够的土地供应。农民工在城市的居住方式存在很大差异，有的是集中居住，有的是分散居住。与之相对应，不同居住方式的土地供应方式也不相同。

1. 农民工就业集中的区域

开发区或工业集中区项目用地中一般会包括一定面积的企业内部行政办公与生活服务设施用地。政府应鼓励企业利用办公与生活用地为本企业员工提供住处，对于积极履行农民工住房保障责任的企业，在企业扩大规模需要新增建设用地时应优先考虑。

从集约用地的考虑出发，应主要建设集体宿舍。如果企业员工中夫妻双职工数量较多，还可以建设部分套房。为改善农民工的居住质量，政府应该根据本地实际制定农民工集体宿舍最低质量标准。

随着新生代农民工比例的增加，他们对居住条件的要求明显高于老一代农民工。可以预见，多人一间的集体宿舍将越来越难以满足员工长期需求，而用工企业一般很难提供一人一间标准的住房。正如前面的分析指出，集体宿舍的主要使用者应该是老一代农民工和刚入职的新生代农民工，集体宿舍的配置标准应该根据不同类型员工的需求特征灵活制定。

2. 农民工就业分散的区域

对于在市区从事第三产业的农民工，居住地一般较为分散。由于城市房价日益高涨，许多农民工被迫居住在租金较低的郊区、城乡接合部或城中村。按照我国相关规划，未来一段时期，城市住房保障问题的重要任务之一就是棚户

区、城中村和老旧改造[①]，这将进一步压缩农民工在市区的居住选择。

为解决农民工的居住问题，政府主要有两个选择：一是提供公共租赁住房、经济适用住房、共有产权房等实物住房，二是发放租赁补贴或购房补贴。

如果政府以实物住房形式为农民工提供住房保障，则应将保障房建设用地列入年度土地供应计划，并进行重点保障。在土地供应总量方面，应在年度土地供应计划中明确用于保障性住房建设的土地数量；在土地供应结构方面，保障性住房的土地供应中，应有一定比例专门用于解决农民工的住房问题；在土地供应区位方面，土地位置应尽量位于用工企业集中的区域或公共交通便利的区域，降低农民工的通勤成本。

面向农民工出租或出售的保障性住房，土地应该采用有偿方式取得。有偿方式包括出让、租赁和作价出资或入股等，其中建设用地采用年租制的方式相对较好。与现行批租制出让方式相比，年租制条件下开发企业不用一次性缴纳大额出让金，从而降低企业的融资成本，改善企业的财务状况，使得企业能够向农民工提供更低的租金或价格。

保障性住房的租金或售价按略低于市场的公平租金或售价执行。公平租金或售价是指与保障性住房成本和居住质量相匹配的租金或售价，保障性住房的土地成本、建造成本一般低于普通商品房，加上政府又给予了一定的税费优惠。因此，保障性住房的总成本较低，其收取的租金或售价水平应该低于普通商品房。

在具体执行中，可以采取“以租金或售价定地价”的方式，通过竞拍确定投资单位。保障性住房公平租金或售价与农民工实付价格之间的差额由政府给予补贴。由于农民工可以在普通商品房和保障性住房之间自由选择，这样保障性住房投资方和运营方就面临着商品房的市场竞争压力，有利于其提高管理效率和服务质量。

二、大力发展住房租赁市场，实现租购并举

住房租赁市场是住房供应体系的重要组成部分，以货币补贴为主的住房保障方式，需要当地有足够数量的价格较低的闲置住房供应。从西方国家不同收入阶层的住房更换情况来看，住房过滤特征非常明显，而我国房地产市场中的住房过滤效应也日趋明显[②]。由于住房过滤效应的存在，市场上总是会有大量

---

① 《国家新型城镇化规划（2014—2020年）》提出“大力推进棚户区改造，稳步实施城中村改造，有序推进旧住宅小区综合整治、危旧住房和非成套住房改造”。

② 郭新宇，薛建良，2015. 农民工住房满意度及其影响因素分析[J]．河北经贸大学学报（3）：111-116.

的二手房在住房市场上供出售或出租，这使得中低收入居民比较容易在住房市场上寻得满足自己需要的住房。

我国房地产行业的发展起步较晚，如果从1998年房改起算，迄今不过20多年的时间。一方面，我国城市居民住房更新换代才刚刚开始，住房过滤效应还未充分发挥作用，较高收入阶层腾出来的住房数量有限；另一方面，由于我国住房租售比严重失衡（相对于房价，租金水平过低），加之住房持有成本较低，房价上涨过快，投资者更注重持有住房待价而沽，赚取房价上涨差价，而不是将住房装修之后出租盈利。这是造成我国房地产一级市场一枝独秀，而住房租赁市场发展严重滞后的重要原因。目前，我国城市住房居民自有率已高达89%①，但住房租赁市场的发展却严重滞后。

随着我国房地产市场的发展、相关税费政策的日益成熟以及居民收入水平的逐步提高，住房过滤效应在我国住房市场上将会体现得越来越明显；加上住房价格步入稳定阶段，住房投机价值降低，住房租赁市场将步入快速发展阶段。因此，政府应遵循住房市场发展规律，大力发展住房租赁市场，为农民工提供更多住房选择。

发展住房租赁市场也是中央政府的要求。2016年6月，《国务院办公厅关于培育和发展住房租赁市场的若干意见》对发展住房租赁市场提出了明确要求，指出我国住房制度的发展方向是租售并举，形成以市场作为资源配置主要方式，政府负责提供基本保障的住房租赁体系。十九大报告也明确提出，要建立租售并举的住房制度。

近几年来，随着旧城改造、棚户区改造等项目的大量建设，市区低价位房源正急剧减少。农民工的居住区被搬迁至更偏远的地方，居住空间被进一步压缩。即便经济条件稍好的农民工在城区租住条件较好的住房，进入租房市场时遭遇歧视的现象仍然严重。因此，培育住房租赁市场、支持住房租赁消费已迫在眉睫。

1. 规范住房租赁市场的市场秩序

我国城市住房保障制度的发展趋势是由实物保障为主转向租金补贴为主。在这种大背景下，租房需求必然会大幅度上升，在某些城市或区域很可能会出现供大于求的问题，使得本就乱象丛生的城市住房租赁市场更加混乱。

因此，政府要强化服务和监管，完善法律法规体系，对出租人、中介和承租人的责任、权利做出明确规范，改变住房租赁市场无法可依、无章可循、市场秩序混乱和合同不规范的现状，解决租房市场“搜寻成本高、中介不规范”

① 汪丽娜，2016. 发展住房租赁市场对中国的启示［EB/OL］.（2016-05-13）［2017-06-24］. http://www.sohu.com/a/75239750_119827.

的问题。

2. 提高住房租金水平，纠正住房租售比失衡问题

“租售比”顾名思义就是住房租金与销售价格的比例。一般情况下，租售比是指每平方米建筑面积住房的月租金与每平方米建筑面积的房价之间的比值。该比值通常是判断一个国家或地区房价与租金关系是否正常的重要参考指标。

国际上有一个租售比通行标准，认为 1∶300～1∶200 是住房租售比的合理区间。即，在一个健康的楼市中，房地产所有者通过出租房产 200～300 个月，就能收回购房所花费的资金。但一旦租售比低于 1∶300，就意味着需要花费更多的时间才能回本，房产的投资价值就会相对较小。

过高的房价造成难以通过租金回收成本，投资者的收益多是寄希望于房价快速上涨产生的价格差，导致房地产市场很容易产生泡沫。

如果采用房价和租金的平均值进行计算，即租售比＝每平方米月租金的平均值/每平方米售价的平均值。据中国社科院城市所发布的房地产蓝皮书《中国房地产发展报告 2018》显示，中国楼市的租售比普遍远超 1∶300，厦门甚至高达 1∶1 100，房产所有者需要 91.7 年才能通过出租房产回本。

从供求角度看，我国住房租赁市场发展滞后的一个重要原因就是住房租售比失衡，使得出租住房无利可图，住房产权人宁愿将住房空置，也不愿意将住房出租。一方面，大量住房空置①，造成资源严重浪费；另一方面，大量中低收入居民存在住房困难，影响社会和谐稳定。因此，应以发放住房保障租金补贴为切入点，通过提高租房需求来促进住房租赁市场的发展。

3. 为住房租赁市场的发展提供政策支持

一是土地政策激励。现阶段，住宅用地 70 年土地使用权出让造成住宅开发初始投资额巨大，城市土地面积越拍越大、地价越拍越高的趋势非常明显，直接导致中小型房地产企业和社会组织无力进入住房租赁市场，而大型房地产企业又对住房租赁市场缺乏热情和动力。

为降低住房租赁市场的进入门槛，政府应合理确定新建租赁住房的用地规模和建筑规模，在年度住宅用地计划和建设计划中优先安排。同时，通过盘活市区存量土地和实施棚户区改造增加租赁住房建设用地的有效供给。

二是税收政策支持。政府应当鼓励个人和企业将持有的住房用于出租，并给予税收激励，包括出租房的投资贷款利息、维修费和管理成本等可减免所得税或房地产税；对出租给住房保障对象的住房，政府在给予承租人租金补贴的

① 根据国家电网公司的统计结果，2017 年大中城市房屋空置率为 11.9%，小城市房屋空置率为 13.9%，农村房屋空置率为 14.0%。

同时应加大税收减免额；允许房租按合理比例抵扣个人所得税，尽可能提高中低收入农民工群体的住房消费能力等。

三是金融支持。由于租赁住房投资大、回收期长，一般很难获得金融机构长期融资支持。同时，住房租赁市场封闭运行、信息不透明不公开的特点也使得中小投资者兴趣不大。政府应该鼓励金融创新，引导契约型房地产信托基金向公司型转变，通过发行特种免税债券将养老、保险基金和个人的长期资金引入住房租赁市场。

四是法律支持。立法部门要将国务院有关发展住房租赁市场的文件条例上升到法律层面，推进住房租赁市场立法，以法律促发展；明确租赁双方当事人的权利和义务，使租房居民在公共服务和配套设施方面与房东享有同等待遇，探索并推广“租购同权”，赋予租房者更多权益；建立健全住房租赁监管机制，建立住房租赁市场信用体系，实现住房租赁信息公开化。

4. 推动住房租赁企业加快发展

现阶段，在我国的住房租赁市场中，供应主体主要还是个人，占到 90% 以上，缺乏专业机构参与，这不利于住房租赁服务水平的提高和完善的租赁住房供应体系的形成。

企业不愿参与的主要原因是初始投资大、回收期长，收益率低。在城市化快速发展的大背景下，商品房价格飞速上涨，房地产企业自然更青睐建房用于出售而不是出租。

为了加快房地产租赁企业的发展，一是要给予从事住房租赁业务的企业、机构税收和信贷优惠，提高其投资收益；二是大力推进住房金融产品创新，支持符合规定条件的住房租赁企业通过发行债券和不动产证券化产品筹集资金，加快房地产投资信托基金试点工作，在试点基础上加快推广步伐；三是鼓励和引导开发商出租库存的商品住房，探索租售并举的企业运营模式。

三、加快出台房地产税，抑制房地产投机

自 2000 年我国第一轮房地产热潮开始，开征房地产税就进入了公众讨论的视野，在此期间，重庆、上海也进行过试点。但是 20 年过去了，房地产税仍停留在讨论环节。2017 年 1 月，中央发布《关于创新政府配置资源方式的指导意见》，支持各地区在房地产税等方面探索创新，明确了对住房的定位：“房子是用来住的，不是用来炒的”。如果可以按照住房市场评估价值征收房地产税，将有助于解决我国房地产市场存在的一系列问题，农民工城市住房问题的解决也会受益于此。

1. 房地产税有助于优化地方政府财政收入结构

自1994年分税制改革以来，地方政府的财权和事权一直难以匹配。随着土地市场和房地产市场的快速发展，当前我国地方政府普遍患有严重的“土地依赖症”。据上海易居房地产研究院2019年1月24日发布的《地方政府对土地财政的依赖度报告》，2018年，房地产“五税①”总收入17 968亿元。以“五税”加土地出让金的口径来计算，2018年，土地财政收入占地方财政收入的51.0%，较2017年上升3.3个百分点，创下历史新高。

现行40—70年的土地出让期限，使得政府相当于在寅吃卯粮。这种土地财政方式是不合理，也是不可持续的。房地产具有价值量大、经济寿命周期长的特点，房地产税可成为地方政府稳定、可持续的财政收入来源。从而可以有效降低对土地财政的依赖，有利于遏制地方政府的卖地冲动。

2. 房地产税有助于提高住房持有成本，增加住房市场供给

我国近些年房价上涨速度过快，加上没有多样化的投资渠道可供居民选择，导致我国一部分居民倾向于“囤房”，通过房价的上涨实现个人财富的快速升值。投资者普遍选择囤房，使得本就供求失衡的住房市场日趋恶化，房价上涨难以遏制。

通过征收房地产税，可以有效提高投资者的囤房成本，降低其投资收益，迫使其将住房通过出租或出售方式供给市场。住房有效供给增加可以对农民工住房保障产生多重效应：一是供给增加，农民工住房选择增多，可以有效提高其住房效用；二是供给增加，房价或租金会适当下降，有助于降低农民工的住房负担。

3. 房地产税可降低农民工群体的住房税收负担

房地产税对不同收入群体的影响存在很大差异，主要是调节高端人群收入状况，使得高收入者、富裕者缴纳更多税收。而大多数农民工则会成为房地产税的受益者，这时因为，一方面，房地产税征收一般会设置免征条件，绝大多数农民工都将属于免征群体；另一方面，房地产税属于直接税，税收转嫁效应很小，可以置换、替代间接税收入，间接减少中低收入农民工群体的税收。

四、完善农民工住房公积金制度

近年来，越来越多的农民工开始接受和认可在城市通过贷款买房，特别是高收入农民工群体尤其希望能够通过公积金贷款来提高自身的支付能力。因

① “五税”是指目前我国的房地产税收体系中专门针对不动产而设置的税种，包括房产税、城镇土地使用税、契税、耕地占用税、土地增值税。

此，扩大住房公积金覆盖面，将农民工纳入住房公积金缴存范围迫在眉睫。2006 年，国务院通过《关于解决农民工问题的若干意见》提出，有条件的地方，城镇用人单位和农民工个人可缴存住房公积金。该文件实施以来，部分城市已率先尝试推行这项政策，但农民工缴存住房公积金的比例仍然很低。农民工大多是在私营企业就业。从《全国住房公积金 2018 年年度报告》看，共有 155.44 万个单位性质为“城镇私营企业及其他城镇企业”的企业缴存住房公积金。而 2018 年末，全国私营企业共有 1 561.4 万个。可见，农民工住房公积金扩面工作仍然任重而道远。

1. 尽快完成住房公积金立法工作

扩大住房公积金覆盖面是全社会的呼声。在住房公积金制度改革中，应将农民工、个体工商户等低收入群体纳入住房公积金缴存范围，并建立和完善相关法律制度，保障农民工的基本权益。

从调查结果来看，扩大住房公积金覆盖面面临的制度方面的要求主要体现在立法上。首先是农民工用人单位缴存公积金的积极性不高。应通过建立相关法律制度，明确农民工就业单位为农民工缴存住房公积金的义务，引导用工单位为农民工缴存公积金。其次是需要打消农民工缴存住房公积金的顾虑。农民工对住房公积金制度缺乏了解，每个月需要拿出一部分收入缴存公积金，难免产生顾虑，只有通过法律制度打消农民工的顾虑，才能实现公积金制度的普惠功能。

2. 推进住房公积金制度的普及工作

在加强住房公积金立法的同时，应加强公积金制度的普及工作。一是加强宣传，帮助农民工群体了解住房公积金制度，使其了解公积金的缴存、提取、使用的方法和程序，提高农民工的维权意识。二是提高农民工就业单位缴存公积金的积极性，应引导用人单位主动为农民工缴存住房公积金，保障农民工的基本权益。

3. 实行区域差异化的住房公积金政策

我国不同区域间经济发展差异明显，农民工群体在市民化城市选择时面临两个困局：一是东部地区经济发达，就业机会多，大量农民工从中西部流向东部就业，但东部地区的房价远非普通农民工能够负担；二是国家支持农民工返乡创业，倡导就地就近市民化，但中西部就业机会相对较少，就业承载力和定居吸引力不足，且中西部城市的房价也高于农民工的承受能力。因此，在全面推行农民工加入住房公积金的同时，应实行差别化的公积金政策，支持农民工合理的自住需求。

一方面，引导在东部地区务工的农民工返乡购房。东部地区城市化率相对处于较高水平，城市化进程开始放缓，而在东部地区务工的农民工多属于外来务工人员，高房价和低收入之间的矛盾使他们很难在东部城市实现市民化。

因此，住房公积金制度应支持这部分农民工在东部地区缴存住房公积金，且可以提取公积金用于租赁住房；在购房方面，应支持住房公积金异地贷款，引导农民工返回中西部购房。对于东部地区的本地农民工，应扩大公积金使用范围，鼓励农民工在户籍所在地的中小城市购房，合理疏通在东部地区务工的农民工的城市化问题。

另一方面，支持中西部地区农民工就近购房。中西部地区城市化水平较低，农村户籍人口数量庞大，使得中西部地区农民工就地就近市民化潜力巨大。因此，应灵活设计住房公积金制度，使针对中西部地区农民工的住房保障政策成为引导农民工就近城市化的推动力。

对于外出务工人员，应允许他们在家乡提取和使用在外地缴存的住房公积金，并获得与本地农民工同等的住房公积金贷款权利；对于在本地就业的农民工，应通过住房公积金引导他们就近购房，并制定相应的优惠政策，如简化公积金提取程序、扩大公积金使用范围等。

4. 建立和完善住房公积金异地贷款政策

农民工群体与城市居民存在巨大差异，要将住房公积金制度覆盖农民工群体，必须坚持“以人为本”的原则，对住房公积金制度进行人性化的设计。

农民工群体具有高流动性，且外来务工人员集中的大中城市房价相对过高，只有推行住房公积金异地贷款政策，才能保障农民工群体实现在家乡城市购房，真正实现公积金制度的住房金融功能和社会保障功能。

第三节　完善农民工住房保障管理机制，确保住房保障有序运行

一、住房保障准入机制

1. 准入的基本条件

第一，收入水平较低，缺乏住房支付能力。农民工城市住房保障的目标是帮助仅靠自身能力无法解决住房问题的农民工解决基本居住问题。按照笔者设计的农民工住房保障方案，房价收入比高于一定标准的住房困难农民工才能纳入住房保障范围。因此，收入水平相对较低是住房保障准入的首要基本条件。

由于农民工住房保障采取“分类分层”的保障模式，因此纳入住房保障范围的农民工根据其收入水平从低到高，又分为租房保障和购房保障，且每个收入层次的住房面积标准和住房消费收入比标准是不同的。

第二，在城市稳定就业。受政府财政能力、地方经济发展方向和城市容纳

力等因素影响，纳入城市住房保障范围的农民工应该具备一定的就业竞争能力。因此，稳定就业是农民工享受住房保障的另一个基本条件。

当前，农民工有的是单独外出务工，有的是举家外出务工。对于单独外出务工或夫妻双方都外出但处于不同城市的，或夫妻都在一个城市务工但只有一人具备稳定就业条件的，在申请保障性住房时按单身情况归类，住房面积标准按单人计算；对于夫妻在一个城市务工，且都达到稳定就业条件的，可以家庭（包括未成年子女）为单位申请保障性住房①，住房面积标准按全体家庭成员计算。

稳定就业的标准可以根据城市社会经济发展定位、地方政府财政负担能力、城市承载力、房地产市场状况等影响因素制定并适时调整，主要包括在本城市工作年限、劳动合同签订情况、社保缴纳情况等。稳定就业的判断标准应由中央政府制定一个最低标准，各城市制定的标准只允许比上一级标准宽松。

第三，住房困难。农民工的外出务工方式较多，有单独外出，也有举家外出，还有夫妻在不同城市务工的情况，流动性也远高于城市居民，而且多数农民工在农村仍然拥有宅基地或承包地。因此，农民工住房保障问题比城市居民要更加复杂。

农民工住房困难标准的制定应分层、分类制定。如果农民工是租赁型住房或租房补贴保障对象，可按稳定就业农民工的人均住房标准判断；如果是产权型住房或购房补贴保障对象，对于举家外出的农民工应以其放弃农村宅基地为申请条件。

各地在完成保障性住房申请条件、申请程序等具体规定之后，应加强对农民工群体的宣传力度，使农民工能够及时知情、申请，避免一些惠民政策因“不了解”而难以落地，确保农民工能够共享改革发展成果。

2. 准入审核

现阶段，我国缺乏对居民收入和财产状况的准确统计，这是城市住房保障制度一直面临的一个难题。农民工由于流动性强、就业稳定性差，多数在私营单位就业，非正规就业比例大，使得对农民工收入的核查更加困难。

当前，只能逐步将满足保障性住房申请条件且能够提供可信收入证明和居住条件证明的农民工纳入住房保障范围。随着我国农民工收入统计制度的逐步完善和就业稳定性的提升，农民工收入审核制度将更加完善，这有利于将更多农民工纳入住房保障范围。

---

① 夫妻都在城市稳定就业的家庭未来定居城市的可能性较大。按照家庭标准为其提供保障性住房，有利于其子女随其生活，既可以解决留守儿童问题，也可以保障农民工的下一代接受更好的教育，更好地适应城市生活，提高整个农民工家庭的城市融入程度。

二、住房保障分配机制

我国现行住房保障制度设计存在重建设、轻分配的弊端。每年中央政府都会制定保障性住房建设计划，且会层层分解至各级地方政府。我国对地方政府的考核主要集中在保障性住房建设数量方面，对住房分配情况缺乏明确的考核指标，导致很多保障性住房建好后却处于闲置状态。虽然多数城市开始将农民工纳入住房保障范围，但是申请条件一般都非常苛刻，审批过程烦琐、周期长，使得农民工对城市保障性住房只能望而却步。

地方政府应首先做好农民工住房需求调查和预测工作，在准确掌握需求的基础上制定涵盖农民工群体在内的保障性住房年度建设计划和住房补贴发放计划，并出台相应的保障性住房分配方案。一方面，严格审核农民工申请资料，并将审核情况在申请人工作单位进行公告；另一方面，根据农民工特点简化申请手续和流程。

对于公共租赁住房保障对象，不管是实物配租还是租金补贴，应根据农民工支付能力进行分类分档并实行差别化租金。在住房保障标准范围内，农民工只需支付自己应该负担的租金部分即可，差额租金由政府直接补贴给住房出租方。

为保证住房保障制度的公平性，应严格落实住房保障信息公开制度。公开住房保障申请条件、申请程序和分配程序，逐步完善逐级审核公示制度，依托用人单位、网络、社区、村委会等推行住房保障信息公开。要确保申请家庭的收入真实，除了进行严格审核和公告外，还有赖于我国收入申报制和个人征信账户制度的实施。

三、住房保障退出机制

与准入机制相对应，农民工住房保障应建立和完善退出机制。农民工的收入处于动态变化中，应定期对被保障家庭的收入、人口结构和住房使用情况进行审查。

被保障家庭收入或经济情况发生变化，则应及时调整补贴金额。如果其不再符合住房保障条件，应书面通知其在一定合理期限内搬出保障性住房或停止发放补贴。如果因收入变化或家庭人口结构变化等符合更换保障性住房条件的，应重新申请。如果住户故意提供虚假申请材料或虚报、瞒报收入和住房情况，应取消其住房保障资格并列入黑名单。

第四节 深化农村土地制度改革，显化农民工土地财产

推进农民工城市融入不仅仅是城市单方面的责任，农村的制度安排也会对农民工在城市的工作生活安排产生重要影响。研究发现，进城农民工对土地具有依赖心理，降低了其市民化意愿。深层次的原因在于目前农村土地制度改革滞后，农民工难以割断与土地的联系①。

长期以来，在城乡二元体制下，我国城乡发展严重失衡，城乡收入差距拉大，我国农民工在市民化方面表现出强市民化意愿与弱市民化能力的强烈反差。农民工的主要收入来源为外出务工收入、家庭经营性收入、家庭财产性收入和转移性收入②，而财产性收入占比相对偏低。如吕萍等的调研发现，农民工家庭收入中工资性收入占 79%，财产和转移性收入占比仅 6%，远低于城市居民家庭。

应进一步探索农民工的土地权益对其市民化的支撑性功能，建立农民工城市购房与农村住房退出相衔接的体制机制。通过制度创新，形成多渠道化解农民工城市住房瓶颈的制度合力。

一、赋予农民工宅基地流转权，探索以宅基地券置换城市住房

宅基地及其住房是农民最主要的财产形式，但这一财产在农民工向城市转移的过程中难以变现。我国设立宅基地制度的主要目的是为了保障农民在农村的居住权利，因此规定农村宅基地不能抵押③，也不能向本集体以外的成员出售。这一规定，一方面造成农村宅基地住房闲置率高达 30%④，另一方面造成农村建设用地面积持续增长而农民工城市住房窘迫的困境。

国土资源部等五部委于 2016 年出台了《关于建立城镇建设用地增加规模同吸纳农业转移人口落户数量挂钩机制的实施意见》，提出不得将农民工在城

---

① 秦立建，童莹，王震，2017. 农地收益、社会保障与农民工市民化意愿[J]. 农村经济（1）：79-85.

② 丁文恩，2011. 农民收入增长的新途径：赋权于民[J]. 农业经济（1）：64-67.

③ 近几年，国家已经在积极开展相关试点工作，如《国务院关于开展农村承包土地的经营权和农民住房财产权抵押贷款试点的指导意见》《农民住房财产权抵押贷款试点暂行办法》。农村宅基地使用权、承包地经营权抵押工作正有序积极推进。

④ 熊景维，2013. 我国进城农民工城市住房问题研究：以进城农民工的市民化为主要考量[D]. 武汉：武汉大学.

市落户与宅基地使用权退出相联系，必须充分尊重农民工的意愿，维护进城落户农民工的宅基地使用权权利。

政策只是规定不准将“落户”与宅基地退出相联系。基于公平原则，笔者认为如果农民工在城市接受政府以租房形式提供的住房保障服务，其可以自愿保留或退出农村宅基地；如果政府为农民工家庭提供产权性质的住房保障服务，如共有产权住房、购房补贴等，则农民工需退出农村宅基地。因此，可以采取经济激励的方式来引导农民工以宅基地置换城市住房，这一方式就是“宅基地券”。

宅基地券模式的主要做法是，农民工可以向宅基地所在地政府就自己确权的宅基地申请宅基地券，然后农民工根据城市落户条件选择落户的意向城市。一旦被许可落户，农民工就可以要求落户城市向其提供住房保障和其他福利，同时将宅基地券上交落户城市。获得宅基地券的城市可依据建设用地法规向上级政府提出增加住房建设用地指标的要求；上级政府收到宅基地券后，要求宅基地所在地退宅还耕，同时给予合理的经济补偿。这样可以实现在不占耕地的前提下增加城市住房建设用地，实现城乡之间住房建设用地的空间置换。

按照前文分析，农民工市民化的实现方式主要还是就地就近市民化。因此，宅基地券的流转主要是在本省范围内，这使得宅基地券模式的可行性大为增加[①]。在省域范围内，一个城市经济发展越快，对农民工的吸引力就越强，获得的宅基地券就会越多，其获得的住房建设用地也就越多。同时，能够用于经济建设的用地也就越多。

宅基地券模式的实施，不仅可以实现城乡之间住房建设用地的置换，而且可以实现住房建设用地在流入地和流出地之间的置换。一方面，农民工能够有机会和条件到吸引力更大的大中城市定居；另一方面，建设用地的流转提升了土地利用效率，可谓一举多得。

二、加快土地经营权流转，增加农民财产性收入

土地经营权流转是我国农村土地制度改革的一项重要内容。近年来，在工业化、城市化加快发展的大背景下，大量农民进城务工，农村土地流转进程明显加快。特别是，随着农村土地改革不断深化和“三权分置”制度的确立，农村承包地流传更加有序，规模越来越大。数据显示[②]，2004 年农村承

---

① 待条件成熟，宅基地券也可以实现跨省使用，这与耕地占补平衡政策设计是类似的。如果耕地占补平衡政策可以跨省执行，那宅基地券跨省使用的条件也就具备了。

② 新京报，2019. 全国家庭承包耕地流转超 5.3 亿亩［EB/OL］.（2019-08-05）［2020-04-02］. https//baijiahao. baidu. com/s? id=1641022631496505755&wfr=spider&for=pc.

包地流转面积为 0.58 亿亩，到 2018 年，全国家庭承包耕地流转面积超过了 5.3 亿亩。

从农民工财产性收入的来源结构看，土地流转收益所占比重最大。增加农民工财产性收入，应在遵循“依法、自愿、平等、有偿”的原则下，进一步加快土地经营权流转。

1. 积极引进和培育新型农业经营主体

农村土地确权为土地流转从供给侧提供了制度保障，但土地流转要顺利运行，还需进行需求侧改革。应以更宽广的视野和更灵活的形式培育新型农业经营主体，鼓励农村种养大户、龙头企业、返乡农民工、返乡大学毕业生和社会机构等开展规模化、产业化农业经营。

通过有效扩大农业经营主体的数量，提高农村土地的市场需求，促进城乡生产要素资源的双向自由顺畅流动，为农民工财产性收入的增加创造条件。

2. 放活农村土地经营权

为更好地发挥土地价值，应给予农业经营主体保障性更强的土地经营权，充分赋予他们对流转所得土地在转让期限内的占有、使用和收益权利。通过法律制度确保他们形成稳定的土地经营预期，从而降低经营风险，实现土地资源更高效的利用。同时，应引导和激励新型农业经营主体增加土地投资，改善土地生产条件，鼓励他们利用土地经营权抵押融资。这不仅有利于土地的保值增值，还可以更有效地增加农民工的财产性收入。

三、加快征地制度改革，合理确定补偿标准

我国现行征地制度在推进我国工业化、城市化进程中发挥了重要作用，但也暴露出越来越多的问题。突出问题之一就是征地过程中的土地增值收益分配明显不合理，农民的权益受到严重侵害。要解决这一问题，必须加快推进农村征地制度改革，通过缩小征地范围、规范土地征用程序，保障农民公平分享土地增值收益。

一是加强征地制度改革顶层设计。通过立法的形式明确划清公益性和营利性用地间的界限，缩小征地范围。将国家的强制征地权严格限定在公共利益范围之内，避免因滥用强制征地权而损害农民利益。二是通过立法赋予农民工在征地过程中更大的权利，增强他们的议价权。三是提高农民工在土地增值收益中的分配份额。征地补偿范围必须扩大，将生态效益补偿、地上附着物补偿、土地经营权补偿和失业补偿等纳入征地补偿范围。

确定征地补偿标准的一个有效办法是科学评定区片综合地价，按照区片综

合地价对被征地农民工进行补偿。区片综合地价的确定应综合考虑各补偿项目和市场因素，特别是土地承包经营权的市场价格，力求实现同地同价①。

第五节　完善农民工教育培训体系，提升农民工人力资本水平

农民工城市住房条件恶劣、难以融入城市，固然有制度等方面的原因，但是人力资本水平不足是最大的障碍，更高的文化素质和技术技能是农民工获得更高收入、赢得体面就业的决定性因素。

现阶段，我国农民工受教育水平较低、人力资本匮乏，导致他们在城市就业市场处于弱势地位，难以适应多变的经济环境和激烈的市场竞争，只能在一些技术含量低、收入低、竞争激烈的岗位就业。

提高农民工的住房支付能力和城市融入程度的前提是提高农民工在城市的经济收入水平，而提高经济收入水平的根本途径是加强对农民工的教育培训，提升其人力资本，提高他们的适应能力与竞争能力。

一、加强农村基础教育，普及高中教育

本书的实证研究结果显示，受教育水平越高，农民工务工收入越高、就业越稳定、居住满意度越高、城市融入程度越高、市民化程度越高。只有拥有较多的人力资本，才有可能获得较高的劳动报酬，享受更好的社会保障，具备更高的住房支付能力，从而有效融入当地社会。

受户籍制度影响，我国城乡教育机会极不均等，农村人口的受教育水平大大低于城市人口。按照经济学家罗斯高（Scott Rozelle）公布的数据，我国城市里的孩子有93%接受过高中教育，而农村人口有63%未上过高中（包括职中、职高）②。

受教育水平的低下和非农劳动经验的缺乏，使得农民工在城市劳动力市场上不具备人力资本优势，竞争能力很弱，大多只能集中在次级劳动力市场。务工地仅仅成为大部分流动人口暂时的拼搏之地，无法成为其安家立命的长期生活居所。

中央政府需要从人的全面发展和国民整体素质提高的角度出发，在农村普

---

① 梅超，2015. 加快推进征地制度改革的思路探索[J]. 农业经济（8）：93-95.

② 罗斯高，2017. 农村儿童的发展怎样影响未来中国［EB/OL］.（2017-09-20）［2020-04-12］. http：//gongyi. ifeng. com/a/20170916/44686350_0. shtml.

及高中教育，帮助更多农家子弟获得接受高等教育的机会。通过教育改变思想，以思想影响发展方向。要将九年制义务教育制度真正落到实处，通过教育均等化，保质保量完成农村义务教育。

一是要重视留守儿童教育问题。当前在我国，留守儿童不仅要面对日益加大的城乡教育资源和教学质量差距，而且留守儿童由于从小缺乏父母关爱，其心理健康问题也应该引起关注。

二是要以促进教育公平为导向，坚持“两为主”、完善“两纳入”[①]。确保农民工子女拥有平等的受教育权，解决好农民工子女进城后的教育问题，有效防止阶层固化。农民工子女教育问题事关我国未来的产业发展和社会经济转型，应该赋予随父母进城求学的农民工子女与当地学生同等待遇，不再收取择校费、借读费等。

三是提升县级城市 15 年基本教育质量水平。通过中小学教育质量的提升，增强县级城市对农民工定居的吸引力，这有利于部分农民工实现就地就近市民化。

二、加强职业教育培训，提升劳动者就业竞争力

职业教育培训是面向全体劳动者、以技能培养为核心的培训制度[②]。习近平总书记强调，职业教育是国民教育体系和人力资源开发的重要组成部分。要以促进和稳定农民工就业为指导方针，大规模开展各类职业技术培训，不断增强农民工的就业创业能力、工作能力和职业转换能力。

应加快建立健全覆盖全体农民工群体且能满足农民工多样化、差异化需求的职业培训体系。

一是培训对象实现广覆盖。将所有农民工群体全部纳入职业培训范围，逐步消除农民工无技能就业现象。

二是培训类型实现多样化。通过开展不同形式的就业技能培训、岗位技能培训和创新创业培训等，实现短、中、长期培训相结合，满足不同农民工群体差异化的培训需求。

三是培训等级实现多层次化。为农民工提供从初级工到高级技师不同层次的职业技能培训服务，打通农民工职业技能晋升通道。

四是培训载体实现多元化。在加强政府投入的同时，充分发挥市场在资源

① “两为主”是指“以流入地政府为主、以公办学校为主”；“两纳入”是指“将包含农民工子女在内的常住人口纳入区域教育发展规划，将农民工随迁子女教育纳入财政保障范畴”。

② 尹蔚民，2014. 加强职业教育培训 培养亿万高素质劳动者［N］. 光明日报，2014-08-28（07）.

配置中的决定性作用，鼓励和引导各类优质资源投向农民工职业培训领域。

要充分发挥职业培训对提升农民工职业技能的作用，除建立健全职业培训体系外，还需做好以下配套工作：

一是健全相关制度政策。建立和完善包括职业院校、用人单位、社会培训机构等在内的职业培训公共服务体系；根据社会经济发展需求，及时调整和完善培训内容与培训重点；从就业政策、表彰奖励政策、技能鉴定政策等方面引导和激励农民工参加职业技能培训。

二是加大对农民工职业培训的投入。加大农民工职业培训中各项补贴资金的整合力度，逐步提高农民工职业培训支出占就业专项资金的比例。

三是突出农民工培训重点。根据输入地产业特征和需求情况，大规模推行订单培训、定向培训、定岗培训等与就业联系密切的培训方式，不断提升培训效果。

三、加强农民工综合素质培训，培育城市新市民

城市和农村社会是两种截然不同的文化体系，农民工完成居住地转换、就业形式转换甚至户籍转换并不意味着就顺利实现了市民化。从农民转为市民是一个漫长和复杂的过程，农民工不仅需要学历教育、技能方面的培训，更需要心理、文化、法律、道德等方面的培训。

一是开展心理素质培训，提高农民工的认知能力、自我提升能力、人际交往能力等，提高农民工个人的自信和自尊水平；二是开展已为人父母或即将为人父母的农民工的科学教养方式培训，包括孩子的文明礼貌教育、良好习惯培养、亲子沟通方式等，阻断不良的代际传递；三是开展公民道德、城市文明礼仪培训，帮助农民工养成良好的文明习惯；四是开展有关法律规范培训，将农民工培养成懂法、守法的好公民；五是开展职业规范和职业道德培训，提升农民工的职业素养。

总之，应坚持学历提升与技能培训相结合、职业培训与技能鉴定相结合、技能培训与道德培训相结合的原则，加快农民工教育培训体系建设，使农民工的教育水平不断提高、专业技能不断增强、个人修养持续提升，增强其在劳动力市场上的竞争能力。

第六节　统筹城乡社会经济发展，丰富市民化路径选择

在城乡统筹发展的大框架下，各地区和各城市应根据自身所处发展阶段，选择不同的城市化发展路径，逐步通过城乡统筹解决农民工在城市的住房问题

和城市融入问题。

在前面的分析中可以发现，农民工城市定居意愿和定居能力存在很大差异，只有部分农民工具备在大城市定居的能力，大多数农民工的市民化可行选择是就地就近市民化。

实现农民工就地就近市民化，就必须加快发展特色县域经济，着力将中小城市和小城镇培育作为农民工就业的重要节点，提高中小城市和小城镇对农民工的定居吸引力和就业容纳能力，确保农民工能“愿意来、留得住、过得好”。

一、统筹城乡土地、产业规划，引导农业转移人口定居中小城市

中小城市是农民工市民化的理想目的地，一是中小城市房价较低，农民工的住房支付能力相对更强；二是通过鼓励农民工到中小城市定居，有利于区域经济的协调发展；三是农民工对家乡中小城市较为熟悉，拥有较多的社会网络，更有利于其融入城市；四是中小城市一般是农民工户籍所在地，在现有行政管理体制下，城市化成本更低。

地方政府可设立专项启动资金，实施农民工宅基地与商品房的互换，具体可由农民工输出地的中小城市或城镇政府组织实施。政府通过将农民退出的宅基地复垦成耕地，可以作为建设用地指标利用占补平衡制度进行交易转让，退出宅基地的农民工可以利用所得资金在城镇购房。这一方面有利于提高农村土地利用效率；另一方面又盘活了土地资产，提高了农民工的住房支付能力，帮助农民工在城市实现永久定居。

现阶段，中小城市由于产业发展不充分，导致就业承载力较弱，缺乏对农民工的吸引力。因此，应理顺城乡规划体系，明确城乡分区功能定位，从规划和体制层面彻底解决现阶段存在的城乡产业发展严重分割问题，促进城乡产业融合发展。

引导城市资金、技术等生产要素向农村和小城镇流动，大力发展农村第三产业，实现一、三产业联动发展，促进农业产业化经营。通过产业发展引导农民工就地城市化，对于就业竞争力较弱、年龄较大的农民工群体来说，这是最现实的市民化路径选择。

二、统筹城乡公共服务，增强农民工城市融入信心

1. 完善农民工就业服务体系

就业是民生之本。各地应将提供公平就业服务纳入实现基本公共服务均等

的重要体系，扩大城市就业服务体系的覆盖面。确保农民工与城市居民平等享受政府就业服务，最终目标是实现所有常住人口享有平等就业机会。

一是建立规范、诚信的劳务市场，引导农民工合理流动；二是建立劳务供求信息发布制度和发布平台，充分发挥农民工就业市场的调节作用和导向作用；三是加强对农民工劳务市场的规范化管理；四是构建农民工工资正常增长机制，确立劳动力市场工资指导线，引导用人单位合理增长工资。同时，积极推进工资集体协商工作，这是保障农民工合法权益、协调稳定劳动关系的有效途径。

2. 建立健全覆盖城乡的社会保障体系

通过社会保障体系建设，逐步实现农民工在基本养老、医疗保险和子女教育等方面与城市居民享受同等待遇。

首先，在养老保障方面。要重点形成缴费激励机制，提高参保人员的缴费积极性。对达到退休年龄时缴费年限不满 15 年或 10 年的农民工，实行延长缴费年限的办法。

其次，在医疗保障方面。要建立灵活多样的缴费标准，进一步扩大基本医疗保险的覆盖面。另外，要大力发展商业医疗保险，满足多层次医疗消费需求。

最后，在子女教育方面。一是应该进一步放开对跨省农民工随迁子女异地中考的限制；二是实现农民工随迁子女就读学校多元化，不仅对其开放流入地的民办高中、职业学校，还应适当开放重点示范高中；三是完善高中阶段教育成本的分担机制与投入机制，增加农民工随迁子女的资助经费。

3. 加强文化基础设施建设

促进农民工融入城市，缩小城乡社会距离和文化差距是关键。应加大农民工聚居区文化基础设施建设，加强对农民工进行城市适应性教育，加快农民工在精神和文化层面的市民化进程。

三、加快农村社会经济发展，加强农民工返乡服务

我国农民工总量接近 3 亿，“十三五”期间的目标是实现 1 亿农民工市民化。这说明并不是所有农民工都能在务工城市定居下来，这是不现实也是不合理的。

从中央的政策导向来看，对农民工返乡创业一直是持积极鼓励态度的。如 2015 年颁布的《国务院办公厅关于支持农民工等人员返乡创业的意见》明确提出，要加快建立多层次、多样化的返乡创业格局，为返乡农民工创造更多就地就近就业的机会。十九大更是明确提出，实施乡村振兴战略，支持和鼓励农

民就业创业，培养和造就一支懂农业、爱农村、爱农民的“三农”工作队伍。返乡农民工通过在城市务工的经验，不仅积累了一定的创业资金、创业技能和经营管理知识，而且扩展了自身的社会网络和商业网络，自身综合素质也得以提升。因此，农民工返乡对农村发展和实现乡村振兴能够带来积极的影响。

对于城市政府而言，一方面，要通过教育培训不断提升农民工自身素质，通过完善住房保障制度帮助外来农民工能够在城市实现安居，为其在城市生存发展、融入城市创造良好的外部条件。另一方面，针对不同农民工群体的差异性需求，积极为具有返乡意愿的农民工提供返乡创业所需的知识技能培训，培养农村发展所需的应用型人才，使农民工群体在城市就业能够“安心”，返乡创业能够“无忧”。

第七节 强化城市社区管理，提高城市融入服务水平

社区是农民工城市融入的现实平台和组织载体，应按照党的十八届五中全会提出的“增强社区服务功能，实现政府治理和社会调节、居民自治良性互动”的要求，以营造农民工“三自”[①] 新局面为核心，将城市社区切实打造成农民工与城市居民共建、共管、共享的社会生活共同体。

一、建立农民工信息共享机制

通过公共服务平台在公安、人口计生、民政、卫生、人力资源、社会保障、税务、工商等多个相关部门间建立起农民工信息共享机制，确保住房保障中心、房屋出租管理、治安维护、市容市貌维护、卫生防疫、计划生育等承担农民工管理服务工作的部门形成管理和服务农民工群体的合力。例如，当农民工在本社区居住时，住房保障中心能及时掌握农民工的就业、收入、家庭人口结构等信息，从而可以及时调整对农民工家庭的住房补贴额度。

二、完善农民工社区服务内容

社区对农民工的服务主要包括教育、宣传、服务和保障 4 个方面，依托社区服务中心、社区卫生服务中心、阅览室、劳务中介所、法律咨询站、派出所等管理及配套服务机构与设施，为农民工提供城市生活服务。

---

① “三自”即自我管理、自我教育、自我服务。

社区通过成立农民工学习培训基地，为农民工提供包括文化知识、法律常识、家政服务以及其他专业技能知识等内容在内的培训和学习机会，提高农民工的科学文化素质。通过板报、知识竞赛、夜间学校等多种形式，加强对农民工的法制教育。

利用社区资源，为农民工提供必要的服务，如职业介绍、医疗健康、法律咨询以及婚姻、家庭和财产关系调解等，直接满足农民工需求。通过邻里的互助和志愿服务，为社区的农民工提供社会支持，塑造开放性和包容性的社区文化。

三、提升社会参与和社会融合程度

由于农民工缺乏制度化的体制保护，其居住社区的公共生活空间对他们城市生活状况的影响就显得尤为重要。流动人口通过参与社区生活，可以重构自己的社会关系网络，提升其社会资本，增强社区意识和归属感，这对他们融入城市具有重要意义。农民工对社区的认同感可以延伸为对城市的归属感，农民工融入社区的过程是其市民化的重要构成部分。

社区管理应变被动式管理为主动式和参与式管理，依托社区发展专业化的社区服务中心，改善社区服务，扩大管理和服务覆盖面。同时，积极发展城市社区农民工组织，为农民工提供学习机会，提升互动和参与程度，提高农民工社区参与积极性。

不管是农民工的城市融入还是住房保障，都是一个复杂的系统工程，既不可能一蹴而就，也不可能一劳永逸。十九大提出“加快农业转移人口市民化”“坚持在发展中保障和改善民生，增进民生福祉是发展的根本目的”“加快建立多主体供给、多渠道保障、租购并举的住房制度，让全体人民住有所居。”这为我国新时期加快农民工城市融入和住房保障工作指明了方向，即通过住房制度改革，确保包括进城务工农民工在内的全体居民都能“住有所居”，实现发展的根本目的。各级政府应以“增进民生福祉”为目标，进一步深化共享发展理念，加快城市住房保障制度改革，构建各阶层人民共建共享、共同繁荣的全面小康社会新局面。

参 考 文 献

阿瑟·奥沙利文，2003. 城市经济学［M］. 4 版. 北京：中信出版社.

爱德华·格莱泽，2012. 城市的胜利［M］. 上海：上海社会科学院出版社.

卞靖，2012. 国外住房保障制度主要模式及对我国的启示：从社会构造和政治价值理念维度进行分析[J]. 当代经济管理，34（11）：39-43.

蔡昉，2004. 边缘化的外来劳动力[J]. 开放导报（6）：37-40.

藏波，吕萍，2014. “人地挂钩”视域下农民工住房问题的解困思路：天津、重庆和广州的经验[J]. 城市发展研究，21（12）：26-30，44.

曹振良，高晓慧，等，2004. 中国房地产业发展与管理研究［M］. 北京：北京大学出版社.

曹子玮，2003. 农民工的再建构社会网与网内资源流向[J]. 社会学研究（3）：99-110.

陈艾，2015. 将农民工纳入住房公积金覆盖范围的博弈分析[J]. 中国房地产（9）：62-66.

陈春，冯长春，2011. 农民工住房状况与留城意愿研究[J]. 经济体制改革（1）：145-149.

陈春，于立，吴娇，2016. “人的城镇化”需解决农民工融入城市的制约因素：重庆农民工调研分析的启示[J]. 城市发展研究，23（7）：8-14.

陈鸿彬，徐珍珍，2013. 农民工住房存在的问题与解决对策：以郑州市为例[J]. 地域研究与开发，32（1）：41-44.

陈文琼，刘建平，2018. 就近半城市化与去城市两级分化[J]. 华南农业大学学报（社会科学版）（6）：104-113.

陈珣，徐舒，2014. 农民工与城镇职工的工资差距及动态同化[J]. 经济研究，49（10）：74-88.

陈正兰，2003. 英国住房福利政策研究[J]. 社会（7）：12-16.

陈忠斌，黄露露，2018. 重购轻租还是租售并重：居住方式对农民工举家迁移影响的实证研究[J]. 经济经纬（1）：41-46.

迟帅，金银，2012. 新生代农民工群体特征研究[J]. 当代青年研究（5）：76-80.

戴维·格伦斯基，2005. 社会分层［M］. 北京：华夏出版社.

邓宏乾，贾傅麟，方菲雅，2015. 住房补贴对住房消费、劳动供给的影响测度：基于湖北省五城市廉租住房保障家庭的数据分析[J]. 经济评论（5）：100-110，153.

邓江年，郭沐蓉，2016. 居住分层与农民工留城意愿：来自珠三角的证据[J]. 南方经济（9）：122-132.

邓宗豪，甘悦，2014. 城镇化进程中农民工的城市融入问题[J]. 甘肃社会科学（6）：16-19.

丁成日，邱爱军，王瑾，2011. 中国快速城市化时期农民工住房类型及其评价[J]. 城市发展研究，18（6）：49-54.

丁富军，吕萍，2010. 转型时期的农民工住房问题：一种政策过程的视角[J]. 公共管理学报，7（1）：58-66，125-126.
丁浩，2018. 就业稳定性、住房可及性与农民工家庭消费[J]．消费经济（1）：11-18.
丁文恩，2011. 农民收入增长的新途径：赋权于民[J]．农业经济（1）：64-67.
丁萧，2014. 农民工市民化住房供给成本研究：以广东省佛山市为例[J]．调研世界（11）：41-46.
董昕，2010. 中国房地产业的公共投资研究［D］．北京：财政部财政科学研究所．
董昕，2012. 动态趋势与结构性差异：中国住房市场支付能力的综合测度[J]．经济管理，34（6）：119-127.
董昕，2013a. 中国农民工的住房问题研究［M］．北京：经济管理出版社．
董昕，2013b. 中国农民工的住房政策及评价（1978—2012年）[J]．经济体制改革（2）：70-74.
董昕，2013c. 中国农民工住房问题的历史与现状[J]．财经问题研究（1）：117-123.
董昕，张翼，2012. 农民工住房消费的影响因素分析[J]．中国农村经济（10）：37-48.
杜海峰，等，2015. 农民工生存与发展状况调查报告［M］．北京：社会科学文献出版社．
范铭，2016. 农民工住房保障问题研究：以来沈农民工住房保障为例[J]．当代经济（14）：38-39.
方巍，2009. 社会排斥及其发展性对策［M］．上海：格致出版社．
方蔚琼，2015. 我国农民工城镇住房保障研究［D］．福州：福建师范大学．
费孝通，2004. 志在富民［M］．上海：上海人民出版社．
冯俊，2010. 国外住房数据报告 No.1［M］．北京：中国建筑工业出版社．
龚文海，2014. 农民工群体的异质性及其城市融入状况测度[J]．城市问题（8）：74-80，100.
顾海英，史清华，程英，等，2011. 现阶段“新二元结构”问题缓解的制度与政策：基于上海外来农民工的调研[J]．管理世界（11）：55-65.
广田康生，2005. 移民和城市［M］．北京：商务印书馆．
郭庆然，陈政，陈晓亮，等，2019. 我国农民工城市融入度测度及区域差异研究：来自CHIP数据的经验分析[J]．经济地理（1）：140-148.
郭伟伟，2008. “居者有其屋”：独具特色的新加坡住房保障制度及启示[J]．当代世界与社会主义（6）：162-167.
郭新宇，薛建良，2015. 农民工住房满意度及其影响因素分析[J]．河北经贸大学学报，36（3）：111-116.
郭玉坤，2006. 中国城镇住房保障制度设计研究［D］．成都：西南财经大学．
郭玉坤，2010. 中国城镇住房保障制度设计研究［M］．北京：中国农业出版社．
郭玉坤，杨坤，2009. 住房保障对象划分研究[J]．城市发展研究，16（9）：15-19，36.
国家人口和计划生育委员会流动人口服务管理司，2012. 中国流动人口发展报告（2012）［M］．北京：中国人口出版社．
国家信息中心新型城镇化课题组，李鹏，吕欣，等，2015. 构建三位一体政策体系 解决进城农民安居问题[J]．宏观经济管理（10）：26-27.

国务院发展研究中心课题组，2011. 农民工市民化：制度创新与顶层政策设计［M］. 北京：中国发展出版社.

国务院发展研究中心课题组，侯云春，韩俊，等，2011. 农民工市民化进程的总体态势与战略取向[J]. 改革（5）：5-29.

国务院发展研究中心课题组，刘世锦，陈昌盛，等，2010. 农民工市民化对扩大内需和经济增长的影响[J]. 经济研究，45（6）：4-16，41.

韩东，2019. 农民工就业质量研究［D］. 长春：吉林大学.

韩俊强，2013. 农民工住房与城市融合：来自武汉市的调查[J]. 中国人口科学（2）：118-125，128.

韩克庆，林欣蔚，2015. 城市化进程中的农民工住房保障问题研究[J]. 湘潭大学学报（哲学社会科学版），39（3）：23-27.

郝娟，2007. 英国住房供应体系中廉价公房开发[J]. 国际城市规划（1）：67-71.

何跃，1998. 新加坡住房改革及其社会效应[J]. 云南师范大学学报（哲学社会科学版）（6）：110-113.

贺雪峰，2011. 重庆户改，慎言模式[J]. 决策（Z1）：58-60.

胡金星，朱曦，公云龙，2016. 租房与农民工留城意愿：基于上海的实证研究[J]. 华东师范大学学报（哲学社会科学版），48（4）：38-45，168.

胡晶晶，2015. 美国公共住房配租政策及其对中国的启示[J]. 中国房地产（18）：9-18.

胡琳琳，2012. 保障性住房户型标准研究[J]. 经济研究参考（44）：18-21.

胡宁川，2016. 住房保障法律制度研究［M］. 北京：法律出版社.

黄匡时，嘎日达，2010. 社会融合理论研究综述[J]. 新视野（6）：86-88.

纪江明，陈振营，赵毅，2013. 新生代农民工“二元化”消费方式与身份认同研究：基于2010年上海市外来农民工的调查[J]. 人口与发展，19（2）：2-9.

简新华，2011. 新生代农民工融入城市的障碍与对策[J]. 求是学刊，38（1）：60-63.

建设部课题组，2007. 多层次住房保障体系研究［M］. 北京：中国建筑工业出版社.

焦怡雪，2007. 城市居住弱势群体住房保障的规划问题研究［D］. 北京：中国城市规划设计研究院.

金萍，2012. 论新生代农民工市民化的住房保障[J]. 社会主义研究（4）：89-91.

金喜在，2017. 中国农民工市民化的路径与政策研究［M］. 北京：科学出版社.

景晓芬，2015. 空间隔离视角下的农民工城市融入研究[J]. 地域研究与开发，34（5）：75-79，120.

柯炳生，2019. 我国农民工工资变化及其深远影响[J]. 农业经济问题（9）：4-7.

李斌，2002. 中国住房改革制度的分割性[J]. 社会学研究（2）：80-87.

李斌，2008. 城市住房价值结构化：人口迁移的一种筛选机制[J]. 中国人口科学（4）：53-60，96.

李兵弟，2012. 寻求以制度转换解决农民工住房问题[J]. 城市规划，36（3）：10-13.

李朝晖，2010. 农民工城市住房问题上的市民自利意识反思[J]. 现代经济探讨（5）：10-13.

李海波，尹华北，2018. 住房消费对农民工城市融入的影响及其差异研究：基于 CGSS2013 数据分析[J]. 消费经济（3）：49-53，87.

李建，朱小慧，2004. 欧美国家住房社会保障体系及对我国的启示[J]. 中国房地产金融（8）：39-46.

李晶，2008. “农民工”住房问题及市民化发展趋势下的住房政策调研[J]. 现代经济探讨（9）：58-60，65.

李培林，1996. 流动民工的社会网络和社会地位[J]. 社会学研究（4）：42-52.

李培林，2003. 农民工：中国进城农民工的经济社会分析［M］. 北京：社会科学出版社.

李强，2011. 中国城市化进程中的“半融入”与“不融入”[J]. 河北学刊，31（5）：106-114.

李强，2014. 农民工举家迁移决策的理论分析及检验[J]. 中国人口·资源与环境（6）：65-70.

李强，陈宇琳，刘精明，2012. 中国城镇化“推进模式”研究[J]. 中国社会科学（7）：82-100，204-205.

李强，龙文进，2009. 农民工留城与返乡意愿的影响因素分析[J]. 中国农村经济（2）：46-54，66.

李英东，2016. 农民工城市住房的困境及解决途径[J]. 西北农林科技大学学报（社会科学版），16（2）：55-60.

理查德·威尔金森，凯特·皮克特，2010. 不平等的痛苦［M］. 北京：新华出版社.

梁艳琴，2009. 评析日本住宅政策改革[J]. 科学之友（B版）（1）：107-109.

廖英敏，2011. 解决农民工住房是推进城镇化健康发展的必由之路[J]. 重庆理工大学学报（社会科学），25（07）：1-5，10.

林晨蕾，郑庆昌，2015. 公共服务均等化视角下新生代农民工住房保障模式选择：公共租赁房优势与发展路径[J]. 理论与改革（3）：70-73.

林南，2005. 社会资本：关于社会结构与行动的理论［M］. 上海：上海人民出版社.

刘成斌，周兵，2015. 中国农民工购房选择研究[J]. 中国人口科学（6）：100-108，128.

刘传江，程建林，2008. 第二代农民工市民化：现状分析与进程测度[J]. 人口研究（5）：48-57.

刘传江，董延芳，2014. 农民工的代际分化、行为选择与市民化［M］. 北京：科学出版社.

刘传江，徐建玲，2008. 中国农民工市民化进程研究［M］. 北京：人民出版社.

刘电芝，疏德明，等，2012. 走进幸福：农民工城市融入与主观幸福感研究［M］. 苏州：苏州大学出版社.

刘广平，陈立文，2016. 基于住房支付能力视角的保障房准入标准研究：思路、方法与案例[J]. 中国行政管理（4）：67-72.

刘建娥，2010. 从欧盟社会融入政策视角看我国农民工的城市融入问题[J]. 城市发展研究，17（11）：106-112.

刘建娥，2011. 中国乡—城移民的城市社会融入［M］. 北京：社会科学文献出版社.

刘杰，2016. 上海市农民工住房保障问题研究［D］. 上海：华东师范大学.

刘美霞，2002. 美日住房政策模式比较及对我国的启示[J]．中国房地产（7）：75-78.
刘沛，2014. 西安市公共租赁住房城市社会生活空间质量研究[D]. 西安：西安外国语大学．
刘守英，熊雪锋，2018. 二元土地制度与双轨城市化[J]．城市规划学刊（1）：31-40.
刘双良，2010. 农民工城市住房保障问题分析与对策研究[J]．经济与管理研究（1）：50-55.
刘玉亭，何深静，吴缚龙，2007. 英国的住房体系和住房政策[J]．城市规划（9）：54-63.
龙翠红，陈鹏，2016. 新生代农民工住房选择影响因素分析：基于 CGSS 数据的实证检验[J]．华东师范大学学报（哲学社会科学版），48（4）：46-54，168-169.
龙树国，2011. 快速城市化背景下的农民工住房问题[J]．中南大学学报（社会科学版），17（6）：11-17.
卢海阳，梁海兵，钱文荣，2015. 农民工的城市融入：现状与政策启示[J]．农业经济问题，36（7）：26-36，110.
陆文荣，段瑶，2019. 居住的政治：农民工居住隔离的形成机制与社会后果[J]．中国农业大学学报（社会科学版）（2）：44-58.
罗景华，2004. 非公企业建立住房公积金制度的实践与启示[J]．城乡建设（10）：44-45.
罗遐，2011. 流动与定居：定居农民工城市适应研究［M］．北京：社会科学文献出版社．
吕萍，甄辉，丁富军，2012. 差异化农民工住房政策的构建设想[J]．经济地理，32（10）：108-113，176.
吕萍，周滔，2008. 农民工住房保障问题认识与对策研究：基于成本-效益分析[J]．城市发展研究（3）：110-114.
马智利，先静，2012. 基于城乡统筹背景下宅基地置换住房券制度设计[J]．农村经济（1）：65-67.
毛丹，2015. “农民工市民化”的低目标与高目标[J]．浙江社会科学（12）：7-9.
梅超，2015. 加快推进征地制度改革的思路探索[J]．农业经济（8）：93-95.
孟星，2016. 解决农民工住房问题的前提条件与根本途径[J]．华东师范大学学报（哲学社会科学版），48（4）：62-66，169.
牛婷，2008. 低收入人群住房供给模式研究［D］．西安：西安建筑科技大学．
欧阳力胜，2016. 新生代农民工市民化：现实基础、发展趋势与路径选择[J]．经济研究参考（10）：35-41.
潘泽泉，2008. 国家调整农民工政策的过程分析：理论判断与政策思路[J]．理论与改革（5）：59-61.
彭华民，唐慧慧，2012. 排斥与融入：低收入农民工城市住房困境与住房保障政策[J]．山东社会科学（8）：20-29.
戚迪明，张广胜，2017. 空间隔离与农民工城市融入[J]．华南农业大学学报（社会科学版），16（2）：81-90.
齐慧峰，王伟强，2015. 基于人口流动的住房保障制度改善[J]．城市规划，39（2）：31-37.
钱文荣，黄祖辉，2007. 转型时期的中国农民工［M］．北京：中国社会科学出版社．

乔治·J鲍尔斯，2018. 劳动经济学［M］. 7 版. 北京：中国人民大学出版社.

秦加加，杨文杰，2016. 城乡统筹背景下新生代农民工市民化制度困境与路径优化研究［J］. 经济研究参考（40）：81-85.

秦立建，童莹，王震，2017. 农地收益、社会保障与农民工市民化意愿［J］. 农村经济（1）：79-85.

任远，2012. 城市流动人口的居留模式与社会融合［M］. 上海：上海三联书店.

任远，乔楠，2010. 城市流动人口社会融合的过程、测量及影响因素［J］. 人口研究（2）：11-20.

任远，邬民乐，2006. 城市流动人口的社会融合：文献综述［J］. 人口研究（5）：87-94.

荣先恒，2011. 重庆公租房改革经验借鉴［J］. 广西经济（6）：22-23.

沈凯琪，2018. 社会融合测量维度研究综述［J］. 学理论（12）：106-108.

斯蒂格利茨，2013. 公共部门经济学［M］. 3 版. 北京：中国人民大学出版社.

宋博通，2002. 从公共住房到租金优惠券：美国低收入阶层住房政策演化解析［J］. 城市规划汇刊（4）：65-68，73-80.

宋国恺，2014. 农民工体制改革：以自雇佣的个体农民工城市社会融合为视角［M］. 北京：社会科学出版社.

宋国恺，王起，2012. 流动人口的社会融合研究综述［J］. 广州大学学报（社会科学版），11（8）：26-32.

宋林飞，1995. “民工潮”的形成、趋势与对策［J］. 中国社会科学（4）：78-91.

宋艳菊，2018. 新型城镇化进程中农民工市民化能力提升研究［D］. 沈阳：辽宁大学.

孙鹃娟，刘洋洋，2015. 北京市农民工的群体特征及其留京意愿探讨［J］. 北京社会科学（9）：76-80.

孙立平，2004. 关于农民工问题的几点基本看法［EB/OL］.（2004-09-09）［2019-08-12］. http：//www.cssm.org.cn/view.php? id=4126.

孙林，2014. 城中村向何处去：兼论进城农民工的住房权［J］. 南华大学学报（社会科学版），15（3）：39-43.

田红艳，宋星，李世龙，2014. 新生代农民工住房需求特征与政策回应研究：基于重庆的调查［J］. 西北人口，35（3）：79-83，89.

田凯，1995. 关于农民工的城市适应性的调查分析与思考［J］. 社会科学研究（5）：90-95.

佟新，2003. 人口社会学［M］. 北京：北京大学出版社.

汪丽，薛元，孙东，等，2010. 浙江、四川农民市民化的经验与启示［J］. 中国经贸导刊（24）：29-31.

王保畬，1994. 居者有其屋：新加坡解决“房荒”问题之路［J］. 中外房地产导报（19）：31-33.

王春光，2001. 新生代农村流动人口的社会认同与城乡融合的关系［J］. 社会学研究（3）：63-76.

王春光，2006. 农村流动人口的“半城市化”问题研究［J］. 社会学研究（5）：107-122，244.

王春蕊，杨江澜，刘家强，2015. 禀赋异质、偏好集成与农民工居住的稳定性分析[J]．人口研究（4）：66-77.

王佃利，刘保军，楼苏萍，2011. 新生代农民工的城市融入：框架建构与调研分析[J]．中国行政管理（2）：111-115.

王桂新，沈建法，刘建波，2008. 中国城市农民工市民化研究：以上海为例[J]．人口与发展（1）：3-23.

王晖，2006. 主要发达国家住房保障制度及其实施对我国的启示[J]．世界经济与政治论坛（4）：114-119.

王慧，2010. 农民工社会融合问题研究综述[J]．河南工业大学学报（社会科学版），6（1）：44-46.

王建新，崔佳，2010. 公租房建设的“重庆模式”解析[J]．决策导刊（10）：6-9.

王静，武舜臣，2015. 教育回报率的职业差异与新生代农民工职业流动：基于 2010 年流动人口动态监测数据分析[J]．教育与经济（6）：61-68.

王星，2013. 市场与政府的双重失灵：新生代农民工住房问题的政策分析[J]．江海学刊（1）：101-108.

王宗萍，邹湘江，2013. 新生代流动人口住房状况研究：兼与老生代的比较[J]．中国青年研究（8）：9-15.

魏万青，2016. 从拆分型家庭到完整性家庭：新型城镇化背景下民工入户选择研究[J]．兰州学刊（8）：179-192.

温馨，2018. 农民工市民化研究［D］. 长春：吉林大学.

文贯中，2010. 结构性失衡、内需不振、过时的土地制度和走出困局之路[J]．南开经济研究（2）：17-27.

文贯中，2014. 吾民无地：城市化、土地制度与户籍制度的内在逻辑［M］. 北京：东方出版社.

吴缚龙，2019. 转型期中国城市的社会融合［M］. 北京：科学出版社.

吴维平，王汉生，2002. 寄居大都市：京沪两地流动人口住房现状分析[J]．社会学研究（3）：92-110.

吴炜，朱力，2012. 农民工住房福利现状与政策走向：基于福利多元主义的视角[J]．长白学刊（2）：119-125.

吴翔华，陈昕雨，袁丰，2019. 南京市住房困难人群职住关系及影响因素分析[J]．地理科学进展（12）：1890-1902.

吴晓刚，张卓妮，2014. 户口、职业隔离与中国城镇的收入不平衡[J]．中国社会科学（6）：118-142.

吴笑谦，王仓，张清，2011. 居者有其屋：穷人的住房权该如何实现：以农民工廉租房为视角[J]．北华大学学报（社会科学版），12（4）：93-96.

武文霞，2015. 新加坡组屋建设与管理经验及其启示[J]．建筑经济，36（1）：82-85.

咸星兰，金喜在，2016. 新生代农民工的城市融入：问题与路径[J]．税务与经济（1）：38-41.

肖峰，2018. 新生代农民工就业能力对社会融合的影响研究[D]. 哈尔滨：东北农业大学.
肖子华，2019. 中国城市流动人口社会融合评估报告［M］. 北京：社会科学文献出版社.
肖子华，徐水源，刘金伟，2019. 中国城市流动人口社会融合评估：以 50 个主要人口流入地城市为对象[J]. 人口研究，43（5）：96-112.
谢宝富，2015. 中低收入流动人口居住问题的解决路径[J]. 城市问题（5）：85-89.
谢东虹，2016. 工作时间与收入水平对新生代农民工市民化意愿的影响：基于 2015 年北京市的调查数据[J]. 调研世界（3）：22-25.
谢宇，谢建社，2016. 缩差、并轨与融合：G 市农民工市民化路径探索[J]. 福建论坛（人文社会科学版）（8）：110-116.
熊景维，2013. 我国进城农民工城市住房问题研究：以进城农民工的市民化为主要考量［D］. 武汉：武汉大学.
熊瑞梅，1988. 人口流动：理论、资料测量与政策［M］. 台北：巨流图书公司.
徐建玲，2008. 农民工市民化进程度量：理论探讨与实证分析[J]. 农业经济问题（9）：65-70.
徐松明，陈峰，2009. 英国住房问题求解路径解析与中国借鉴[J]. 华中师范大学学报（人文社会科学版），48（5）：56-65.
许莲凤，2013. 公共产品理论视域下的新生代农民工住房保障实现路径研究[J]. 东南学术（6）：63-69.
严荣，2016. 西方国家住房保障政策思路的演进脉络[J]. 中国房地产（6）：27-34.
晏月平，廖爱娣，2016. 城市流动人口社会融合状况研究综述[J]. 成都大学学报（社会科学版）（4）：15-20.
阳建，王晓洁，2014. 国外保障房建设融资更倚重市场[J]. 中国中小企业（8）：64-67.
杨菊华，2010. 中国流动人口经济融入［M］. 北京：社会科学文献出版社.
杨菊华，2015. 中国流动人口的社会融入研究[J]. 中国社会科学（2）：61-79，203-204.
杨菊华，张娇娇，2016. 人力资本与流动人口的社会融入[J]. 人口研究，40（4）：3-20.
杨俊玲，谢嗣胜，2012. 农民工住房现状研究[J]. 农业经济问题，33（1）：67-72.
杨立凤，2014. 国外住房保障制度对我国的启示[J]. 金融经济（2）：136-138.
杨素青，2015. 农民工融入城市的双重障碍及宏观思路[J]. 经济研究参考（52）：29-34.
杨同利，冯鸿雁，刘长滨，等，2000. 住房消费支出的国际比较[J]. 建筑经济（12）：35-37.
杨宜勇，魏义方，2017. 农民工融入城市社会的政策机制研究[J]. 人民论坛・学术前沿（3）：70-81，95.
杨云彦，石智雷，2012. 中国农村地区的家庭禀赋与外出务工劳动力回流[J]. 人口研究（4）：3-17.
姚玲珍，刘霞，王芳，2018. 中国特色城镇住房保障体系研究［M］. 北京：经济科学出版社.
叶俊焘，钱文荣，2016. 不同规模城市农民工市民化意愿及新型城镇化的路径选择[J]. 浙江社会科学（5）：64-74，157.
叶裕民，2013. 中国统筹城乡发展的系统架构与实践路径［M］. 北京：中国建筑工业出版社.

于萍，2006. 日本住宅建设的现状和发展趋势[J]. 北京房地产（9）：98-101.

于萍，任放，马韵玉，2011. 日本住区建设的现状和发展趋势[J]. 中国房地产（20）：77-80.

虞晓芬，2019. 我国城镇住房保障体系及运行机制研究［M］. 北京：经济科学出版社.

袁学军，2005. 湖南省城镇低收入家庭住房问题及对策研究［D］. 长沙：湖南大学.

岳树岭，2014. 城市化进程中农民工市民化问题研究［M］. 北京：经济管理出版社.

悦中山，2011. 农民工的社会融合研究：现状、影响因素与后果［D］. 成都：西南交通大学.

曾国安，杨宁，2014. 农民工住房政策的演进与思考[J]. 中国房地产（20）：12-21.

张超，2015. 新生代农民工城市融入指标体系及其评估：基于江苏吴江的调查分析[J]. 南京社会科学（11）：63-69，118.

张福建，2016. 农民工“短工化”视角下的“民工荒”问题及其解决之道[J]. 理论导刊（1）：74-76.

张光辉，2019. 新型城镇化、户籍制度改革与农民工市民化研究[J]. 产经评论（5）：108-123.

张国胜，2007. 农民工市民化的城市融入机制研究[J]. 江西财经大学学报（2）：42-46.

张泓铭，2016. 解决农民工住房问题的一些基本设想[J]. 华东师范大学学报（哲学社会科学版），48（06）：141-144，168-169.

张洪霞，2013. 新生代农民工社会融合的内生机制创新研究：人力资本、社会资本、心理资本的协同作用[J]. 农业现代化研究，34（4）：412-416.

张静，2002. 国外住房保障制度对我国的启示[J]. 城市开发（2）：60-62.

张蕾，王燕，2013. 新生代农民工城市融入水平及类型分析：以杭州市为例[J]. 农业经济问题（4）：23-28，110.

张鹂，2015. 城市里的陌生人：中国流动人口的空间、权力与社会网络的重构［M］. 苏州：江苏人民出版社.

张丽艳，陈余婷，2012. 新生代农民工市民化意愿的影响因素分析：基于广东省三市的调查[J]. 西北人口（7）：63-66.

张文宏，雷开春，2008. 城市新移民社会融合的结构、现状与影响因素分析[J]. 社会学研究（5）：117-141，244-245.

张翔，李伦一，柴程森，等，2015. 住房增加幸福：是投资属性还是居住属性[J]. 金融研究（10）：17-31.

张协奎，李泽君，2011. 典型国家住房保障制度的比较及其启示[J]. 广西大学学报（哲学社会科学版），33（2）：18-22.

张协奎，袁红叶，2010. 城市农民工住房保障问题研究：以南宁市为例[J]. 广西大学学报（哲学社会科学版），32（3）：1-5.

张泽颖，2013. 住房保障国际经验对我国住房保障的启示[J]. 重庆第二师范学院学报，26（6）：72-75.

张智，2010. 北京市农民工住房选择行为及其影响因素分析[J]. 建筑经济（1）：5-8.

赵路兴，浦湛，2003. 中低收入家庭住房保障收入线划分研究[J]. 城市开发（11）：59-61.

赵宁，2016. 新生代农民工城市融入进程中住房保障的困境与出路[J]. 政法论丛（1）：137-144.

赵排风，2016. 农民工城市融入过程中社会保障制度创新问题研究[J]. 经济研究导刊（2）：108-109.

赵延东，王奋宇，2002. 城乡流动人口的经济地位获得及决定因素[J]. 中国人口科学（4）：10-17.

赵晔琴，2008. “居住权”与市民待遇：城市改造中的“第四方群体”[J]. 社会学研究（2）：118-132，244-245.

郑功成，2018. 社会保障概论［M］. 上海：复旦大学出版社.

郑功成，2019. 中国社会保障发展报告 2018［M］. 北京：中国劳动社会保障出版社.

郑思齐，曹洋，2009. 农民工的住房问题：从经济增长与社会融合角度的研究[J]. 广东社会科学（5）：34-41.

郑思齐，廖俊平，任荣荣，等，2011. 农民工住房政策与经济增长[J]. 经济研究，46（2）：73-86.

中国发展研究基金会，2010. 中国发展报告 2010：促进人的发展的中国新型城市化策略［M］. 北京：人民出版社.

中国工运研究所，2011. 新生代农民工：问题・研判・对策建议［M］. 北京：中国工人出版社.

周春山，杨高，王少剑，2016. 深圳农民工集聚空间的演变特征及影响机制[J]. 地理科学，36（11）：1643-1653.

周建华，刘建江，2014. 农民工城市住房支持的政策因应[J]. 农村经济（7）：103-107.

周建华，周倩，2014. 高房价背景下农民工留城定居意愿及其政策含义[J]. 经济体制改革（1）：77-81.

周敏，林闽钢，2004. 族裔资本与美国华人移民社区的转型[J]. 社会学研究（3）：36-46.

周少来，2016. “农民工市民化”与城市治理体系的重构[J]. 中国特色社会主义研究（1）：62-67.

周滔，吕萍，2011. 农民工住房的消费特征与供应策略[J]. 建筑经济（03）：85-88.

周小刚，刘晶仁，李丽清，2015. “流工”还是“留工”：农民工离职倾向影响因素研究[J]. 商业研究（9）：149-154.

朱德云，2019. 农民工市民化背景下的社会保障制度改革研究［M］. 北京：经济科学出版社.

朱力，2002. 论农民工阶层的城市适应[J]. 江海学刊（6）：82-88，206.

朱明宝，杨云彦，2016. 城市规模与农民工的城市融入：基于全国 248 个地级及以上城市的经验研究[J]. 经济学动态（4）：48-58.

住房和城乡建设部建设部住房改革与发展司，2010. 国外住房数据报告［M］. 北京：中国建筑工业出版社.

祝仲坤，冷晨昕，2017. 中国进城农民工的居住状况与主观幸福感：基于流动人口动态监测数据的实证分析[J]. 劳动经济研究（2）：56-79.

祝仲坤，冷晨昕，2017. 农民工住房公积金制度的运行现状：基于中国劳动力动态调查数据的分析[J]．城市问题（3）：80-86.

AGGARWAL R M，NARAYAN T A，2004. Does inequality lead to greater efficiency in the use of local commons? The role of strategic investments in capacity [J]．*Journal of Environmental Economics and Management*，47（1）：163-182.

ALBA R，NEE V，2005. Remaking the American mainstream：assimilation and contemporary immigration [M]．Boston：Harvard University Press.

COIBION O，GORODNICHENKO Y，KUENG L，et al.，2017. Innocent by standers? Monetary policy and inequality in the U. S. [J]．*Journal of Monetary Economics*，88（C）：70-89.

DAVANZO J，1981. Microeconomic approaches to studying migration decisions，in migration decision making [M]．New York：Pergamon Press.

DEKKER R，ENGBERSEN G，2014. How social media transform migrant networks and facilitate migration [J]．*Global Networks*，14（4）：401-418.

DIANE D，BEN P，JIM V，2008. Home from Home：Addressing the issues of migrant workers' housing [M]．Coalville：The Building and Social Housing Foundation.

DREBING C E，REILLY E，HENZE K T，et al.，2018. Using peer support groups to enhance community integration of veterans in transition [J]．*Psychological Services*，15（2）：135-145.

DUIJNS V，ZONNEVELD N，MONTERO A L，et al.，2018. Service Integration Across Sectors in Europe：Literature and Practice [J]．*International Journal of Integrated Care*，18（2）：6.

EDMISTON K D，2015．Low-income housing tax credit developments and neighborhood property conditions [EB/OL]．（2015-02-22） [2019-10-23]．https：//papers. ssrn. com/sol3/papers. cfm? abstract_id=256780.

GORDON M M，1964. Assimilation in American life：The role of race，religion，and national origins [M]．Oxford：Oxford University Press.

GREGUROVI C S，ŽUPARI C-ILJI C D，2018. Comparing the incomparable? Migrant integration policies and perplexities of comparison [J]．*International Migration*，56（3）：105-122.

HOANG L A，2016. Vietnamese migrant networks in Taiwan：the curse and boon of social capital [J]．*Ethnic and racial studies*，39（4）：690-707.

LAMBERTINI L，MENDICINO C，PUNZI M T，2010．Expectations-driven cycles in the housing market [J]．*Working Papers*，9（4）：518-529.

LARRY W，CAO G Y，XIN L J，2012. Determinants of off-farm work and temporary migration in China [J]．*Population and Environment*，33（2-3）：161-185.

LIEBERSON S，WATERS M，1988. Form many strands：ethnic and racial groups in contemporary America [M]．New York：Russell Sage Foundation.

MUNDRA A D，2007．Social networks and their impact on the earnings of mexican migrants [J]．*Demography*，44（4）：849-863.

NOWOTNY K, PENNERSTORFER D, 2019 . Network migration: do neighbouring regions matter [J] . *Regional Studies*, 53 (4): 107-117.

OISHI S, LUN J, SHERMAN G D, 2007. Residential mobility, self-concept, and positive affect in social interactions [J] . *Journal of Personality and Social Psychology* (93): 131-141.

PINTO-COELHO J M, CHARLES C Z, 2015 . Residential Segregation in the United States [J] . *International Encyclopedia of the Social and Behavioral Sciences*: 540-543.

PIORE M J, 1979. Birds of Passage: Migrant Labor and Industrial Societies [M] . New York: Cambridge University Press.

PORTE A, MANNING R D, 1986. The immigrant enclave: theory and empirical examples [M] . Pittsburgh : Academic Press.

PORTE A, 1998. Social capital: its origins and applications in modern sociology [J] . *Annual Review of Sociology* (24): 1-24.

SANYAL T, 2018. The chawls and slums of mumbai: story of urban sprawl [EB/OL] . (2018-4-14) [2019-11-08] . https: //deepblue. lib. umich. edu/bitstream/.

SCHUETZ M, RAMONBERJANO C, 2009. China's migrant workforce and the reform of its housing registration system(2009) [EB/OL] . (2009-06-11) [2017-08-23] . https: // store. hbr. org/product/china-s-migrant-workforce-and-the-reform-of-its-housing-registration-system/hku839? sku = HKU839-PDF-ENG&cm _ sp = doi- _ -case- _ -HKU839-PDF-ENG&referral=00103.

STIGLITZ J E, 2016 . An agenda for sustainable and inclusive growth for emerging markets [J] . *Journal of Policy Modeling*, 38 (4): 693-710.

STONE M E, 2006. What is housing affordability? The Case of Residual Income Approach [J] . *Housing Policy Debate*, 17 (1): 151-184.

TAYLOR M, 2006. Communities in Partnership: Developing a Strategic Voice [J] . *Social Policy and Society*, 5 (2): 269.

WARNER W L, SROLE L, 1945. The social systems of American ethnic group [M] . New Haven : Yale University Press.

WILLMORE L, CAO G Y, XIN L J, 2012. Determinants of off-farm work and temporary migration in China [J] . *Population and Environment*, 33 (2-3): 161-185.

ZHAO Y H, 2003. The role of migrant networks in labor migration: The case of China [J] . *Contemporary Economic Policy*, 21 (4): 500-511.

附 录

APPENDIX

城市外来劳动者调查问卷

尊敬的先生/女士：

您好！我们是“外来劳动者城市融入问题研究课题组”。这是一份关于城市外来劳动者市民化与住房问题的调查，可能需要占用您几分钟的时间。

本调查不会涉及您的个人敏感问题，您的个人信息不会被公开。我们的调查完全是研究需要，绝无商业用途。谢谢您的理解与支持！

填答说明：

1. 请在与您的实际情况和真实想法相符合的选项后面打“√”。
2. 如果没有特别说明均为单选题。

一、基本情况

1. 您的性别：
   A. 男；　　B. 女
2. 您的年龄：
   A. 24 岁及以下；　　B. 25～34 岁；　　C. 35～45 岁；　　D. 46 岁及以上
3. 您的婚姻状况：
   A. 未婚；　　B. 已婚；　　C. 离异；　　D. 丧偶
4. 您的受教育程度：
   A. 不识字或很少识字；　　B. 小学；　　C. 初中；　　D. 高中/中专；
   E. 大专；　　F. 本科及以上
5. 您老家是＿＿＿＿＿省＿＿＿＿＿市，现在＿＿＿＿＿省＿＿＿＿＿市工作

二、就业情况

1. 目前，您已外出工作几年：
   A. 不到 1 年；　　B. 1～2 年；　　C. 2～4 年；　　D. 4～7 年；
   E. 7～10 年；　　F. 10 年及以上
2. 您从事的工作属于：
   A. 制造业；　　B. 建筑业；　　C. 批发与零售业；
   D. 交通运输、仓储和邮政业；　　E. 住宿和餐饮业；

F. 居民服务、修理和其他服务业； G. 无业或待业； H. 其他行业

3. 您有没有职业资格等级证书：

A. 有； B. 没有

4. 您的工作单位是否跟您签过劳动合同：

A. 是； B. 否； C. 不清楚

5. 您的工作单位是否给您缴纳保险：

A. 是； B. 否； C. 不清楚

6. 您在工作之余娱乐的方式是（可多选）：

A. 看电视； B. 上网； C. 读书看报；

D. 打牌或打麻将； E. 看电影； F. 运动；

G. 做家务； H. 陪家人； I. 学习或参加培训；

J. 睡觉休息； K. 其他（请注明）______

7. 您是如何提高专业技能的（可多选）：

A. 培训； B. 自学； C. 向同事、师傅学习；

D. 没有途径； E. 其他（请注明）______

8. 您接受技能培训的情况是（可多选）：

A. 没有参加过任何培训； B. 当过学徒工；

C. 自费参加过技能培训； D. 参加过政府组织的培训；

E. 参加过企业组织的培训

9. 阻碍您参加各类培训的原因是什么（可多选）：

A. 没有时间； B. 担心自己学不会；

C. 不知哪里有培训； D. 培训费用太高；

E. 培训内容没什么用； F. 没有适合自己的课程；

G. 影响收入； H. 其他（请注明）______

10. 您希望接受何种劳动培训（可多选）：

A. 农业实用技术； B. 电脑操作；

C. 管理与营销； D. 驾驶技术、汽车、家电维修；

E. 创业； F. 家政服务；

G. 护理服务； H. 不愿意培训；

I. 其他（请注明）______

11. 您来本市的时间：

A. 不到 1 年； B. 1～2 年； C. 3～4 年； D. 5～8 年；

E. 8 年及以上

12. 到目前为止，您在几个城市工作过：

A. 1～2 个； B. 3～5 个； C. 6～10 个； D. 10 个以上

13. 您在现在的单位工作的时间是：
A. 不足半年；　B. 0.5～1 年；　C. 1～3 年；　D. 3～6 年；
E. 6 年及以上
14. 从您的住所到工作地点要花多长时间：
A. 10 分钟以下；　B. 10～30 分钟；
C. 30～60 分钟；　D. 1 小时及以上
15. 您目前平均每周从事劳动时间：
A. 20 小时以下；　B. 20～35 小时；
C. 35～50 小时；　D. 50～80 小时；
E. 80 小时及以上
16. 近 3 年您更换了几个工作单位：
A. 没有更换过；　B. 1 个；　C. 2 个；　D. 3 个；
E. 4 个及以上
17. 您在城市就业时遇到的主要困难是（可多选）：
A. 文化水平；　B. 专业技能；　C. 社会关系；D. 年龄；
E. 性别；　F. 农村户口；　G. 其他
18. 您从事的工作是通过什么方式找到的（可多选）：
A. 亲友帮忙；　B. 同乡/朋友介绍；
C. 单位发布的招聘信息；　D. 社会中介机构；
E. 人才/劳务市场；　F. 老家政府组织；
G. 自己找的；　H. 自己做生意；
I. 其他
19. 在本地，您个人目前月收入是（基本工资＋奖金＋加班费）：
A. 1 000 元以下；　B. 1 000～2 000 元；
C. 2 000～3 000 元；　D. 3 000～5 000 元；
E. 5 000～10 000 元；　F. 10 000 元及以上
20. 您主要的消费支出项目是（可多选）：
A. 住房；　B. 食品；　C. 服饰；　D. 通信；
E. 文化娱乐；　F. 自己学习；　G. 医疗保健；H. 人际交往；
I. 子女教育；　J. 其他
21. 您每月存下来的钱占月收入多少：
A. 没剩余；　B. 三分之一以下；　C. 一半左右；　D. 一半以上

三、城市融入情况

1. 您进入城市的主要目的是（可多选）：

A. 提高收入；B. 学习知识技能； C. 开阔眼界； D. 家庭原因；
E. 到城市谋求更好发展； F. 其他（请注明）______

2. 您是否喜欢目前所在的城市：
A. 很喜欢； B. 比较喜欢； C. 一般； D. 不太喜欢；
E. 很不喜欢

3. 您对自己身份的认定是：
A. 城市人； B. 产业工人； C. 农村人； D. 不清楚

4. 您在工作和生活中，是否受到过市民的歧视（被市民看不起）：
A. 有过，且经常发生； B. 有过，但次数不多；
C. 几乎没有

5. 如果条件或政策允许，您或您的家庭是否希望能够脱离农村，变成真正的城市人：
A. 希望； B. 不希望； C. 没考虑过

6. 城市户口最吸引您的是什么内容（可多选）：
A. 社会保障水平高； B. 城市居民社会地位高；
C. 就业稳定； D. 城市生活条件好；
E. 能购买政府保障性住房或廉租住房；
F. 子女教育条件好； G. 其他（请注明）______

7. 您目前在城里具有城市户籍的朋友多吗：
A. 很多； B. 较多； C. 不多； D. 很少；
E. 几乎没有

8. 您在城里交往最多的是哪些人（可多选）：
A. 老乡； B. 老同学； C. 同事；
D. 工作中结识的其他人； E. 邻居；
F. 社区中的其他居民； G. 网友；
H. 其他（请注明）______

9. 您与本地居民的交往情况如何：
A. 交往很多； B. 交往一般； C. 交往很少； D. 几乎没有交往

10. 您以后准备在哪里长期定居：
A. 特大城市； B. 大城市； C. 中等城市； D. 县城（镇）；
E. 农村老家； F. 还没考虑过； G. 其他（请注明）______

11. 您对自己在城市就业和生活最不满意的是什么（可多选）：
A. 收入太低； B. 工作太累； C. 工作太危险；
D. 工作不稳定； E. 常常被拖欠工资； F. 生活费用太高；
G. 住房条件太差； H. 社会治安不好； I. 看病太贵；

J. 遇到困难没人帮助；　K. 生活枯燥；　L. 家人难以团聚；
M. 很难与当地人交往；　N. 常受到城里人歧视；
O 其他（请注明）______

12. 你是否参加过社区组织的会议或其他活动：
A. 经常参加；　B. 有时参加；　C. 很少参加；
D. 从来没有参加过；　E. 不知道有此活动

13. 请在以下表格中适合您的方框内打“√”

项　目	非常满意	比较满意	一般满意	不太满意	很不满意
您对目前经济条件感到					
您对居住情况感到					
您对闲暇生活感到					
您对工作情况感到					
您对社会交往情况感到					

四、居住情况

1. 您目前在务工地的居住形式是：
A. 自己租房；　B. 与他人合租；　C. 自购房；
D. 借宿亲友家；　E. 政府提供的廉租住房；
F. 建筑工地工棚；　G. 单位集体宿舍；
H. 雇主家；　I. 其他（请注明）______

2. 您目前居住的住房面积大概多大：
A. 10 米^2 以下；　B. 10～20 米^2；　C. 20～40 米^2；
D. 40～90 米^2；　E. 90～120 米^2；　F. 120 米^2 及以上

3. 在您居住的房屋内一共有几个人：
A. 1 人；　B. 2 人；　C. 3 人；
D. 4 人；　E. 5 人；　F. 5 人以上

4. 您目前每月支付的房租是多少：
A. 100 元以下；　B. 100～200 元；　C. 200～300 元；
D. 300～500 元；　E. 500～800 元；　F. 800 元及以上；
G. 不用支付房租

5. 您理想的住房面积：
A. 10 米^2 以下；　B. 10～20 米^2；　C. 20～40 米^2；
D. 40～90 米^2；　E. 90～120 米^2；　F. 120 米^2 及以上

6. 您能接受的房租水平：

A. 100 元以下； B. 100～200 元； C. 200～300 元；
D. 300～500 元； E. 500 元及以上

7. 下列住房条件您认为哪些最重要（多选）：
A. 卫生干净； B. 住房面积够用； C. 价格或租金便宜；
D. 距离工作的地点近；E. 住房设施齐全（能洗澡、做饭等）；
F. 安全（周边社会环境好）； G. 可以跟家人在一起

8. 您外出打工后，承包地怎么处理的（可多选）：
A. 家里人耕种； B. 抛荒； C. 有偿转包；
D. 无偿转包； E. 其他

9. 如果您想在务工地定居并成为市民，您改善住房的期望方式是：
A. 购买商品房； B. 购买经济适用住房；
C. 申请廉租住房或公共租赁房； D. 自己租房

10. 您最希望政府为外来劳动者提供哪些帮助（可多选）：
A. 劳动技能培训； B. 就业信息； C. 继续接受学历教育；
D. 提供法律援助； E. 社会保障； F. 子女上学问题；
G. 提高工资标准； H. 在城里有自己的住房；
I. 其他（请注明）______

11. 您认为政府在解决外来劳动者住房问题上应当如何做（可多选）：
A. 政府提供廉租住房；
B. 政府规划，由企业来运作和管理廉租住房；
C. 政府强制要求雇主为员工提供住处；
D. 直接发放住房补贴；
E. 鼓励市民出租房屋给外来劳动者；
F. 政府可以不干预

您还有什么想说的？

____
____
____
____

问卷到此结束，谢谢！祝您健康生活、开心工作！

调查时间：______________

调查地点：______________

调查人：______________

调查员备注：

后　记

POSTSCRIPT

本书是笔者近年来对城市农民工住房保障和城市融入问题所开展的一系列研究的梳理性小结。自 2003 年在西南财经大学师从白云升教授攻读博士学位开始，我就与房地产领域结下了不解之缘。自此，无论是教学、科研还是社会实务工作，我关心和研究的重点始终不曾离开住房与土地问题。

2000 年从电子科技大学毕业后，我进入西南财经大学攻读硕士。西南财经大学的校训是“孜孜以求，经世济民”，这一校训对我的职业和科研选择产生了重要影响。从硕士毕业论文选题（企业信用问题）到博士论文选题（城市住房保障问题），都是紧紧围绕当时的社会焦点问题展开的。迄今，博士毕业论文《中国城镇住房保障制度研究》在中国知网的下载量破万，在以“住房保障”为研究主题的硕博毕业论文中位列第一，产生了较好的社会反响，不负当年的选择和付出。

当初做博士论文时，重点是调研城市低收入居民，但在那时农民工居住问题已引起了我的兴趣，只是当时未给予重点关注。2010 年前后，一方面，城市居民住房保障制度日渐完善，城市居民“住有所居”已经得到了较好的制度保障；另一方面，随着城市房价的日益高涨、城中村改造的持续推进，农民工的城市居住问题日益引起社会关注。自此，我开始重点关注农民工在城市的居住问题。

通过初步调研发现，农民工居住环境的恶劣程度远超想象。为什么农民工收入日益提升，但居住状况却改善甚少？很多农民工从十几岁开始在城市务工，直到不具备劳动能力才返回农村，在他们将生命中最好的时光献给城市的同时，却忍受着恶劣的居住环境，这是否公平？农民工在城市几无立锥之地，但农村所建“豪宅”却长年闲置，资源错配如何解决？中央多次提出要加快农民工市民化，城市住房在农民工市民化进程中的作用应如何发挥？农民工城市融入的影响因素有哪些？怎么才能加快农民工城市融入？……这一系列问题困惑和吸引着我，因此开始着手研究农民工城市住房保障问题。2013 年，以农民工住房保障为研究对象的课题获得国家社科基金立项。

从 2013 年开始，除了正常的教学工作外，整个时间安排几乎都是围绕农民工住房问题展开的。2014 年暑期，进入成都富士康车间“卧底”务工 2 个月，体验真实的农民工生活，完成了 7 万字的打工日记；2014—2015 年，在中国人民大学公共管理学院做访学学者，师从吕萍教授研究住房保障问题；2017—2018 年，按照国家民族事务委员会的安排，前往湖南省湘西土家族苗族自治州永顺县挂职扶贫，对农民工净流出地的武陵山片区各区县进行了广泛深入的社会调研，对书稿内容进行了进一步的补充和完善。

本书的主要内容是在我主持的国家社科基金最终成果的基础上完成的。从课题选题、申报、立项、研究、结题、完善书稿，在这一漫长的过程中，得到了诸多领导、老师、同仁的支持和帮助。他们不仅在学术方面给予我真知灼见，而且在生活方面给予我关心和帮助。课题研究的过程也是一个与同行专家进行思想碰撞交流的过程，这一过程既艰辛又充满乐趣。

书稿完成之时，回首过往，内心充满感恩。首先最应感谢的是我的博士生导师——白云升教授，自 2003 年至今，白老师一直对我关爱有加，从教学、科研、工作等各个方面给我提供指导和帮助，并不断地鞭策我，“亦师亦友”，师恩无以为报，只有努力前行，不负所望；感谢我的访学导师吕萍教授，吕教授为我和众多师兄弟们提供了良好的学术交流平台，并给我的研究提供了非常有价值的建议；感谢西南民族大学管理学院仁孜泽仁书记、刘晓红院长、刘毅副院长、姚珣副院长等学院领导对我教学与科研工作的大力支持；感谢赵新军老师在我访学、党校培训和挂职期间承担了工商管理系的日常管理工作，感谢工商管理系全体同仁多年来的理解和支持；感谢叶樊妮副教授在问卷设计和数据分析方面提供的帮助；感谢 2019 级土地资源管理研究生龙星宇同学、李晨瑶同学以及会计学专业的夏令杰同学认真校对书稿；感谢中国人民大学吕萍教授、南京大学彭华民教授、贵州财经大学夏刚教授等各位专家对本书稿提出的中肯建议；感谢国家社科基金匿名评审专家对课题成果提出的宝贵建议；更要感谢我的家人，感谢他们一直以来对我工作的理解和支持。

感谢西南民族大学发展规划与学科建设处、科技处资助出版本书，使我有机会将个人对农民工住房问题和市民化问题的一些不成熟看法系统地呈现在大家面前，以供大家交流与参考。希望我的研究能够为完善农民工在城市的居住质量、更好地推动我国城市化发展做出自己的贡献。我还要感谢孙鸣凤编辑和史佳丽编辑，她们为本书做了大量专业、细致的工作。成稿匆忙，不足之处还望大家批评指正，欢迎来信探讨交流：77528934@qq.com。

谨以此文，献给我两个可爱的宝贝——思齐、思行，祝福她们健康快乐成长。

郭玉坤

2020年4月于成都

图书在版编目（CIP）数据

城市融入导向的农民工住房保障制度设计研究/郭玉坤著．—北京：中国农业出版社，2020.9

ISBN 978-7-109-26831-9

Ⅰ．①城…　Ⅱ．①郭…　Ⅲ．①民工—住宅—社会保障制度—研究—中国　Ⅳ．①F299.233.1

中国版本图书馆 CIP 数据核字（2020）第 078988 号

城市融入导向的农民工住房保障制度设计研究

CHENGSHI RONGRU DAOXIANG DE NONGMINGONG ZHUFANG BAOZHANG ZHIDU SHEJI YANJIU

中国农业出版社出版

地址：北京市朝阳区麦子店街 18 号楼

邮编：100125

责任编辑：孙鸣凤　　文字编辑：史佳丽

版式设计：史鑫宇　　责任校对：刘丽香

印刷：北京中兴印刷有限公司

版次：2020 年 9 月第 1 版

印次：2020 年 9 月北京第 1 次印刷

发行：新华书店北京发行所

开本：700mm×1000mm　1/16

印张：19.5

字数：380 千字

定价：88.00 元
